国家社会科学基金项目（批准号：19CFX051）

李　欣◎著

医疗预先指示
制度研究

RESEARCH ON
THE ADVANCED DIRECTIVES

法律出版社
LAW PRESS · CHINA
北京

图书在版编目(CIP)数据

医疗预先指示制度研究 / 李欣著. -- 北京 : 法律出版社, 2024
ISBN 978-7-5197-8899-5

Ⅰ. ①医… Ⅱ. ①李… Ⅲ. ①医药卫生管理-法规-研究-中国 Ⅳ. ①D922.164

中国国家版本馆 CIP 数据核字(2024)第 039871 号

医疗预先指示制度研究
YILIAO YUXIAN ZHISHI ZHIDU YANJIU

李 欣 著

责任编辑 董 昱
装帧设计 鲍龙卉

出版发行 法律出版社
编辑统筹 法规出版分社
责任校对 张红蕊
责任印制 耿润瑜
经 销 新华书店

开本 710 毫米×1000 毫米 1/16
印张 20.5 字数 315 千
版本 2024 年 6 月第 1 版
印次 2024 年 6 月第 1 次印刷
印刷 三河市兴达印务有限公司

地址:北京市丰台区莲花池西里 7 号(100073)
网址:www.lawpress.com.cn
投稿邮箱:info@lawpress.com.cn
举报盗版邮箱:jbwq@lawpress.com.cn

销售电话:010-83938349
客服电话:010-83938350
咨询电话:010-63939796

书号:ISBN 978-7-5197-8899-5
定价:85.00 元

凡购买本社图书,如有印装错误,我社负责退换。电话:010-83938349

序言

随着人口老龄化的深化,"自主决定权"这个词一再被提及。在这个时间点上,研究医疗预先指示制度,并不仅仅于理念上强调医疗自主决定权,也面向解决个人究竟如何在医疗诊断中充分实现医疗自主决定。于立法层面,完全民事行为能力人在意识清醒情况下自主决定本人医疗相关事宜已予以肯定,但限制行为能力的患者并不具备自主作出医疗决定的权利与资格,这意味着完全行为能力患者在处于意识模糊状态下疾病末期无法自主决定,也即,立法中患者民事行为能力的认定,仍系个体是否具备医疗自决权之基础。但随着医学技术的发展和生命质量的追求,个人主体意思增强后,对自己意思能力丧失后的医疗事项仍希望预先自主决定,也希望自己的残存意思能力被尊重。打破行为能力制度对个体决定能力的束缚,允许个人对意思能力弱化后的医疗事项作符合自己价值观的预先安排,或允许个人摆脱法定监护人的框架,选择了解自己真实医疗意愿决定的代理人替代决定即可将这一医疗自决权的主张延续到意思能力缺乏之后。医疗预先指示制度应运而生。自主决定选择医疗方式是医疗预先指示制度的主要内容,而于生命末期能否选择自然死亡是医疗预先指示制度的争议和核心问题。

尽管医疗预先指示制度源于英美法系国家,但笔者的初心仍然是立足于既定的民法框架下研究问题,尤其是希望分析作为一项新生制度的医疗预先指示的法律结构,它是否能够于法律行为制度框架下进行拆解,尽管这样的法律分析看上去有一些局限性。对医疗预先指示的分析,也无法逃避它是否为法律行为,当存在意思表示瑕疵时应如何处理的问题。在国外法部分,笔者并未简单做立法翻译和梳理,而是集中于司法裁判,尤其是关注了德国法中的司法裁判路径。毕竟一个制度的引入需要适应中国的国情和法律结构。基于成文法的传统,中华法系与大陆法系有诸多相似之处,笔者希望借鉴大陆法系的司法裁判,抛砖引玉,提出医疗预先指示制度在未来的司法适用中可能存在的难题,尤其是法律责任的难题。此外,难题中涉及的哲学及伦理学部分,可能在当下也是无解的。

本书除导论和结语外,共分为六个章节。

第一章对于医疗预先指示的基础理论进行阐述。为全书的制度研究打下基础。第一节阐述了医疗预先指示的制度背景,此处并未老生常谈人口老龄化和医疗科技,仅从医疗自决权为起点阐述两点:一是在过度医疗和自主决定中如何选择,替代判断的弊端是个体无法被置于其主观价值的地位去决定另一个人的生活,而医疗自主决定的风险在于道德难题和不确定性。二是阿兹海默症与自主决定的不稳定性给医疗预先指示制度带来挑战。此外,本节还阐述了医疗预先指示制度的概念阐释与类型划分。指出医疗预先指示以医疗自主权为权利核心,既可分为接受型和拒绝型,又可分为指示型和代理型,拒绝型为研究主体。第二节主要对医疗预先指示作伦理探讨,并讨论其权利基础。指出医疗预先指示指向的医疗自决权涉及生命权和人格权的交叉保护,并解释了尊严与医疗预先指示的关系。第三节阐述医疗预先指示的本质,认为随着关系中的个人主义与公序良俗的转变,应依据价值判断法,将医疗预先指示纳入法律行为框架下规制。第四节论述了医疗预先指示的生效要件,包括对实质要件、形式要件、意思能力和设立程序的概括。

第二章是对医疗预先指示的法律分析。第一节根据法律行为的双层六阶段理论考察医疗预先指示,认为医疗预嘱为无相对人的单方法律行为,预嘱为个人接受或放弃某种医疗方式的意愿,做出即成立。而医疗意定代理是作为事先许可的同意的高级版本。随后,本章的第二节、第三节和第四节分别对医疗预先指示的两种主要类型,医疗预嘱和医疗持续性代理做意思表示层和法律行为层的分别考察。当然,医疗持续性代理由于与代理相关,在第四节将其与医疗预嘱相区分,单独作法律结构分析。

第三章阐述知情同意、协助决策与医疗预先指示制度的关系。由于医疗预先指示中,知情同意是关键环节。预先作出医疗决定的安排,需要对医疗行为充分知情同意。此为第三章由来。因此,本章第一节探讨了从医疗知情同意医生标准到病人标准的过度,信息披露标准的转变,探讨知情同意的必要性及其局限性。并在对知情同意做法理分析和案例分析的基础上,提出知情同意的改革建议,并指出协助决策法在知情同意中的重要意义。第二节专门阐述协助决策法在医疗预先指示中的适用方法。

第四章论述医疗预先指示的权利救济。医疗预先指示制度中指向的医疗自决权的核心保护在救济,没有救济的权利是纸上谈兵。这也是医疗预先指示的难点。因此,第四章将其单独列出讨论。第一节首先探讨了国外司法实务中,医疗预先指示在司法实务中的尴尬处境。第二节论述了为弥补医疗预先指示缺乏救济措施的适用局限,美国法的尝试是以追偿理论对侵权责任法修正性适用,但仍有不足。最后提出笔者观点,即“错误延长生命”侵权损害赔偿的可行性。

第五章观察医疗预先指示的域外法运行。本章重点并不在各国立法,而在运行,尤其是美国和德国的司法实务。美国是医疗预先指示最早运行的国家,因此,第一节论述了美国联邦和州立法医疗预先指示的立法与司法实践,笔者选取了美国佛罗里达州的典型案例作分析。由于德国法是大陆法系的代表,医疗预先指示最先冲击的是德国法中传统的法律行为制度,因此,第二节专门论述了医疗预先指示如何被德国成文法的不同领域承认,且运行中遇到的困境和解决思路。第三节介绍了医疗预先指示在西欧的西班牙、法国、英国中的运行规则,他们分别确立了医师中心主义和患者中心主义的医疗预先指示解释规则。

第六章论述医疗预先指示的国内立法。在前五章基础上,第六章第一节先从法社会学视角选择经济较发达的东部城市做调研,考察国内各相关群体的医疗愿望和对医疗预先指示的接受程度。第二节从立法范式、适用前提、医疗决定能力评估、适用程序、真实意愿考察等方面试着建构医疗预先指示的国内立法。

在此,附加说明本专著与笔者之前其他著作的关系。笔者的前两本专著主要研究成年监护制度，在研究过程中，发现医疗事项作为成年监护中特殊且重要的事项，可单独研究。本书中有关医疗预先指示的民法分析，是前两本专著中欠缺的，也反映了近些年我试图理顺回归民法后的婚姻家庭法与民法间关系的想法，但在体系化思考中仍存在较大的完善空间，这也是将来笔者努力的方向之一。

目录

导论

一、选题背景和选题意义

(一)选题背景

本书的主题为“医疗预先指示制度研究”,属于新式的支持型决定制度,下文重点研究如何构建医疗预先指示制度,以贴合我国的民事法律体系,并有效保障相应主体医疗自决权的法律实现。

医疗预先指示制度的制度背景有三:第一,现代科技对于医疗的影响。现代科技的进步对医疗的影响是一个基础性、前提性的问题。医疗方面的进步不仅治愈了之前无法治愈的疾病,也对人类的生命造成了另一种影响,呼吸机等维生设备可以人工延长生命,这使得人类步入了另一个阶段。选择生命的长度还是生命的质量出现了冲突,因而出现了是否应当使用维生设备延长生命的伦理难题。第二,医患关系权利变迁。医患关系的发展可以大致分为三个阶段。在经验医学阶段,医生与患者之间较为熟悉,医疗活动是医生与患者共同进行的。在实验医学阶段,由于社会分工精细化以及医疗设备的进步,医患关系呈现物化的趋势,〔1〕医疗活动主要依靠各类仪器和数据,医务人员由“治疗者”转化为“医疗服务提供者”,患者身份也相应转变。医患关系越来越呈现出消费关系的特征。〔2〕随着患者权利观念的觉醒以及以人为本的价值观念的兴起,医患关系转向“以患者为中心”阶段,在这种医学模式中,患者医疗自主权逐步得到重视。第三,价值

---

〔1〕参见汪力平、杨耀防:《医患关系演变的历史趋向及其影响》,载《九江学院学报》2007 年第 5 期。

〔2〕参见尹秀云:《从历史演变看医患关系恶化的症结》,载《中国医学伦理学》2007 年第 4 期。

多元的现代社会。在世界经历韦伯所说的“祛魅”以及后现代主义思潮的兴起后，世界不再是一元价值主导。在多元价值主义思潮的背景下，生命的衡量标准从长度转向广度、深度，个体更加注重人的主体性、人的尊严，并将其视为更重要的方面。

医疗预先指示制度的权利基础是医疗自决权，这是由基本人权所决定的。医疗自决是人的生命健康权在医疗服务领域的延伸，其存在的前提是医疗的风险性。“任何人有权决定处理其身体”，由于医学发展受各种不确定因素影响，医疗行为本身存在巨大风险，不适当、不可控的医疗行为对于主体的生命健康有重大影响。主体既面临生命健康的威胁又面临不可控的医疗风险，必须权衡利弊，也只有主体本身才能支配其身体组织，选择接受或拒绝此种医疗行为，这构成了医疗自主决定权的核心内容。从生命健康权和自由权合理延伸出的人格尊严权是医疗自主决定权的第二权利渊源。人格尊严是主体对自身价值的认识与其在社会上享有的最起码尊重的结合，主体的主观自尊感受应当成为其行为的合理依据。主体为减少不必要的痛苦，确保生命尊严，选择不接受某种医疗行为也是为保护主体的主观自尊感。〔3〕

医疗预先指示制度是保护个体医疗自决权的法律制度，从比较法角度来看，医疗预先指示的制度构建已经较为完善，但我国目前除深圳出台的地方性条例中承认了“医疗预嘱”的法律效力，其他有关患者自主权益之法律保护仍处于原则性、口号性阶段，缺乏具体的执行规范。传统生死观影响，“父爱主义”医事立法观影响，加之行为能力制度的运行状态，患者医疗自主权的立法发展较缓慢。《民法典》意定监护制度的出台，为个人医疗自决权提供了发展契机。人口老龄化程度和残障群体“正常化”需求的加深，影响了个人对意思能力丧失及“身后事”安排的深入思考。在主体对自由的渴望中，家庭成员间的个体差异凸显，个体越来越多地要求自身对意思能力欠缺后医疗决定事项的控制权，这成为本书研究医疗预先指示制度的出发点和落脚点。

〔3〕 参见李欣：《权利与尊严：老年人的医疗自主决定权》，载《学术界》2013年第11期。

（二）选题意义

本课题研究的理论意义在于：第一，致力于引进医疗预先指示制度及基本理论。以协助性决定体系更新原有的替代性决定体系，医疗预先指示制度的设立以“尊重自我决定”替代原成年监护大包大揽的“法律父爱”；老龄化社会中，年老体衰的老年人属于生理上的弱者，在优胜劣汰的市场竞争中，受自然或社会条件限制的行为能力欠缺或行动能力不便的老年人成为社会参与能力、收入水平等多方面都较为弱势的群体，处于劣势。如果借效率之名，以安全之义，社会制度意图为老年人寻觅大包大揽的代理人，限制和禁止老年人的人身财产自主决定权，则长此以往，老年人会被排挤、驱逐出其理应融合的社会关系之外，无法正常地进行人际交往，更无法要求法律或社会制度确定其应然权利。若社会制度实行这一选择，会使老年人本人生理机能退化与精神孤独危机加剧，久而久之，老年人的自主决定权缺失状况愈加明显，尤其表现在医疗自主决定权上。在国际社会弱势者权利保护的大背景下，随着人口老龄化程度的日益加深，越发强调对老年人权利与尊严的保护。无论是从最大限度地维护权利与尊严，还是从促进老年人舒适地融入社会生活方面，法律都应当侧重尊重老年人本人意愿，满足高龄者心智能力判断降低之后的需求。法律制度的设计走向以“正常化”理念看待老年现象，接纳老年人作为人的多样性的一部分，从对老年人系统的监管模式下摆脱出来，以人性化视角对他们进行平等保护，尊重老年主体本身的差异性，承认和尊重他们固有的尊严和个人自主权，尤其是强调与其生命健康密切相关的医疗自主决定权的保护，这也是由老年人生理特征所决定的。医疗自主决定权的保护，促使老年人以医疗自主决定权切实并充分地参与关注与照料自己的身心健康。[4] 第二，更新民事行为能力理论，探讨医疗决定能力的独立地位。明确区分意思能力、行为能力、医疗决定能力分别适用的新规则；有关行为能力宣告制度之规定，我国《民法典》沿袭了原《民法通则》的相关内容。原《民法通则》的相关规

〔4〕 参见李欣：《权利与尊严：老年人的医疗自主决定权》，载《学术界》2013 年第 11 期。

定滞后于未来成年监护以及成年照管制度的发展趋势。二级制的行为能力宣告制度和不加区分的监护人设立不利于被监护人独立自主地处理自身事务。行为能力宣告制度理论中并未明确其具有宣示性或构成性,但实务中俨然已成为监护的构成性要件。本书将采取一种融合了立法论色彩的、更加积极能动的解释论思路,重塑行为能力制度,更新行为能力理论。

本课题研究的实践意义在于:第一,为当前《民法典》总则成年监护部分的完善提供一种解释思路,为公证机关、医疗部门探讨的医疗预先指示制度的推进提供参考方案;第二,丰富协助性决定体系,改善成年患者医疗自主权的现状,此举系为响应联合国《残疾人权利公约》第 12 条之规定,为社会人口老龄化进程提供保障,确保患者能够在协助过程中进行意思表示并作出决定,维护其个人尊严与自由。本课题的研究为协助决定新范式提供可供选择的方案。

二、研究现状

(一)国外的研究现状及趋势

在国外,医疗预先指示制度的研究,始于 1906 年美国有关医疗预嘱立法的争论,之后影响到老龄社会的英、加、澳、法等国。总体来说,尊重患者医疗自主权利已经成为西方社会中不可撼动的医事法律和医疗伦理准则,而医疗预先指示就成为延续成年患者的医疗自主,维护其真实医疗意愿的重要制度。大陆法系和英美法系很多国家具备前沿的立法规范、实务判例以及学术研究成果。例如,美国联邦《统一医疗决定法》,部分州的《医疗决定法》等。理论方面,Beyer,Gerry、Stephanie K. Marshall,德国的 U Wiesing、R J Jox、H – J Heßler 相继探讨了各自国家出现的医疗健康代理的伦理困境、法律地位以及医疗预先指示代理中如何尊重本人的意思这一专题。就医疗健康代理与长期护理保险的协调点,美国学者贝内特(H. Benentt)、海伦(P. Hallen)、盖尔·杰森分别对医疗预先指示的模式及公权力介入的程度进行了探讨。Ladislav Volicer、LindaGanzini、A. F. Streisand、J. E. Spar、D. C. Marson、M. Dymek 等美国教授从医疗决定能力与行为能力的关系方面探讨了医疗决定能力的独立地位。

就违反患者预先指示的法律责任方面，正如阿尔贝托 · B. 洛佩兹（Alberto B. Lopez）和弗雷德里克 · E. 瓦尔斯（Fredrck E. Vars）〔5〕所认为：相比于"不当生存"这一诉讼理由而言，以"丧失生活享受"为由提起诉讼更具合理性。实证研究表明，患者处于极度不健康的状态下接受医疗救治，此时可能难以恢复到治疗前的生活状态。就患者继续生存之价值而论，以"不当生存"所提起的赔偿理由认为患者继续生存不具价值，而不被法院所认可；以"丧失生活享受"为由提起的诉讼，系假定患者继续生存具备相应的价值，因此被法院所认可。美国学者米歇尔 · 马蒂斯（Michele Mathes）、霍莉 · 费尔南德斯 · 林奇（Holly Fernandez Lynch）和纳迪亚 · N. 索维奇（Nadia N. Sawicki）〔6〕认为：医疗工作者应对不当存活而造成的财产损害以及由此而引起的疼痛与心理损害给予赔偿，通过组合救济的方式最大限度保障患者的权益。

有关怀孕状态下预先指示的效力问题方面，多数学者对美国立法中孕妇排除条款质疑。汉娜 · 施瓦格（Hannah Schwager）〔7〕认为：对于腹中婴儿是否能够存活出生，出生是否畸形或疾病，此类问题因标准含混不清而难以适用，立法者或者医生所作出的决定无法代替孕妇的自我决定。因此，她提出"推定模式"，即除其他证据能够证明外，如果在医疗预先指示条款中，孕妇未明确特殊情况下的决定变化，则推定指示具备效力。约瑟夫 · 麦考伦（Mccollum J. P.）和伊丽莎白 · 马库乔（Marcuccio E. A.）〔8〕指出：美国的部分州规定，相比于妇女拒绝或终止生命支持的决定权而言，其腹中胎儿的地位略高一筹。并认为处于妊娠状态下的妇女不应当被区别对

〔5〕 See Alberto B. Lopez & Fredrick E. Vars, *Wrongful Living*, Iowa Law Review, Vol. 104:4, p. 1972(2019).

〔6〕 See Holly Fernandez Lynch, Michele Mathes & Nadia N. Sawicki, *Compliance with Advance Directives: Wrongful Living and Tort Law Incentives*, Journal of Legal Medicine, Vol. 29:2, p. 177(2008).

〔7〕 See Hannah Schwager, *The Implications of Exclusion: How Pregnancy Exclusions Deny Women Constitutional Rights*, Cardozo Public Law, Policy and Ethics Journal, Vol. 13:2, p. 616(2015).

〔8〕 See Elizabeth A. Marcuccio & Joseph P. McCollum, *Advance Directives Containing Pregnancy Exclusions: Are They Constitutional*, 34 North East Journal of Legal Studies 22 - 41(2015).

待,即便处于医疗危险状态下的妇女,其都具有决定是否生育的权利。此外,医疗预先指示在亚洲的推进较为缓慢,但部分国家学者如韩国学者朴仁焕、诸哲雄,日本学者新井诚,新加坡学者丹尼尔,均对该制度及与此相似的持续性代理制度有较为深入的研究。

国外对于医疗预先指示制度的研究在理论基础方面有更多的民法学和法理学研究,这对我国有借鉴意义。对于孕妇、痴呆症患者等特殊群体的医疗预先指示制度,国外的研究更加细致深入,可以为我国规范该制度提供参考。

(二)国内的研究现状及趋势

医疗预先指示制度是患者医疗自主决定权保护体系的重要环节。它始于20世纪初美国的俄亥俄州立法,随着人口老龄化加剧及失能失智老年人口增多所带来的严峻医疗挑战的愈演愈烈,该制度已受到全球老龄化国家立法和政策的广泛关注。

在中国,随着老龄化挑战的日益加剧,成年意定监护研究的不断深化,医疗预先指示这一概念已不再陌生,相关论文在近几年有突飞猛进的势头,目前可以归纳为两类:一类是医疗领域研究人员从临床实践角度进行研究。有学者(祝彬2012,邓仁丽2015,赵美娟2016)从医事伦理视角对医疗预先指示在发达国家(地区)取得的进展做制度归纳与介绍。有学者(曾铁英2014,邓仁丽2015,陈柳柳、谭景予2015)从"尊严死""安乐死"等角度关注医疗预先指示的临床实现方式和临床效用。但此类研究角度存在一定的缺陷,医学领域研究缺乏相应的法理论证过程,其结论并不严谨。同时,医学领域研究更加注重医疗预先指示的临床应用,就制度本身的法律构建而言作用不大。

另一类是从法学学者的法学理论角度出发进行的研究。部分学者将医疗预先指示放在成年监护改革的研究范畴下,将其作为未来意定监护制度项下的子概念进行研究(魏树发2009,张露2010,杨立新2013,李霞2015,王竹青2016),此类研究占据主流。其中,李霞教授最新提出了新设特定监护制度即"协助"制度,于"协助"一节中增设医疗预先指示制度(李霞 2019)。部分学者从“国家的保护义务”与“患者医疗自主权利”冲突问题的发生进行阐述医疗预先指示制度(杨东升 2013,睢素利 2014)。

近年来,法学领域系统论述医疗预先制度的概念、缘起及内容的期刊文章、硕士、博士论文(仅一篇,孙瑶 2017)也陆续面世。医疗预先指示制度的研究主要包括订立医疗预先指示的主体资格、形式要件和预先指示的撤销、拒绝执行预先指示的法律责任等。

在主体资格方面,学界存在不同观点,主要有行为能力标准说、识别能力标准说和能力浮动标准说,当前主流观点为识别能力标准说。第一,行为能力标准说。该说代表学者是刘召成〔9〕。其认为当事人具备相应的民事行为能力,是其拒绝维生治疗的前提。第二,识别能力标准说。该说代表学者有李霞〔10〕、孙也龙〔11〕。孙也龙认为预先指示属于当事人同意范畴,系对自身权益的处分,应当以其自身的识别能力进行主体资格认定。李霞认为医疗决定能力具备特殊性,其不同于法律上的行为能力,法律上的行为能力须由法院进行判断和宣告,而医疗上的决定能力系事实认定。第三,能力浮动标准说。该说根据医疗行为的危险系数划分不同的能力标准。该说代表学者是王敏真、黄诗淳。该说认为:当某项医疗行为的危险系数很高的时候,对受试者的同意能力采用严格标准;当某项医疗行为的危险系数较低而对受试者更有利时,则采用宽松的标准〔12〕。

在预先指示的形式要件方面,学界对采取书面并公证形式与口头约定形式存在不同观点。主要表现为:第一,绝对要式说。该说代表学者是孙也龙、刘召成、吕建高。孙也龙认为书面形式具备较强证明力,应当采纳。而口头形式亦可作为医疗代理决定之依据。并且对于预先指示的设立和撤销应当进行见证或公证。刘召成认为维生治疗有关人的生命尊严,具备强烈的人身属性,因此应当采取相对保守的规制,以书面形式为准。吕建

〔9〕 参见刘召成:《生命尊严的规范构造与制度实现》,载《河南社会科学》2019 年第 7 期。

〔10〕 See Alberto B. Lopez & Fredrick E. Vars, *Wrongful Living*, Iowa Law Review, Vol. 104:4, p. 1972(2019).

〔11〕 参见孙也龙:《医疗预先指示法律问题研究》,中国法制出版社 2019 年版,第 153 页。

〔12〕 谢宛婷、王敏真、陈炳仁:《意思能力丧失之病人的医疗决策》,载《医疗品质杂志》2016 年第 5 期。

高强调对于医疗预嘱书面订立的见证流程，应由不少于两位无利害关系的证人见证，且其中至少有一位系医务人员。第二，非绝对要式说。该说代表人物是李霞。李霞认为应当根据预先指示内容决定是否采取书面形式，若内容涵盖最大医疗事项，则应当采取书面形式。

有关医疗预先指示的撤销，主要有两种学说。第一，任意撤销说。该学说代表人物是李霞。李霞认为在医疗预先指示的撤销环节之中，无须对当事人的意思能力进行考量。婚姻关系存续状态下，患者的医疗代理人为其配偶，此时若夫妻双方的婚姻发生撤销或者无效的变动，该医疗代理关系也将会自动消失，除其他证据能够证明。第二，有条件撤销说。这一观点的代表人物是孙也龙。孙也龙认为相应的行为能力系医疗预先指示的撤销的必要条件，并主张采取浮动行为能力，根据撤销事项的不同采取不同的标准。

拒绝执行医疗预先指示的法律责任方面，孙也龙认为若医务人员存在过错情况，即故意或重大过失，而导致医疗预先指示未完全执行，此时应当承担相应的侵权责任，据此应当承担相应的赔偿责任，患者有权主张精神损害赔偿。李霞认为应当对于医师拒绝遵守医疗预先指示时的主观进行判断，即是否善意和有无过错，再认定其承担何种责任。

此外，我国台湾地区在医疗预先指示具体制度设计方面的研究丰富完善且超前，论文（陈子平 2010，孙效智 2012）介绍了我国台湾地区医疗预先指示的发展，论文（林芳仔 2013）阐述了医疗预先指示代理人制度。

可以看出，我国的研究已经处于该制度初步介绍阶段，有待理论填补和树立模板验证其适用过程。

三、研究思路与研究方法

（一）研究思路

由于本书的主体为医疗预先指示制度，因此，本书的第一章即对医疗预先指示制度作出概述，阐明了该制度的制度背景、权利基础、本质特征和生效要件等基础理论问题。第二章为医疗预先指示的民法分析，从意思表示层面和法律行为层面分析了指示型医疗预先指示中可能出现的意思表示瑕疵及解释路径,并对代理型医疗预先指示作法律结构分析。这也是本书的难点。在理论阐述的基础上,第三章对医疗预先指示设立的必备环节,即知情同意及协助决策进行剖析,对知情同意作法理分析,并论述协助决策在知情同意权实现中的重要地位。随后第四章将医疗预先指示中的难题,即权利救济问题单独拎出来进行讨论,介绍了美国法上的追偿理论和"错误延长生命"侵权损害赔偿的可行性及弊端,这些是国内立法最值得思考之处。第五章对医疗预先指示制度的域外运行做比较法观察,包括美国联邦和州立法观察,德国医疗预先指示的条文、案例和司法规则,以及西欧诸国医疗预先指示的法律和实践。在前述各章的基础上,第六章以法社会学调研为基础,从立法范式、行为能力制度的革新、真实意愿的探索等方面抛砖引玉地讨论了医疗预先指示如何在中国做制度推进。

(二)研究方法

笔者主要运用了比较分析法和文献分析法,并结合法经济学、法社会学等多门学科进行系统分析。由于不同国家的政治、经济、文化等内外部背景不同,同一制度无论从构造还是内容上往往会展现出形态各异的差别,因此对国外的老年人医疗预先指示法律进程乃至法律文本及司法实务本身进行剖析,寻找共性,区分差异性,并于本国国情基础上作出选择的比较分析法的重要性也可见一斑。医疗预先指示制度在西方部分国家运行几十年来,产生的权利保护困境值得关注。本书以大陆法系的德国和英美法系的美国的案例和司法实践为主要论述对象,通过横向比较研究方法,进行制度的比较和评析,借此把握世界范围内的总体立法趋势以及制度间的差别与优势,并结合我国的立法与实践,为医疗预先指示制度可能存在的问题和解决路径提供参考和借鉴。同时,法律制度同一国之经济、社会发展密切相关,运用法社会学原理,对老年人医疗与身体照护代理法律演变及趋势之社会背景进行剖析,更具深刻性。此外,通过对文献的观察和分析来建立和检验各种理论命题的实证分析法是法学研究的基本方法,纵向利用法学、社会学、伦理学、医学领域与本论题相关的国内外研究成果,为本书提供丰富的理论参考。

第一章　医疗预先指示制度基础理论

第一节　医疗预先指示制度概述

一、医疗预先指示的制度背景:需面对的问题

(一)过度医疗、替代判断与自主决定

现代技术延长了我们的寿命,使我们能够通过人工手段维持基本的生物过程。这就提出了两个相关问题。在什么情况下,我们愿意承认死亡可能比继续活着更好,死亡是什么?后一个问题可以根据临床分析的客观标准确定。这一决定产生的后果是纷繁复杂的。从伦理视角看,过度医疗只会延长死亡过程。当病人接受繁重的手术而缺乏良好的希望时,慈善原则即被废除。当稀缺和昂贵的资源被花在这些不太可能被治愈的病人身上时,是否符合分配公平原则?当医疗护理的对象,他们或他们的代理人试图拒绝治疗(或当病人和他们的代理人已经完全决定离开)时,尊重自主原则受到威胁。

除了过度医疗的问题,关于"人"何时死亡的确定在其他情况下提出了重要的问题。假设有一个人永久失去意识就是死亡,为了移植而从这个人的身体中取出重要器官(从而导致捐赠者的身体停止工作)是故意杀人吗?一个永久失去意识因而无法体验或行使这些权利的病人是否享有宪法赋予的权利?有关"生活质量"的问题要困难得多。许多关于过度医疗的争议确实提出过这个问题,因为病人可能病情危重、濒死,但还没有达到可以归类为"死亡"的状态。司法问题都集中在"死的权利"案件中。在"Cruzan v. Director, Missouri department of Health"案中,美国最高法院承认了"自由利益"原则,即根据正当程序条款拒绝不必要的医学治疗。各州

对隐私权有不同的定义，如普通法上的权利自决权，或知情同意的权利。不管拒绝治疗权的基础是什么，许多棘手的案例都涉及代理人试图行使这一权利，尤其是代理人代表本人作出涉及“生活质量”的决定。美国最高法院赋予各州对所谓的“替代判决”进行规范的自由裁量权，各州的反应差别很大。纽约州和密苏里州实际上拒绝了替代的概念。通过要求明确且令人信服的证据证明病人希望中止维持生命的治疗的判断。新泽西州已经建立了几种不同的方法来处理不同的情形。

替代判断的概念一直是美国学界讨论的焦点，因为它必须考虑“人”生命的本质，以及什么使人的生命有价值，因为它需要考虑人类生命的本质问题。对于危重病人作出结束治疗的决定只能是在考虑病人决策和感受的前提下对其主观经验的猜想。以 Joseph Saikewicz 案为例。Joseph Saikewicz 是一位仅有两岁多智力的 67 岁的智障老人。他不能用言语交流并患有急性髓母细胞白血病，但其他状况都良好。如果采用化疗方式，他有 30%—40% 的概率在 2—13 个月内缓解病痛，但是可能伴有严重的副作用。该案的结论是治疗的负面作用大于益处。法院下令不进行治疗。Saikewicz 不久后没有任何痛苦地去世了。就 Saikewicz 案，学界展开了探讨，一个学者认为通过平衡治疗的危害和治疗造成的痛苦，法院明智地得出结论，认为两家机构可以人道地拒绝治疗，允许 Saikewicz 带着一点点尊严死去的权利。另一个学者表达了明显相反的观点。马萨诸塞州怎么能拒绝 Saikewicz 所能得到的唯一的有康复希望的治疗呢？这种治疗是任何一个有能力的人几乎都会去寻求的治疗。法庭认定 Saikewicz 无法配合治疗是关键，也无法理解为什么治疗对他有利。然而，我们会选择治疗一个与 Saikewicz 理解能力相同的两岁半的孩子。法院将这一问题界定为协调延长生命的国家利益与“拒绝延长生命的创伤成本的个人利益”，就好像塞科维茨本人已决定不愿忍受化疗的副作用一样。人们只会对最高法院的能力感到惊讶，它能把一个涉及他人是否应该决定结束 Saikewicz 生命的案件，转变成一个法庭是否有权阻止他作出这一选择的案件。Saikewicz 应该给我们上重要的一课：在法律领域，我们必须避免法律虚构，避免法院面对艰难选择时逃避,因为这可能会导致不公正。[1]

就其本质而言,采用替代判断的方法,永远不可能克服这样一种弊病,即它把一个人置于其主观价值的地位去决定另一个人的生活。[2] 然而,当病人没有或不能表达其意愿时,尽可能长时间地维持生命的选择同样亦不可取。一种更为根本和有用的办法是,在社会层面上认识到,积极治疗可能在医学上是无效的,而且在医学上无效的治疗是不适当的。正如我们将在下一节中看到的,这种方法可能比判例法和评论更使我们信服。如上所述,法院可能不是解决生死问题的最佳场所。实际情况是,大多数此类问题都不是在法院得到解决的。也许社会需要像昆兰这样的典型案例来创造地标性效果;当出现大量的类似的需要迅速和必须作决定的情形,医生、病人和家人通常会诉诸法庭。那么谁来决定生死?有人认为,决策权牢牢掌握在医生手里,这是因为病人预后的方式与他的特定主治医生以及病人(或其代理人)对预后的理解有关,在一定程度上依赖于一些主观因素,譬如,医生和病人附加的"痛苦""疲劳"的含义,以及医生和病人对乐观和悲观、风险规避及疼痛的敏感度。病人对自己困境的感知和对康复的展望,以及他是否允许治疗的决定,可能在很大程度上受到了医生所表现的预后的态度的影响。环境本身也加剧了这种影响。即使在最好的情形下,病人和家属也处在陌生的环境中,经常要处理复杂的医疗和技术问题,承受着极大的压力。可以预见的是,在这些问题上拥有知识和经验的医务人员将被赋予不成比例的权威和信任。因此,他们的每一个意见都可能具有法令的分量,甚至那些没有说出口的意见也可能被迫切需要指导的病人或家属赋予意义。因此,决策过程中的权力平衡在很大程度上取决于医疗机构,有时是以牺牲病人真正的自主权为代价的。

当然,把决定权留给与病人利益不同的亲属或代理人也有风险。不幸

[1] See Brian L. Block, Alexander K. Smith & Rebecca L. Sudore, *Uninversal Advance Directives—Necessary but Not Sufficient*, 46 the Journal of Law, Medicine & Ethics 988 - 990 (2018).

[2] See Amy Conroy, *Patient Autonomy and the Realities of Substitute Decision - Making: Reassessing Advance Directives Legislation in Common Law Canada*, 34 Windsor Rev. Legal & Soc 36(2013).

的是，让家庭成员成为代理人，也可能给他们带来最大的利益冲突。因为家庭成员的痛苦会因病人的死亡而有所减轻，病人的家人可能希望病人快点死亡，而不是为了病人的最大利益。为了实现继承，或为了在不必离婚的情况下自由再婚，家庭成员可能有意造成死亡结果。伦理委员会的作用也受到了抨击，医疗机构和各种专业医疗组织都设立了伦理委员会。伦理委员会的活动范围从起草章程和教育工作人员到个案咨询。通常，伦理委员会的真正作用可能只是为医生的实践提供合理化的支持。然而，伦理委员会有可能成为决策过程中有用的辅助，特别是在病人或家属希望的情况与医生的建议相冲突的情形下。但是，看看一小部分医生和病人的日常生活可以发现医生、病人和家属可以有效地合作，解决生死攸关的问题。

医生们可能会发现，他们所接受的培训并没有为他们面临的艰难的道德决定做好充分的准备。他们可能会发现从经验中能够学到更多。譬如，神经外科医生艾兹克·沃尔夫（Aizik L. Wolf）觉得他必须冒险，但他说：我不能仅仅因为我有能力或有权利就做手术。沃尔夫医生作出决定的部分依据是他所接受的培训和同行们的集体经验，但同时他也在问自己，如果他处在病人的位置，他想要什么。另一位医生亨利·西尔弗曼（Henry Silverman）负责一间重症监护室。他的大多数病人都去世了，他们被送到多器官衰竭病房。西尔弗曼表示："因为社会大多不愿意面对死亡，病人成了'囚犯'，医生成了技术的'仆人'。在很多情况下，技术只是延长了死亡。"西尔弗曼认为，不管这种疾病有多普遍，每个病人都是独一无二的。他采取积极的方法让病人的家属参与进来，在病人无法为自己说话之前确定治疗方案。因此，对这些最具人性的困境的真正解决方案继续以最具人性的方式形成，即通过病人、家属和医生痛苦的决定来作出。事后看来，并不是每个决定看起来都完美，甚至"正确"，但其他人不太可能做得更好。医学技术的进步不但没有让我们与人类生活的混乱现实隔绝，也没有让我们思考更崇高、"更重要"的问题，反而使我们再次面临新的挑战，这些挑战涉及生命、死亡和人的尊严等基本问题。此外，以我们现有能力得到的这些问题的答案条款，自然不可能使我们摆脱将我们精心塑造的理论和理想与无序的现实相结合的混乱状态。任何其他提供确定性这一幻觉的方法，都只能以牺牲人的尊严和自主权为代价。正如Scaglia法官在Cruzan案中所述:"我没有理由认为,任何九个人,或者九十个人,在我们研究过的任何其他人类问题上,都能更好地支配我们其他人。"广泛的社会管理不管设计得多么巧妙,都不会起作用。真正起作用的是授权和信息,这些信息将使个人能够作出道德和人道的决定。这并不是说所作的选择一定是道德的或人道的,很明显,在人类事务的处理上,很少有确定性。

(二)阿尔茨海默症与自主决定的不稳定性[3]

阿尔茨海默症(AD)超越了癌症,成为全球老人最害怕的疾病。阿尔茨海默病被视为一种破坏人的身份认同、剥夺人们作决定的能力的疾病。正如一位记者所说:大多数疾病攻击身体;阿尔茨海默症会摧毁人的思维,在这个过程中,甚至会毁灭自我。在一项研究中,许多受访者表示,痴呆症是一种"比死亡还糟糕"的状态。全球约有一半的85岁的老人会患某种形式的痴呆症,主要是阿尔茨海默症。面对生命即将结束时失去控制的担忧,人们自然会想到各种各样的医疗预先指示。对于任何关于阿尔茨海默症和医学伦理的讨论,预先指示似乎都具有独特的相关性。最近一项社会调查询问了874名65岁以上的老人,他们被要求想象自己已经患上这种疾病,并被要求评估他们对医疗预先指示的兴趣。81%的参与者说他们会完成这项预先指示(尽管只有15%的人已经这样做了)。医疗预先指示给人一种错觉,即你仍然可以控制自己的生命,即使当一个人无能力时。然而,当涉及阿尔茨海默症,这在很大程度上是一种错觉。从临床诊断出迟发性阿尔茨海默症到死亡的平均时间是4—8年,尽管有些人在确诊后可以再活20年。这是关于预先指示和阿尔茨海默症最显著的事实。预先指示的目的是在你生命的尽头,当你不能再自己作决定的时候,对发生在你身上的事情有一定的发言权。但是对于阿尔茨海默症患者来说,你的生命可能在丧失能力后6年、8年甚至20年才会结束,这可能与医疗预先指示的情形大有不同。当你已经到了严重痴呆症的最后阶段,那么预先指示可

---

[3] See Deena S. Davis, *Advance Directives and Alzheimer's Disease*, Journal of Law, Medicine & Ethics, Issues 24, 744 - 748 (2018).

能会有帮助。医疗预先指示可以表达你的愿望,不接受肺炎抗生素,不使用饲管,等等。在部分医院中,1/3 的严重痴呆症患者使用了饲管,尽管没有证据表明它们延长了患者的生命或提高了患者的生活质量。有些家属认为,医生并未征求他们的意见,或者,当他们感受到医生的压力,才允许对患者本人进行手术。在这种情形下,措辞强烈的医疗预先指示可能对协助决策者很有帮助,使得其能够抵抗医生的压力。然而,大多数人担心的并不是重度阿尔茨海默症的短期侮辱。相反,人们会说,他们原本希望用于孙辈教育或捐赠奖学金的财产被挪用了。他们担心阿尔茨海默症给家人带来的负担。2016 年,有 1500 万美国人为患有阿尔茨海默症或其他痴呆症的家庭成员提供无偿护理,这代表了 182 亿小时的护理。照顾年迈的父母是一项主要落在女性肩上的任务,这可能会破坏她们的事业和婚姻。阿尔茨海默症患者的照顾者自身健康水平下降的可能性是不需要照顾阿尔茨海默症患者的两倍。人们害怕阿尔茨海默症的最大原因可能是害怕得病后失去尊严和独立,甚至失去"自我",因为一个人失去了兴趣爱好,无法阅读或跟不上电影的情节,认不出家人和朋友。对很多人来说,从放弃汽车钥匙和支票簿开始,到穿上尿布,戴着围嘴,用勺子被喂,这 8 年的道路似乎是"比死亡更糟糕的命运"。很多人都非常在意他们是如何被记住的。罗纳德·德沃金写道:"我们担心人生的最后一个阶段对整个人生性格的影响,正如我们担心一出戏剧的最后一幕或一首诗的最后一节对整个创作的影响一样。"当这一过程持续 8 年时,人们有理由担心它会破坏或模糊自己的生活叙事弧。引用法律学者诺曼·康托的话,以痴呆结束生命将是"我记忆中的一个污点"。

阿尔茨海默症的分期发展,是从轻度到中度再到重度的过程。最长的阶段是中度阶段,可以持续很多年。这个阶段的标志是患者有越来越多的困惑,常常伴随着沮丧和愤怒。这个时期的患者可能会做出不寻常的行为,比如拒绝洗澡或刷牙,独立生活不再可能。因此,当一个人进入中度阶段时,上文所描述的目标——保护资源,而不是给家庭增加负担,维持个人生活的叙事弧就都失败了;人们害怕的事情早在他们的状态变得严重错乱之前就已经发生了。一项处理严重痴呆症状况的预先指示对于消除这些恐惧是毫无用处的。引用诺曼·康托的话:“随着阿尔茨海默病和类似的退行性痴呆的发病率的增加,对一些人来说,预先指示的重点已经改变。最主要的恐惧既不是不可避免的死亡也不是永久无意识的麻木状态。相反,新出现的问题是认知功能障碍和无助感逐渐增加时的长期维持。”对一些人来说,在自己不再认识自己所爱的人以及到达无可挽回的晚期状态前,陷入错乱的状态已经是难以忍受的了。事实上,在晚期阶段之前很久,就会出现认不出所爱之人的情形。因此,如果预先指示要解决大多数人对阿尔茨海默症的担忧,它必须让患者在进入中度阶段之前或之后不久便以某种方式终止生命。问题是,在患者变得错乱之前,在他需要搬到养老院之前,在他需要搬到他子女的家里之前,或者在他非常幸运的情况下,即在他家里有一个全职看护者之前,预先指示缩短他的寿命有多大作用?答案是,不太有用。原因有三:首先,预先医疗指示只能指示患者的决策者拒绝干预,而不能肯定地拒绝加速死亡。因此,预先医疗指示只有在有事情要拒绝的情况下才有用,而许多阿尔茨海默病患者活得长而且(身体上)健康。其次,一些伦理学家质疑,考虑到现在的病人不能和以前的自己在独立和自主方面有共同利益,关于照顾痴呆症患者的指示是否应该得到尊重。最后,照顾者有道德上的痛苦,他们被指示让看起来快乐和满足的人死去。想象以下场景:简(Jane)是一个非常独立的人,她写了一个 LW 和 DPA,并指定她女儿作为她的代理人。她解释说,如果不能独立生活,她宁愿死。她指示她的女儿在她不能自己作决定时,如果她生病了,不应该给她静脉输液或使用抗生素,不应该给她注射流感或肺炎疫苗等。这是加斯特在《阿尔茨海默病的预先指示》文章中描述的一种情况。在文章中,他设想了对阿尔茨海默症的 3 个状态中的每一种的可能反应。当简被诊断为阿尔茨海默症,在接下来的 8 年里,她一直保持身体健康,但她的痴呆症却越来越严重。因为没有其他可行的选择,她最终选择了辅助生活。根据她的医疗预先指示,她很可能宁愿死。但她已经失去了将这种信念转化为行动的能力,甚至是表达出来的能力,而她的女儿(在法律上)也无法帮助她死亡。只有当一些延长生命的干预措施出现时,医疗预先指示才会起作用。另一种情形是,想象一下,虽然简仍然在家里生活,家里有个兼职的保姆,但她确实得了肺炎。她的女儿意识到这次肺炎是一个机会,她的母亲将需要在一年内进入辅助生活,因为她的精神状况正在恶化,所以肺炎如果是致命的,可能是一件好事。但是简目前活得很好,尽管她的记忆有问题,但她似乎很享受生活,而且常常不知道自己患有痴呆症。她可能每天花几个小时读一本书,但一遍又一遍地读同一页书。如果她女儿问她,“妈妈,你想现在就死还是住在养老院”,她可能不理解这个问题,说:“我当然不想死!”你认为女儿会遵循医疗预先指示吗?如果你处在简的位置(最初做出医疗预先指示的简),你愿意相信你的女儿听从你的医疗预先指示吗?

这里稍微提及一个复杂且具有背景性的哲学问题。我们称它为身份问题,或者预期的自主决定权问题。医疗预先指示给了有完全行为能力的个人一种方式,将他目前拥有的自主权延伸到他不再有行为能力的未来。但是,身患阿尔茨海默症,住在养老院,记不起自己名字的简,真的和之前写指示的简是同一个人吗?一些学者认为不是。晚期阿尔茨海默症患者可能并不认同尊严和自主决定的价值观,而这些价值观正是他们在有能力的时候激励他们工作与生活的力量。那么,我们为什么要尊重已经不存在的简的指示,特别是如果尊重指示意味着缩短目前正在享受生活的简的生命。此外,预先指示并不能解释关心简的人的道德困境。让我们想象一下简最终住进了养老院。在那里,关心她的人从未见过“真实的”简,一个个性独立、情绪焦虑的女人把自己的隐私看得比其他一切都重要。他们只认识那个喜欢和其他居民一起唱《你是我的阳光》的模糊而愉快的女人。当简得了肺炎时,他们真的希望让她死去吗?因为她可以很轻易地被“拯救”。

目前,美国有 7 个州允许医生在某些情况下为绝症患者提供致命药物。许多人似乎认为这些“有尊严的死亡”的法律可以解决他们对阿尔茨海默症的恐惧。但这些法律规定都与阿尔茨海默症完全无关。美国现存的每一项有关协助死亡的法律,都要求两件事:一个是此人精神上有能力,另一个是此人剩余寿命不到 6 个月。但是,阿尔茨海默症患者在死前的 6 个月内很可能没有精神能力。另一个值得考虑的话题是自愿停止饮食(VSED)。关于 VSED 的基本理念是,拒绝吃喝总是合法的,因此,VSED

可以成为那些不允许医生协助死亡的司法管辖区的个人的一种选择。对于晚期癌症患者来说，VSED可以作为医生协助自杀的替代方案，但在痴呆症的情况下，它实际上是无用的，原因和上面强调的一样。VSED仅与严重痴呆病例相关，VSED只适用于那些接近生命的尽头，失去食欲，对食物感到厌恶的人。但阿尔茨海默症患者已经认知障碍很多年了，而且，如果阿尔茨海默症患者关心的是尊严、家庭负担、节约资源，那么这些关心早就消失了。从痴呆的开始到生命的最后几个月，预先指示对于控制或缩短一个人的生命很少有意义或作用。那些决心不惜一切代价避免痴呆的人，除了移居比利时之外别无选择。在比利时，根据医疗预先指示对痴呆实施安乐死（而不是协助自杀）是合法的。或者，他们可以使用多种策略，找出痴呆症的发病时间，并在他们仍有意愿和能力这么做的时候结束自己的生命。

此外，医疗预嘱同医疗预先指示也有互补作用。有证据表明，指定代理人并不能很好地识别患者的意愿，他们有时拒绝遵从患者的意愿，特别是当涉及退出治疗等问题时。医疗预嘱可以通过提醒代理人患者的个人信仰和价值观而为医疗代理人添加有关背景知识，并有扩展和解释的空间，或者如果这个人的愿望超出了指示，医疗预嘱可以是一个有用的备份，可以用它来保证其他人（和她自己）正在做正确的事情。

二、医疗预先指示制度的概念阐释与类型划分

（一）什么是医疗预先指示制度

医疗预先指示制度是指在个人意识清醒时，为自己的医疗事项作出的一个预先的指示和说明，该项说明通常以书面形式签署，可以包括医疗一般事项、特殊事项或一份授权委托声明。该授权委托声明内容包括对自己医疗事项的态度与观点（医疗预嘱），也可以包括一个替代决定代理人的选任。医疗预先指示制度是从英美法系的持续性代理制度发展而来的，它缘起于人口老龄化的加剧，适用对象以老年人为主，包括任何有相应意思能力的个人。医疗预先指示是个人在医疗处置等人身事项上的选择，当个人被界定为无行为能力时，这份授权文件可为老年人本人、家属、主治医师、

健康照护代理人提供一份明确提示。通常说来，只有在老年人本人被认定为无相应决定能力或意思能力时，医疗与健康照护代理授权才具有法律上的效力。

在医疗技术日新月异的今天，个人可使用心肺复苏等不同的维生治疗延长他们的生命，而此类治疗有可能使其备受折磨，死亡带来的恐惧已经超过了死亡本身，很多人认为如果在已知短期内不可避免会死亡，他们宁愿不接受任何积极性的处置。医疗预先指示的必要性日趋显现。预先医疗制度是将尊重个人医疗自主权的精神，延伸至其丧失决策能力之后。其执行的重点在于厘清个人的生命价值信念与期望，并在个人失去决定能力时，将其应用在相关医疗决策上，最终的目的是在尊重个人医疗自主决定权前提下，提供个案最适当的治疗方案。个人丧失决策能力时，医疗预先指示是医疗人员重要的参考，而且可降低其决策时之困难。从世界大多数国家的医疗预先指示类型来看，医疗预先指示可分为指令型和代理型，指令型预先指示也即医疗预嘱，患者能够直接表达其内心的医疗意愿，它是一份书面文件，允许人们表达自己有关接受或拒绝特定治疗的偏好，为了防止未来他们意思能力丧失时没有作出决定的能力。代理型预先指示则来源于英美法系中的持久授权制度，个人会将医疗诸多事项全部或部分委托授权给代理人，[4]由代理人在本人医疗决定能力丧失时，根据本人的利益替代其作出医疗决定。多数情形下，指令型和代理型医疗预先指示可以合二为一。当然，亚洲的新加坡的医疗预先指示立法较为谨慎，范围狭窄。它仅规定了医疗预嘱，对于代理型医疗预先指示并无明确规定。

（二）医疗预先指示的类型划分

1. 指示型医疗预先指示

指示性医疗预先指示又被称为“医疗预嘱”（living will），它是一项严肃的法律文件，在美国或欧洲，它通常被放置于保险柜中。在医疗预嘱中，人们一般就以下问题做出说明：希望适用或不适用何种护理或治疗。它可

〔4〕 参见孙也龙：《论预先指示制度及其在我国的构建》，华东政法大学2014年硕士学位论文。

以表达拒绝治疗或撤销治疗的偏好，也可以表达患者希望穷尽每一种可以获得的可能性治疗。医疗预嘱并不局限于临终决定，它的内容可以多样化。

（1）预先拒绝医疗。

预先拒绝医疗是指患者在丧失医疗决定能力时，拒绝自己所需要的具体医疗干预。此种方式来源于西方法律中普遍认同的一个观点，即成年人如已经有效拒绝同意某种医疗，则对其的医疗是不合法的，也即患者有权预先让自己的拒绝医疗意愿得到尊重。如果医生不遵守患者关于预先拒绝医疗的指示，则必须有充分理由证明患者已改变或应当改变自己的观点，并将此种理由记入病人病例中。当然，各国规定的预先拒绝医疗方式不同，有些国家规定预先拒绝医疗可以适用于包括生命延长治疗在内的所有治疗方式，如英国、美国。有些国家规定，预先拒绝医疗仅用于不具有拯救生命效果的治疗，如西班牙。预先拒绝医疗面临的问题在于，预先设定拒绝医疗的情形可能难以明确，如并非处于生命末期等。这个问题也是整个医疗预先指示所面临的问题。

（2）肯定性医疗预先指示。

这是指病人要求或同意某种医疗的说明。在肯定性指示中，医生只要能够根据专业标准对病人进行医疗救治即可。只要病人预先同意治疗，且根据医疗标准，该项治疗客观上符合病人最佳利益，则医生必须依据肯定性医疗预先指示对其进行治疗。

2. 代理型医疗预先指示

代理型医疗预先指示又称医疗持续性代理，允许任命他人作为本人的医疗决定代理人，一旦本人丧失医疗决定能力，代理人基于本人的利益为本人作出医疗决定。当然，一般说来，如果本人为概括授权委托，则代理人不能替代作出拒绝维生治疗的决定，除非本人有明确的医疗预嘱。如果医生认为代理人的决定不符合病人最佳利益，他可以与其他医生、代理人、本人近亲属协商，推翻代理人的医疗决定。如果存在明确的医疗预嘱，则代理人必须按医疗预嘱来作出决定，如未存在明确的医疗预嘱，代理人必须按病人最佳利益作出决定，此处最佳利益首先是站在病人的角度，考察病人的价值观、医疗意愿后替代病人作出的决定;若无,则根据客观的最佳利益作出决定。

第二节　医疗预先指示的伦理探讨与权利基础

一、生命权、尊严与医疗预先指示制度

(一)生命权是基本人权

生命权通常被放入人权背景下进行探讨。生命权一直被作为人权的一种重要范畴。何谓权利,其具备双层含义:一是法律层面上的权利,指公民所具备的法律权益,二是指权益升华为"正确"或"正当"的理解。[5] 人权是作为人所具有的基本权利,近代法国或西方正是人权理论的故乡。在价值多元化的现代社会,人权作为全社会普遍认同的反思机制,在社会活动中,人们通常借助人权观念去反思、批判某些现象。[6] 任何一项制度的引进或发展,都可能会涉及人权的探讨。联合国《世界人权宣言》规定,"承认人类家庭所有成员的固有尊严和平等是世界自由、正义与和平的基础""对人权的蔑视已经发展成为玷污人类良知的野蛮暴行,人人享有言论自由、信仰自由的世界的到来,已成为普通人的最高愿望","人人生而自由,在尊严和权利上人人平等"。"人人生而平等""与生俱来的尊严""不可剥夺的权利""不可逆转的权利"是另一种"不言自明"的表达,既强调绝对真理,又强调不可证伪,究竟什么是"不言自明"的人权,它是否具有自我正当性,借助人权反思社会抑或反思制度本身,是否合理? 人权在法律实践中的运用,远比其在理论中更具有说服力。我们需要了解什么是人权,人权的正当性基础是什么? 事实上,人权的自我正当化历程是从个人被赋

---

〔5〕 参见金观涛、刘青峰:《观念史研究:中国现代重要政治术语的形成》,法律出版社 2010 年版,第 98 页。

〔6〕 参见伍德志:《论人权的自我正当化及其负面后果》,载《法律科学(西北政法大学学报)》2016 年第 4 期。

予政治秩序的中心地位开始的，部分学者将人性作为论证人权正当性的唯一基础，但人性具有高度不确定性。

人权是人生而有的权利，人权的逻辑证成包括自然法证成、功利主义证成、关系证成和尊严范式证成。第一，人权的自然法证成。自然法则认为，自然有其自身运行的法则，就是“命运”。万物皆有命，命是必然，命的本质是贯穿宇宙万物的“逻各斯”（自然）。当然，在城邦浑然一体的古希腊，柏拉图和亚里士多德都将不平等视为自然法，在亚历山大创建帝国之前，雅典政治参与之门槛极高，从而导致个体意识开始出现。斯多葛派认为，人是自然的一部分，理性不仅是人的本性，也是宇宙的本性。富人和穷人，都是平等的。这是因为所有人都有理性，而人的理性就是宇宙的理性。理性思考是个人维护自由和尊严的重要之举，人的精神自由是不可压制的，心灵是完全自主的。这是最早的人权理念的萌芽。自然法经历了三个阶段，即古代宇宙的自然法、中世纪的神明的自然法和现代人的自然法，人权也正经历由潜伏到明显的变化过程。人权的认定过程源远流长，且人权的生命力顽强，影响十分广泛。当然，自然法的人权证成模式多数是建立在宗教信仰之上，日渐衰弱。第二，人权的功利主义证成。边沁是功利主义人权证成模式的系统阐述者。他主张以“最大多数人的最大幸福”原则，作为衡量某一行为的道德标准。行为本身的对错应取决于其对受其影响的各方的普遍福祉的后果。当导致最大可能的积极结果或最小可能的消极结果时，行为是正确的。但最大多数人的幸福，只有在个人充分自由时才能实现，因此，国家应当充分保障个人自由。密尔修正了边沁的功利主义模式，为个人权利划定了界限，密尔认为，我们不能剥夺他人追求道路的自由，亦不能阻止他人为自由所付出的努力。功利主义的人权证成模式强调个人自由的最大化，但潜伏着牺牲少数人利益满足社会总体功利最大化的危险。第三，人权的关系证成。人权与他者密切相关，没有他者的存在，人权及人的尊严都是毫无意义的。人权本身源于社会关系。“社会秩序是一种神圣的权利，它构成了所有其他权利的基础。”“此种权利系建立于协议之上，而非来源于自然。”“构建联合形式，以整个社会的层面维护和保护个体的人身和财产，并为这个联合体，使每个与整体结合的个体只服从自己,仍然像以前一样自由。”“人的力量和智慧并不平等,但他们在相互协议和法律上都是平等的。”[7]卢梭认为,公众达成的协议之间所建立的是人权的根源。卢梭认为,人与人之间的契约所建立的公意是人权的正当性来源。而公意是通过人的经验积累与社会文化传承演变而来。第四,人权的尊严范式证成。康德是系统对人权进行论述的第一人。他将人权的论证与人的主体地位和人格尊严联系在一起。康德认为,人是理智体,是理性的存在,人之所以为人,是因为他能够超越自然法则限制,按人类法则行事,能够自我规定自己的行为。当然,康德论证的出发点是“人皆有理性”,但根据该出发点并不能推导出理性的绝对权威,人的自由意志离不开理性,因此可以依据康德论证的出发点推导出“人的自主权”,但据此难以支持现代人权理论。康德的理性普遍性原理无法必然推出平等原则。而平等原则恰恰是对个人自由的控制和限制,如果没有制约个人自由限度的平等原则,个人自由就会无限扩大,个人自由的过度扩大必然会相互抵消每个人的自由。此外,理性并不能推导出“道德规则”。当我们说某个特定的行为是合理的或公正的时,我们指的是某人的性情、欲望或偏好,而不是理性。就理性而言,其并不控制人的欲望和喜好,只会解释依据因果关系的逻辑去行动会产生何种结果,但并不能保证结果一定是按照人的意愿发生的。现代哲学家忽视了人性的丰富性和生命的可能性,这样的理论无法克服所有可能遇到的困难。权利表达了人类的需要,而人类如果有太多的需求,世界和生命就无法提供那么多的权利,否则世界生活会被太多的权利淹没。

(二)生命权的主要内容:五要素说

作为人格权载体的生命,是用来充当人格利益的物质载体,是用来充当人存在的简单逻辑前提,它体现了社会价值,维护了自身尊严。人的生命是智慧生物对人类生命中异常现象存在的完美诠释。人类生命的存在是人类文明发展和存在的基本认识,人类文明的进步是以新生命的诞生和

---

〔7〕［法］卢梭:《社会契约论》,何兆武译,商务印书馆1996年版,第8~9页。

延续为基础的。地球表面是承载人类生命的花园。对每一个人来说,人的生命就是一切,人的生命绝不能重复。以人为本的思想是指人的生命的价值高于一切。人的生命是世间万物的尺度。在这个世界上,没有什么比人的生命更宝贵。以人为中心思想的核心价值包含5个基本要素:人的生命神圣不可侵犯、人类生活的特殊象征意义、人的生命的宝贵、人类生命存在的合理性和生命的高度不确定性。此处,以生命为中心的思想的核心价值不仅涵盖对活着的人的生命,还涵盖对亲人和逝去的人的生命从内心深处的尊重。生命权是构建在对人的生命的认识基础上逐步形成的权利体系,是宪法规定的一项优先权利。从宪法的发展历史来看,人的生命与生命权是不同的具体概念。人的生命不可能天然具有生命权,而生命权的构成是以人的生命为基础的。

由人的生命演化而来的生命权有5项权利的基本要素:一是防卫权,生命权的目的在于杜绝危害人身的犯罪行为发生,以及对抗国家将个人生命权作为目的实现的手段;二是生命权的平等性,即生命权的主体是人的生命,人在平等联系中享有生命的意义;三是生命保护请求权,当个人生命权受到外部侵犯时,公民享有依法向国家申请保护和援助的权利;四是生命权系个人尊严的基础,是一切权利的起点,个人的生命权在当今社会具备命运共同体的价值秩序;五是生命权是绝对不可复制的。失去了生命权,就没有办法恢复,这是优先保护生命权的充分理由。

《民法典》第1002条明确规定〔8〕:自然人的生命安全以及尊严权利,受到法律的保护。生命安全权首先要求禁止他人非法剥夺生命。《欧洲人权公约》第2条规定,每个人的生命权都受法律保护。任何人不得故意夺取他人的生命,除非法院将犯罪者定罪并进行执行。使用超过必要的武力剥夺生命不应被视为违反该条的规定:为任何人的任何非法暴力行为辩护;进行合法逮捕或防止被合法拘留的人逃跑;为镇压暴力或叛乱而采取的行动。生命权是《欧洲人权公约》中最基本的权利之一,是"所有其他基本权利的先决条件"。根据公约规定,生命权条款是限制性极大的条款之

〔8〕《民法典》第1002条规定:"自然人享有生命权。自然人的生命安全和生命尊严受法律保护。任何组织或者个人不得侵害他人的生命权。"

一,在紧急情形下,生命权也不能减损。当然,根据《欧洲人权公约》第 15 条规定,成员国可以在某些紧急情况、某些特殊条件达成,抑或时间紧迫的情形下,减轻承担公约对生命权保护的义务的范围。在生命权是否包括消极死亡自由的问题上,欧洲人权法院采取了消极态度。在普雷蒂诉英国案中,原告处于运动神经元病症晚期,她控诉英国当局拒绝她的丈夫帮助她自杀的决定。普雷蒂女士的病症必将致其死亡,但由于其病症处于晚期阶段,她没有自行结束生命的能力。经过全面的考虑,欧洲人权法院最终驳回了该女士的诉求。法院认为在不曲解语言意思的情况下,公约第 2 条不能解释为创造了自决的权利,即赋予公民选择死亡、放弃生命的权利。不能将生命权理解为包括涉及生命的消极权利和消极自由的权利。在《欧洲人权公约》第 2 条的框架内,国家需要履行三项保护义务:第一,国家不得干涉或非法剥夺他人的生命。第二,缔约国对于自杀情形进行审核,并予以惩处。第三,缔约国有积极保护义务保障生命不被他人剥夺。国家有义务为他人提供保护,以保证其不会被他杀或自杀(有自杀风险)。

联合国人权事务委员会 2018 年第 124 届会议通过的第 36 号一般性意见中涉及的基本为生命安全权。该意见第 3 条指出:“生命权是一项不应被限制性解释的权利。生命权是指个人的具体权利,包括个人免受故意或预期造成非自然影响或过早死亡的作为或不作为的权利,以及有尊严地生活的权利。”生命安全权蕴含两层含义:积极意义上的生命权和消极意义上的生命权。消极意义上的生命权,是指任何人的生命权都受法律保护,不得被非法剥夺。对于消极意义上的生命权,国家具备两种义务:一方面是尊重义务,国家对于公民的生命权应给予绝对尊重和保护。第 36 号一般性意见第 7 条指出:缔约国“有义务避免做出导致任意剥夺生命的行为”,“缔约国还必须保证生命权,并尽职尽责地保护个人的生命,使其不因个人或实体实施的、不可归咎于国家的行为而被剥夺”。第 13 条指出:“缔约国应采取一切必要措施,防止执法人员,包括负责执行执法任务的士兵任意剥夺生命。”另一方面是国家应保障生命权不受非法侵犯,并依法惩处非法剥夺生命权的行为。第 19 条指出:“依法保护生命权的义务要求剥夺生命的任何实质性理由必须由法律规定,其定义必须足够准确,以避免过于宽泛或任意的解释或适用。”第 21 条指出:“缔约国有尽责义务,应采取不造成过度负担的合理积极措施,以应对不归咎于国家的私人行为和实体行为对生命造成的可合理预见的威胁。”正面意义上的生命权,是指个人免于可能导致过早死亡的过失的权利,以及获得生存所必需的保障的权利。《世界人权宣言》第 25 条中规定:“人人有享有足以维持他本人和家人健康和福祉的生活水平的权利,包括食物、衣服、住房、医疗和必要的社会服务;在失业、疾病、残疾、守寡时获得保护的权利,由于某人无法控制的情况而导致年老或丧失谋生能力。”为保障积极的生命权,国家需要采取更积极的义务。享受生命安全权的个人有依照法定程序要求国家职能机关依法消除危害生命安全的请求权。联合国人权事务委员会第 36 号一般性意见第 7 条指出,“缔约国尊重和保证生命权的义务延伸至可以合理预见并可能导致生命损失的威胁以及危及生命的情况。即便此类威胁和情况未导致生命损失,缔约国仍可能违反第六条的规定”。

(三)生命尊严是生命权的重要内容

1. 人性公式与尊严证成

除了生命安全权,生命尊严权也是生命权的重要内容。这与经济发展、医疗卫生及科技水平的提高密不可分。个人不仅看重生命安全的维护,更看重生命的价值和尊严。康德以抽象的人性为逻辑起点,分析生命尊严作为生命权重要内容的缘由。康德的三大绝对命令公式中,人性公式认为,“无论何种情况下,人并非工具而是目的”。人性公式即为尊严原理,它体现的是尊重人及人性本身的重要性。

第一,人性何以为目的而非手段?人性公式要求,在任何时候,你都应将个人及他人的人性当作行为的目的而非手段。什么是手段,手段是“仅仅包含着其结果目的的那种行为之可能性根据的东西”[9]。也就是说,手段是服务于目的并指向目的的东西。目的是自由的,手段并非自由。手段仅具有相对价值,手段服务于目的,若无目的,手段则无价值可言,而目的

〔9〕 [德]海勒·克勒梅:《康德〈伦理形而上学的奠基〉系统释义》,刘作译,上海人民出版社 2023 年版,第 15 页。

则具有绝对价值。人性本身即为目的,但它在某些情形下亦可作为手段。但这里的手段行使,必须遵守他者人性。为何人性为目的?因为人在完成某项事情时,除了积极目的(在实现积极目的的过程中),还充斥着消极目的,这是人的有限理性决定的。人作为经验世界的存在者,不可能随时保持绝对理性,理性总是受情感,激情等因素制约,这时,将人性作为目的就成为义务和应该,即尊重自己和他者的理性能力。

第二,人性中的人格性是尊严的基础。"人性本身就是尊严。"康德将人性分为"动物性"、"人性"和"人格性",人性公式中的人性是包含"人格性"的,所谓"人格性"是人区别于动物的本质特性,抽离"人格性",人不过是高级动物,即使有功利之心,有难以满足的欲望,但并无引人向善的能力。"此种人格下,道德律展现出不依赖于动物性以及感性世界的生活的趋向。"[10]也就是说,"人格性"中含有道德律,这种道德律是指人具有自主性、自律性,这种自律性使得人与动物相区别,具备独立的意志和行为能力。人性中的人格性就是人具有理性的自主选择能力,这使得人拥有尊严。

第三,自律是尊严的根据。人具有自主性,这种自主性是自主选择的能力,也称为自律。"因为人是目的,不是手段,而是目的本身。因此,表面上遵守的法律实际上是自律,体现为自己的绝对价值。"[11]也就是说,人所有的自主选择均是根据理性作出,而理性将每一个意志准则作为普遍法则与所有其他意志联系起来,同时也与针对自身的每一个行动联系起来。这种关系不是出于实际动机或预期利益,而是出于对理性有关的尊严观念,[12]也即自律就是人拥有理性本性的尊严的根据。当然,康德所说的自主选择,并非"理性设立目的"的能力,而是"高度感性的道德自由"的能力。人是双重存在的,具有比动物更高的理性能力,虽有作恶的意志,但也具备较高的道德水准和天赋人格,从兽性到人性,再从人性到人格,逐步上升体现了人类的地位。虽然人类理性水平远高于动物,但并不足以成为尊

〔10〕［德］康德:《实践理性批判》,邓晓芒译,人民出版社2004年版,第211页。
〔11〕［德］康德:《道德形而上学原理》,苗力田译,上海人民出版社2012年版,第87页。
〔12〕［德］康德:《道德形而上学原理》,苗力田译,上海人民出版社2012年版,第397~398页。

严的基础，自由选择不能消除人的欲望，但自由意志不会被经验世界束缚和干扰，最终能够实现自我的控制。正是理性人的纯粹实践理性的道德自律使人具有了尊严，自律是尊严的基础，因此，尊严也是理性存在和道德存在的总和。

第四，自律中的纯粹实践理性是尊严的来源。康德的自律公式认为"全部准则通过立法和可能的目的王国相一致"。我们常常被一种责任性质的规律所束缚，但事实上接受束缚的往往是我们自身。这是意志的自律。每个人都是自己王国的首脑，"每个有理性的人的意志都必须始终被视为立法机关的意志，否则它本身就不是目的。因此，理性将意志的每一个原则都视为与其他所产生的意志相关的普遍法则，同时与针对自身的每一个行动相关，不是与任何其他实际动机或预期利益相关，而是与理性存在的尊严概念相关，而不管其自身的法律如何。除此以外，其他的不要遵从"〔13〕。也就是说，个人是自己王国的立法者，个人根据自己的立法而自律（作出的决定）才使得个人本身具有尊严。一般理性所对应的是不实际的自由，意志水平较低；纯粹实践理性对应真实的自由，意志水平较高。根据康德的理论来看，一般实践理性可以作为区分人与动物的界限，但不能作为人的光荣和尊严的依据。一般实践理性并不能给人带来尊严，因为这样的理性仅出于欲望，而拥有纯粹实践理性的自律，才能让人认识到道德本质的规约，并尊重自己，尊重他人。纯粹实践理性就是意志本身，人的意志自律是人高于其他万物享有尊严的根据和基础所在。因此，尊严的基础只能存在于纯粹的实践理性和由它决定的意志的自主性中。人因为自律才能成为道德性的人，才能约束自身，才配享有尊严。

第五，尊严是人权保护的基础。人为什么需要权利？因为人是目的，人是具有纯粹实践理性的具有意志自律的本体，人是自己王国的主人，在避免自己受到外界伤害的同时，人也可以活成目的本身，人是自己王国的主人，享有自己王国的真正自由。人的尊严之所以是崇高的，是因为人服从了道德规律，并遵守了自己王国的规律，正因为他是自己王国的立法者，

〔13〕［德］康德：《道德形而上学原理》，苗力田译，上海人民出版社2012年版，第434～435页。

因此他的自律即是对自己意志的尊重，因为自律，所以配得上尊严，因为尊严，所以应当拥有权利。自律的公式证明了一种自律的普遍性，人类称其为“目标”，因为他们具有纯粹的实践理性能力，诉讼参与者从根本来看皆具备人的共性特征，因此自律具备普遍性和特殊性，任何人都当然有尊严，有被他人尊重的权利，无论其是实际理性人、暂非理性人还是潜在理性人。

第六，维护尊严需遵守6项原则。从康德的绝对命令与人性公式推导出的关于尊严的维护也会出现难以应对的局面，康德已逝，后人对康德思想的解说或许并未能真正反映他的核心观点，我们毕竟不能站在时代的立场上与康德进行平等对话。但如果按照我们对他的理解，强调每个人都是有尊严的主体时，我们的确解决不了很多问题。因为，我们过去所探讨的尊严均是站在具有自律的意志性的思想健全的个人基础上，而对于行为能力欠缺或丧失的婴儿、植物人等来说，建立在纯粹理性基础上的尊严可能面临解释论的困境，但事实上，这种困境可能更多来自婴儿，对于植物人和曾经有过自由意志的个人来说，他的事先选择仍然能够用康德的尊严理论解释。当然，随着时代的发展，我们必须看到对于尊严的维护，不仅仅是权利，也是责任，即每个人对他者的责任。出于责任，维护尊严需要遵守以下6项原则。其一，任何情况下无论目标是什么，都不能损害对方的理性能力；这剥夺了他者选择恶与善的能力，侵犯了他者的尊严。其二，不能伤害和侮辱个人的身体。因为人的身体是人的尊严的客观承载。其三，单纯地捍卫人的身体和生命并不能保证人的尊严，因此，应当尊重个人的理性选择能力及自律性。我们也应当尊重自己和他者的理性选择能力并在实践中完善自己的理性选择能力。其四，人是目的不是手段，因此，我们应当更多地去促进和帮助自己和他者作理性判断，而非拥有理性能力却不行为。其五，他者的自由的实现只要没有妨害到其他人的自由，就应当允许他设立自己的立法王国，并作出自由选择。其六，回归到“人是目的而不是工具”这条命令中，我们应当在任何时候都尊重自己，并以让他人受到尊重的感觉和态度对待他人。当然，这些原则，只是笔者对康德人性公式的浅薄了解及根据时代发展作出的推导和演变。

2. 生命尊严是尊严的核心

提及生命尊严的概念,我们首先需要探讨生命与上文所述尊严之间的关系。本质说来,尊严包括生命尊严。生命是尊严的载体,生命尊严在尊严中应具有绝对主导地位。以出生和死亡为分界线,生命尊严主要是人从出生到死亡的过程中应受到的尊重。当然,出生前和死亡后的尊严保护,是生命尊严保护的延伸。有了生,生命存续才开始。当然,我们无法选择生的尊严,但可以选择活着时的生命尊严。有了死,生命有了终结,我们可以选择死亡的生命尊严。其次,生命尊严是生命权的重要内容。生命尊严丰富了生命权的内涵,突破了维持生命的界限,补充生命权中基于时代原因不被保护的利益。生命权包括生命安全维护、生命享有、生命利益支配等权能,但无论哪种权能,最终都是为了实现生命尊严。“人享受生命不仅仅是为了享受这个身体,更重要的是享受这个身体所带来的各种意义和价值,也就是生命的尊严。如果只有躯壳而没有尊严,那就是行尸走肉,本质上和动物一样,没有区别。因此,可以说,人的生命的本质在于生命的尊严。维护生命安全,不仅仅是维护生存,而是让生命的过程更有价值,更具光荣的。”[14]而只有有尊严的生物才能按照自己的自由意志行事,因此,人对生命过程及终结的尊严实际上是个人尊严的派生物。生命尊严包括死亡的尊严和活着的尊严,没有这两种尊严,生命尊严即不完整。人没有选择出生的能力,但人可以在出生后具备民事行为能力,并有从事法律行为、事实行为和获得依自己自由意志行事的尊重。当然,人也应该有有尊严地死去的权利。当患上疾病使一个人无法继续有尊严地活着,活着反而成为个人自由意志和生命尊严的负担时,人应该有选择有尊严地死去的权利,维护个人在自由王国中对尊严的认知。其实,生命尊严在活着的时候很容易实现,分别由监护人或自己自由行使,但在个人丧失民事行为能力后却很难得到保障。从这个意义上说,生命尊严主要是死的尊严。完整的生命尊严必须包括死亡的尊严,其是生命尊严的本质,也是生命尊严实现的最后环节。死亡的尊重在很大程度上是消极和被动的。只有尊重自己的死

〔14〕 杨立新:《论〈民法典〉规定生命尊严的重要价值》,载《新疆师范大学学报(哲学社会科学版)》2020年第6期。

亡、规范自己的生命，才能提升生命尊严的精神和主动性，生命尊严才能得到充分捍卫，生命权和人权才能得到实现。

因此，以死的尊严为核心利益保护的生命尊严权，应当包含如下内容：

第一，尊严死。有尊严地死去，是一个人在垂死时的自我决定和自我选择，是行使生命权的行为，是维护生命尊严的目标。尊严死包括消极尊严死和积极尊严死。积极尊严死主要指“安乐死”。“安乐死”一词来自希腊语，意思是“快乐地”死去。它包括两种含义：一是安乐的无痛死亡；二是无痛致死术。“安乐死”指患者患有绝症，处于生命垂危状态，因身心极度痛苦，应患者及其亲友的要求，经医生同意，采用人道的方式，以无痛方式结束患者生命的全过程。消极尊严死，多为自然死亡，即临终病人没有采取任何维生医疗措施。尊重病人的意愿或想法，停用维生药物，让病人死去。对于一些失去自我，神志不清，没有康复希望的病人，亲属可以根据病人的生死意愿，请求医院或法院停止治疗。这样的死亡，既使患者摆脱了悲惨的境地，也使亲属摆脱了沉重的精神负担。这体现了自然人自律、自由意志的应有之义。

第二，临终关怀。临终关怀不是治愈方法，而是根据病人在死亡前几周甚至几个月内病情的急缓情况从而开展相应服务。临终关怀并非追求绝对的治疗方式，更注重医务人员的服务水准。由于临终关怀必须涉及对广泛症状的姑息治疗，因此，在肿瘤学领域往往是姑息治疗的代名词。临终关怀包括身体护理、心理护理等。身体护理是指通过医护人员和家庭成员的治疗来减轻疼痛，并通过自然健康的饮食来增加身体的能量。心理护理是指形成观念以消除恐惧、焦虑、委屈、担忧等，使他们感到舒畅、如释重负，并对来世（指死后）充满希望和信心。临终关怀的本质是减轻患者身心的痛苦，提高患者的生活质量。病人虽然已经到了垂死阶段，但仍然存活。人格尊严不得因生命力下降而贬损，人格权利不得因身体衰竭而被剥夺。只要病人未进入昏迷状态，他们就还有思想和感情，其个人权利应当得到支持，比如，维护自己的隐私和生活方式，参与制订医疗方案，选择死亡方式等。

第三，医疗预先指示。医疗预先指示中的医疗预嘱是选择自然死亡的配套文件。它允许人们在不可挽回的生命末期选择停止治疗。医疗预嘱就是为了保障个人对死亡的意愿。允许个人提前告知意愿,表达自己面临死亡时的真实想法,预先安排各项事宜,这是对生命的尊重。

(四)生命尊严与医疗预先指示

生命尊严是一个很有争议的概念。在伦理和政治辩论中,人们提出了许多不同的含义,且尚未达成共识。缺乏对尊严的明确定义引起了争议和困惑。一些作者捍卫这个词,而其他人认为它只是一个无用的生物伦理学概念。然而,尊严仍然是国际生物伦理准则和条例中的一个重要概念。例如,1997 年的《欧洲人权公约》和生物医药、联合国教科文组织 1997 年的《有关生物伦理和人权的世界宣言》以及 2005 年的《有关生物伦理和人权的世界宣言》中,均援引了人的尊严和尊重人的尊严的义务作为生物医学实践中限制和义务的基础。在关于医疗预嘱的道德辩论和国际指导方针中,尊重尊严被援引为基本原则之一。更具体地说,《欧洲人权和生物医学公约》第 5 条规定了每一项保健干预措施都必须征得病人同意的义务,反映出拒绝治疗的权利,是尊重尊严和个人自由的一种方式。该公约得到了包括英国和法国在内的大多数欧洲国家的赞同。这些国家有义务在本国执行公约的指示,然而,各国在这方面的做法有很大不同。造成这种差异的原因之一可能是“尊严”一词的不同含义以及对人的尊严的不同尊重形式。因此,重要的是要探索尊严的不同含义,试图阐明它在辩论中的使用,从而促进国家间的对话。在这里,主要关注两个国家,英国和法国,以及关于尊重尊严的国际指令在国家层面的翻译方式。我们研究了英国和法国关于医疗预先指示的法律方法,也调查了“尊严”一词在两国公共政策和国家指导方针中的不同含义。欧洲学者发现,在英国,对尊严的尊重主要被理解为对自治的尊重,而在法国,对尊严的尊重主要被理解为对人性、团结和公共秩序的尊重。因此,引用类似“尊严”这样有争议的术语的国际准则导致不能在全欧洲统一达成协调政策和措施,部分学者建议,为了实现政策和措施的协调,需要定义这个词的含义。[15]

对尊重病人尊严的努力已经出现在国际文件中。如前所述,《欧洲人权和生物医学公约》强调有义务在采取任何保健干预措施之前寻求病人的自由和知情同意(第 5 条),这对尊重病人的尊严和自由至关重要(第 1 条)。此外,《欧洲人权和生物医学公约》要求医疗保健提供者尊重病人尊严,并考虑到病人医疗预先指示中的意愿,保障病人的自由。然而,法国和英国采取了不同的方式来履行这一义务,即对病人拒绝治疗的意愿赋予不同的法律地位。在英国普通法中,病人拒绝治疗的权利是建立在身体完整原则的基础上的,这是威廉·布莱克斯通(William Blackstone)在 1765 年首次提出的。只要病人得到适当的通知,并了解他们的决定的后果,他们就不需要详细解释为什么他们希望拒绝治疗。病人可以拒绝任何治疗,甚至是维持生命的治疗,此种拒绝可以是"出于理性的,非理性的,或没有理由的原因"。当病人无能力时,拒绝治疗的医疗预先指示在英国法中是有法律约束力的,前提是病人已经充分知情。只有在对病人先前表达的意愿的一致性和明确性存在疑问的情况下,法院才会决定驳回病人的预先拒绝治疗指示。自 2007 年在英格兰和威尔士生效的 2005 年精神能力法案以来,如果符合某些标准,拒绝治疗的事先书面决定也具有法律约束力。英国 2005 年的法案引入了医疗预先指示,作为提高病人自主权的一种方式。根据该法案第 4 条,在没有医疗预先决定的情况下,对一个病人的治疗应符合他或她的"最佳利益"。这意味着医生应该在医疗利益与病人过去和现在的愿望、感情、信仰、价值观以及病人可能考虑的任何其他因素之间取得平衡。

法国 2002 年的《病人权利法》规定了拒绝治疗的权利。然而,许多法国医生声称,不确定这项权利是否包括撤回或停止维持生命的治疗的权利。虽然 2005 年的法律规定医生必须尊重病人的意愿,但它也规定,如果拒绝治疗危及病人的生命,医生应该"尽一切可能说服病人"继续治疗。它并没有具体说明"尽其所能"到底是什么意思,也没有说明"尽其所能"到

〔15〕 Lukegormally, *The Aged: non - persons, human dignity and justice*, Cambridge University Press, 2009, p. 125.

底需做到何种程度。正如法学家 Thouvenin 所指出的，这些限制表达了对承认病人为实际权利人的矛盾心理。根据法国 2005 年的法律规定，所有有能力的病人都可以撰写这样的文件。然而，与英国不同的是，预先决定在法国目前没有法律约束力。法国《公共卫生法》第 L. 1111 - 11 条规定，这些问题医生“应予以考虑”。在考虑医疗预先指示之前，建议医生咨询同事以及患者的代表、家人或亲密朋友。已被明确的是，只有医生才能决定是否停止维持生命的治疗。尽管近年来法国试图加强病人的权利，但保护弱势患者和将责任下放给医生的坚定承诺仍然是限制医疗预先指示的主要因素。看看英国和法国关于医疗预先指示的法律图景，我们会发现，尽管两国都致力于在医疗预先指示中保护病人的尊严，但它们实现这一目标的方式是不同的。在英国，病人权利似乎占据了中心地位，然而在法国，医生保护弱势群体的责任更大。

1. 英国医疗预先指示中的尊严：政策和指导方针

英国医学理解人类尊严的一个有益定义来自纳菲尔德生物伦理委员会。委员会在 2002 年的一份报告中声称，“人类尊严的概念的基本要素，是假设一个人的行为、想法和问题都值得被内在地尊重”。根据这个定义，一个人的尊严源于他或她自主和自决的能力。相同的尊严理解得到了总医学委员会（GMC）的回应。总医学委员会要求从事临终护理工作的医生通过倾听和回应病人的担忧，以适当的方式向病人提供信息，并尊重他们自己作出决定的权利，来“对待病人，尊重他们的尊严”。对纳菲尔德生物伦理委员会和总医学委员会来说，有尊严地对待病人主要被理解为支持和促进他们的能力，进而促进他们为自己选择的权利和他们的选择被尊重的权利。病人的利益包括他的自决权，即使这会损害他的健康或导致他过早死亡。社会利益在于坚持所有人的生命都是神圣的观念，应该尽一切可能去保护所有人的生命。在以权利为基础的英国文化的背景下，尊严往往与自治联系在一起。病人有权控制自己的生活，作出自己的决定，这与英国的哲学和政治传统是一致的。自 1215 年英国制定《大宪章》以来，就确立了保护个人自由权不受公共当局侵犯的规定，这也符合英国思想家洛克的学说。他认为，任何权威都不应该干涉个人的私人生活。一个人应当自主自愿行动,只要他不限制别人的自由。

2. 法国医疗预先指示中的尊严:政策和指导方针

"尊严"这个词最古老的意思是指贵族和社会上层人士所拥有的一系列品质和荣誉。国王、大臣、主教和医生的角色和地位赋予了他们特殊的尊严。作为法国大革命的结果,1789 年发表的《人权和公民权宣言》对这一定义提出了挑战。它将尊严赋予所有人,不论他们的阶级或等级,其基础是所有人都具有共同的本性,法律面前人人平等。根据《人权和公民权宣言》第 6 条的规定,法律是共同意志的表现……无论保护还是惩罚,法律对所有人都是一样的。所有公民在法律面前一律平等,依照其能力,不分其他差别,并不根据他们的美德和才能作出区分,他们平等地享有一切尊严,享有一切职业。正如麦克鲁登所表明的那样,尊重所有人的平等尊严是法国共和主义的核心思想。法国共和主义深受卢梭社会契约思想的影响。按照卢梭的说法,共和制国家代表了每个公民的共同意志,在保护平等和保障所有人的权利方面发挥着特殊的作用。卢梭的哲学似乎促进了对尊严的更平等主义或社群主义的理解。麦克鲁登引用卡罗扎的话,指出了社群主义对尊严理解的独特之处,这种理解以"比北美传统更加关注平等和博爱,而不是只强调自由"而闻名。尊严的这一特殊含义以及国家在保护其公民尊严方面所起的作用,在当代法国法律、伦理和政治辩论中仍然可以察觉到。1994 年,尊严作为"宪法价值原则"被引入法国法律。1994 年法国通过了三部所谓的生物伦理学法律,分别管理个人数据的保护、对人体的尊重以及人体器官的捐赠和使用;这三部法律将尊严视为每个人的内在价值。此后,法国《民法典》第 16 条规定,法律禁止任何伤害人的尊严的行为,并保证从人的生命一开始就会得到尊重。自 1995 年以来,法国《医疗义务法典》第 38 条规定,医生有责任确保垂死病人的尊严,但不能故意加速其死亡。该条款被纳入法国《公共卫生法》(第 L. 1111 - 4 条)。2000 年,法国国家伦理委员会(French National Ethics Committee)发表了一份关于"临终、结束生命、安乐死"的报告,强调了医生应保护人的尊严的内在价值。根据该委员会的说法,医生角色是"捍卫和促进共同的价值观,没有这些价值观,就不会有团体或团体社会"。这份关于临终问题的议会报告讨论了在关于临终和安乐死的辩论中对尊严概念的不同使用。尊严可以用个人主义的方式来理解，它表示每个人对生命的价值的看法。报告表明许多安乐死的支持者用尊严的定义来支持他们的论点。然而，也可以将尊严理解为人类生活的一种固有特征，是所有人都具有的一种不可异化的品质，不会丧失或减少。这是安乐死的反对者通常援引的尊严概念。

在2000年的这份报告倾向于认为尊严的意义是人类生活的一种内在品质。正如法国最高上诉法院法官文森特·拉曼达所主张的那样："人的尊严并不意味着选择自己的生或死的自由，而是这种自由的条件，尊严原则证明限制个人自由是正当的。"法国国家伦理委员会在2013年的一份报告中指出，尊严的不同含义并非先天相互对立。当一个人认为他或她的处境不体面时，委员会、公共当局和社会都应该动员起来改善这种情况。然而，委员会认为，通过帮助一个人死亡去恢复他或她的尊严的想法侵犯了保证个人平等价值的尊严的意义。尊严是每个人固有的价值，应该得到公共当局或社会代表的保护，这种理解不仅指导了法国关于临终问题的辩论，也指导了法律和政策。当然，法国国家伦理咨询委员会9月13日就"安乐死"问题作出最新表态：在严格的条件下，可以合法"积极"协助死亡。鉴于英国和法国对尊严的理解方式不同，我们有必要深入了解这两种对尊严的不同理解。

3. 尊严难以捉摸的含义

很多学者认为，尊严是一个难以捉摸的概念。区分自治和尊严的概念对许多学者来说是一个重大的挑战。英国和法国的临终辩论中，出现了两种特殊的尊严概念：尊严是对人性的尊重或尊严是对自治的尊重。

尊严是对人性的尊重。康德是把人的尊严和尊重置于道德理论中心的哲学家。在康德看来，人的尊严是所有人因其人性而具有的最高价值，即因其理性本性而具有理性思维、自主选择和道德行为能力的存在。正是这些与生俱来的能力，使尊严成为人类生命的根本和不可分割的价值。人的尊严既不能丧失，也不能削弱。正如诺伊曼所指出的，一个人"拥有自我所能拥有的一切道德尊严和价值，因为它的运作只根据普遍和必要的原则,这些原则适用于所有理性的人。正是这种自我立法的能力,而不是追求个人目标的能力,赋予了所有人尊严。作为对人性尊重的尊严是一种价值,它被用来捍卫个人的决定和权利受到限制的情况”。最著名的例子是在法国投掷侏儒案中援引了人的尊严。尽管以“被投掷”为生的侏儒曼纽尔·瓦肯海姆提出上诉,甚至向国际公民权利和政治权利委员会提出申诉,但该委员会以“被投掷”有损人的尊严为由作出了不利于他的裁决。为了保护社会凝聚力和平等主义,法国法倾向于放弃个人权利,这符合对尊严的理解,即要求尊重整个人类。尊重尊严是指尊重构成群体的每一个人的人性,而不是每个人独立行动的权利。

尊严就是对自主权的尊重。正是由于人性与自治的密切关系,才引出了我们对尊严的第二种理解:尊严是对自治的尊重。自治(autonmy)来自希腊语单词ustos(意为“自我”),nomos(意为治理)。换言之,自治即自我管理和自我做主的状态。一个自主的人是一个自我管理的人,他决定并对自己的行为负责。康德把自治描述为人类按照理性原则管理自己生活的能力。但康德认为,通过自治行使的实践理性决定了一切对自己和他人的道德义务。然而,对于密尔来说,自主性是独立于实践理性的内在价值的基础。他认为,自治能力是人类区别于其他动物的主要特征之一,它赋予了人类生命特殊的道德价值。在密尔的理论中,自治是人类尊严的基础:一个让世界或他自己的一部分为他选择生活计划的人,必须观察,用推理和判断来预见,用行动来收集材料,用辨别能力来作决定。当他作出决定时,要坚定和自主地坚持他深思熟虑的决定。英国的临终关怀模式似乎倾向于将尊严视为对自主权的尊重。尊重人,尊重人的尊严,最好的方式就是承认他们是独立自主的个体,允许他们追求自己的目标和梦想。对于即将走到生命尽头的患者,恰当的治疗方法是允许他们继续追求自己对美好生活的希望,直到生命尽头,甚至更久。

我们对英法两国对临终决定态度的理论基础的分析揭示了两国对尊严的解释的差异。在英语语境中,尊严主要被理解为(但不完全是)对个人自主权的尊重。这导致了法律和实践,侧重保障病人的自主权,并承认个人权利优先于社会利益。在法语的语境中,尊严似乎主要意味着对人性的尊重。正如勒努维耶所说,共和理想“调和了每个人的利益和尊严”。因此,强调尊重人的生命的内在价值,意在强调人的生命是所有人平等分享的不可转让的财产。国家的责任是通过保护人的尊严来维护公共秩序,即使这意味着限制个人自由。[16] 在临终决定和医患关系中,病人的个人选择让位于医生促进社会价值的责任,如保护病人的福利。在许多关于临终问题的欧洲或国际的宣言和准则中,保护和尊重人的尊严是核心。鉴于这些准则的作用是统一各国的法律和实践,了解尊严等核心概念的意义将有助于预测如何在当地实施这些准则。

4. 尊严与姑息治疗

姑息治疗的首要目标是确保姑息治疗的个人高质量的生活。包括心理、精神和身体方面的需求。世界卫生组织 2018 年报告称,全球有 4000 万人身患绝症,还有数百万尚未濒死的人需要姑息治疗。然而,需要姑息治疗的人中有 86% 没有得到所需的治疗,而且在年龄、诊断和住所等方面获得的治疗机会是不平等的。在姑息治疗中,必须在各种情况下为有需要的人提供维护尊严的护理。尊严服务的核心价值是尊严、善良、尊重和铭记“关心”这个人。医疗保健专业人员的态度、行为、同情心和对话的使用是维护尊严的医疗行为的重要组成部分。尊严对于那些因疾病而遭遇困难的人来说至关重要。在医疗领域,当人们能够按照自己的原则和价值观生活时,他们就有尊严。身体有问题的人很容易受到伤害,对自己的身体和周围环境失去控制,这自然会影响他们维护自身标准、原则和价值观的能力,导致失去尊严。失去尊严是许多老年人和重病患者的现实情况,在

---

〔16〕 法国的最新立法与政策发展是 2022 年 9 月通过的《第 139 号意见——与生命终期相关的伦理问题:自主与团结》(Opinion No. 139—Ethical Issues Relating to End - of - Life Situations: Autonomy and Solidarity),该意见讨论了修法的迫切需求,意见认为:如果立法者决定就协助死亡立法,则协助死亡程序应当向患有不治之症、遭受着难以缓和的生理和心理痛苦、希望在病程中期去世、有自主决定能力的成年人开放;当然,那些丧失了物理表达能力的人不应当被排除在外。CCNE 认为,就协助死亡程序的步骤而言,患者的申请应当经过合议程序审查,以确保患者的痛苦是无法被治愈的;患者的主治医生或合议程序中的任何医疗专业人员应当能够受益于良心条款并有义务将患者转介给任何可能跟进患者请求的医生。参见 2023 年 6 月“医学协助死亡及安宁缓和医疗的伦理与法律”在线国际研讨会。

非癌症人群中，它影响了4% ~11%的老年人和病人，并被报道为癌症患者的重大问题。

（五）老龄化社会的生命尊严保护与医疗预先指示

在医疗预先指示问题的争论上，有种观点认为，老龄化社会中为节约医疗资源应承认医疗预先指示的合法性。[17] 这样的观点是目的和手段的颠倒，站在功利主义视角下承认制度的必要性与合法性，观点值得商榷。但是我们可以从经济学的公平分配视角来探讨老年人医疗护理问题。

在医疗领域，资源分配存在很多不同的争论，这些争论基于不同的背景而产生。在政府内部决策会议上和卫生系统内部也存在争论，这些争论均涉及资源分配是否有效。其他参与辩论的人，如诸多学者，争论的是论点的有效性。医疗卫生经济学家、医疗决策分析师、政治家甚至哲学家都批判性地评估了决策者的推理路线。经济衰退使人们对医疗卫生及社保系统的看法从注重投入转向注重产出。曾经有一段时间，人们主要从改善投入的角度来讨论改善医疗保健制度，也就是投入更多的资源。既然按实际价值计算，资源几乎是静止的，那么重点就放在产出上，放在利用有限资源取得最佳价值上。有学者声称通过一个数学值来代表一种治疗或一种医疗干预的价值，这个数值代表了干预所保障的额外生命，并通过对生活质量的衡量加以修正。但是，在这里我们并不讨论经济学的范式，而是通过这些方式和方法来重新定义有关老年人的医疗护理资源分配的公平问题。人口统计学显示，依赖保健服务的老年人的数量和百分比都在增加。在此背景下，人们关心的问题是，在提供保健服务时，老年人应该得到什么。应当向哪一种老人提供医疗服务？提供医疗保健服务应包括哪些内容？这个问题的回答方向也影响了对其他问题的回答，即在医学实践中什么是道德上的正义。可以在人类胚胎上进行破坏性的非治疗性实验吗，可以故意杀死未出生的婴儿吗，可以杀死残疾新生儿吗？所有问题都建立在对一个终极问题的思考中，即，假定个体的生命在何时何种条件下才具有价值。

---

〔17〕 Lukegormally, The Aged: *Non – Persons, Human Dignity and Justice*, Cambridge University Press, 2009, p. 137.

对这个问题的一个有影响力的回答大致如下:你的生命只有在你能够评价事物并且你认为事物有价值的情况下才有价值。这意味着,如果你不具备使事物对你来说显得有价值的精神,那么你就无法对你生命的内在价值作出解释。如果一个人没有足够的精神力量去做对自己重要的事情,那么他本身也就不重要。因此,只要一个人能够保持一种事物是有价值的感觉,他就能给他的生活带来价值和尊严。这种对生命价值的解释的推论是,那些缺乏赋予价值的精神的人的生命必须依靠别人来给他们的生命赋予价值。

在关于安乐死的伦理争论中,部分学者认为,只有一类人,拥有生命权,且此种生命权仅指不被谋杀的权利。他们的推理大致如下。为了拥有一种权利,你必须有一种欲望,想要得到这种权利应该得到的东西。但为了拥有欲望,你必须拥有用来表达欲望的概念。这意味着,拥有生命权的必要条件是:(1)你拥有一个将你自己作为持续存在的实体的概念;(2)你希望准确地作为那个实体持续存在。以上推理的结果是,要在不能被称为"人"的人和能够被描述为"人"的人之间划清界限,因为后者拥有当下具有可操作性的思考、选择和沟通能力。一方面,只有在已定义的意义上,人才可以被认为具有自身的价值,尽管这种价值来自发现和投射有价值的东西,而其他人可能没有理由认为这种价值有价值。另一方面,在定义中,只有人拥有理智时,才拥有人权。从这两种叙述中可以得出的实际结论是,虽然杀死"人"可能存在内在的反对意见,但杀死非"人"的人就不会有内在的反对意见。可能会有外部的反对意见,比如一个人被某些人珍视,或者一个人的死亡会阻碍某些人欲望的满足。如果患有晚期痴呆症的老年人有权利被剥夺生命,则我们没有义务为他们提供医疗保健。如果我们不能为这些老人提供满意的照顾,杀死他们的诱惑将变得非常强烈。如果权利必须依赖于特殊的"人格"地位,通常意味着这是对司法领域的一种激进的限制,即只针对那些目前具有思考、选择和交流能力的人。在资源分配方面,大量被赡养的老年人将被挤出分配领域正义。[18]

---

〔18〕 当我们有大量的超过85岁的人口(其中有45%是老年阿尔兹海默症人群),而如果我们也不能为这些老人提供满意的照顾,杀死他们的政策倾向将变得非常强烈。

以上内容旨在说明,当代哲学中的一种极具影响力的思想趋势将改变我们先前的共同假设。我们先前的共同假设是,抚养是国家对所有老年人的义务。修正后的假设是它只对那些没有精神错乱或严重认知障碍的老年人具有义务。应该强烈抵制这种思想,因为在尊重基本人权的意义上,正义依赖于这样一种假设,即所有人,仅仅因为他们的人性,就具有内在的价值。拥有基本权利的前提是拥有其固有的价值或尊严。需要某种超越我们共同人性的东西才能拥有基本人权的观点是各种形式剥削的基础。应依靠人人平等的信念反对这种剥削倾向,如果人性本身没有价值,那么人人平等即为空谈。人人平等解释了为什么我们不能选择公正或不公正地对待个体。伯纳德·威廉姆斯(Bernard Williams)已经清楚地解释了,将基本人权(如不被谋杀的权利)与拥有"人格"联系起来的尝试,并非正义,仅或基于利益考量。

社会对失能老人尊严的尊重受到了威胁。如果通过消除严重精神障碍者来解决赡养老人的问题,会进一步严重地破坏对每个人尊严的尊重。我们需要抵制任何朝这个方向发展的趋势。在法治社会,我们需要保证为所有有需要的老年人提供高质量的医疗辅助。做出这种社会承诺的第二个原因是考虑到将医疗保健资源限制在非痴呆症老年人身上可能会威胁到另一类基本价值,即那些体弱多病和易受伤害的老年人的价值。老年人是属于父母的一代人。抛弃他们就意味着拒绝承认一种基本的债务,这种债务是我们人性的本质,即我们正是通过我们的父母而存在的。人类的开始和结束都是脆弱和具有依赖性的。接受和照顾老人的这种脆弱性不仅是一种责任,也需要年轻人来证明,这现实地承认了我们人性的本质。对任何人类社会来说,因为老年人的软弱而系统地放弃对他们的照顾将是灾难性的。人的生命所具有的特殊的内在价值,可以通过每个人固有的本质中所具有的激进的发展能力而得到合理的肯定。正是这种能力使人类取得了各种各样的成就。如果我们重视这些,就更应该重视本性,因为本性是根源。此外,在20世纪的英国,当讨论到摆脱具有依赖和衰弱性的老人时,有一种倾向是强调这将给家庭带来经济利益。老年医学专家玛丽·布利斯(Mary Bliss)认为,如果子女有权力决定杀死父母,就可以减轻因照顾年迈且不称职的父母而负担的家庭的经济和其他困难(布利斯,1990)。1990年10月欧洲协会会议上,一名来自伦敦教学医院的老年医学讲师说他认为当时存在一种主要的道德风险,即压力下的非自愿安乐死,他认为这是老年人都必须应对的问题。

综上所述,基于上述伦理考量和哲学思考,需长期照顾的老年人在资源分配上应有特殊的待遇。社会需要表现出对受赡养的老年人的尊严的明确承诺和声援。在利益驱使下考量放弃这些价值观的时代,更必须明确和毫不含糊地履行这份承诺。

二、人格权与生命权

从人格权的学术起源来看,人格权起源于对"生命""健康"的关注,生命权是最早被划归人格权的权利类型。16世纪的荷兰人文主义法学家胡果·多诺鲁斯(Hugo Donellus,1527—1591)最早提出了生命、健康等概念。其对于权利的分类,即分为主体本身为客体的权利、不以主体为客体的权利,生命、自由、名誉等权利属于上述第一类权利。[19] 但当时人格权的概念还没有被抽象出来。18世纪,德国学者沃尔夫在他的《自然法导论》中也提出了生命权、身体权等概念,但并未提及生命法益和身体法益的概念,因此未对人格法益和法律人格进行区分。19世纪中叶,萨维尼提出了著名的问题,即是否承认人有自杀权,是否承认个人具备身体支配自由权?萨维尼认为,主观权利解决了法律主体与法律客体之间的关系,权利人可以按照自己的意愿控制客体,而财产权是典型的主观权利,生命权和身体权是"对自己的权利",缺乏外部客体,因此是错误的。他还认为,一个人不能对自己的身体及其组成部分拥有权利,否则会上升到个人的自杀权,因此个人对自己的权利很难在实体法上得到承认。萨维尼并没有错误,只是在当时的社会经济条件下,萨维尼对生命权的考虑仅涉及积极自杀,并未看到医学发展及除生命权以外的其他人格利益。直至19世纪,随着经济生活的发展,尤其是国家统一完成后,德国经济的跳跃式发展,对人文科学产

---

〔19〕 参见王利明:《论人格权的定义》,载《华中科技大学学报(社会科学版)》2020年第1期。

生了深远影响。德国学者噶莱斯于1877年首次提出人格权概念。他主张人格利益和主体资格应当进行区分。人格权的客体应为“人格利益”而非“人格”,他区分了三种人格权,即身体完整权和人身自由权(例如姓名权)、人格尊严权、智力成果权。噶莱斯最大的贡献是他首次从理论上区分了人格的法律利益和法人人格,并将人格权与其他民事权利区分开来。随着理论研究的深入,日耳曼法学派科勒提出,人格权的客体应以人的身体和灵魂区分,一般人格权是那些享有人格权的人的排他性权利。德国法学的另一位代表人物基尔克也认为,人格权公有是一项基本权利,它源于法律对私有概念的承认。然而,人格的法律重要性不同于主体资格。人格法益包括人格完整权、自由权和尊严权等。

三、医疗预先指示制度与人格权保护

医疗预先指示制度涉及生命权与自主决定权。他们均属于人格权范畴。因此,本章亦从人格权的基本理论出发,试图厘清医疗预先指示制度中所涉的人格权保护范畴。

(一)法律发展的自我逻辑性与人格权保护的演进

1. 人格与人格权

16世纪的法学家登厄鲁斯认为,属于我们的东西包括我们的东西、我们不得不做的东西。登厄鲁斯所说的我们的最基本的部分就是我们所说的人格,从字面上看,人格是指一个人的道德品质,一个人的性情、能力、品格等特征的总和,按照法律、道德或其他社会规范应当享有的权利或资格。法学对“人格”的研究始于罗马法。罗马法上的人格,是一个公法上的概念。作为社会的组织工具,民法的首要任务就是处理人格问题。人格是社会主体的一种资格,这个问题包括外在和内在两个方面。此外,人格关系涉及社会与其他成员的关系。现代国家在其出版的世界地图中将自己定位为世界的中心,而世界上所有国家都定义了他们的公民身份属于一种特权,并限制或禁止其他国家的成员参与,他们将自己定位为几个同心圆的中心。[20] 在内，并非所有城邦居民都被承认为社会主体。他们的身份总是分为三种：正常、特权和歧视。只有前两种身份的持有者才是具有人格的主体。换句话说，人格是社会为了社会分层而规范其人口的一种工具。因此，罗马法学家盖尤斯把所有的实体法简单地划分为人法和物法。人法的主要内容为三种身份的规定，即根据是否享有自由权、家父权、市民权对人进行分类，也就是人格的拥有问题。根据罗马法的入册资格要求，一个人必须同时具备自由、父亲和公民三种身份，才能在公民名册上占有一席之地，才能正式成为罗马共同体的一员。缺乏任意一种身份，就可能会被认定为奴隶、从属者或者是外邦人。他们的共同点是，其权利在法律生活中被贬低，处于劣势地位。此外，罗马法还包括了亲子关系问题，那就是，家庭法的规定是以父权为轴心制定的。父权的内容包括收养权、丈夫权、监护权等。[21] 身份是人格的一个要素或基础，人格由身份组成，多重身份就是一个人格，一个身份的丧失将导致人格的减少，而完全丧失的结果就是人格的毁灭。

2. 自然人格权与法国《民法典》

随着欧洲各国民事立法活动的陆续开展，民法体例出现了同其他部门法相分离的立法趋势。经历了文艺复兴和启蒙思想的洗礼，普遍平等之自然人人格确立。家庭父权制逐步解体，体现为身份制度的相应废除。现代民法对于不平等身份地位的规定以及根据该规定而产生的法律概念给予了否定，承认了法律人格形式上的平等。1789 年法国《人权宣言》直接规定了人的法律地位，“人类生来就享有自由和平等的权利”，自由、财产、安全和反抗压迫是“自然不可剥夺的人权”。法国《民法典》第 8 条重申了人权宣言的规定，即“所有法国人均享有民事权利”。有学者认为，法国法对人的关注不多，对人格权没有任何具体或正面的规定。但萨维尼在进行对比研究的过程中发现，法国法理学对于个人权利不受侵犯进行了实质性保护，其范围涵盖了生命、身体、名誉、贞操、姓名、肖像、信用等所有权

〔20〕 参见徐国栋：《人身关系流变考》（上），载《法学》2002 年第 6 期。

〔21〕 参见［古罗马］优士丁尼：《法学阶梯》，徐国栋译，中国政法大学出版社 1999 年版，第 71～73 页。

利。[22] 法国从法权的角度排除了对人格权的规制，即并未忽视对自然人人格的保护，但人格权只是作为自然权利而不是法定权利存在。在法国《民法典》颁布初期，人格范畴是一个历史概念范畴。早期阶段，法国的法律规定以及该规定所保护的人格权实践，尚未涉及自然人的隐私和个人生活等，仅限于个人的物质范畴和少数重要的精神范畴。

3. 具体人格权与德国《民法典》

随着对个人主体性的法律承认，对特定人格的法律承认和保护系人格权制度所体现的特征。随着诉讼权和特定类型犯罪的制度发展，罗马法得以明确法人人格权。具体保护范畴包括：身体权、生命权、名誉权、贞操权等。德国法沿用了此类人格权列举的方式，成为人格权法定和具体化立法例的典型代表。人格权的概念即由德国民法创造并使用。德国《民法典》第12条规定了自然人姓名权；第823条、第824条列举了受保护的人格权，包括生命、身体、健康、自由、信用、妇女贞操。

如前所述，各国对于自然人格权的发展，秉持尊重法律发展的自我趋势，也即坚持了法律发展的稳定性及人们对于法律的可信赖性和可预期性。法国法虽然没有突破原有的人格权属于自然权利的理论框架，但有关私生活保护方面，采取了增设法条进行规范的方式。德国法在发展人格权时，突破狭隘的部门法基础上私法实证主义，依据宪法的立场，将人格权认定为“宪法保障之基本权利”，并且通过判例方式形成了一般人格权的概念，此举符合法律发展的逻辑趋势，推动了自然人格权的发展和完善。

（二）人格权的扩张及发展趋势

1. 人格权的扩张：一般人格权的认可

现代民法发展的重要脉络之一就是对人身利益的保护，其中人格权保护的相关条款从人权法扩展到各国民法就是人格权扩张的重要标志。例如，随着学界和实践的呼声，1970年法国《民法典》修正，其内容增添了“私生活权利”的概念，将个人私生活的保护范围进行扩张，有利于实践过程中

〔22〕 参见龙卫球：《自然人人格权及其当代进路考察——兼论民法实证主义与宪法秩序》，载《清华法学》2002年第2期。

对于隐私权的保护。英美法系国家的侵权法体系相当发达，对人格权的保护也从判例中的具体人格权对应形成了相应的侵权法救济途径，如对隐私、个人福利、居住、环境等的救济。此外，德国联邦法院则直接以裁判方式发展出“一般人格权”的概念，这是站在宪法秩序的角度，开放性地保护那些没作具体规定，但作为人应当享有的必要属性。对于一般人格权，学者之间的认识存在分歧，有人认为包括人格独立、人格自由和人格尊严；有的认为仅包括一般自决。“一般自决权”的概念形成于德国的判例，在1964年的“索拉雅案”中，一家报社为了销量而杜撰了皇室的绯闻。德国联邦最高法院认为，这种杜撰行为虽未构成侵犯名誉权的行为，但是损害了原告的自决权，即原告有自我决定其是否向社会公开其隐私、以何种形式公开的权利。自决权的设置有效地解决了名誉权和隐私权等无法保护原告人格受侵害的情况，但实际上它可以归于“人格自由”“人格独立”之中，即原告在意志上系自由与独立的。〔23〕当然，基于一般人格权的不确定性，德国案例法发展出名誉、个人形象、谈话、个人隐私、抵抗不请自送的广告、积极人格发展的权利等个人人格自主决定的权利，包括“自己决定是否向公众发表有关其隐私领域的言论”的权利；自主决定其发言仅由特定主体知悉的权利以及是否允许他人对该发言内容进行录音的权利。

2. 人格权保护的发展趋势：以维护人格尊严为核心

人格自主决定系人格权的核心内容，其核心价值理念在于人格尊严。同时，人格权确认和保护的最终目的也即人格尊严。具体人格权和一般人格权中自始至终都贯穿着人格尊严。为维护人格尊严，现代人格权法出现了新的发展趋势。其一，人格权的私权化明显。主流理论认为人格权是一项抽象的民事权利，其具体包括生命、健康、名誉等具体权利，进而通过对人格权概念的描述形成了人格权的民法理论。此种对人格权的定义方法使得人格权的子概念不断增加，人格权开始变得泛化。人格要素的多元，支持了法律技术对人格权的进一步细化。抽象意义的人格权，其客体是抽象意义上的人格，但具体意义的人格保护，则需要结合到姓名、生命、健康

〔23〕 参见［德］霍尔斯特·埃曼：《德国法中一般人格权的概念和内涵》，杨阳译，载《南京大学法学评论》2000年第1期。

和名誉等民事生活的场景中。德国《民法典》在这方面开先河,此后其他国家民法典陆续开始增设对具体人格权赔偿的规定。抽象人格权被吸收到民法中,并完善了相应的救济体系,其自然也成了私法权利。其二,从财产到人格,从物质性人格权到精神性人格权的发展趋势。从各国发展趋势看,各国的判例和立法主要对生命、健康等基于自然属性产生的物质性人格权,如个人的生命和财产,进行保护,之后开始凸显对人的本质的保护,即对其社会属性的关切,认可了名誉、隐私、情感甚至智识等精神性人格权。而对精神利益的保护将是未来法律关注的重心。其三,人格权向宪法保护的回归。现代社会的人权运动所导致的人格权的民法保护浪潮,其表征为民法人格权观念类似于宪法性权利,从德国"一般人格权"的形成过程可见一斑。在 1954 年 BGHZ13,334,337f 案件、1958 年"骑士案"以及 1961 年"人参案"等判决中,[24]在民法典并无相关规定,甚至与民法典保护相违背的情形下,德国联邦法院直接引用了《基本法》第 1 条[25]及第 2 条[26]之规定,推导出一般人格权,并将之称为"由宪法保障的权利",并据此作出了损害赔偿之判决。[27] 基于此,德国实务界作了极为精彩的逻辑推演,即"法律和权利对于司法具备约束的作用,但是狭隘的法律实证主义应当排除,宪法与具体实体法不可截然分离,宪法秩序系法存在的内容,其能够完善和补充实体法的不足。从完整的法律体系,而非仅从民法的形式渊源中寻求司法规范,系司法的任务所在"。因此,一般人格权的创设并非抽象来源于民法基本原则,而是根据"做一个人,并尊重他人为人"的哲学思想而延伸出的受宪法保障的一般自决权的权利。其四,全面的人格尊严保护。人格尊严的保障、人格权的实现相辅相成,密不可分。人格是人的内在自主性,是个人自由的基本依托。要求充分保障个人的自由决定,个人不受任何公权力的不当限制,给予个人人格充分发展的机会。这是人文

---

〔24〕 参见孙也龙:《医疗预先指示法律问题研究》,中国法制出版社 2019 年版,第 153 页。

〔25〕 "人类尊严不得侵犯。尊重及保护人类尊严,系所有国家权力(机关)的义务。"

〔26〕 "在不侵害他人权利及违反宪法秩序或公共秩序范围内,任何人均有自由发展其人格的权利。"

〔27〕 参见尹田:《论人格权及其在我国民法典中应有地位》,载《人民法院报》2003 年 7 月 11 日,第 3 版。

关怀理念的具体体现。人格权保护的发展越来越倾向于保障个人精神生活需要的安宁、私密和自主决定。

3. 一般人格权的价值与功能分析

由于一般人格权具有开放性,它实际上预留了一个开放的空间,未来可容纳新型的人格利益,一定程度上克服了法律的滞后性,为未来人格权的发展预留了空间。一般人格权是指民事主体享有的人格利益,并由此产生和规定具体人格权的基本权利,其内容包含人格独立、人格自由、人格尊严。[28] 一般人格权具有主体普遍性、客体高度概括性及内容广泛性。自然人无论性别、学历等个体因素差异如何,均普遍地享有一般人格权。一般人格权派生出了民法所保护的诸多人格要素,此概念具备独立的意义。目前一般人格权所保护的乃兜底性的无法被具体人格权所包含的人格利益,这使得人格权的概念得以周延,它使与个人人格相关的所有侵害都能够被侵权法所评价,并获得保护和法律救济。一般人格权无法通过举例来穷尽,但具有开放性和包容性的一般人格权随着社会发展,会不断向确定性的范围靠拢。因此,一般人格权的价值正在于,它给裁判者提供了一个框架,并预留了裁量空间。一般人格权条款虽然看似牺牲了法的确定性,但它为新型人格利益提供了保护屏障,是促进法律向前演变的力量。它的核心价值有三:其一,以人格尊严为核心价值,全面保护个人尊严;其二,通过个案的累积,使刚性法典柔化,推动法律向理性的演变,促进人格权体系的发展;其三,一般人格权的丰富内涵符合人的社会特征。人格在社会中的表现具有不同的层次,自然人可以控制个人语言、行为信息表达的空间和范围,也能控制个人在不同的社会情景下展现不同的人格特征,这既是人的社会性表征,也是法学意义上的个人自由。正是对一般人格权的保障,促进了人格的自由发展,并进一步激发了意志的多元化,从而使不同人形成不同的人格,社会能够包容不同的健全的人格。此举即一般人格权的社会意义的体现。

一般人格权具有解释、补充和创设三项基本功能。解释功能为,若对法条中的某一具体人格权进行解释,一般人格权可作为其解释标准。当人

[28] 参见杨立新:《人格权法》,法律出版社2015年版,第190页。

格权中的各项权利产生矛盾或抵触时,一般人格权的作用即为"上位法"和原则性规定。其功能主要有解释补充功能和创设功能。补充功能体现在,为新型的人格利益提供依据、保护和救济途径。创设功能体现于,新型的人格利益出现时,可以从抽象的一般人格权中解释并创设具体人格权,进一步扩展人格权立法体系。

(三)医疗预先指示:一般人格权与具体人格权之合作保护

一般人格权条款的内容应包括人格尊严、人格独立、人格自由。该内容中涵盖了尚未被具体人格权明确规定的人格权益。人格权法上有关人格尊严的表述,源于康德的"人是目的,不是手段",其是尊重人格尊严的哲学渊源。黑格尔也曾言:人格一般包含着权利能力,并构成抽象的、形式的法的概念,此种法的本身也是抽象的基础。由此法的命令是:"成为一个人,并尊敬他人为人。"随着物质生活的富裕和对精神需求欲望的增强,对人的关爱和尊重成为应有之义。人格尊严是指自然人作为一个"人",其理应受到社会以及他人的尊重,自然人享有的社会地位、社会评价,包含主观认识和客观态度两部分:一是自然人对于自身价值的认识,此种认识基于自身的社会地位,其根植于自身的本质属性,并表现为自我的观念认知,由此人格尊严具备一定的主观性;二是社会及社会中具体的人对他人作为"人"应有的尊重,此种客观因素源于人际关系中,属于对人价值的评价,但是与名誉存在些许差异,可以理解为对人的最基本的做人的资格的评价。评价的内容无关褒贬,而是把人真正当作一个人所应给予的尊重。人格尊严是一般人格权的核心内容,也是人格权制度的基石,在人格尊严缺位的情形下,人格独立与人格自由无从谈起,人格尊严对一般人格权的三项基本功能起着主导的决定性作用。〔29〕人格独立的含义是人格平等,互不干涉,其民法含义即为意思自治,任何人在本人事务上都享有意思自治,本人意思自治不得超越边界而介入他人的自治范畴。首先,人格体现于自然人的意思自治。私法以自由、平等和意思自治为基本原则,亦即自然人主体

〔29〕 参见杨立新:《人格权法》,法律出版社2015年版,第306页。

依据自身的内心意愿、外部环境和物质条件来决定自己的事务，且此种决定仅限于自身，不得越界，任何越界的行为都可能会侵犯他人的人格。其次，当个人意志越界而干涉他人的人格时，他人有权利采取自力救济、公力救济及其他的必要手段维护自身人格。最后，人格独立意味着人格不受他人的控制。自由是人格发展的必要基础，盖因人格是人的内心意愿的综合表现，人在形成社会化人格的过程中需要接受、理解、权衡使用信息，并作出相应的反馈和决定，正是这种不受约束的人格自由状态，才在社会群体中形成了多元的人格。任何人试图控制他人的人格自由时，必然会破坏他人的主体性，这显然是无法被法情感、法道德和法规则所接受的。对人格自由而言，其主要包括人格保持的自由和人格发展的自由。人格保持的自由保证了人从始至终的主体性，而不会丧失人格成为行尸走肉或成为他人支配之物。而人格发展的自由，则是人可以选择他所接受的信息，并进行思考和处理，形成具有鲜明特征的独立个体。

在一般人格权中，根据黑格尔的论述，人格即包含着权利能力。个人在具备完全民事行为能力时〔30〕，对其行为能力丧失时的医疗处置事项作一个预先的指示和说明，希冀医疗行为按照他的意愿为之。首先，这体现了人格尊严，是自然人依据其自身价值的认知，表达出来的自我观念，也是包括家庭关系在内的社会关系对自然人作为人的资格和人的观念的评价与尊重。其次，这体现了人格独立，即每一个自然人根据自己的精神状态，价值观念，在法理的自由正义的允许范围内，决定自己的人身和财产支配，他人不得干涉。任何不尊重个人医疗预先指示的行为，都可能破坏了个人的人格独立。最后，这体现了人格自由。个人能够根据自己的意愿，充分行使自主决定权，预先规划主体在丧失民事行为能力后的医疗事项，保持自我人格自由的延续，实现了自我。任何非法干预行为，都限制了主体自主决定权的人格自由。此外，尊重残存意思能力，也是尊重主体的权利能力，及尊重主体人格的应有之义。

如上所述，医疗自决权的部分权利内容属《民法典》第 1002 条规定的

〔30〕 行为能力制度将多样化的权利能力固定下来，本质是权利能力，也是人格权的重要内容。

生命权，生命权是具体人格权；部分内容是自决权，属《民法典》第 990 条规定的一般人格权。笔者用具体人格权和一般人格权合作保护的权利保护路径探讨医疗自决权的保护机制。理由如下：其一，第 1002 条主要是以第 3 款规定的生命权不受任何组织或个人侵害的防御性权利为主，生命尊严保护仍停留在立法理念层面。其二，生命权条款的构造及其法律适用中可能产生的固有矛盾（生命权的绝对保护和放弃生命的生命尊严保护的法益矛盾）导致其不足为生命尊严、意志自由的具体人格权益提供充分保护。[31] 生命权属于具体人格权，且属于绝对权下的内容，法益侵害具有典型的社会公开性，满足侵权行为构成要件，“违法性”认定采结果违法标准即可；而医疗自决权“在其受保护的范围内有关侵权构成要件存在不确定性，取决于伦理上的一些条件”[32]，其所保护的人格法益是透过法益寻找及注意义务加以确定，且保护范围并不是自始确定的，需衡量个案法益，与具体人格权下生命权的保护方式有所不同。其三，除常态下的医疗自决权无法纳入生命尊严保护外，医疗自决权中的放弃、拒绝医疗也无法被生命尊严保护完全诠释。当具体人格权条款不足以为由于社会发展所形成的新型人格利益提供现实保护时，一般人格权条款应与具体人格权条款一起承担合作保护功能。《民法典》第 990 条属一般人格权条款，将一般人格权条款的保护效力延伸至生命权条款可以补充该条款生命尊严保护规定的不足。同时，一般人格权条款也可以为生命权条款提供解释依据，从而为生命尊严保护提供更充分的正当性与合法性基础。其四，医疗自决权尤其是常态化医疗选择权属自决权，对自决权的保护属于一般人格权的保护范畴。《民法典》第 990 条第 2 款提到的人身自由是指自然人以彼此承认和相互尊重为基础而排除他人干扰其发展人格个性的、对自身紧密人格领域的自主和自我决定权，它包含意志自由。[33] 对医疗自决权的保护属于意

〔31〕 有学者认为生命权和其他一般人格权的法益侵害有所不同。该观点来自陈自强：“侵权责任与违约责任——以人身及物之侵害为中心”，华东政法大学 2020 年公开讲座。

〔32〕 [德]马克西米利安・福克斯：《侵权行为法》，齐晓琨译，法律出版社 2006 年版，第 52～53 页。

〔33〕 参见朱晓峰：《人身自由作为一般人格权价值基础的规范内涵》，载《浙江大学学报（人文社会科学版）》2021 年第 2 期。

志自由人格利益的保护，因此属于《民法典》第990条第2款中提及的“基于人身自由、人格尊严产生的其他人格利益”。其五，对医疗自决权的保护符合新型人格权保护的基本标准。从背景看，一般性人格权利保护的是包容性和开放性的框架权利体系，社会伦理观念的转变和个体对生命质量的追求为隶属于医疗自决权的保护提供了发展契机。从权利主体层面看，个人在发现和认同自身价值中行使医疗自决的权利，能够使个体按照自己的意愿去发展人格，从而实现人格的不断完善。从社会价值层面看，医疗自决的权利诉求已经出现由少到多，由弱变强的变化，随着越来越多社会主体的响应与支持，医疗自决的良善价值分量和正面社会效应的增长逐渐产生了足够的社会重要性价值。〔34〕在建立自主原则的现代社会中，自主的个体完全能够依据自己的价值观选择接受或不接受某种医疗方式，只要他的个人意愿和需求并未伤害他人且具有“公共善”。〔35〕

值得强调的是，根据《民法典》第1002条有关生命权的绝对保护是否与第998条一般人格权的相对保护方法相冲突？笔者认为，在语义上，生命权与生命尊严从概念上本就存在不可调和的内在逻辑矛盾，但既然第1002条已将生命尊严纳入生命权保护范畴，不妨将生命尊严保护解释成他人侵犯生命权的阻却事由，由此再进入一般人格权的保护路径中。

第三节　医疗预先指示的本质

一、医疗预先指示是否为法律行为

法律规定了什么是法律行为，一个行为是否可以追求私法上的法律效果，取决于国家法律的规定。那么，医疗预先指示是否为法律行为？当承

〔34〕参见姚建宗、方芳：《新兴权利研究的几个问题》，载《苏州大学学报（哲学社会科学版）》2015年第3期。

〔35〕RAZ C, *On Liberal Rights and Common Goods*, Oxford Journal of Legal Studies, 1995, 15 (1). 转引自刘小平：《新兴权利的证成及其基础——以“安宁死亡权”为个例的分析》，载《学习与探索》2015年第4期。

认它是法律行为时,是否可适用法律行为规则?在探讨医疗预先指示是否可被纳入法律行为框架规制时,首先简单梳理下法律行为的来龙去脉。

(一)法律行为的规范特质

法律行为是以法律主体的意志或意识为要素,以意思表示为基础,具有法律意义的行为。法律行为的本质特征和唯一核心要素即为意思表示,在任何一种社会结构和国家制度下,都会有私法自治,从而也就有法律行为。法律行为系民法创设的概念,因而具有先天的规范性特征。法律行为概念的创设赋予了私人之间利益安排的合法性,它赋予了"私法自治"的规范性力量,使合意成为当事人之间的法律。法律对社会生活的调整分为直接调整和间接调整,法律行为制度是典型的间接调整。由于民事生活复杂,私法难以包罗万象地归纳出所有私法行为的事实构成,并规定相应的法律后果。而法律行为则创造性地以"提取公因式"的方法,规定了民事行为的形式要件和实质要件,通过法律行为制度来判断私人合意的规范程度,并作出成立、瑕疵和不成立的判断,赋予其有效、效力待定和无效的法律效力。通过法律行为制度,"私人之间的规则"获得了规范性力量,同时与国家之法形成了一种上下分工的态势,并有机地衔接在了一起。个人依据授权形成调整私人之间利益关系的规则;国家则制定框架性、程序性的规范,去监控私人层面上的"立法行为"。[36] 学界一直否认法律行为的"合法性"特征,也是为了否认将私人生活置于公权力的严密管制之下。

(二)"法律行为"的起因与对医疗预先指示的价值判断

1."法律行为"的起因

汉斯·哈腾鲍尔在《民法上的人》中写道:"一个人与人之间建立的关系,或者对物的关系,应该持续性地发生效力。为了这种人际关系的可靠性和可预见性,才有了建立法律制度的根据。但是因此也产生了如下的问题:今天发生的一个物的交换为什么应该得以保持?是谁在确保这一项协

〔36〕 参见薛军:《法律行为"合法性"迷局之破解》,载《法商研究》2008年第2期。

议持续性地生效?”[37] 承诺是建立在社会利益和必要性基础上的人类的发明。秩序的首要要求是稳定,因而在私法秩序中需要确定一个节点,在这个节点上,私法自治被锚定,并被国家强力所规制,而这个节点就是个人意愿的表达,如要约和承诺。认同要约和承诺是法律行为,并赋予强制执行力是秩序需求。日本法学家北川善太郎指出:“法律行为本身就是抽象的概念,具体而言,在现实生活中,法律行为本身在我们这个社会并不存在,我们这个社会存在的是人与人缔结合同或人留下的遗嘱,在这个意义上,法律行为是观念的产物。”由于法律行为是一种意思表示行为,内在意思在被表达于外在时被固定且被外界所知晓,因而法律行为成为双方履行权利义务的基础和正当性来源。卡尔·拉伦茨认为,法律行为是指“以发生私法上的效果为目的的,促成个人私法关系变动的单个人或者多数人的单个或多个有内在关联的行为。这些行为的目的追求发生私法上的效果,改变或者引起具体的法律关系。每一个人都通过法律行为与其他人发生法律关系。法律行为所产生法律效果,不仅仅是因为法律的规定,而是首先因为当事人意欲如此”[38]。法律行为的特点是具有强制执行力,以意思表示为核心。法律行为具有强制力的前提是,只有表达出来的行为才具有强制力,这表明法律要求当事人承担相应责任的基础是识别出行为人的内心意思,这种内心意思因未被表达而无法识别时,不能要求当事人承担责任。因而,用法律行为理论作为调整私法自治的理论体系,具有明确的正当性和可操作性。任何欲建立私法关系的个人,都是建立在对国家及法律行为制度的信任基础上,因为个人请求对自己权利保护的前提是对国家强制力的认可。法律行为中的国家是当事人从事法律行为时不一定能够想象到的,但却是当事人从事法律行为不加反思的前提之一。如果没有对国家的稳固的想象,法律行为是无法进行的。

对于哪些行为应规定为法律行为,即哪些行为应当在法律上被赋予强制约束力,归根到底是价值判断。譬如,法律认为婚约不具有强制执行力,

〔37〕 [德]汉斯·哈腾鲍尔:《民法上的人》,孙宪忠译,载《环球法律评论》2001 年第 4 期。

〔38〕 [德]卡尔·拉伦茨:《法律行为解释之方法——兼论意思表示理论》,范雪飞、吴训祥译,法律出版社 2018 年版,第 47 页。

并不是因为婚约中没有意思表示，而是法律认为男女双方情感上的互相认同仅具有道德约束力，因缔结婚姻的人身性无法被强制执行，故法律在这一问题的介入上保持了克制。那么与人身处分医疗选择相关的医疗预嘱究竟可否作为法律行为而适用民法规则？

2. 与医疗预先指示相关的价值判断

(1) 价值判断的必要性。

价值判断在法律行为制度的设立中意义深远，只有价值判断后符合秩序的当事人的意志自由才能被列入法律行为制度框架进行规范。在黑格尔的理论框架中，市民社会是一个需要的体系。每一个人把自己作为目的，把他人作为手段。那么，公共利益如何保护？苏格兰启蒙传统的务实精神使他们不相信社会秩序会建立在康德的道德理想主义的基础上。他们认为，市场会自然地使人的行为文明化，从而使人能够在市场交易中克制自己不道德的行为。个体的意志自由面临私法规范时，只能被法律筛选和甄别，从而分门别类地被法律赋予不同的强制力。国家强制最明显的体现是人身关系的强制性。每一个人一出生就处于法律预先规定好的关系之中，即父母子女关系。子女成年以后，这种身份关系也是不能改变的事实，父母子女都不能不相互承担义务。当事人在结婚以后，又处于夫妻关系的限制之中。当然，即便是在这样的限制下，也存在私法自治的空间，如父母子女关系中的尊重儿童意愿，成人监护中的尊重自主决定权，以及婚姻中的各类协议。在亲属关系的制度设计中，家庭本身即为国家和社会对个人进行安置的社会机构。这种关系对国家非常重要，因此，民法典中亲属关系中的国家强制总是在个人自治和家庭维稳中寻求平衡点。没有绝对的自治，维护个人绝对自治与维护家庭价值是背道而驰的。

意思自治并不是允许当事人随心所欲，而必须符合法律规范的最低要求。法律行为以意思表示为要素，但意思表示的结果有法律愿意、鼓励它发生的，也有法律禁止发生的。所以，行为是否能够发生法律上的效力，取决于它是否违反强制或禁止性规定，是否违反公序良俗原则。曾经的学术观点以违背公序良俗而限制处分个人生命和身体健康的行为，从这种意义上说，拒绝接受治疗的医疗预嘱是无效的。但现代社会中，民法典在认定法律行为的有效性方面逐步宽容，这与整体的社会价值观念、鼓励交易有关。在民法框架下，当事人自由自治，但“国家无处不在”。国家以承认法律行为的形式规制当事人的意思表示。

(2)医疗预先指示中的价值判断。

1987年6月的陕西省某市（该市的传染病医院住院部），病人夏某某（女）患“肝硬化腹水、肝性脑病”等绝症，痛苦不堪，其子王某成反复哀求医生蒲某生进行“安乐死”，蒲某生为绝症病人夏某文实施了“安乐死”行为。法院对该案的判决情况是：某市人民法院于1991年4月6日判决行为人医生蒲某生无罪（但是，判决书中明确表明“蒲某生、王某成两被告的行为属于剥夺公民生命的故意行为，但鉴于情节轻微，社会危害不大，依法宣告两被告无罪”）；当时该地中级人民法院依法进行了二审（因为被告上诉，同时检察院也抗诉），结果是二审法院维持原判，依法宣告蒲某生、王某成两被告人无罪。法院作出判决后，引发了众多学者的思考。本案是临终积极“安乐死”的案件，但本书所讨论的是医疗预先指示及临终拒绝治疗究竟是否能够合法，是否违背公序良俗。

反对医疗预先指示的观点主要认为，第一，生命权神圣不可侵犯，即便是个人也无处分自己生命的权能。根据哈特《法律的概念》一书的阐述，人的目的是生存，我们所关心的那些为了持续存在而设的社会措施不是自杀俱乐部。因此，根据人性以及人类生存世界的事实的明显判断，必然依赖于由法律和道德组成的、社会成员所共同认可的行为规范，这些行为规范进而发展出不同形式的社会控制。这些行为规则就是哈特所说的“最低限度内容的自然法”。显然，维护个人生命权即为“最低限度的自然法”。第二，允许医疗预先指示合法化，可能会违背公序良俗。允许医疗预先指示，是否等同于允许医生和近亲属帮助个人自杀，这是否与医生救死扶伤的法律义务和近亲属的赡养义务相冲突。

支持医疗预先指示的观点认为，第一，尊重医疗预先指示，是尊重个人的人格尊严，人格尊严是宪法权利。《宪法》第33条规定，国家尊重和保障人权。第38条规定，中华人民共和国公民的人格尊严不受侵犯。承认医疗预先指示的法律地位，既能保护公民基本人权和人格尊严，也能使宪法规定内容在具体审判中得以实现。第二,对公序良俗的法律适用有失偏颇。如果医疗预先指示中拒绝治疗是本人的合理愿望,且已经到了不可挽回的生命末期,生命质量显然比生命长度更可贵。此时尊重病人的个人医疗自决权,事实是提高了个人的生命权中的生命质量,除本人因客观原因被迫做出的医疗放弃行为外,并不违背近亲属赡养的公序良俗和医师的救助义务。

医疗预嘱是否属于可自治的范畴?在民法视野下,私法自治和国家强制是并行不悖的。在债法领域,法律规定多为不具有强制力的任意性规范,仅为当事人降低风险,为提高裁判的可预测性提供依据。物权编和人身关系编多为强制性规定。民法中理想的人是自由主义想象的自由和自洽的人,但必须要受民法限制,民法中对个人自由的根本限制来自秩序的需要。基于此,法律直接调控私法自治,为私法自治树立法律标准,将一部分行为纳入私法自治范畴,认为其属于法律行为,要求其符合法律行为的成立与生效要件;而另一部分行为被排除出私法自治的范畴。由此我们得出,是否承认医疗预先指示归根结底是法律行为的价值判断。仅在价值判断后才作其成立和生效要件的认定。当然,由于法律行为的当事人是建立在对国家和一整套请求权保护的抽象制度信任基础上的,它也是当事人从事法律行为的基本前提。如果当事人从事的是法律行为,则该法律行为受法律保护。如果承认了医疗预先指示为法律行为,则该项法律行为受国家保护,指示当事人就可能获得来自法律行为强制力的保护。这里,我们其实面临的是观念的重塑,包括善良风俗、道德等观念的更新,这种观念更新与个体、社会发展息息相关。

(3)观念的更新:关系中的个人主义与医疗预先指示中的善良风俗。

个人主义是认为个人比社会更重要的思潮。西方的个人权利来源于自然法,是随着社会有机体观念的解体、社会契约论以及个体成为自然权利主体的变化而形成的。14 世纪前,个人并不仅指个体,而是不同等级中的“种”和“属”,文艺复兴时代后,人的感性复活了,尘世的幸福被最大限度地肯定。14 世纪后,唯名论认为唯有个体才是真实的,唯名论促使实验科学兴起,并促进了个人权利的形成,引发了 17 世纪的宗教改革。与个人主义相伴而生的是经济的发展。商业化、理性化和世俗化重塑了传统社会中人与人建立社会关系的方式，贯穿于传统社会的价值体系发挥作用的空间越来越小。在个人主义越来越流行的今天，传统的价值和道德也在发生变化。个人主义形成了一个悖论，即在经济全球化的当下，道德在不断相对化，个体都有各自的价值体系和道德标准，并不容易形成最低限度的道德共识。

根据金观涛先生的文献考察〔39〕，“个人”作为现代语汇传入中国是在1900年，并于新文化运动后重构了常识性的个人观念。新文化运动提倡个人独立于家庭反对儒家伦理，西方的个人主义现代思想由此引进，并重构了个人主义。个人是在私人关系网中的个人，这样的关系像一根根看不见的线，将人紧密联系在一起，因此，公序良俗对个体显得格外重要。这也可以解释医疗预先指示在中国为何会循序渐进地被认可。个人的意义并非及于个人，个人拥有家庭和社会关系，个人的选择会产生社会影响，同时，近亲属同意或协助个人的拒绝治疗指示，也会受到包括个人的紧密的关系网的负面评价。因此，在面对医疗预先指示的问题上，达成善良风俗的共识尤为重要。

善良风俗乃被社会大众所接受、被国家法律所认可的一般道德，善良风俗具有伦理性，主要体现在对秩序和道德的遵从感。善良风俗本身即为对私法自治的限制。共识是善良风俗的基础，一个人无权利之说，也无法形成社会。资源的有限性和多人对资源的竞争形态必须解决康德说的“我的与你的”的问题。但对资源的争抢并不是最有益于个人的选择，对于既定社会框架内的人而言，个人所作的选择不能有损于其他人，这是社会框架机构稳定的基础。在此基础上，进而追求个人利益的最大化。尽管利益因天赋和后天环境，在各人之间的分配并不均衡，但动态平衡下，社会成员处于微妙的平衡状态。换言之，共识和底线的形成，使人们避免了投入巨大的精力来看守、保卫自己的财产，以防遭遇偷窃与抢劫。这一共识即成为善良风俗的基础。有人可能会提出这样的问题，既然善良风俗是道德基

〔39〕 金观涛、刘青峰：《观念史研究：中国现代重要政治术语的形成》，法律出版社2009年版，第36页。

础,那按这一统一的理性的秩序来生活就好,缘何有私法自治的空间?也就是说,我们是否可以抛弃个人自治,追求最大化的理性和秩序,难道我们不能如以赛亚·伯林所言:“利用理性的强制不属于强制,强迫他人服从理性的命令等同于强迫他们理性地行动,即提供其现实需要之满足……因此为了使他们自由,对于反对者来说其是不理性的,并且没有能力知悉何种事实能够使他们自由。”事实上,即便是由一位无所不知的理性哲学王去确定善良风俗的标准,其也并不能够彻底抛弃个人自治。在密尔的伤害原则看来,“如果个人的某种行为并未涉及他人的利益,那么便找不出任何理由使个人受制于他人的偏见”。也就是说,人与人之间的背景、性格和感受各异,在各自的世界里,本人即为国王,任何其他试图介入本人世界的外力,都必须有充分的理由和正当性,否则就是非正义和不理性的。只要在不伤害他人的前提下,善良风俗不应成为群体绑架个体的正当理由,那些非底线的道德观更不应该如此。善良风俗更多地应该成为私法自治的底色,具有消极性和防御性,而非积极性和崇高性。随着医疗水平的提高,对生命权要求生命质量而非长度的不伤害他人的选择应当被尊重。事实上,善良风俗作为法律的补充,也始终是与时俱进和不断生成发展的。什么是善良,这是个抽象的标准;为什么要善良,这也是存疑的。时期不同,善良的定义也会有改变。或许善良这种道德审判也仅是大部分人的偏见,又或许善良只是基于秩序的需要,究竟是否存在至高无上的自然法,仍是一个存在诸多争议的永恒话题。

事实上,在医疗预先指示问题中,涉及的是两种价值的冲突和评判,即生命权绝对保护与医疗自主决定的冲突。由于生命权的绝对保护是社会公德,也是善良风俗,所以,医疗预先指示涉及的是医疗自主决定和传统善良风俗的冲突。医疗自主决定是个人意思自由的体现,我们一直赞同个人对其财产的自由处分,但认为与医疗预先指示有关的医疗自决是处分个人身体,不合伦理,一直不予认可。但事实上,个人对其医疗方式的选择是个人真实、自愿的意思表示,应合法有效。所有的财产都是为人服务的,人是目的不是手段,所有手段都应为提高人的生命质量服务。为了提高生命质量、缓解疼痛的医疗选择行为,应为个人维护人格尊严的最终目的,也是所有权利保护的宗旨。到底是捍卫个人的自主决定还是捍卫生命权绝对保护的善良风俗难以衡量。反观前文案件的善良风俗,即国家对个人生命权的绝对保护(乃至不允许个人自我伤害),通过对医疗预先指示的否认,强调这种绝对保护,并试图对危害生命权的行为产生威慑。如果判决认可了医疗预先指示,是不是会产生危害至高无上生命权的恶果,从而影响国家对个体生命权保护的信念。未必如此,医疗预先指示不是人人都会使用的,只要有严格的程序保障,并不会从根本上危及生命权绝对保护的制度。

二、医疗预先指示的法律结构

(一)医疗预嘱是单方法律行为

如果医疗预先指示可通过价值判断被纳入法律行为框架下,那么它的法律构造是什么?根据前文所述,医疗预先指示包括指示性医疗预先指示(医疗预嘱)和代理型医疗预先指示(医疗健康代理)。医疗预嘱是对自己是否接受医疗行为的处置。可能会有人认为它是与遗嘱类似的证成性单方法律行为。但医疗预嘱与遗嘱有显著区别,遗嘱是处置本人财产,预嘱是人身事项安排。遗嘱从财产利益上看,为利他行为,而预嘱仅为利己行为。遗嘱面临的当事人可能是特定当事人,而预嘱可能面临不特定医疗机构,但仍然可以因为预嘱符合单方法律行为的特点而将其归入单方法律行为。

单方法律行为仅依一方意思表示即可成立,无须合意。德国学者Leene认为,单方法律行为的成立只需一方的意思表示作出,但是它的生效可能需要多人协力。多数学者将单方法律行为分为两类:一是单方法律行为赋予了相对人某种不负有义务的权利,因而该法律行为成立时无须相对人同意,如授权行为、遗嘱和遗赠等;二是单方法律行为赋予了相对人在特定时间内行使某种权利的资格,过期灭失,如撤销行为、解除行为、追认行为等。德国法学家弗卢梅将单方行为分为三类:“不涉及他人情况下基于单方行为形成的法律关系,如所有权的放弃;通过单方行为授权他人实施法律行为,如代理权的授予;干预他人法律关系的单方行为,如形成权的行使。”[40]从单方法律行为的特点看，医疗预先指示中的两种类型均接近单方民事法律行为。医疗预嘱是向不特定的多数人作出的有关自己医疗事项处置的意思表示，具有单方民事法律行为的特征。

（二）代理型医疗预先指示的法律结构：基础关系与授权关系

代理型医疗预先指示较为复杂，它可能包含医疗健康全权代理、医疗预嘱＋医疗健康代理，但无论何种类型，均具有代理的典型特征，内含双层法律关系。在医疗预先指示的第一种医疗预嘱中，仅可以将其看成有关医疗合同事项的意思表示，由于医疗救助行为必须由代理人辅助，当本人并未设医疗持续代理人时，法律推定具有高度信任关系的法定代理人遵从本人意愿，辨认预嘱设立的时期，代理本人实施医疗法律行为。由于与法定代理紧密相连，因此医疗预嘱中涉及的内部基础关系是法律推定的与委托合同类似的信任关系，外部授权是孤立的法定代理。与医疗预嘱不同，在医疗健康全权代理中，设立行为包含了委托这一内部基础关系和代理这一外部授权关系。授权委托协议本身指向医疗合同的签订，即法律行为，委托合同亦为双方法律行为，而代理权授予为单方法律行为。医疗预嘱＋医疗健康代理实质也是双方法律行为，仅比第一种类型多了本人意愿的限定，这一限定并不属于代理中的基础法律关系，并不限制代理人的权限，而仅仅是本人医疗意愿的表达。

此处将代理型医疗预先指示中的代理拎出来单独分析。代理是清晰的单方法律行为。代理人的主要作用是帮助被代理人实施医疗法律行为（签订医疗合同、解除医疗合同[41]等），而此时被代理人处于丧失医疗决定能力的情况之中，因而不可能形成自己的意思表示，代理人代理其实施法律行为。在医疗健康全权代理的法律形态中，除了无传统代理中的被代理人的隐性监督外，与传统代理并无不同。较特殊的是“医疗预嘱＋医疗健康代理”的法律形态，被代理人在丧失医疗决定能力之前已形成的自己的医疗意思表示，有自己意思表示的医疗预嘱，代理人仅仅按被代理人的

〔40〕［德］维尔纳·弗卢梅：《法律行为论》，迟颖译，法律出版社2013年版，第87页。

〔41〕放弃治疗可被看成行使医疗合同之法定解除权。

意思实施，这看上去更像传达或履行辅助。但不能忽略的一点是，医疗状况的复杂性使得被代理人不可能事先预知所有的医疗状况并形成自己的意思表示。退一步说，即使被代理人考虑了所有的情况，也需要代理人对预嘱是否适用于当下情形和其真实意思进行辨别与解释。从这一意义上说，即使代理人从事的是完全执行被代理人预嘱的医疗行为，仍然是法律行为。当然，代理人仍然会依据被代理人预嘱或现实需要为一些事实行为，但这并不能否认医疗预先指示的法律行为性质。

第四节　医疗预先指示的生效要件

医疗预先指示是民事法律行为，其行为的成立与否、是否有效必须符合民法典的相关规定。首先，医疗预先指示行为人须具有行为能力。这是设立医疗预先指示的必要前提。医疗预先指示是本人按照自己的真实意愿处置自己丧失医疗决定能力时的医疗事务，在设立时应当具备相应的能力和资格，包括年龄、心智是否成熟，是否具备相应意思能力。当然，有关意思能力和指示能力的关系，以及指示人是否需具备完全民事行为能力，下文将专门论述。其次，医疗预先指示必须是行为人作出的不受干预的真实意思表示。表示的是本人的真实意思。该意思表示的法律构成包括内心真意和外部表现。指示的设立源自指示人内心真意，并尽量排除其他不自由因素干预，使其内心真意和外部表现尽量一致。指示人在违背自己真实意思情形下所作出的预嘱将被视为无效。对于意思的真实性考察，可以参考“扶手椅规则”，这一规则源于遗嘱意思表示的真实性考察，要求法官将自己想象成本人，进入本人作出指示的场景中。在对本人意思进行解释时，除了考虑法律标准，还要假设自己具有本人的生活背景、健康状况、语言、信仰和风俗等，从而来探求本人的真实意思。对于医疗预先指示行为人的真意考察，亦可采取此标准。本人在不受欺诈、胁迫等不当影响的情形下作出符合医疗预先指示的要件，同时不违反强制性法律规定和公序良俗，则本人的指示有效。如指示的内容与社会公益（如涉及器官买卖、体内婴儿存活）等相违背，则指示涉及的部分无效。当然，医疗预先指示制度还在引进期，对指示的自由和限制的探索，还需根据个案实际情况作价值判断和全方位衡量。

一、医疗预先指示的实质要件

（一）主体资格

美国法中，50个州将主体资格分为4类，基于年龄标准、基于精神状态和决定能力标准、基于年龄和精神状态标准、基于年龄和决定能力标准。绝大部分州是基于年龄和精神状态标准限定主体资格，如年满18周岁以上的人，在神志清醒的状况下可制定医疗预嘱。有6个州对医疗预先指示的主体作年龄限制，如年满18周岁，或成年人。有11个州对主体的精神状态作出限定，如神志清醒的成年人或心智健全的人。此外，有2个州规定只有年满18周岁以上的成年人在具有决定能力的情形下才可签订医疗预嘱。宾夕法尼亚州还对教育或婚姻状况提出要求，本人必须年满18周岁且完成中学教育，或本人已婚。

此外，美国有5个州考虑到了未成年人的立预嘱资格。如要求年满18周岁以上心智健全的人或脱离父母而独立生活的未成年人才可签订医疗预嘱，或“只有成年人或代表未成年人（合格病人）的成年人才能签署”。亚洲的新加坡要求医疗预先指示人必须年满21周岁，且心智健全。

（二）生效事由

美国各州立法对医疗预先指示的生效事由规定不一，主要包括非选择性单项事由、选择性单项事由、非选择性双向事由、选择性双向事由、混合性事由。有9个州的立法采取非选择性单项事由，主要包括“临终状态”“无法做出或参与医疗决定”“丧失行为能力”等。有11个州的立法采取选择性单项事由，主要包括“临终状态”“昏迷状态”“永久无意识状态”“永久植物人状态”中的其中一项。有18个州的立法规定医疗预嘱必须同时满足两项事由才能生效。其中，17个州的立法规定中的一项是“临终状态”，另一项主要包括“无法做出医疗决定”“缺乏决定能力”“无法参与医疗决定”“死亡迫在眉睫”。有8个州的立法规定预先指示生效的选择性双项事由,如加利福尼亚州规定,预嘱人处于“临终状态”或“永久无意识状态”或“永久植物人状态”,“无法做出实施维生治疗的决定”。也有4个州采取了交叉型的事由模式,比如在佛罗里达州,医疗预先指示的生效须由医生以书面形式认定当事人已经处于医学上的临终状态,不具有作出医疗决定的能力,且这种状态不可能恢复。在澳大利亚,6个不同的行政辖区有不同的标准。大多要求“临近死亡”或“病情严重”。根据《南澳大利亚自然死亡法案》,澳大利亚对临终疾病的界定是,任何疾病、伤害或者心理或生理功能的退化,如果不采取额外治疗措施,它们就会导致死亡降临;即使采取额外治疗措施,也不存在暂时或永久恢复的合理希望。新加坡立法要求“根据合理的医疗判断,死亡即将来临”,但不管是否采取额外治疗措施都不能阻止死亡的发生,且不适用姑息治疗。

当然,一些国家通过修正案的方式微调了医疗预先指示立法,并在界定指示生效时要求“即使采取维生治疗,死亡也迫在眉睫”。这使医疗预嘱立法可能会陷入矛盾局面,即医生将面对“那些通过机械维持生命且诊断结果多年不会变化的临终昏迷病人”。

(三)决定主体

对于“临终状态”的决定权,美国法上的各州立法不尽相同,主要采取5种立法模式。有13个州的立法没有明确界定生效事由的决定主体;有16个州要求决定主体是主治医师;有18个州立法规定要求有两名医生作出决定;密西西比州立法要求有三名医生(主治医师和其他两位医生)作出决定。新加坡立法要求三名医生完全一致同意,如果做不到这一点,那要求将相关资料提交一个三人专家小组审议。

(四)孕妇条款

美国法中,有39个州对怀孕期间医疗预嘱效力认定问题作出了规定,主要分为以下几种类型。第一,事实无效型。有8个州规定只要预嘱人怀孕,则预嘱无效。第二,医生诊断无效型。有8个州立法规定,如果主治医生知道预嘱人怀孕，则指令没有效力。第三，胎儿活产无效型。美国有11个州的法律规定，当医生发现预嘱人怀孕，若进行维生治疗可以使胎儿以活体出生，则预嘱不生效。第四，自主决定型。立法授权预嘱人自己决定预嘱是否生效，或说明怀孕的具体情形，如新泽西州规定，女性指示人可以说明在孕期预嘱指令是否生效。第五，附条件有效性。有些州立法规定，若维生下胎儿无活体出生可能性、给预嘱人造成极大痛苦或伤害，则预嘱仍然生效。有些州立法规定，在预嘱人怀孕期间，预嘱指令失效，除非主治医生和另一位医生在合理的医疗确定性程度上确认维生程序不会导致婴儿活产、对孕妇造成身体伤害或延长无法用药物缓解的巨大痛苦。

（五）转移义务

转移义务是指医生拒绝执行医疗预先指示后，有将病人转移的义务。美国州立法中有47个州规定了医生的转移义务。有的州规定当医生拒绝执行预嘱时，有义务将预嘱人转移给其他医生。有的州规定了转移方式，如肯塔基州规定，"不能妨碍或不合理地延缓将病人转移给其他医生或医疗机构"。有的州从积极层面作出规定，如"有效转移""迅速有效转移""采取一切合理措施转移""付出诚信努力"等。有7个州规定了医生拒绝遵守预嘱的原因，包括"良知""个人信仰或良知""伦理或职业道德""道德或宗教信念"等。有10个州规定了医生在拒绝执行预嘱时必须履行告知义务，如"必须将阻碍他们遵守预嘱的任何政策告知预嘱人或预嘱人的代理人"，"告知适当的主体"等。有的州还对转移义务提出了特别的后续要求，如印第安纳州规定，"如果医生拒绝遵守预嘱指令，他必须将预嘱人转移给其他医生，除非他认为预嘱指令无效，预嘱人不再打算执行预嘱指令，或者预嘱人目前无法使预嘱指令生效。此时，医生必须和指定监护人、代理人或家庭成员协商确定预嘱人的意图"。

二、医疗预先指示人的意思能力

（一）意思能力和行为能力

意思能力是一般人正常的意思决定能力，它包括两方面：一是能正确认识自己要做的行为,即理解能力;二是合理的意思决定,即具备相应意思能力的人,其作出的意思表示是合理的。但在实践操作中,进行个案具体判断时,精准地确定行为人对具体行为的理解力和决定力,实现绝对的意思自治,不仅难度太大不确定性也很高,对于司法实务来说,也是较难实现的。因此,以行为能力类型化意思能力成为选择。德国民法明确了无行为能力和限制行为能力的类型,依据地位原则,明确了行为能力的标准化法律配置。我国民法也采纳了此种标准,以行为能力的认定考量当事人的辨认能力,若不具备相应的辨认能力,则可以认为该当事人不具备相应的行为能力。辨认能力的个性化标准,要求根据当事人的实际情况进行意思能力认定,而辨认能力具有个性化需要根据个体的实际情况予以判断,实际上就是意思能力,不能对自己的行为进行辨认则缺乏相应的意思能力,也就是说,意思能力决定或构成了行为能力,行为能力以意思能力为基础。

仅依据当事人的年龄或法院程序就否定相应的限制行为能力或无行为能力人医疗预先指示能力,不考虑当事人事实上是否具有指示能力,此种情况是否构成过度保护值得深思。维尔纳·弗卢梅指出:对当事人的行为能力进行形式审查,具备明确的法律规范可以参考,但该审查标准所带来的代价是即便当事人具备以意思自治形成法律关系的能力,仍不能摆脱无行为能力和限制行为能力的法律地位处于决定性意义。〔42〕当然,如果采用个案审查模式,则意味着无须既有的行为能力认定制度(行为能力的类型化认定),而依据未成年人或者有精神障碍的成年人所实施的具体法律行为来认定其是否具备相应的意思能力。从理论角度而言,这应当是一种最为理想的判断方式,不仅可以避免行为能力形式审查所造成的保护过度与保护不足问题,而且也能在避免行为人受损的前提下实现对其尚存自治能力的最大尊重。但是该种判断方式在事务过程中存在一定的证明难度,从而使其可行性降低。〔43〕有些国家归纳了两种审查模式的优缺点,总结并提出了行为能力形式审查和个案审查相结合的双轨制模式。

〔42〕 参见[德]维尔纳·弗卢梅:《法律行为论》,迟颖译,法律出版社2013年版,第215页。

〔43〕 参见彭诚信、李贝:《民法典编纂中自然人行为能力认定模式的立法选择——基于个案审查与形式审查的比较分析》,载《法学》2019年第2期。

意思自治作为抽象的民法价值和基本原则，若使意思自治原则具备持续的正当性和生命力，其必须在具体个案中得以落实，而个案存在差别，由此在判断意思自治时应根据个案的制约要素进行断定。就此而言，对于无意思能力之人免受法律行为的约束，对于具备意思能力者的具体行为，应当由其负责，才能全面体现意思自治。在此指引下，考量具体人和具体行为，综合判断意思能力的具备情况，并决定是否应当承担相应的法律后果。行为能力系意思能力的类型化表现，通常情况下，行为能力与意思能力保持一致，但并非绝对。欠缺行为能力者可能存在意思能力，只要其对某一具体行为具备意思能力，则应当允许其独自实施法律行为。因此，比照遗嘱能力，我们对于医疗预先指示人的指示能力应当予以评估，并非仅仅完全民事行为能力人可作出指示。指示人应该：(1)了解什么是医疗预先指示；(2)知情同意权；(3)了解依照指示行事的后果；(4)没有影响作出指示的精神障碍；(5)没有受“不正当影响”。对于指示人的指示能力评估工具，也有学者建议参照遗嘱能力评估工具(TCAT)，包含记忆力、是否存在严重的精神行为症状、对医疗状况的知情和评估、意图和判断能力的评估。

(二)欧洲法律能力变革与《残疾人权利公约》第12条

1. 欧洲法律能力变革

2006年通过的《残疾人权利公约》被誉为数十年来残疾人领域最令人兴奋的一项发展。该条约虽然于2006年通过，但直到2008年5月才生效，而且与许多人权条约一样，也经过了数年的起草和谈判。残疾人及其代表组织在整个起草和采纳过程中发挥了核心作用。《残疾人权利公约》的首要理想是平等，这一点在第1条中体现得很明显，其中规定，《残疾人权利公约》的目标是“促进、保护和确保残疾人充分和平等地享受所有人权和基本自由”。《残疾人权利公约》已被确定为变革的催化剂，标志着从将残疾人视为慈善和医疗对象到将他们视为拥有合法权利的主体的范式转变。《残疾人权利公约》只是在残疾人的背景下重新制定了现有的权利，没有根据制定该文本的大会授权的要求创造任何新的权利。《残疾人权利公约》

第31—40条规定的该公约的监测条款将联合国其他人权条约中传统的条约监测机构与缔约国会议和独立的国家机制结合起来。残疾人权利委员会是在联合国一级设立的监督机构,负责监督公约的执行情况。它的任务是就如何解释《残疾人权利公约》条款提出结论性意见和一般性评论。任择议定书一经批准,联合国委员会便可接收各国内部的个人或团体的请愿或申诉。《残疾人权利公约》第12条以现有的国际条款为基础,将平等承认权利的法律适用于残疾人。它包括5段,并以之前的条约为范本,规定了残疾人在与其他人平等的基础上享有法律行为能力的权利。它所阐明的法律行为能力权包括法律地位和法律代理。1999年,残疾人组织组成了国际残疾联盟(IDA),在2002年的第一次特设委员会会议上,该组织促成了国际数据中心的建立向残疾人、残疾人组织和其他盟友开放。这允许残疾人及其代表组织在联合国发出自己的声音并在谈判中做出重要的贡献。在这里,基本概念被插入或保留在最后文本中。这些关键的语言变化,包括了一个强有力的残疾人有权在与其他人平等的基础上取得法律行为能力的声明,均积极支持残疾人行使法律能力的权利框架。

2.《残疾人权利公约》第12条的主要内容

(1)法律规定。

第一,缔约国重申,残疾人享有在法律面前的人格在任何地方均获得承认的权利。

第二,缔约国应承认残疾人平等地享有与他人相同的法律行为能力在生活的各个方面。

第三,缔约国应采取适当措施,为残疾人行使法律行为能力提供可能需要的支持。

第四,缔约国应确保为行使法律行为能力有关的一切措施提供适当和有效的保障,以防止滥用国际人权法。此种保障措施应确保有关的措施法律行为能力的行使与尊重他人的权利、意志和意愿没有利益冲突和不适当的影响,是与个人情况相称和量身定做的,申请时间尽可能短,并按规定办理,由主管、独立和公正的当局或司法机构进行审查。保障措施应当与保障措施对人身权益的影响程度成正比。

第五,本条规定,缔约国应当采取所有适当的和有效的措施,确保残疾人的平等权利或继承到的财产,控制自己的财务,平等获得银行贷款,抵押贷款和其他形式的金融信用,确保残疾人的财产不被他人任意剥夺。

第12条第2款委员会以消除对妇女歧视的规定为蓝本,概述了法律行为能力的权利在平等的基础上为残疾人服务。第12条第3款规定,各国均有义务帮助丧失法律行为能力的人。第4款要求缔约国制定保障措施,确保残疾人能够行使其法律能力。在特设委员会第七届会议上,国际数据中心和一些国家还一起提交了一些修改,力求确保允许的保障措施不等同于替代决策或监护。联合国残疾人权利委员会随后在一般性评论中澄清,必须废除所有的替代决策制度。最后,第5条确保了残疾人获得财产和平等的财务权利,在这些领域,残疾人历来受到法律较不公平的待遇。与所有国际人权条约一样,《残疾人权利公约》是一项一般性原则的声明,它并未定义关键术语或深入探讨如何实现其所述权利的可行性。“范式转变”和对第12条的理解增加可以在《残疾人权利公约》谈判后发表的文献中追踪到。《残疾人权利公约》后出现了很多集中解读文本和分析其实际意义的材料,许多作者寻求起草过程。直到委员会公布了总结,才将焦点转移到由《残疾人权利公约》引起的国内法律改革进程。

(2)区分法律能力和精神能力。

区分“法律能力”和“精神能力”的概念是很重要的。法律能力是包含在法律面前平等承认这一大标题内的一个概念。它被定义为在法律面前被承认为人的权利,因此一个人的决定被法律承认。如上所述,在法律面前对人的平等承认包括两个不同的概念:法律地位,即人是权利的持有人;法律代理,即一个人是法律上的行为人。人作为权利的持有者,其权利应受到法律的充分保护。作为法律的参与者,一个人有权创建、修改或终止法律关系,并作出必须得到法律承认的决定。一些评论家将其分为被动能力和主动能力。而精神能力(意思能力)则是指认知能力、认知障碍和认知能力的综合一个人对其行为后果的理解程度。精神能力在许多国家被用作评估和否定法律能力的一种手段。一个常见的例子就是立法规定了一项智力测试作为判断某些行为是否具有法律约束力的门槛,例如,同意接受医疗的决定，涉及资产出售或购买的决定以及关于居住地点和与谁一起居住的决定。《残疾人权利公约》第 12 条被认为是这一领域变革的催化剂，它认识到，人们作出决定的不同方式和不同程度的认知能力不应被用作评估和否认法律行为能力的手段。然而，只有通过简要地反思有关法律能力的法律规范的演变，才能真正地将上述范式的转变放在具体的背景下加以考虑。

(3)法律能力的否认。

在历史上，法律行为能力的授予或否认取决于社会或法律规定的各种特征。剥夺法律行为能力的两个众所周知的例子说明了这一点。布莱克斯通指出，已婚妇女被视为遭受“民事死亡”，因为当她们的法律身份被纳入其丈夫的身份内时，其法律能力被剥夺。在美国，奴隶也被剥夺了法律行为能力或人格，因为法律认为他们只是 3/5 的人。残疾是社会和法律有理由在与其他人平等的基础上剥夺一个人的法律行为能力的仅存的特征之一。这对有智力或心理正常的残疾人造成了很大影响，因为人们认为，法律能力的评估往往基于被称为智力的认知能力和对后果的理解水平。如上所述，有关法律能力的评估主要采用三种评估方法，这三种评估方法是用来确定某人是否具有法律能力的。这三种评估方法分别是状态、结果或功能测试法。这些方法已在其他地方被广泛讨论，因此，下面只列一个简要的提纲。在状态方法中，通过医疗诊断或将个人标记为残疾人而推定其无法律能力。这种做法没有忽略损害或诊断，否认个人被视为在法律面前的人的权利，但它忽视了个人的实际决策技能，完全是基于成见而否认个人法律能力的判断。

结果评估法是评估残疾人所做行为的结果是否为好的评估方法。比如在精神病治疗中的个体，如果病人要求停止治疗，该要求的法律能力就会受到质疑，尽管他最初同意治疗。这种方法也表明，与其他人群相比，对残疾人在决策方面有更高的标准。功能性评估法被很多国家使用，通常用来评估一个人是否有“精神或大脑功能障碍”，并理解这一决定的所有合理可预见的后果。基于功能性评价的立法通常要求，当事人必须能够使用、权衡和保留必要的信息，以作出决定，以理解其决定的后果，并将其决定传达给他人。然而,一个人的决定通常不会受到这种审查,是否采取该审查取决于他的身份或诊断,因此,许多评论家认为这三种测试都是歧视性的。另一些人认为,如果功能测试使用的语言是中立的,没有明确提到"残疾"或"障碍",这并不等于残疾歧视。联合国残疾人权利委员会认为,任何测试如果对认知残疾者造成不成比例的影响,就构成间接歧视。

在许多司法管辖区,在否认一个人的法律能力后,其将受到某种形式的替代决策的约束。通常,一个第三方,通常被称为监护人,被任命代表当事人作出法律上相关的决定。被完全监护的个人不能代表自己作出任何具有法律意义的决定。所谓的有限监护或部分监护虽允许个人作出一些有限决定,但个人权利仍然受到严重限制。监护人或第三方通常被指控以个人的"最佳利益"行事,而个人通常很少或根本没有参与决策的制定。第三方可能是家庭成员或受信任的个人。

(4)对《残疾人权利公约》第 12 条的解释——一般性意见。

关于第 12 条的一般性意见是《残疾人权利公约》的第一个评论。一般性意见包括了规范内容,并就该条款如何实施提供指导。它借鉴了人权事务高级专员办事处和事务处以前提供的指导和解释。有学者描述它为民事行为能力的法律改革的路线图,它认为,在法律基于心智能力作评估前,不能否认个人的权利。在此基础上,一般性意见要求对法律能力领域的所有现行法律进行全面修改。

第一,替代和支持决定。重要的是在一般性意见中澄清和解决有关关键的问题与第 12 条有关的术语。"协助行使法律能力"一词实际上已载于第 12 条案文中。"协助决定安排"的术语首次引入一般性意见,这种语言上的改变可被视为是为了使《残疾人权利公约》案文中使用的术语与委员会在发表结论意见时使用的术语相协调,委员会在发表结论意见时通常使用"协助决策"一词。一般性意见提供了协助行使法律能力这一开放概念,可以正式或非正式的形式支持决策,尊重个人的权利和喜好,但不能替代决策。协助者会在个人做出选择前,收集有关信息,并讨论这些选项后的选择。协助者还可以帮助他们将自己的决定传达给第三方。一般性意见中的另一个重要定义是替代决策。委员会在各国的结论性意见中使用了这个词语,一次性意见敦促各国政府进行替换,但并未对替代决策进行界定。一般性意见中指出,在下列情形下,替代决策制度违反人权准则:一个人在决定中被剥夺了法律能力;替代决策者是由第三方违背其意愿任命的;被任命者作出的这个决定应当基于这个人的最佳利益。

第二,国家义务。在说明了第12条的规范性内容后,一般性意见考虑了国家义务,并就如何履行义务提供了实际指导。一般来说,国家有三个核心查明义务,其一,废除取代决策制度;其二,提供机制协助残疾人士行使其法律行为能力;其三,在行使法律能力的基础上设立保障措施,尊重公民的权利、意愿和个人偏好。但对国家来说,需要澄清的是,仅仅废除替代决策即可,协助决策是被允许的。所有具有法律能力的法律改革过程都必须经过深思熟虑、精心规划,并包括对残疾人及其组织的咨询和其有意义的参与。

(5)相互矛盾的解释:对一般性意见的批评。

在一般性意见后,有人提出了一些批评意见。有专家认为决不允许因精神能力导致法律能力被否认是不现实的。在某些情况下,无论向个人提供多少支持,都无法确定这个人会作出什么决定。这一论点似乎忽视了委员会对指导决策的"最佳解释"框架的描述,即在努力支持一个人之后,他的意愿和决策偏好仍然未知。第12条旨在建立一种制度,即保证人人享有合法行为能力的权利,它认识到有些人希望行使法律行为能力和表达自己的意愿。然而,并非所有人都同意评论员的意见。例如,弗里曼等人认为:"一些基本权利,如能达到最高健康标准的乐趣,获得正义、自由的权利,甚至生命的权利,可能会由于第十二条中倡导的法律行为能力而被违反或出现意想不到的后果。"这是具有讽刺意味的,因为否认法律行为能力往往会导致个人被剥夺自由并受到非自愿治疗。在这种情况下,法律行为能力不能是绝对的,必须允许某种形式的替代决策。也有学者认为,当一个人有严重或多重残疾时,应该提供某种形式的替代决策,因为他们认为,支持这些人行使其法律行为能力是不现实的。然而,一些评论者仍然接受支持范例的一些元素,并且认为一些个人能够并且应该被协助来作出决策,他们只是不同意协助是每个人的可行选择办法,也不同意一般评论中所界定的替代决策应予以废除。

赞成第 12 条的人也审议了这些可能性,并承认在一些有限的情况下,个人可能被指派去发现或解释一个人的意志和偏好。如果某人的意愿和偏好在做出重大努力后仍然未知,那么必须立即作出决定(例如同意或拒绝救生手术),然后 Arstein - Kerslake 和 Flynn(2016)两位学者同意可以任命一个外部决策者。他们认为,这样的任命必须得到该人的同意,如果无法取得同意,则只有在该人没有提出反对的证据时才能作出任命。在这种情况下,外部决策者的角色只是简单地从个人的所有可用信息,包括从其生活中值得信赖的个人那里,对个人的意志和偏好作出可能的最佳解释。在个人真实意愿和偏好未知的情况下,这种"最佳解释"可以成为作出决定的基础。在这些所谓的"困难案例"中做出决定,就像它的名字所暗示的那样,是相当困难的,正如评论员所指出的,在现有替代的决策机制下,它们也是困难的决策。一般性意见中的协助范式本质上更多的是注重权利保护(Arstein - Kerslake 和 Flynn,2016),它反映了假设我们几乎总是能够在一定程度上理解一个人的价值观、信仰和观点,而且这个人的价值观、信仰和观点最终是他意志和偏好的基础。协助决定的关键及其最终目标是根据个人的意愿和偏好与个人达成决定,确保个人在整个过程中尽可能地知情。相比之下,替代决策的模型以外部决策者基于"无能"标签将决策强加于个人之上而告终,因其通常没有个人的参与且未基于他们的最佳利益的客观观点。

一般性意见涉及有关的条款并为所谓的"疑难案件"提供解释性指导。它指出,当一个人的意志和喜好不能确定时,如在病人昏迷的情形下,应该用对那个人的意愿和偏好的"最佳解释"来作决定,然而,这并不能解决所有的情况。其他一些具有艰难情况的场景包括:一个人的意志和偏好是明确但危险的;当一个人存在交流矛盾的意志和偏好时。虽然一般意见没有明确地解决这些情况,但 Arstein - Kerslake 和 Flynn(2016)开发了一种处理这些情况的方法,可以基于一般意见中发现的原则来使用。在第一种情形下,当一个人表达了会对他人或自己造成严重伤害的意愿和偏好时,他们认为协助该人的人没有义务做一些会让该人承担民事或刑事责任的事情。在这种情况下，还需要注意的是，正如 Flynn 和 Arstein - Kerslake (2017)详细讨论的那样，各州对于何时需要干预会有不同的标准。一般规则应该，只要这些干预措施应用在平等的基础上，不构成直接或间接歧视残疾人，即没有与第 12 条相冲突(Arstein - Kerslake 和弗林，2016)。毫无疑问，在实践中，现有的表面上中立的制度将需要受到严格监测，以确保它们不会间接歧视残疾人。在第二种情形下，一个人的偏好是明确但矛盾的，如一个有蛀牙的人不想去看牙医，但又想摆脱痛苦。在此种情形下，“意志”用来描述一个人对美好生活的长期愿景，即摆脱痛苦，而“喜好”则描述了一个人的好恶选择的优先顺序，即表现为不去看牙医的想法。在这种情况下，协助者的第一步将是通过使用所有可用的交流方式和个人讨论来解决冲突，包括个人的其他可信任的协助者。如果这都不能解释该人的偏好和意愿，则协助者必须向外部决策者寻求“最佳的”选择一个人的意志和偏好的解释。然而，如果一个人将要采取的行动可能构成严重风险，即将伤害他或他人的生活，健康和安全，弗林和 Arstein - Kersiake(2017)认为，此时可能要允许必要的国家干预，但这些干预措施是在平等的基础上作出的。正如古丁和弗林(2015)之前提出的，必要原则的重新制定也可能允许在平等的基础上对这些情况下的残疾人和非残疾人进行某种形式的干预。然而，正如 Flynn 和 Arstein - Kerslake(2017)所描述的那样，还有一些干预不应采取强迫治疗的形式。相反，它必须尊重个人的人权，包括在知情同意的基础上获得医疗照顾的权利。其他经常听到的反对协助决定的观点是基于可能性的操纵和不当影响。Ward(2011)认为，第 12 条的起草不恰当，对残疾人能力的定义令人困惑，容易被支持者操纵。他相信任何决定通过协助决策的人应该用“闪烁的黄灯”来提醒他人，这可能是一个达到不正当影响结果的决定，这可能是伪装成个人观点的简单的协助者的意见。当然，这对依赖协助决策的人来说是一个风险。然而，正如 Gooding (2015)在他对这些批评的回应中指出的那样，我们应该记住，每个人都会受到身边人的影响、操纵和微妙的强迫。

一些现代女性主义思想认为，我们所有的行为、决定、价值观和信仰都深刻地受到人际关系的影响。因此，正如 Gooding(2015)所建议的，我们不应该仅仅在此基础上对残疾人施加更高程度的国家干预。一般评论也承认,人们依赖他人协助作出的决策可能更容易受到影响或操纵。第12条第4款内的保障措施要求采取措施防止滥用,但也要确保这些措施尊重个人的权利、意志和偏好,不存在利益冲突和不当影响。虽这方面还不完全清楚,但在这方面,必须允许残疾人和其他人在平等的基础上享受有“风险的尊严”(Gooding,2013)。

(6)渐进实现或立即实现。

作为《残疾人权利公约》中公民权利和政治权利中的一项,由于该公约中确立的平等权利,该项法律须立即实现。一般性意见已明确表示,各国必须立即采取行动,以确保这些经过深思熟虑的步骤在有意义的参与下实现。鉴于许多法律制度需要进行大量修改以确保遵守,而且各国还缺乏解释性指导,一些提交给一般性意见草案的意见书认为,委员会应该选择逐步实现,并允许各州逐步淘汰不符合规定的立法。一些评论人士建议,政策制定者在发展适当的支持系统时应谨慎行事,并确保所有必要的研究和试点计划在颁布前完成。这种方法并非没有缺陷,正如Bartlett(2014)指出的那样,渐进式实现常常成为一个国家不采取行动的理由。虽然委员会在这个问题上的立场在一些人看来可能是激进的,但它显然符合关于公民权利和政治权利直接影响的国际人权准则。

总而言之,《残疾人权利公约》第12条保证了残疾人在法律面前享有平等的权利。该项承诺包括了残疾人的法律地位和法律代理,并要求各国通过提供必要的支持与保障的义务,使这一权利具有意义。虽然目前还不清楚各国将如何处理国内立法中的“疑难案件”,但协助决定的做法正在演变,人们对第12条内概念的理解和参与也在增加。

(三)《欧洲人权和生物医学公约》

1. 个人能力

在个人丧失医疗决定能力时,《欧洲人权和生物医学公约》第6条和第9条给予了指导性意见。第6条规定,“根据法律,当一个成年人因精神障碍、疾病或类似原因丧失对某种干预表示同意的能力时,只有经过其代表人或者法律规定的官方部门、个人或机构的授权，才能实施这种干预。所涉当事人应尽可能参与授权程序。为了当事人的最佳利益，上述第 2 段和第 3 段中所指的授权可随时撤回”。就能力评估问题，公约的说明性报告认为，本条所称的无同意能力必须在特定的干预情境下予以理解。然而，需要考虑欧洲法律体系的多样性：在有些国家，病人的同一能力必须针对每一种干预单独证实，而在另一些国家，法律体系以丧失法律能力的制度为基础，其中，一个人可以被宣告丧失针对一种或多种行为类型的同意能力。由于《欧洲人权和生物医学公约》的目的不是为整个欧洲引入单一的制度，而是侧重保护立法多样化国家的个体权益保护，因此，在公约文本中提及国内法似乎很有必要：各国国内法以自己的方式来确定人们是否能够对某种干预表示同意，是否能够在满足病人最佳利益的情况下考虑剥夺人们自主能力的必要性。此外，说明性报告关注最佳利益标准，即代理人在替代病人作出决定时，必须考虑三项原则，第一，病人必须从干预中受益；第二，代理人必须尽可能让病人参与；第三，决定若不符合病人最佳利益，将被推翻。

2. 先前意愿

《欧洲人权和生物医学公约》第 9 条规定，如果人们先前已经表达过自己的愿望，这些愿望应当被考虑。但随后的说明性报告指出，考虑先前表达的愿望并不意味着这些愿望应该必然被遵守。如果这些愿望是在干预之前的很长时间被表达的，但自那之后，科学取得了巨大的进步，这时我们就有理由不考虑病人的意见。因此，为使医疗预先指示有效，须清楚地表明指示应该适用何种情形。

三、医疗预先指示的程序要件

美国是医疗预先指示制度最早的设立国家，因此，此处的设立程序主要总结了美国法中的设立流程，各州略有不同。

（一）设立

1. 格式

医疗预先指示格式的有关规定可能使得指示更明确和集中。格式要求鼓励个人仔细思考自己的治疗愿望，也可以克服医疗人员的合法障碍。美国有46个州的立法提供了样表。大致分为强制式样表、基本强制式样表和非强制式样表。有些州要求立法提供的样表必须得到完全遵守，如“预嘱指令必须采用立法提供的样表”，有的州要求“预嘱指令必须与立法提供的样表基本保持一致”。此外，其他33个州立法都规定了医疗预嘱样表是非强制性或选择性的。就内容而言，除4个州没有医疗预嘱样表外，伊利诺伊等8个州的医疗预嘱立法也没有规定样表的具体内容。除此之外，其余各州在医疗预嘱指令中都规定了有关维生治疗的说明。澳大利亚立法中除昆士兰州的其他行政辖区，立法都要求，如果书面指定医疗预先指示，那它就必须以规定的格式予以完成。昆士兰州可以且不必然要求采用规定的格式。

2. 咨商

由于医疗预先指示的设立需要患者充分知情，因此，它的设立需要医生、本人及其家属就相关情况充分交流，因而咨商乃必备环节，其参加人包括患者本人、代理人、家属、医生。当然，基于医疗预先指示设立的私密性，如果本人坚持排除家属的参与，可具体情况具体分析。通过商谈环节，可以避免医疗预先指示在落实时引起三方当事人的争端。此外，通过咨商环节，可以充分确保患者的知情同意。很多当事人可能并未理解医疗预先指示中的医学词汇的真正含义。咨询环节避免了当事人在不理解指示的具体内容的前提下作出与本人意愿不相符的医疗指示。

3. 见证

为了保证医疗预先指示文件的真实性，域外立法一般要求作出预先指示时需要见证。根据我国《民法典》对意定监护协议的规定，协议并不需要见证。但国内实践也本着对当事人人身协议负责的态度，采公证形式。因此，对于医疗预先指示，一般要求至少需要两名见证人现场见证。见证人一般要求为无利害关系的第三人，如不得为代理人等因患者死亡而享有利益之人。

一般来说，医疗预先指示采用严格的书面形式，无论是英美还是德日，医疗预先指示均要求书面形式。如德国法规定，病人在有能力作出决定的情形下草拟一份声明。法国法规定,如果病人制定了书面医疗预先指示,医生必须考虑该指示。美国法规定,医疗预先指示必须采用强制性预嘱样表。当然,和遗嘱类似,特殊情形下,指示可以是口头或口头宣言,如美国新墨西哥州规定:"如果医疗预先指示是口头的,指示人必须亲自告知医疗提供者。"美国弗吉尼亚州规定,"如果预嘱人处于临终状态,而且在主治医生和两名证人在场的情形下,可以授权口头指示"。

有关医疗预先指示是否需要公证或证人在场,各国或地区做法不一,美国法有6个州的规定较为简单,仅要求"签署指示必须有两名证人见证",没有对证人的具体要求作出具体规定。而亚利桑那州规定"指示人签署指示时至少有一名证人在场"。路易斯安那州要求"必须有两位神志清醒的成年证人见证"。除该6个州外,几乎所有州都对证人要求采取了排除式立法,排除了可能具有或潜在利益冲突的相关人员,包括:自然血亲、拟制血亲和姻亲关系人,医疗代理人、医疗团队人员、护理机构人员、保险公司人员等,受益人、遗嘱或法定继承人、受遗赠人等,直接占有本人财产的人,对本人财产有请求权的人,对本人医疗护理负担经济责任的人等。此外,美国有很多州对其他程序作出了特别规定。有的州要求医疗预先指示必须公证,例如,夏威夷州规定:"所有证人的签名必须公证。"艾奥瓦州规定:"医疗预嘱指令必须经过公证。"新罕布什尔州规定,"医疗预嘱表必须由两名证人签名见证,同时必须得到一名公证员的确认"。西弗吉尼亚州要求,"法院的书记员或公证人员必须核实预嘱人和证人的签名"。有些州在证人见证和公证之间做出选择性规定,例如,新泽西州规定,"医疗预嘱必须由两名成年证人见证,或者由预嘱人在公证员、律师或其他授权监事人出席的情况下予以确认"。明尼苏达州规定,"预嘱人的签名有两名成年证人见证或者一名公证员确认"。对于证人的限制范围,我国台湾地区规定的范围较小,这是由于中国传统家庭观念和个人医疗预先指示与家庭的紧密联系。例如,不得为主责医疗团队成员、医疗委任代理人、意愿人之受遗赠人、意愿人遗体或器官指定之受赠人、其他利益相关人等,但继承人具备证人资格。

(二)登记

为方便医疗预先指示被医生、医院及家属知晓,也为了医疗预先指示的贯彻落实及数据查询,应设立登记制度。美国的登记系统既有私人性质的登记中心,也有医保卡、病例注册制度等公权参与形式,新加坡则必须在公立的医疗预先指示登记处,我国台湾地区要求应由医疗机构以扫描电子档存记于卫生福利相关部门的资料库,直至民众健康保险凭证注记完毕。当然,医疗预先指示的登记也可以选择去公证机关登记或选择社保卡注记。所有的登记的确认,都有赖于公证系统联网或医疗大数据系统的建立。

(三)执行

医疗预先指示的生效要以文件中规定的标准为主,如不可挽回的生命末期等。有关生效要件,我国台湾地区要求由两名医师确认本人处于病情末期、丧失意识且处于无法清楚表达状态;美国统一医疗决定法规定"仅在指定的情形时发生效力";我国香港特别行政区要求本人处于不可逆转的昏迷、持续植物状态或病情末期。无论怎样,医疗预先指示的生效都需要两名以上主治医生或临床医生根据现有医疗技术,对病人的意思能力及病人的末期状况或医疗状态进行确认。通过特定的流程避免医生因此所承担的道德风险。此外,为避免医学伦理委员会形同虚设,加强委员会或公证处的监督,也是医疗预先指示执行中应当确保的重要事项。

(四)变更与撤销

实际上,患者的医疗意愿会随着医疗场景的不同而发生变化,因而医疗预先指示内容须定期审查与更新。因此,应当定期提醒患者,可以按程序更新指示并覆盖旧的指示。关于医疗预先指示的撤销,学者观点不同。有学者认为不可撤销,有学者认为可有条件撤销,笔者认为可以撤销,但应按设立时的程序进行,以公证或见证形式严格撤销程序。

有关撤销能力,各法域规定各有不同。有法律规定,撤销能力是行使撤销程序的前提。英国《意思能力法》第 24 条第 3 款规定:“具备相应行为能力的个人,能够在任何时间,对于预先决定进行撤销或修改。”美国怀俄明州《医疗预嘱法》规定:“具备行为能力的个人可以撤销全部或部分医疗预先指示。”当然也存在撤销程序能随时提起的规定,如得克萨斯州《健康与安全法典》规定:“无论个人的解释状态以及能力如何,其能够随时撤销指示。”而有些法典对撤回能力未作规定,不过这并不影响撤回,因作出医疗预嘱需要本人具有意思能力,那么撤销也必定要本人拥有一定的判断能力。当然,相较撤销能力,订立能力要求更高。订立人必须有知情同意的权利,且对医疗预案的发生和结果有辨识能力和决定能力。撤销是一种消极行为,只要患者有撤销的意愿且能了解到撤销的后果是指示灭失即可。有学者主张:“从常理来说,由于患者处于无决定能力状态,从而无法对治疗情况知情或者拒绝,由此不能由其进行决定撤销或者修改。虽然上述分析的逻辑和理论可行,但是在实践中,即使是明显无决定能力之患者,其某一意愿一般也会给予一定的考虑。”[44] 因此,应当依据浮动的撤销能力标准(高低宽严不同),来审核个案,这也是本着对生命利益负责的态度。当患者试图撤回预嘱,以拒绝医生执行预先指示的医疗内容时,对于患者撤回预嘱的能力应以采取较低的标准来判断。对于撤销医疗预先指示中同意或维持治疗之内容时,则应高标准、严要求,因为对于该项指示的撤销可以理解为拒绝治疗的指示,其标准应当同本人做出指示时的行为能力相同。同时,法律也应当考虑到患者客观的最佳利益。当患者在医疗预先指示中拒绝了某一最佳利益的医疗措施,此时对于当事人的撤销能力认定应当采取低标准,从而易化指示的撤销难度,使得患者能够接受上述医疗措施,自由和治疗利益两者相互结合相互促进;相反,如果患者在医疗预先指示中同意某一最佳利益的医疗措施,对于当事人的撤销能力认定应当采取高标准。综上所述,对于患者医疗预先指示的撤销能力的认定,也应当综合考虑患者的医疗和健康利益。

---

〔44〕 Elizabeth M. Gallagher, *Advance Directives for Psychiatric Care: a theoretical and Practical Overview for Legal Professionals*, Psychology, Public Policy and Law, Vol. 4:3, p. 779 (1998).

第二章　医疗预先指示的法律分析

第一节　医疗预先指示的局限性：双层六阶段理论下的反思

将医疗预先指示纳入法律行为理论框架下考察有一定风险，由于医疗预先指示与契约法律行为有相异之处，这加大了医疗预先指示的适用难度。首先，医疗预先指示无双方意思表示的时效性。医疗预先指示是个人实现意思自治的方式，如果认可医疗预先指示为法律行为，具有法律效力，则要考察指示人的心智能力。由于是预先的意思表示，而非即时交流的意思表示，必须考察个人预先的心智能力。有些人无法理智地形成预嘱意思，有些人容易受别人影响和控制。即使是心智成熟之人，也可能出现意思表示不自由或错误表示的情形。对预先心智能力的考察较为困难，但必须仔细考察的原因是实施指示后结果的不可逆。人是社会中的人，人的意愿可能会因环境影响千变万化，如为了减少子女负担或内疚负罪感而选择放弃治疗，或因为害怕疼痛而放弃治疗，可能并非该人真意，或仅是一时情急。但对于外人或裁判者来说，要进行正确识别，其难度必然极大，尤其是纠纷往往发生在预嘱人丧失行为能力时，此时已经很难与其本人对质。其次，医疗预先指示内容为个人的身体健康和生命相关之医疗事项，相较财产事项或其他意思表示错误的补正，代价高且不可逆转。如果完全尊重绝对意义的个人自主，可能会被居心不良者利用，而造成不可逆的后果。再次，医疗预先指示中，预先的意思表示是预设场景下的预先想法，但人的思想是会发生变化的，没有人能够笃定自己疾病前和疾病后的意愿是否会发生实质性的变化。最后，相比指示前的场景，指示后的场景也可能会发生变化。这也是应当严格考察的医疗预先指示的生效要件，给予当事人及时反悔机会的原因之所在。

双层六阶段理论将意思表示和法律行为进行了重构，其认为意思表示乃创设法律行为的媒介，而非构成要素。二者是过程中的不同阶段，乃两个层次，每个层次包含三个阶段，即“成立”“生效”“效果”。意思表示的效果是法律行为成立的条件，或者说意思表示成立奠定了法律行为的基础，使意思表示能够进入下一个被法律评价的阶段。双层六阶段体系下单方法律行为的基本内容有二：意思表示层和法律行为层。其一，意思表示层。意思表示的成立要求，表示行为具有实施某种法律行为的目的，并承载了行为人的受拘束意思。意思表示的生效包括必要要件和阻却要件。有相对人的意思表示生效必要要件是到达，而无相对人的意思表示在成立时即生效。生效的阻却要件包括行为能力障碍和意思保留。其二，法律行为层。生效阻却要件有二：一是违背法律禁令或违背公序良俗，二是不符合形式要求。

首先，将指示性预先医疗指示（医疗预嘱）放入法律行为框架下进行考察其要件[1]。第一，意思表示层。医疗预嘱为无相对人的单方法律行为，预嘱为个人接受或放弃某种医疗方式的意愿，作出即成立。当预嘱人无行为能力障碍或虚假、错误意思表示时，预嘱在意思表示层生效。第二，法律行为层。需考察预嘱是否违背法律禁令或公序良俗，如上文所述，这样的考察主要为价值判断。此外，预嘱是否符合形式要求。其次，将医疗意定代理也放入法律行为框架下进行考察。事实上医疗健康代理中的代理是作为事先许可的同意的高级版本。于意思表示层，仅有委托人将医疗事项授权的授权表示且到达代理人或相对方即可。精神障碍下的医疗代理授权是否无效要视情形而定。于法律行为层，医疗事项是否与结婚登记一样属于具有高度个人性且不允许代理的事项亦属于价值判断。关于形式要件，根据《民法典》第165条体现的法律的倾向性态度及医疗代理授权的重要性，鼓励以书面方式授予代理权，作为法状态的明晰和证据保存，也即除

[1] 代理型预先医疗指示（医疗健康代理）与指示型预先医疗指示有区别，本章将对其单独考察。

价值判断外，法律判断主要涉及意思表示层的意思能力和法律行为层的形式要件。应严格医疗预先指示意思表示和法律行为层面的要件。

第二节　意思表示层的考察

一、医疗预先指示中行为能力的认定标准

“行为能力”是判断法律行为效力的前提条件。我国目前的行为能力认定标准为传统三级制，即无行为能力、限制行为能力和完全行为能力。其中无行为能力和限制行为能力做出的法律行为无效或效力待定。当一个人被宣告为无行为能力或限制行为能力人时，按照当下的法律规定，其无能力作出预嘱，也即立预嘱人立预嘱时的行为能力关系到预嘱的成立；预嘱人立预嘱后行为能力的有无也是预嘱是否生效的重要时间节点。

但是，将行为能力制度用于医疗预嘱存在不足。首先，行为能力制度用格式化的手段划分区间，[2]将其作为人身、财产、医疗等诸多法律行为效力的判断标准存在不足之处。行为能力制度以交易效率和秩序为优先考虑，遮蔽了个人的具体意思能力，“由此付出的代价是在任何情况下无行为能力和限制行为能力的法律地位都具有决定性意义，即使行为人事实上具有以意思自治形成法律关系的能力”。[3] 其次，在医疗决策行为中，传统行为能力制度的类型化表达存有局限。民事行为能力以意思能力为要素，意思能力包括理解、记忆、权衡和使用、表达能力，传统民法上的完全行为能力要求全面涵盖4项能力。但具有高度自主性的身份行为，如结婚、离婚、医疗决策的能力不需要当事人达到传统行为能力的认定高度或经过协助决策可使当事人达到为法律行为的意思表示高度即可。从具体事务上划分，行为能力包括亲密关系能力、医疗决定能力、遗嘱能力、缔约能力、诉讼能力、责任能力等6大能力，这些能力中的前几项能力也并不必需意思表达能力，部分事务处理仅仅需要当事人理解关系和决策的意义及效果

〔2〕 参见常鹏翱：《意思能力、行为能力与意思自治》，载《法学》2019年第3期。
〔3〕 参见［德］维尔纳·弗卢梅：《法律行为论》，迟颖译，法律出版社2013年版，第215页。

并作出判断即可。[4] 医疗决策不属于传统民法为限制行为能力人规定的"日常生活"的自由空间，但限制行为能力人的确有医疗决策能力，固有的限制行为能力人的法律行为规则无法诠释临床决策的多样化和复杂性。再次，按传统的行为能力模式，限制民事行为能力人无预嘱能力。但基于人权保障需求和行为能力制度的改革，推定行为能力制度的适用势在必行，也即非经法院和相关机关认定，任何人都属完全民事行为能力人，任何人均有作出预嘱之能力。此时，如果对于预嘱人作出预嘱并无预嘱能力及登记之严格考量，当出现预嘱人无预嘱能力被利用之情形，很可能出现极端情形。因此，尽管非经法院认定，推定任何人均有作出预嘱之能力，但仍要求预嘱能有较严格的形式要件来认可预嘱人之预嘱能力。当有证据证明预嘱人丧失自由作出预嘱意思之状态时，预嘱无效。最后，预嘱或被评价为单方法律行为，利用履行辅助人传达预嘱人的真实医疗意愿。或被评价为代理。由代理人依据本人的真实意愿，作出医疗决策的指示。此外，还有一种特殊情形，即，在临床医疗中，也可能出现由辅助人协助行为能力受限的个人作出医疗预嘱。因此，在医疗事务上，认定具体的人的真实意愿和医疗决定能力，可以弥补临床上个人的行为能力欠缺，完成本人意愿，促进法律行为有效。此外，即便是传统民法认定的以大概率判断作为标准的意思能力较差的个人，即不具备完全行为能力的个人，经过亲属或医方（民法中的履行辅助人）协助，依然可能具有完全医疗决策能力，也具备订立医疗预嘱的能力。当然，对于临终拒绝医疗、放弃生命的预嘱来说，这种医疗决定能力标准认定体系的适用应严格。

有疑惑的是，如大面积改革传统的行为能力制度，于所有领域中适用行为能力推定制度，则可能将交易风险归于交易相对人，且不利于交易效率。在经济生活中的每场交易中，如适用推定行为能力，则推定法律行为有效，但当代理人或利益相关人提出明确证据认定行为人无交易行为能力

〔4〕 欧洲法律能力变革也否认了以传统行为能力作为个人受到替代决策约束的前提，要求各国对法律能力领域的所有现行法律进行修改，将意思能力推定有效作为核心原则。因此，以场景对行为能力需求的不同，将行为能力模块化，而后对场景所需最低程度的行为能力进行认定，是目前契合司法实务的民事行为能力变革的可能选择。

而推翻法律行为效力时，风险谁来承担？这可能导致的后果是，交易相对人凭经验和利益来认定行为人之行为能力，当有利益诉求时，相对人认可此项交易；当无利益诉求时，相对人对行为能力质疑，此时，代理人也可能依据利益诉求来选择是否举证。那么与个人生命健康权益密切相关的医疗预先指示适用行为能力推定制度是否存在风险？这里值得深思。事实上，可以通过严格的医疗预先指示的形成程序降低上述风险。医疗预先指示经由医患间的认真仔细沟通，且指示主要涉及行为人自身利益，并不直接关联相对方利益，即使间接关联医方利益，其也会由于预嘱的人身性，在程序中可仔细衡量。因此，医疗预先指示领域，可以谨慎依据医疗决定能力推定有效标准来推定预嘱有效，且仅有预嘱能力而无完全民事行为能力的预嘱人也可立预嘱。

《最高人民法院关于适用〈中华人民共和国民事诉讼法〉的解释》第91条规定："人民法院应当依照下列原则确定举证证明责任的承担，但法律另有规定的除外：(一)主张法律关系存在的当事人，应当对产生该法律关系的基本事实承担举证证明责任；(二)主张法律关系变更、消灭或者权利受到妨害的当事人，应当对该法律关系变更、消灭或者权利受到妨害的基本事实承担举证证明责任。"即根据上述司法解释的规定，预嘱人行为能力的证明责任也应当遵循"谁主张谁举证"的举证原则，但其究竟是主张执行预嘱的人承担，还是持疑义的个体承担含混不清。从两大法系看，应由主张因能力欠缺而使得法律行为不发生效力的当事人，负举证责任，也即，在有关预嘱的行为能力问题上，采用行为能力推定制度较合适——立预嘱人具有行为能力法律推定，欠缺行为能力是例外。而推翻这种推定规则，需要由主张无行为能力的一方承担举证责任。当然，对于预先拒绝医疗而导致的生命权丧失案件中，可能依然先由主张放弃治疗的执行预嘱人举证更为妥当。

二、医疗预先指示中的意思瑕疵和法律效力适用规则

(一)身份法律行为意思表示的特殊性

《民法典》第147—150条规定了意思表示瑕疵的法律行为效果为可撤

销，且撤销权人为本人，但这样的适用规则能否适用于身份行为的医疗预先指示值得从意思表示本身深入探讨。

意思表示是法律行为之必要元素。意思表示以行为意思、表示意思和效果意思构成。当内心效果意思与表示意思不一致时，有意思主义、表示主义和折中主义三种学说。其中，意思主义以内心效果意思为准，故意思表示欠缺内心效果意思即为无效，而表示主义并不拘泥于内心效果意思，以表示意思为准，以表示决定其效果意思。折中主义以意思主义为原则，以表示主义为例外。显然，意思表示理论以财产法律行为为基础抽象得来，由其派生出的行为能力、代理等财产法制度，适用于人身法时出现了较大的不适应。最显著的差异是，财产制度中除要保护当事人的意思自治价值外，还要考量交易安全和效率。在这样的价值考量中，很难在个案中追求以当事人的内心效果意思为唯一衡量标准。事实而言，正如弗卢梅所言：在意思表示中，意思本身应该被视为是唯一重要和有效的要素，因为它属于一个内在的，看不见的过程，所以我们需要有一个能够使他人识别的信号，而这个使内心意思公开的信号正是表示。由此可见，意思与表示的一致是必然而非偶然的，也即法律秩序应以“意思”和“表示”的一致性为基础。

医疗预先指示属身份法律行为，与财产法律行为有较大区别。首先，身份法律行为具有伦理性。社会秩序和道德对身份法律行为的影响更直接。身份法律行为具有伦理性，比财产法律行为更复杂。身份主体的自主性，行为能力的主观性和身份行为基础的情感性都应考虑进身份性意思表示中。其次，身份关系具有终局性。它不仅涉及交易安全，更涉及社会秩序的安定。与财产法律行为相比，身份法律行为更需要法律的安定性。在预嘱中，如果不能确定预嘱的法律效力，则家庭成员和预嘱人本人将处于悬而未决状态，这样的影响比财产法律行为严重得多。再次，身份法律行为具有人伦秩序性。财产关系以经济利益的最大追求为目的，而身份法律行为以人伦秩序及个人的意思自由实现追求为目的。个人的意思自由的实现关系到社会的人伦秩序。最后，身份法律行为的非功利性。财产法的起点是追求利益最大化的“理性人”，民法也将“理性人”作为法律上的一般人;身份法律行为中,人是“家庭人”、“伦理人”和“社会人”,以理性的一般人作为身份法律行为的逻辑起点,显然是存在悖论的。因此,涉及身份法律行为中意思表示的适用规则时更需谨慎。

(二)医疗预先指示意思的形成过程:需要—动机—意思

意思表示中的效果意思属于主观层面要素,实际上更偏向于心理活动的层面。心理学认为,人的行为由动机引发,行为是为了追求动机所欲达之效果。预嘱之意思表示是将意欲发生法律效果的内心愿望传达于外界,因而预嘱实际上也遵循心理学中的行为规律,经历“需要—动机—目的”三个密切联系的环节。

1. 需要

需要是指个体处于缺乏状态时而出现的体内自动平衡倾向和择取倾向。作为生物的个体,有多种生理需要,而作为社会个体又有社会性需要,因此,需要是多样化和多层次的。根据马斯洛的需要层次理论,人的需要分为5个层次:生理需要、安全需要、归属和爱的需要、尊重需要、自我实现需要。作出医疗指示的当事人的需要是不同的,常态下的预嘱当事人是为了自尊和自我实现的需要,希望自己有独立自主的人格。但也有一些预嘱是基于爱的需要而作出的,譬如,出于家庭成员经济安定或其他考虑。

2. 动机

动机是直接推动个人进行行为活动的内部动机,动机对人的行为具有激励、维持和导向的作用。人的需要转化为动机,动机驱使目的的产生,进而发生具体的活动,起到满足自己需要的作用。动机的确立,依赖于个人的意志,并通过思维来完成。在形成动机的过程中,以高层次需要为背景的动机战胜了以低层次为背景的动机。动机和目的确立的过程就是意志决定和思维判断的过程。以临终拒绝治疗的预嘱为例,甲因为想提升生命质量,维护自己临终阶段的个人自尊,立下临终拒绝治疗的预嘱。此处,甲的需要是维护临终自尊,为了这个需要,甲产生了做出医疗预嘱的动机:于不可挽回的生命末期拒绝治疗。因此,甲设立预嘱的直接目的是临终拒绝医疗,间接目的是维护个人自尊。

3. 从意思形成到意思表达

法律上内心意思的形成，须经过心理学上的“需要—动机—目的”三个过程。此后，便交由法律进行评价，在内心意思形成后，经过内心意思的外化，形成固定于外部的、可供识别的表示行为。意思表示包括言语表达和非言语表达。在上文所述的医疗预嘱案中，甲经过再三衡量，决定立一份医疗预先指示，于不可挽回的生命末期放弃治疗。与契约不同的是，尽管甲最终要实现放弃治疗需要家属配合，或传达意思或代理签署放弃治疗协议，但由于预嘱为单方法律行为，甲只要形成符合形式要件的预嘱，该预嘱便产生法律效力。

4. 客观因素

预嘱意思表示的形成过程是，首先确定要立预嘱的意思，其次决定怎样立预嘱，最后才是立预嘱的意思表示本身。整个思维活动是复杂的，受需要、动机、认知水平等主观因素影响，也受环境、情境等意思自由程度的客观因素影响。其中认知水平包括知觉、注意、记忆、思维和语言。认知水平关乎个体捕捉信息，形成判断，意识到自己意愿及表达意愿的水平。无协助人协助情形下的认知水平的欠缺，将导致表意人意思错误或表示错误，形成与表示不一致的瑕疵意思。

5. 意思自由的程度

人的意志要发挥其对人的行为的支配和调节作用必须要具备一个前提即意志自由。“意志自由只是借助于对事物的认识来做出决定的那种能力。”假设表意人不存在行为能力上的缺陷，其正确的表示取决于主观自由决定，而当表意人处于被胁迫、欺诈等情形下，则失去了意志自由。更进一步的思考是，除欺诈、胁迫外的一些客观因素，是否构成对意志自由的侵害。例如，预嘱人基于子女经济生活考虑所立的放弃医疗之预嘱，这与预嘱人基于对医疗手段和疾病本身的错误认识所立的放弃医疗预嘱有何区别？

三、医疗预先指示中意思表示瑕疵及适用路径

对医疗预先指示的意思表示瑕疵及适用路径作具体分析。此处的意

思表示瑕疵类型仅分析个人纯粹的医疗意思表示，即指示性医疗预先指示（医疗预嘱）。而不包括代理型医疗预先指示（另于代理框架下分析）。医疗预嘱意思表示由意思和表示两个要素构成，在健全的意思表示中，意思与表示和谐统一，意思经由表示而实现，当事人追求的即为意思表示达成的法律效果。意思与表示不一致，则为不健全之意思表示，此即意思表示瑕疵。按照意思表示瑕疵的类型，医疗预先指示也分为意思瑕疵和表示瑕疵。

预嘱意思瑕疵包括意思错误和受欺诈而为的意思表示。其中，预嘱意思错误是指在预嘱意思形成阶段，本人出现了认识错误或偏差，此即预嘱意思错误；受欺诈而为的预嘱是立预嘱人的认识和判断自由受限，譬如被继承人等利益相关人欺诈，妨害了预嘱人的理性判断，从而形成了错误的医疗决定，这也是预嘱意思瑕疵。预嘱人受欺诈和意思错误而为的意思表示有所不同，前者具有客观性，是由客观因素导致的错误认识和判断，后者为预嘱人的主观错误认识。此外，预嘱人受欺诈与受胁迫而为的意思表示也有所不同，被胁迫的预嘱人被限制的是意思决定自由，也即表示自由，而欺诈限制的是预嘱人意思形成的自由。因此，将胁迫放入表示瑕疵中进行探讨。

（一）预嘱意思错误

预嘱意思错误是指立预嘱人在预嘱意思形成阶段受认知能力影响形成错误意思。预嘱是对专业性医疗事项之安排，预嘱人对医疗名词的理解、预嘱实现条件的理解需要较为专业的医学常识。在没有专业医师解释和协助理解的情形下，预嘱人可能武断地形成接受或拒绝医疗措施的错误意思。此种情形下，意思与表示的不一致，区别于内心真意保留和虚伪表示中的故意不一致，属观念和事实上的实质不一致。根据传统意思表示错误的划分，将此处的预嘱意思错误划分为预嘱动机错误和预嘱内容错误。

1. 动机错误

预嘱动机错误是预嘱意思形成中的错误，它指预嘱人对预嘱实现中的某些情形怀有错误的设想，这样的设想决定了他是否和怎样发出意思表示，如他具备的是正确的观念，却作出的是另一个决定。动机错误破坏的是意思的决策。例如，预嘱人误认为某些医疗措施（心肺复苏、放化疗等）极为疼痛而提前拒绝此项医疗。从心理分析，预嘱人想避免疼痛是作出预嘱的动机，但此种动机是基于错误认识产生的，故预嘱与本人的内心真意并不相同。实际上，法律并不对动机进行评价。“每个人必须原则上承担其期待不能成为现实的风险，承担其对于有关重要情形的想法不符合现实情况的风险。”动机错误原则上并不影响意思表示的效力，尤其是单方的动机错误。其原因在于，现实情况与表意人的设想是否相符合，乃表意人应当承担的风险。但是，德国学者认为，动机错误规则并不适用于所有的法律行为。生前赠与及死因处分中的动机错误应受关注，如生前赠与行为中，要求已经发生动机错误的赠与人履行赠与合同有违“所有公证理智人”的价值观。〔5〕又如，遗嘱行为“不能以不关注遗嘱动机错误符合信赖原则为由来论证遗嘱动机错误不应受关注的正当性”。尤其是死因处分行为与生前法律行为所涉及的问题有根本不同。在死因处分行为中，更应注重的是遗嘱人所立遗嘱的真实意思，而非遗嘱制定的规则，因为这样的规则并不构成对他人的许诺。预嘱虽不是死因处分，但同遗嘱相同，也不构成对他人的许诺。此外，与遗嘱和继承人利益相关之财产对继承人的重要性而言，预嘱所为的处分多为自身医疗事项，更体现人身专属性。因此，预嘱中，与医疗选择和人身处分行为具有因果关系的错误都属于应受关注的错误，也即这种应受关注的错误的法律效果应与生前法律行为发生错误的法律效果相同，均可被撤销。在遗嘱中，立遗嘱人于生前可以立新遗嘱的方式在终意处分中发生错误时推翻错误遗嘱，但死后因错误而撤销遗嘱的权利只能由“因遗嘱人终意处分的消灭而直接受益的人”享有。预嘱不是死因行为，而是预嘱人已处于无决定能力状态下的行为，且此种行为与预嘱人的生命健康息息相关。如预嘱人赋予预嘱所作出的表示的含义与依据意思解释基本原则所得出的内容不同时，属于应受关注的错误。若可以确定预嘱人的真实意思，就不能以规范解释的方式确定与预嘱人意思不同的

〔5〕 参见［德］维尔纳·弗卢梅：《法律行为论》，迟颖译，法律出版社2013年版，第505页。

行为内容。此外，如果可以确定预嘱人发生错误，但无法确定预嘱人的真实意思时，法定（或意定）代理人具有撤销权。尤其在预先拒绝医疗的预嘱中，动机错误如基于错误的经济原因的认知应能成为撤销预嘱的法定理由。

2. 内容错误

"表示人表示其所欲之表示，惟误认其表示之内容也，即就其法律上之意义及其表示之效力，有不正当之观念"，此即内容错误。质言之，预嘱人的预嘱意思与其内心意思是一致的，但对预嘱原本的内容怀有错误认识，如对预嘱本身的性质认识错误；对预嘱中涉及的医疗事项的理解认识错误；对预嘱条款的认识错误（生命末期等）。预嘱人的意思错误发生在预嘱意思的形成阶段，看上去是预嘱人的真意，事实上是其基于错误理解而形成的错误意思。民法典关于错误的法律效果是可撤销的，如德国《民法典》第 1119 条第 1 款规定："表意人所作意思表示的内容有错误，或者表意人根本无意做出此种内容的意思表示，如果可以认为，表意人若知悉情事并合理考虑其情况后即不会做出此项意思表示时，表意人可以撤销该意思表示。"不过，为保护交易安全，德国学者认为，这里的错误如果发生在商事合同中，如果相对人愿意承认法律行为的效力，则该错误意思表示生效。但在单方法律行为的预嘱中，此属于针对自己的表示发生的错误，"应当予以关注"。但预嘱并不存在本人撤销之情形（预嘱可由本人在具备预嘱能力时，随时撤销），此处的错误产生预嘱无效的法律效果。此外，错误的因果关系是预嘱意思错误的前提条件，但这样的要求不应严苛。德国学者认为法律不应保护错误表意人之主观情绪。因此，错误应受关注的前提条件是错误与表示之间有因果关系。但在预嘱中，因果关系理应关注，且预嘱从作出到执行都仅仅与预嘱人本人有直接的利害关系，任何影响到预嘱人主观情绪之错误因素都应当予以关注。

3. 因恶意欺诈而为的预嘱

欺诈是指"故意欺骗他人，使其陷入错误判断，并基于此错误判断而为意思表示"。尽管预嘱仅属于个体医疗决定，但由于医疗决定与个人财产和家庭财产相关联，预嘱人被欺诈的风险较高。预嘱欺诈的构成要件有：

(1)欺诈人有欺诈的故意。使预嘱人陷入错误意思,并使预嘱人因该错误而预先选择或决定某项医疗事项的意思表示。(2)欺诈人实施欺诈行为。欺诈人虚构事实、变更事实或隐瞒真情,或存在告知义务而消极不履行。(3)两个因果关系。一是预嘱人因欺诈陷入错误,这里主要要求错误判断和欺诈行为有因果关系。二是预嘱人因错误而做出某项医疗预嘱决定,也即意思表示与错误判断之间也有因果关系。通常说来,因恶意欺诈作出的预嘱效力存疑的原因是决定自由受到不正当影响,而不是欺诈人的行为具备违法性或道德的应受谴责性。但是预嘱中要关注一个情形,即恶意欺诈。恶意应解释为"不良的居心",如基于财产利益或逃避抚养责任所为的欺诈。此时,欺诈人应负有损害赔偿民事责任,某些情形下可能承担刑事责任。

(二)预嘱表示瑕疵

预嘱中的表示瑕疵是指预嘱人出于故意或无意而产生的表示内容与内心意思不一致的情形,主要包括表达错误、真意保留、胁迫表示。

1.无意的表示瑕疵

无意的表示瑕疵是指,预嘱人在言语表达中所使用的词语或符号发生错误。表示错误并非预嘱人故意所为,而是因欠缺必要注意而出现的过失性的笔误和口误。此处,并非预嘱人对医疗选择行为的理解错误,而是理解正确,仅基于"疏虞"发生的错误。例如,在预嘱写作过程中发生的错误。按照通常的表示错误规则,可能出现被撤销或属于不受关注的错误类型,但在预嘱中出现的表示错误,如依据合理判断,认定预嘱人不欲作出该表示,预嘱可被撤销。

此外,当预嘱人基于信任或其他原因,未经阅读即签订已拟好的预嘱,除被欺诈情形外,一般不存在因错误而被撤销之情形。但如果预嘱人委托某人代为表示预嘱意思,受委托人发生表示错误,则适用意定代理的规定,由预嘱人本人承担错误信赖的后果。

2.故意的表示瑕疵:真意保留

预嘱中故意的表示瑕疵是由预嘱人单方故意所为而出现的意思与表

示不一致的情形。由于预嘱属单方法律行为,因此,此处排除双方通谋的虚伪表示,仅分析预嘱中的单方表示瑕疵即真意保留。预嘱中的真意保留是指,预嘱人故意隐匿心中真意而作出与真意不同的预嘱,与预嘱人欲追求的法律效果不同或相悖。多数情形下,预嘱人作出真意保留是为了欺骗、隐瞒利害关系人,使其相信其表示为真,或是基于试探。〔6〕

传统民法一直认为,真意保留不能因其秘密性而排除人们有意识地使法律行为规则生效的事实。真意保留在传统民法中的法律效果主要考虑在意思表示的场景下,相对人是否有可能知道本人真意。若相对人无从得知被保留的真意,则意思表示有效;若相对人可知该场景下为戏谑表示或可获知其真意,或串通表示,则该虚伪意思表示无效。比如某老年人为给子女施加压力,而表示放弃治疗,实际上子女从日常生活中可知晓其珍惜生存机会,则该表示无效。与虚假表示不同,在预嘱的真意保留中,只有表意人一方缺乏效果意思。由于传统民法一直以来的规则为"留在内心中的意愿不发生效果",且现代商事社会倾向于表示主义的意思表示解释规则,萨维尼也强调:"意思具有决定性,并以符号的可信赖性为由,认定被保留的真意原则上不应发生效力(真意保留不影响意思表示效力)。"拉伦茨认为:"每一个具有理智的人都知道,对于自己有拘束力地表示的事项,他必须承认其效力。因此,主张对表示事项内心保留有不愿的情形十分罕见。"因此,多数学者认为"真意保留在实践中的应用价值较小",但研究预嘱中的真意保留的研究具有必要性。

真意保留最早的案件即是关于教会法中的人身法律行为案件,〔7〕教会法中首个关于真意保留的案件,即某男为了引诱某女而许诺结婚,其实该男并无结婚的内心意思,并因此用一个假名作出结婚许诺。教宗英诺森三世于1212年颁布教令,规定因真意保留而作出的婚姻许诺无效。此教令直至今日还在影响着教会法中的婚姻制度。可见与当事人人身事项相关的法律行为应以看重当事人本人的真实意思为主,而非片面的表示主义。因为在人身法律行为中,涉及的并不是商事交易中的陌生人,当事人

〔6〕 依据笔者对预嘱制度的理解,戏谑在预嘱中较少出现。

〔7〕 参见[德]维尔纳·弗卢梅:《法律行为论》,迟颖译,法律出版社2013年版,第477页。

之间夹杂着盘根错节、错综复杂的亲属和伦理关系，亲属关系并不是简单的可以迅速了断的交易关系。当事人表示与内心真意不符可能也与情感、亲属和伦理关系的关联性以及关系的维系和了断成本有关。此外，人身事项中当事人内心真意也会发生剧烈变化或本人也处于摇摆不定的状态，这样的情形下，真意保留确有研究的必要性。再回归预嘱，传统民法中的真意保留中两个规则中的第一个规则主要是保护相对人的利益，但预嘱主要是为了实现至高无上的本人意愿，而不存在对直接相对人利益的保护。德国《民法典》在对人法律行为的涉真意保留事项上也曾出现过摇摆，第一起草委员会和第二起草委员会就真意保留是否适用于死因处分行为存在不同意见。第二起草委员会认为，“即便遗嘱人也不得通过真意保留来蒙混”，其改变第一起草委员会规定的主要理由是其认为对遗嘱相关人也存在如同意思表示相对人那般的信赖保护，从而确保了此种情境下法的安定性和明确性的要求。本书谈的预嘱与遗嘱尚有区分。遗嘱是当事人之财产处分行为，遗嘱要求的安定性更多地来源于继承人和财产的安定，但预嘱仅涉及当事人本人身体健康事项的处理和决定，存在的变动影响最多是医师的医疗方案。如有明确证据证明预嘱存在真意保留情形，执行当事人意愿的真意值得被尊重。

同时，预嘱中，真意保留包括单方虚伪表示的真意保留和试探。其中，单方虚伪表示的真意保留是预嘱人有意隐藏真意。而试探性的真意保留更倾向于戏谑，即表意人将真实意思保留于内心但期待相对人认清真意，譬如，某甲重病，心情低落，希望病愈恢复，但对子女是否嫌弃深表担心，为“试探”口头表达不再治疗，并在不再手术诊疗方案上签字。在这样的情形下，某甲的决定最重要涉及的是他自己，如他的真意为放弃治疗，则尊重真意，当有旁证证明他存在真意保留的情形，尤其是放弃治疗的重要医疗决定，对当事人内心真意证据证明力的要求也无须太高。在这样的情形下，某甲更希望的是子女挽留和发现其内心真意。若某甲因不信任，作出真意保留的预嘱，试图对自己的财产作出合适安排，此与试探有所不同，仅为某甲单方虚伪意思表示。预嘱真意保留的构成要件有三[8]:第一,表意人应当具有表示意思。表意人通过表达于外部的行为的表示内容应当具有法律上的价值。因此,如果行为人表示不依其外在行为受法律的拘束,则不发生真意保留的问题。第二,表意人故意使表示的内容与其意思不一致。依据表意人的表示所得出的客观的、规范的意义,与表意人的内心意思不相符,而且表意人故意使表示与意思不一致,这与无故意意思的错误不同,但这里的故意并非一定为恶意。第三,预嘱真意保留的两种情形中,前者是表意人隐匿意思而不想让相对人知道其内心意思,抱有使对方误信的意图而为之;后者是表意人期望对方知道自己的意思,且认为他人知道其表示缺乏与之相对应的真意。预嘱中真意保留的法律效果应当是:当相关人员不知预嘱人为真意保留时,此处对预嘱人之意思表示不影响,预嘱有效;若预嘱人犹豫不决,有意识作出模棱两可的预嘱时,与传统民法不同的是,在与拒绝医疗相关的情形中,并不完全按相关人所理解的意思生效。相关人有义务探求真意或对拒绝医疗提出异议;当相关人员知晓预嘱人真意保留,此时并不需要考虑相关人之信赖利益保护,该预嘱意思表示无效。至于何为相关人知晓,则视具体情况而定,一般来说,相关人只要知悉预嘱人隐藏真意即可,也即在相关人明知预嘱人真意保留时,应当认定预嘱无效;在相关人员不明知预嘱人为真意保留时,对预嘱意思表示的解释也应按照尊重预嘱人真意为解释方案。预嘱中真意保留的举证责任与传统民法中的真意保留的举证责任有区分。传统民法中,对主张意思表示为有效之当事人而言,只需证明其有意思表示之存在即可,无须证明真意保留之不存在。反之,如欲主张意思表示无效,应由表意人来承担相对人明知其真意保留的举证责任。预嘱中,由于主张尊重个人意思自治的同时尊重对生命权之保护,且在争论预嘱是否有效情形中,表意人多半已陷入无意思能力状态,无法表达真意和承担举证责任,因此,应由主张意思表示无效的代理人或利益相关人举证证明其真意。其中,推翻放弃治疗意思表示为真意保留的举证责任应较小。

---

[8] 参见冉克平:《真意保留与戏谑行为的反思与构建》,载《比较法研究》2016年第6期。

由于预嘱中的“试探”与民法中的“戏谑”类似，这里将其与真意保留中的虚伪表示单列讨论，它是“非诚意表示”、“非认真表示”以及“缺乏真意的表示”，是指预嘱人作出的表示并非出于真意，并且期待相对人会立即了解其表示为并非出自真意的意思表示。预嘱人是想以一些方式引起相关人员对自己真意保留的认知：让相关人（通常为近亲属）陷入吃惊后立即意识到此为真意保留而与其沟通；让相关人陷入自责、后悔之窘境。与虚伪意思表示不同的是，预嘱人本着与相关人的密切关系，认为相关人能够辨明其真意和作出真实医疗决定。对于戏谑行为，国内民法学界观点不一，采意思主义立法例的专家认为：“行为人故意隐瞒其真实意思作出意思表示，并期待对方会了解该意思表示并非出自真实意思，法律行为无效。但行为人应当赔偿对方因合理信赖产生的损失。”表示主义的专家认为“表意人的非诚意表示，该法律行为并不因此无效，但可以推知相对人应当知道的例外。此项‘推知’，应依据理性第三人认知的程度来进行判断”。但通说认为，戏谑行为以意思主义为原则、表示主义为例外，预嘱中“试探”的法律效果也应如此认定。和虚伪表示的真意保留相区分的是，相关人尤其是近亲属有更多的能力去体会预嘱人的真实意思，且预嘱中并不应当产生善意相对人的信赖利益保护和所谓的交易安全问题，尊重预嘱人真实意愿的意思主义更合乎逻辑。此外，由于近亲属与预嘱人本人的亲密关系，近亲属对预嘱人真实意愿的体察应超越“戏谑”中理性人的认知标准。

当然，笔者有关预嘱人的真意保留问题仍然存有一个疑问，即尽管遗嘱有法定形式要件，但并不以公证为必要程序。国内预嘱的创设若以公证为必经程序，究竟应否承认预嘱中的明知而为的虚假表示？是否一经公证就排除了当事人个人故意之虚假表示。尽管奥地利《普通民法典》引用了土耳其语“婚姻无戏言，一切皆真实”的言辞，否认身份行为中的真意保留，但仍有学者认为，公证与登记的公信力等信赖保护制度、社会治理等公共利益，均无法成为虚伪表示瑕疵合法化之依据〔9〕。

〔9〕 参见贺剑：《意思自治在假结婚、假离婚中能走多远？——一个公私法交叉研究》，载《华东政法大学学报》2022 年第 5 期。

3. 因胁迫而为之预嘱

意思表示的有效成立除需意思和表示一致外，尚需当事人自由为之。如果预嘱人作出的预嘱并非出于本意，仅是为避免某种对预嘱人不利后果之发生，而在缺乏意思自由情形下所为，此为胁迫。胁迫情形下的预嘱人作出的预嘱不是意思表示形成过程的不自由，是表示上的不自由。

《民法典》第150条规定了受胁迫行为的效力，“一方或者第三人以胁迫手段，使对方在违背真实意思的情况下实施的民事法律行为，受胁迫方有权请求人民法院或者仲裁机构予以撤销”。同时，《最高人民法院关于适用〈中华人民共和国民法典〉总则编若干问题的解释》第22条解释了“胁迫”的内涵，“以给自然人及其近亲属等的人身权利、财产权利以及其他合法权益造成损害或者以给法人、非法人组织的名誉、荣誉、财产权益等造成损害为要挟，迫使其基于恐惧心理作出意思表示的，人民法院可以认定为民法典第一百五十条规定的胁迫”。当然，这里的“胁迫”的内涵仍值得商榷。预嘱中的胁迫，是指预嘱人作出预嘱并非出于本意，而是迫于恐惧等心理而产生的意思表示不自由。此处的意思表示不自由未必一定以预嘱人或近亲属的人身财产权益、名誉等损害为要挟的形式存在。只要胁迫能够让预嘱人意思表示不自由，而发出的表示也是由胁迫引起的，即可认定为“胁迫”，譬如：“若你不立下放弃手术同意书，我会杀了你女儿”等。此处，预嘱人作出的预嘱根本不是自己的本意，仅是“把胁迫人的意思用预嘱人的嘴巴和手表示出来罢了”。依据《民法典》的规定，受胁迫方可撤销法律行为，但可用除斥期间的规定限制撤销权的行使，这是为了保护既定的法律关系。在胁迫预嘱中，情况有所不同，受胁迫方清醒时，可以随时修改预嘱以推翻受胁迫时作出的预嘱，即享有撤销权。但当他失能失智时，即便其享有撤销权，也无法行使撤销权，仅代理人在有证据证明时，可撤销预嘱，或由相关人认定该预嘱无效。由于预嘱事关本人重大事项，如与民法相融合认同其为可撤销预嘱，则除斥期间在此可不予适用。

4. 违反善良风俗之显失公平预嘱

在德国法上有一类无效法律行为即暴利行为，德国法将暴利行为定位为违背公序良俗之无效法律行为，无效原因是给付与对待给付明显不平等。预嘱中,尽管不存在给付与对待给付情形,但仍存有直接或间接利益,满足暴利行为中的部分要件,故可归纳为显失公平情形。譬如:为继承、治疗等经济利益,有意识利用预嘱人的医疗信息不对等、轻率或缺乏经验,诱导其作出无效医疗选择。当然,对于预嘱人作出的意思表示,也可将其放入上文中的"表示错误"中理解与适用。在该预嘱无效后,诱导人应返还不当得利及承担因"恶意或重大过失"的赔偿责任。

5. 传达错误

由于医疗预嘱执行时的个人可能丧失意思能力,预嘱的执行需要近亲属或医疗代理人,这就涉及传达。此处并未谈到代理,代理与传达的区别主要在于法律行为中是否有代理人意思表示的加入。代理将在之后集中探讨。既是传达,就可能发生错误,包括过失和故意的传达错误。预嘱中的传达在民法中叫履行辅助,帮助民事主体实施法律行为,包括传达预嘱中已表达的意思表示。在传达过程中可能发生错误,这里的错误既包括错误理解预嘱本身的意思,又包括将正确理解的预嘱错误地传达出去。由于履行辅助人通常由预嘱人确定,或由法律推定的具有高度信任关系的近亲属担任,预嘱人传达意思表示等同于预嘱人自己的意思表示。因此,无意识传达错误的风险理论上由预嘱人自己承担,此项错误的传达可由辅助人撤销。此外,若辅助人或机关故意作错误传达,即辅助人故意伪造预嘱,此种情形应适用无权代理之规定。

四、预嘱中意思表示瑕疵的法律效果

上文已经叙述了当承认预嘱为法律行为后,可能出现的意思表示瑕疵及其与民法基本理论中意思表示瑕疵后果的冲突,究竟是否有一个更系统的有关预嘱意思表示瑕疵法律后果的统一认定?笔者于此处尝试分析。

(一)瑕疵预嘱的法律效果:无效或可撤销

传统民法中,意思表示瑕疵的法律效果可能是无效或可撤销。由于执行预嘱时,预嘱人可能处于意思能力丧失状态,并无预嘱人撤销预嘱的适用空间。但若适用无效,预嘱无效是否不利于追寻当事人之真实医疗意愿。此外，预嘱的条款部分无效是否会影响预嘱全部无效？这里将对认定预嘱无效或可撤销的法律效果作深入分析与比对。

1. 瑕疵意思表示的法律效果

关于意思表示的法律效果有三种学说：第一，意思主义。以内心效果意思为准，只要意思表示欠缺内心效果意思即为无效。第二，表示主义。以外面效果意思为准，不拘泥于内心效果意思，以表示决定其效果意思。此学说倾向于保护交易安全。第三，折中主义。表意人及交易安全均需保护。采此种学说的立法有时候以意思主义为原则，表示主义为例外，如德国民法、日本民法；有时候以表示主义为原则，以意思主义为例外，如瑞士民法。现代学说和立法例均趋向于折中主义中的前者，即德国立法例，也即法律行为的效力要以真实意思表示为主，当出现意思与表示不一致或意思决定受欺诈和胁迫时，法律行为的效力为可撤销或无效。德国法将心中保留、虚伪表示、非诚意表示纳入无效法律行为，而将错误、传达不实和欺诈及胁迫纳入可撤销法律行为。我国法将无民事行为能力人实施的法律行为、虚假表示、违反公序良俗、恶意串通的法律行为认定为无效行为，而将重大误解、欺诈、胁迫、显失公平定位为可撤销法律行为，与德国法基本类似。无效的法律行为是指自始不生效或不能发生效力的法律行为，无效法律行为中的无效暗含着既定的法律秩序，即，法律行为的无效并不能通过私人意思表示行为使之有效，私人意思表示不能取代法律秩序所没有认可的内容。可撤销的法律行为是“效力待定”的法律行为，可撤销性的本质是，撤销权人有权决定法律行为是否生效，但前提是撤销权人具有相应的意思能力。

2. 无效的瑕疵预嘱

法律行为的无效是指本应按照法律行为的内容生效的法律行为规则不发生效力，即法律行为所形成的规则不能按照其所形成的内容生效。当然，当法律行为无效时，仍然会产生一定的法律效果来取代形成的法律行为规则。这里要将无效和未生效相区别，未生效是尚有生效可能，又称为效力待定的未生效；无效则是不可能再发生法律效力。法律行为的无效最显著的特点是，它不会因为无效原因的消失而得到补正，这是从《学说汇纂》以来即继受的学术观点:“一开始就不生效力的行为不能因为时间的经过而生效。”德国法发展而来的无效法律行为唯一可补正的情形是,婚姻因形式瑕疵无效后的补正和合伙关系的补正,也即只有当无效原因涉及法律行为的形式或法律行为之行为时,才可以对无效予以补正,反之,当法律行为规则之内容无效时,则不能对其进行补正。按这样的观点,无效的预嘱并不能因得到意思表示的补正而有效。如果适用这样的规则,则当预嘱出现形式瑕疵时,可以补正。但若预嘱中存在其他内容上的意思表示瑕疵时,如虚假表示、违反公序良俗或恶意串通的预嘱应被确认无效。无效后的预嘱自始无效,无效后预嘱人的医疗事项决定由法定代理人或意定代理人替代作出。这样的处理,是否在某些情形下,忽略了无效预嘱中暗含的预嘱人之真实意思表示?而这样的处理方式,是否会使得替代作出的医疗决定亦不能以无效预嘱中体现的预嘱人之真实意思作佐证?

通过梳理传统民法(德国法)可以看出,无效和可撤销的区别较多,尤其是在撤销权人的权力享有上,无效是当然无效,而可撤销是可被表意人选择的。但将法律行为定义为无效和可撤销仅仅是定义,笔者在思考预嘱究竟为无效还是可撤销时,想到一点,如果仅仅用表面的是否拥有撤销权来定义无效和可撤销的区别,那仅仅只是创设的制度。无效也可以拥有撤销权后无效?本质看来,规定了法律行为的无效和可撤销制度,主要是承认意思表示的效力,在能够承认表意人意思表示效力的时候,应尽量让它有效,而不是用形式的法律规定限制表意人的真实意思。因此,德国法中无效的法律行为仅仅包括三种类型:第一,表意人无真意而相对人明知。相对人明知的真意保留、通谋虚伪表示和不被人误解的非诚意表示。第二,违反法律强制性规定和善良风俗的法律行为。第三,暴利行为。第一种情形是表意人无真实意思表示。但为了相对人信赖利益之保护,对于相对人非明知情形,并不使之无效。第二种情形是基于法律规定秩序保护。第三种情形是显失公平的行为。这三种情形都是不得不使之无效的情形。第一种情形和第三种情形,表意人明显无真意,不可能撤销该法律行为;第二种情形,如果给予表意人撤销权则违背既定的法律秩序。在德国民法中,无行为能力、相对人明知的真意保留、虚伪行为和缺乏真意的表示,均可成为无效原因。对应到预嘱中，无预嘱能力，医疗代理人（法定、意定）明知的真意保留、虚伪预嘱和缺乏真意预嘱均为无效。但虚伪保留中的隐藏预嘱意思应当被重视，也即医疗代理人应重视隐藏的预嘱意思。此外，德国法将无行为能力人的法律行为定为不可补正的无效，但由于预嘱是有关本人医疗事项的规定，传统的行为能力划分或可能损害本人的医疗自决权，根据行为能力推定规则，任何没有相反证据证明的无医疗决定能力的预嘱理应生效。无行为能力人作出的简单的医疗决定为何被定位为无效？

与合同法律行为相比，预嘱是处理当事人医疗事项的当事人之自主决定，更体现当事人真实意愿，且无相互交易的相关人信赖利益保护，应本着能有效尽有效之原则。因此，仅具有形式瑕疵的预嘱如果让其无效则损害了当事人的真实意愿。而仅在当事人未在预嘱中列明真实的意思表示，或当事人因急迫、无经验、欠缺判断能力，或明显意志薄弱，使其作出与其平日价值观差别显著的医疗决策时，应当使其无效。若预嘱中出现欺诈、胁迫、错误等可撤销事由，且预嘱人已无撤销预嘱能力，又未明确表示是否撤销的意愿，则此时将预嘱撤销和使其无效并无本质区别。即便代理人有撤销权，行使该撤销权也应经有效监督。此处仍需要探讨的问题是，若瑕疵预嘱中存在的是可撤销情形，是否要从预嘱人之立场探求预嘱人真意，即当预嘱人尚存意思能力时，如果出现错误或胁迫之情形，是否会影响预嘱人作出的预嘱？如此细致地探求预嘱人真意，是否会增加审判负担？

当然，民法中的无效法律行为并非在法律上不存在，它也可能具有法律上的相关性，尽管法律行为规则不能按照所形成的内容发生效力，但仍然可能具有法律上的相关性，也即基于无效法律行为进行给付或法律行为尽管被视为无效，但仍可以以其他方式得到履行。譬如，基于无效预嘱而达成的医疗合同，基于善意信赖预嘱有效的医方在已尽注意义务时，不承担赔偿已治疗之医疗费用的法律责任。无效原则上“自动”产生效力，无效法律行为的法律规则不发生效力。即便当事人并未主张预嘱无效，但只要在预嘱产生异议时，法官基于原被告的陈述发现预嘱有无效事由，就应当予以关注。总之，预嘱人的预嘱不能消除禁止性和违反公序良俗的无效规定，只要预嘱在内容上不否定法律行为的规则，其他形式上的瑕疵就不能使得预嘱被宣告无效。

同时,当预嘱部分无效时,如若预嘱其他条款履行与该无效部分无关联,且除去无效部分,预嘱人仍然会作出其他条款之意思表示,则预嘱的部分无效且不影响其他部分效力。在确定预嘱是否整体无效或部分无效时,主要采用的是价值判断法,因为对于"除去无效部分,预嘱人仍然是否会作出其他条款之表示"是根据诚实信用原则的假想意思。预嘱比其他的法律行为更看重假想意思的推断,因为此时预嘱人多已无意思能力。事实而言,尽管预嘱条款部分无效,但对于其他部分仍然可以通过确定预嘱无效的那些部分后继续作为特殊的法律行为存在。

此外,如果预嘱无效,预嘱人仍然存在需要作出的医疗决定,此时,预嘱人之意定代理人或法定代理人仍要代替预嘱人作出医疗决定,而根据代理法律规定,仍然要挖掘预嘱人之真实意愿,那么,于先前无效的预嘱中挖掘的预嘱人之内心真意,是否能作为此处替代决定的证据?这些都值得继续思考。最后,德国法中对终意处分之解释认为,终意处分之内容需有不同解释之可能,于有疑义时,应选择有利于其发生效力之解释。此处,有利于发生效力是可使表意人意思表示发生法律上效果之解释,而不必为有利于受益人之解释。从此处也可看出,对于预嘱,应当尽可能挖掘其真意,对挖掘出的真意应认可其效力。

3. 可撤销的瑕疵预嘱

预嘱中的撤销权可能存在于几种不同的情形,首先,预嘱人随时享有撤销权,并可随时撤销预嘱。若本人尚存预嘱能力,则本人一般会以修改预嘱的形式撤销旧预嘱,或仅撤销旧预嘱。其次,当预嘱人之预嘱能力受限或丧失时,该撤销权可赋予预嘱人的法定或意定代理人。由于预嘱人所立预嘱与自身医疗健康关系重大,故其他无利害关系人(包括主治医师)也可申请撤销预嘱。最后,预嘱存在瑕疵时,预嘱人可撤销预嘱。此处主要探讨的是第三种情形。

可撤销的法律行为在被撤销前有效,撤销后自始无效。预嘱与传统可撤销法律行为有区别。其一,传统民法中,当出现错误情形时,人们将针对法律行为效力的决定权赋予表意人。但与传统法律行为不同的是,预嘱在作出后生效,但其真正实施,如签订或撤销医疗合同可能是在预嘱人已经丧失行为能力时候,而此时,预嘱人可能已丧失撤销意思能力。如果预嘱人丧失行为能力,则撤销权无法亲自由其实施,只能由其代理人实施。其二,撤销表示原则上为非要式行为,尽管被撤销的预嘱属于要式法律行为。传统民法中,撤销权人通过向相关人表示法律行为不发生效力来行使撤销权,且行使撤销权未必需要原因。传统民法中的可撤销法律行为是以双方法律行为尤其是合同行为为模型的,其中包含撤销时期的规定,这给予了表意人充分的考虑时间。预嘱是与预嘱人人身医疗事项密切相关之决定,即便预嘱属于可撤销预嘱,但表意人已丧失撤销能力,更无充分的是否撤销预嘱的考虑时间。其三,在双方法律行为中,撤销相对人多为合同相对人。但在预嘱这样的单方法律行为中,撤销相对人可能为任何一个基于预嘱直接获取法律上的利益的人或预嘱人亲属或官方机构。其四,预嘱与双方法律行为不同的是,双方法律行为中可能侵害权益的是相对方,而预嘱主要涉及的是预嘱人之利益。由于预嘱人可能失能失智,因此,打着预嘱人本人意愿的名义侵害预嘱人权益的恰恰可能是法定(意定)代理人,预嘱中的争议很多是由预嘱人之代理人引发或提起的。而作为被代理人的预嘱人无法以行使权利的方式防范不当代理侵害自身权益。撤销权人是可撤销意思表示的人,也即意思表示作出之人。代理中,由于代理人实施的法律行为是替被代理人作出的,因此,被代理人为撤销权人,当然,若被代理人将撤销权授予代理人,代理人也享有撤销权。但如前所述,代理人对预嘱享有撤销权的情形应仅限于预嘱人的明确的权限指定,其他情形中代理人对预嘱的撤销权可能会影响预嘱人之利益。此外,赋予预嘱人之代理人预嘱撤销权是否会侵害预嘱人利益及如何防范,或需从代理中另辟蹊径。其五,当可撤销的预嘱被撤销时,该预嘱被视为自始无效,但仅仅是原因行为具有可撤销性,对于已经履行的预嘱,仅追究故意之损害赔偿责任。如果承认预嘱的可撤销性,则可能出现预嘱的可撤销和无效竞合情形,也即因错误被撤销的预嘱又发现恶意欺诈的无效理由,则可能会免除相关人之法律责任。其六,传统民法中,经撤销权人确认的可撤销法律行为不能被撤销,也即可撤销法律行为之确认导致了撤销权之消灭。预嘱中,若将撤销权赋予法定代理人，而法定代理人又基于利益冲突确认了预嘱的效力，此时，如果撤销权消灭，势必产生对预嘱人不利的法律影响。

4. 无效和可撤销的艰难选择

本章其实已经陆续在每一部分各提出了一些预嘱意思表示瑕疵的解决方案，多数与传统法律行为的解决方案有区分，本部分将集中总结预嘱中意思表示瑕疵的法律效果。传统法律行为中意思表示瑕疵主要有两种法律效力，无效或可撤销。其中，法律行为无效是当然、确定、自始不发生法律效力的。此处，无效的法律行为仅仅是不发生当事人意思表示中预期的法律效果，并不意味着不发生其他法律效果，如可发生不当得利请求权等。无效的法律行为的无效无须当事人以意思表示对无效进行主张。法律行为可撤销指的是因意思表示的瑕疵使得撤销权人享有可溯及的消灭该法律行为效力的权利，此处，撤销权的享有人是表意人。可撤销的法律行为是法律效力不完全的法律行为。

对比瑕疵意思表示之预嘱，究竟哪些为无效预嘱，哪些为可撤销预嘱？预嘱中的撤销权人可能并不是预嘱人本人，这里的撤销权与瑕疵法律行为的撤销权无论是行使主体或是目的及后果均有很大的不同，撤销权之行使也并不应该受除斥期间的限制。尤其重要的问题是，法律行为可撤销的前提是双方均具有行为能力，能作出有利于自身的意思表示。而预嘱中，由于预嘱在预嘱人失能失智前可随时撤销，因此，当预嘱人发现自己陷入错误或重大误解或胁迫时，在丧失行为能力前，完全可以随时撤销预嘱。而在预嘱人失能失智后预嘱的撤销权只能归于代理人，这与法律行为的撤销有本质不同。因此，带着问题我们可对比遗嘱的规定。

遗嘱在罗马法中占有举足轻重的地位，《法学阶梯》对遗嘱错误做过类型化建构，包括主体错误、名称错误、身份错误、客体错误及原因错误，这些错误有些不影响遗嘱效力，有些阻碍遗嘱发生效力。有学者认为，由于不存在利益相对方，遗嘱意思表示瑕疵应当与法律行为中的意思表示瑕疵相区分，宜采取“可撤销说”[10]，也即部分遗嘱意思表示瑕疵可以撤销后可直

〔10〕 李双元、温世扬主编：《比较民法学》，武汉大学出版社 1998 年版，第 1067 页。

接获益之人为撤销权人,并给予其一定的期限利益。于此,遗嘱的可撤销与法律行为的可撤销已不是同一概念。也有学者不同意此类"可撤销说",认为,"遗嘱是单方法律行为,得于生存期间自由撤销,与继承人的意志没有关系,若作此规定,则会与遗嘱自由原则相违背"[11]。由此,若规定意思表示瑕疵的预嘱为可撤销预嘱,从法理上说亦非不可,撤销权人未必为预嘱人本人。但需要考虑的是,预嘱与遗嘱亦有不同,由于预嘱比遗嘱更涉及本人自由意志的关注,且遗嘱为死因行为,仅关系到本人财产自由利益,而预嘱则与无能力状态的预嘱人的生命健康相关,撤销权的行使更应慎重,且不应有人员和期间的限制。

综上,在瑕疵预嘱中,预嘱法律效力的认定应当注意以下几点:第一,不应与传统意思表示瑕疵之法律行为相混同。传统之意思表示瑕疵法律行为中有关意思主义或表示主义的选择主要为了权衡表意人真意与相对人信赖利益之冲突,而预嘱之意思表示瑕疵中不需要考虑相对人之信赖利益,即便存在相关人(如医疗机构)的利益,该利益也不可能超越个体的生命健康权益。预嘱发生效力瑕疵争议时,作为表意人的预嘱人大概率已失能失智,问题重心遂转移至如何通过预嘱之外在形式最大限度地探求到预嘱人真意。第二,对于预嘱的意思表示瑕疵的处理要慎重。预嘱人已失能失智,对其真意的解释应慎重。为保护预嘱人真意,预嘱有其严格的法定形式,若不符合法定形式可能导致预嘱无效,但这样的无效又可能会影响预嘱人真意之执行。因此,要坚持预嘱的法定形式,但对预嘱人真意的追求也不能放弃。应在预嘱本身及预嘱人现存的记录中找到充分证据证明预嘱人真意,唯一例外的是,本着对预嘱人生命健康权的保护,对预先放弃治疗预嘱的推翻仅需必要证据即可。第三,在构建瑕疵预嘱的具体制度上,可依情形采纳"可撤销说",但与传统的可撤销法律行为有区分,理由如下。首先,预嘱可自作出后随时撤销,且无除斥期间规定。当预嘱人失能失智后,如发现法律行为可撤销之法定情形,可由代理人申请撤销预嘱,且亦无除斥期间限制。代理人行使撤销权须提出可撤销之充分理由,经由法

[11] 彭诚信主编:《继承法》,吉林大学出版社2000年版,第167页。

定机关(公权机关)审查。其次,预嘱不存在遗嘱撤销权人中的撤销遗嘱后实际享有财产利益之人,即便有,也不能超越预嘱本身要保护的预嘱人之生命健康及自由意志。撤销权人如果为利害关系人,则问题的中心将被引入财产利益中,此时,撤销权人并不一定能依据预嘱人意愿维护预嘱人之生命健康自主决定。因此,第一点所述之审查非常重要。赋予相关人、任何人或机关以必要证据否认预嘱效力能够最大限度保护预嘱人之自由意志。再次,民法学说中的可撤销法律行为起初有效,如果撤销权人不行使撤销权,则其效力一直存在;如果撤销权人行使了撤销权,则其效力自始无效。违背本人真意的预嘱,关系到本人的切身利益,即便无利害关系人行使撤销权,也可由公权机关认定预嘱为无效。因为,预嘱应以保护预嘱人之内心真意为唯一标准。最后,撤销权的享有一般有时效,但预嘱撤销适用时效制度显然是不科学的,预嘱人在世时应能够随时审查其个人所立预嘱的真实性。预嘱人失能失智后,代理人也应随时审查预嘱的真实与合法性。在认定预嘱"无效"时,不应忽略"无效"预嘱中的真实意思;此外,可采预嘱"部分无效说",预嘱部分无效不影响其他条款之法律效力。

五、医疗预先指示中意思表示的解释

本章的上述内容主要分析了预嘱中瑕疵意思表示的处理方法,不符合预嘱人真实意愿的预嘱包括意思与表示不一致或意思表示不自由的预嘱,产生的法律后果为无效或部分无效。即使意思表示不存在瑕疵,预嘱本身也可能产生不被相关人(医生或近亲属)合理理解的情形。对于一份预嘱的理解和解释,因主体不同而不同,上文已阐述过,预嘱的解释与普通意思表示的解释路径有区别,并不需要侧重考虑相对人之信赖利益、既定的社会秩序及社会交易安全。无论如何,探究预嘱人的真实意愿是预嘱效力认定中的重要一环。这里的真实意愿探究,不仅是从预嘱的字面看,还要从预嘱所在的社会、医疗环境解释,也应深入预嘱人的内心,作出合乎本人价值观的推测。

(一)预嘱解释的必要性和特点

个体的成长环境不同,思维方式和结果也不同。人类的思维尽管具有共性，但不乏个性特点。语言作为思维表达的工具，除了部分专业性语言能够准确表达个体的心中所想之外，更多情形下，语言和所想并非完全一致，“言不由衷”“言不尽意”的情形时有发生。但人与人之间的交往通常通过语言交流，当人们对语言产生不同理解时，究竟按怎样的意思去解释这段语言？此即意思表示解释的产生。意思表示解释通常与法律行为解释合并理解。史尚宽先生认为：“意思表示之解释者，确定意思表示之意义也。法律行为之解释者，明确法律行为之意义也。法律行为之内容，依构成法律行为之意思表示之内容而定。明确法律行为之意义，解决为明确构成法律行为之意思表示之意义。故法律行为之解释，不妨谓为意思表示之解释。”〔12〕对于预嘱之解释，主要涉及三方面问题：（1）预嘱是否构成当事人之真实意思表示；（2）预嘱是否有漏洞；（3）解释预嘱的内容。其中，第一个步骤是前提和基础，只有预嘱构成真实意思表示，才能对其进行后两层次解释。

预嘱解释具有以下几个特点：第一，主要针对预嘱人本人，具有高度人身性，个别性和经验主义特性明显；第二，非格式化预嘱本身具有任意性特点，因此，对其解释需要经验融入；第三，预嘱解释在探明预嘱人本意的基础上，应尽可能与情势状况相符合；第四，预嘱解释不涉及财产关系，它包含复杂的伦理和人文情感因素，极为复杂，且解释预嘱时，预嘱人通常已处于意思能力缺失状态，探求真意较为困难。

（二）预嘱解释的时机

并非所有预嘱均需解释。多数情形下，当相关人对预嘱的理解发生分歧和异议时，预嘱的解释才有存在的必要。此处的相关人包括预嘱人之近亲属、主治医师，也不排除其他对预嘱存有疑义且有必要证据的相关人或组织。根据意思表示解释理论，当事人由于文化水平的限制和法律、医疗知识的欠缺或某些想要隐藏的目的需求，对预嘱所用言语含混不清时，有解释预嘱之必要。当然，某种程度上说，由于主体间性的存在，只要是用非

〔12〕　史尚宽：《民法总论》，中国政法大学出版社2000年版，第459页。

格式化语言表达的预嘱，均有解释的必要。[13] 个体的差异性决定了法律无法统一规制个体的意思表示，因此，只有在当事人存在异议时，法律才对预嘱进行解释。此外，对预嘱的解释也并非一定出现在可能的非真意表达中。含混不清的预嘱也需要解释。譬如，某甲预嘱为，当罹患末期癌症时，停止医学治疗。结合某甲对于临终安养的态度以及生前对生命质量的追求，可以解释，某甲此处指的末期癌症停止治疗所持的观念是，已不可救治。但某甲在昏迷期时，出现了可尝试的新的疾病治疗手段。若仅凭借字面意思的解释即应对某甲停止治疗，但深究其意，应解释为继续治疗。这里的解释并未出现错误，而是情境发生改变，类似于合同中的情势变更，也即对于预嘱的解释未必是在出现错误时进行解释的，仅仅是相关人出现疑义时，即可对预嘱进行解释。

普通法中对意思表示的解释，不仅是事实问题，亦是法律问题。从预嘱解释的目的来看，该解释是为了探求预嘱人的真实意思，并对其公开确认，因此，这是事实问题。但预嘱的解释多是在预嘱出现疑义时，由司法机关进行解释，法官的解释必定是假定当事人是理性人而依据普通的解释规则探求当事人的真意，尤其是预嘱人通常已经失能失智，无法追究其当时的个人意思，因此，法官对预嘱的解释在更多情形下具有客观性。在传统的意思表示解释领域，解释是为了评判双方法律行为的共同意思，这种解释客观性更强烈。从这个意义上说，预嘱的解释，永远不可能与当事人真意完全相同，仅是司法的推断。

（三）预嘱解释中的“理性人”和“被尊重的个体”

传统民法中的“理性人”非常重要，盖因人的主观意愿并不能被外界所探知，而理性人是常人的行为模型，以此模型进行推论能够降低人与人之间的信息不对称。同时，理性人标准也可作为一个基本的行为准则规范。当然，作为理性人的前提条件是，对于理性和利益有基本共识（尽管这样的共识或许仅是被建构的共同的偏见）。譬如，物质利益的获取是当今社会

---

〔13〕 参见朱庆育：《意思表示解释理论》，中国政法大学出版社2004年版，第68页。

的“理性”标准。在这样的共识中,我们将个体划分为无、限制和完全行为能力人,能够理解、接纳并执行这些共识的是“理性人”,具有理性的行为模式。同样,理性人的行为能为他人预测和感知。所以理性人的假定是以制度为基础的对人的行为方式或社会秩序的认可。

“理性人”是私法用以贯彻伦理标准的人格形象。[14] 民法中的“理性人”是一个虚幻的主体,这个主体被抹掉了个人天赋、环境和能力等诸多方面的差异。如果某人的智力情况高于常人,其作为理性人的标准不会提高;如果低于常人,低于理性人标准,则可能基于保护目的在法律能力上被定义为受限。对于意思表示的解释,理性人标准具有重要的意义。司法解释主体,在解释意思表示时,通常模拟理性人标准,以判断当事人是否作出了合理的意思表示,通常分为两个步骤:一是以专业知识进行判断,二是进入当事人视角。这样的解释步骤看上去客观,事实上充斥着裁判主体的主观性。首先,裁判主体对意思表示的分析判断本就是主观的;其次,裁判主体永远不可能站在当事人视角思考问题。他能做的仅仅是如果他在当事人的位置和处境,他会怎么做。但他无法模拟出与当事人相同的成长经验,生活环境和价值观。因此,在运用理性人标准进行解释时,为了尽量避免解释人之主观性,裁判主体会以当事人所属的社会群体、行业领域内的一般人作为理性人模型。

理性人标准的意思解释方法在预嘱中并不适用。首先,预嘱是个人有关自己身体健康和医疗决定的安排,无相对人的意思表示,以个体为中心,注重自我实现,与个人的观念息息相关,主观性较强。而理性人标准的适用场景是以商品交易中的共识为主,注重沟通和协作。其次,预嘱是个人最高意志的集中体现,包括个人对于死亡的态度。个人对医疗事项的选择很难用理性或不理性进行评判。最后,无或限制民事行为能力不代表没有预嘱能力,而这部分已经被排除出理性人之外,又如何用理性人标准评判预嘱意思。对于预嘱的解释,我们更要看到的是“具体化的隐藏的活灵活现的个人”。预嘱的解释应将预嘱人置于立预嘱时的特定场景下,尊重预

〔14〕　参见冯珏:《汉德公式的解读与反思》,载《中外法学》2008 年第 4 期。

嘱人在特定地域、行为领域、时间以及特定价值观念和主观意愿下作出的预嘱，而非适用统一的价值标准。

（四）预嘱解释的方法和标准

1. 意思主义和表示主义

从公法维度看，法律解释虽然承认法律语义存在的解释空间及对社会事实的适应性，但法律解释的任务更多只能是被限定在一个时空和文义范围内。对预嘱的解释，更多地应从私法立场对法律行为的解释视角分析。对法律行为的解释本身是一个事实认定的过程，也是不断发现真实和合理的过程。其中，真实是事实判断，合理是价值判断。由于预嘱和遗嘱类似，且预嘱当事人可能并非严谨的法律人，作为普通民众，所立预嘱并不可能无遗漏，内容也可能会存在错误和歧义，故需要依据当事人真意、当事人之假设意愿、理性视角等方法进行解释和补充解释。

意思表示的解释目的是明确一般人对于该项意思表示的理解的意思。根据确定一项意思表示的真实意思，究竟是以表意人的内心真意为准，还是以表示为准，传统民法分为意思主义和表示主义。意思主义从传统德国法延续而来，即只有包括意思和表示的意思表示才有效，当事人的主观意思举足轻重。按照意思表示主体真意进行解释的方法，又称为自然解释法或简单解释法，是意思主义的体现。〔15〕 表示主义是在20世纪占主流地位的意思表示解释学说，它意味着“法律行为是一种表示的意志，而不是内部保留的意志所形成”〔16〕。表示主义关心的是对外的意思，被相对人理解的意思。大陆法系对法律行为的解释经历了从意思主义到表示主义的变迁。意思主义强调对当事人私法自治的尊重，表示主义侧重尊重和保护交易秩序。从意思主义发展到表示主义，法律行为解释经历了两种不同的解释方法，这与陌生人社会及商事交易的发展壮大相关。商事社会的动态和多变与民事交往的私密和自治具有不同的特点，价值追求亦不同，对商事行为的解释追求效率主义，强调意思表示的外观性、可预见性及责任相当性。

〔15〕 参见郝丽燕：《意思表示的解释方法》，载《北方法学》2015年第5期。

〔16〕 董安生：《民事法律行为》，中国人民大学出版社2002年版，第173～174页。

它强调以风险分配责任，带有较强的客观主义特性。但民事交往强调个人的自由和权利保障，维护个人人格尊严。与人身相关的民事行为的解释更应倾向于保护表意人的真实意思。对表意人的“错误”具有一定程度的包容性。有关责任问题，也应探求其是否具有“可归责性”。

2. 预嘱解释：无相对人法律解释的意思主义标准

无相对人的法律行为通常为权利处分行为，具有较强的主观性和任意性，主要是以表意人的利益为目的，没有所谓的共识性利益的保护。甚至有学者认为，“无相对人的意思表示解释的目的是利用一切相关因素，确定表意人的真实意思”〔17〕。

就预嘱的解释而言，如果采用意思主义解释，则重在发现表意人立预嘱之“真意”，表示主义侧重表示出来的外人可理解的预嘱意思。对于普通的法律行为来说，司法释法并不是全面探索当事人的心理意思，而仅是确定他的法律意思，也即表意人创造的，与利益相关人员之间共同的法律意思。尽管德国法经历了从探索当事人愿意什么到探索当事人表示什么的转变，也即认为，对当事人意思的解释必须考虑相对人的意志，但对于预嘱来说，由于其本身即为本人的意愿和本人的医疗决断，与他人意志和利益关系较小，也不存在相对人之信赖利益，因此以意思主义解释预嘱更为合理，也即对预嘱的解释应以其应当具有的“主观”意义为准，而不适用客观及规范意义。从《民法典》第 142 条第 2 款规定可以看出，在对无相对人的意思表示进行解释时，不能拘泥于意思表示所使用的词句而应当结合其他相关因素来确定行为人的内心真意，这是典型的“意思主义”的立场。通常在无相对人的意思表示和无须保护相对人利益时，采取意思主义的解释方法。此外，对于预嘱的解释，是否和遗嘱一样需要强调其效力规则有待商榷。有学者认为，由于无相对人的意思表示（如遗嘱等）不能询问表示人之真实意思，导致解释者的空间较大，必须进行合理的限制，但又不能随意终止其效力。德国《民法典》第 2084 条规定：“终意处分的内容可有不同的解释，有疑义时，必须以可使该项处分具有效果的解释为优先。”这是为积极

〔17〕 朱晓喆：《意思表示的解释标准——〈民法总则〉第 142 条评释》，载《法治研究》2017 年第 3 期。

探求遗嘱人真意，克服公权过度干涉私人领域的体现，也即在遗嘱领域，遗嘱拯救原则优于文义解释原则。那么，预嘱是否也要遵循这一原则呢？预嘱的人身性明显，对预嘱的解释是在对当事人医疗态度的体会基础上的解释，譬如，拒绝输血是预嘱人之宗教信仰的反映。将含混不清的预嘱解释为于任何情形下都拒绝输血是应有之义。当然，若为了保障另一个体的生命权则可作其他解释（如本着胎儿生命权保护而为孕妇输血）。预先拒绝治疗是否需要限缩解释仍值得探讨，对预先拒绝治疗预嘱的解释是否可以经由必要证据即推翻并认定无效，有待商榷。

当然，这里的意思主义解释方法，也要考虑到外界环境和表面的事实。譬如，对于当事人所立的“不可挽回的生命末期”“穷尽一切医疗手段”的理解，由于存在立预嘱和执行预嘱时的时间差和医疗技术手段的更新，对预嘱的解释，应当从分析预嘱人立预嘱时的真实愿望，并将其愿望移植到当下的环境和状态中，找到最合适的解释。对于预嘱的解释，要考虑到足以说明其意愿的外界因素。同时，“如果意思表示的关键意义永远是表意人本人所表达的内容，则必然会忽视受领人的理解，对受领人也不公平”〔18〕。在预嘱中，也存在执行预嘱之代理人（后文详述）及主治医师等相关人，尽管不是意思表示的相对人，但也可称为受领人，不能忽略受领人的理解能力（并非受领人之意志）。当然，受领人的理解如果具有决定意义，则会完全忽视表意人的主导地位。与传统民法对意思表示解释所追求的兼顾双方意图的目的不同，对预嘱的解释，应在尊重表意人真实意愿的基础上，兼顾相关人的理解程度。这也要求预嘱人在立预嘱时，选择与其个人能力相当的表达手段和方法，追求受领人能够理解表意人之意思。受领人也应在其能力基础上尽量挖掘表意人之内心真意，此处的“尽力挖掘”应超过需受领的相对人意思表示中的“必要注意”义务。此外，由于预嘱具备形式要件，因此，这对主观解释也产生了某种限制。根据德国“暗示说”的观点，“预嘱中只字未提的内容，或者即使对预嘱所使用的表达方式做了最广义解释也不能反映出来的内容，不可能发生效力，也不可能被解释”，也即只有那

---

〔18〕［德］卡尔·拉伦茨：《法律行为解释之方法——兼论意思表示理论》，范雪飞、吴训祥译，法律出版社2018年版，第58页。

些在要式的意思表示中至少有暗示的东西,才能在解释时予以考虑。

作为不表示于外的信息,“内心”意思不具备形成权利的效力。这里的问题是,我们是否应当违背预嘱而从实体上承认其未表达出的意思的效力,也即预嘱人已经按照预嘱的形式要件作出预嘱,这样的形式是表明他希望按照自己的所想和所希望的意思设立预嘱,且通过这样的要式行为,庄严和负责地就其医疗和身体健康事宜作出终极处分。但是,当有充分的证据证明预嘱的表示发生错误时,我们应当违背预嘱的表示而承认预嘱人真实意愿的效力。不过这里对预嘱中隐含的尚未表示为文字的内容的要求是,该预嘱至少包含一个有关其意思的“不完备的表述”,或对其解释必须要有个“不完备的立足点”。与遗嘱的解释一样,“倘使人们能够从行为中识别被继承人之意思且可以基于解释确定之,则即使该意思具有瑕疵,表示也可以基于解释所获得的含义发生效力”。当然,这种预嘱解释的难点在于,必须证明预嘱人对其预嘱指示的理解不同于该项处分行为基于规范解释所获取的意思。这样的证据通常不仅包括预嘱人在预嘱行为之外所作出的与预嘱行为相关的处分行为所表示的含义,还包括预嘱人在何种意义上理解和表示预嘱所赖以依据的事实情形。对于预嘱解释而言,确定预嘱无效所需的证据是必要证据。只有当可以肯定预嘱人所作的意思表示发生错误,却无法确定他在何种意义上理解这一表示时,预嘱才可以无效。预嘱无效则意味着未立预嘱,对该种情形究竟如何处理?法定(意定)代理人是否承认其隐含的意思表示的效力,是另一码事,也需要另外的证据证明。与合同不同的是,在预嘱中,这样的情形通常非此即彼。譬如,如果非 A 即 B,若证明选择 A 治疗方式非真实意思表示,则选择 B 是应然。但若 AB 外还有其他选择,则虽 A 为非真意表示,但并非一定能推出 B。

此外,预嘱还涉及补充解释。补充解释是针对失能失智本人的“理解”进行的解释。它应以进行补充解释时的意思为基础,而不是以作出预嘱时的意思为主,补充解释是为了推断出预嘱人的“假定意思”。譬如,预嘱人留下的预嘱是:如发生 A 情形则作出 B 医疗处置的预嘱。若 B 医疗处置本不存在,则需要对 A 情形如何处置作出补充解释。此时补充解释的思路应为,若预嘱人知晓 A——B 间无关联性,会作出怎样的选择。又如发生

A 情形则作出 B 医疗处置的预嘱。若 A 情形根本未发生,发生了 C 情形,该如何解释,能否根据预嘱推断出本人的真实医疗意愿从而模拟出在 C 情形下本人可能作出的假定意愿?这将同下文探讨的真实意愿探究和医疗健康代理结合。

3. 预嘱解释的一般规则

预嘱解释的一般规则有:第一,查明预嘱人真实意图。当预嘱执行存有异议时,查明预嘱人真实意图,明确预嘱中模棱两可的词句,或根据预嘱上下文探寻预嘱人真实意图。第二,注重预嘱的字面意思。对预嘱的解释应当根据预嘱的字面意思作出。专门性用语(医疗、法律用语)应从它们的特定意义上理解。第三,解释预嘱时,尽量不与预嘱的原条款相抵触。第四,订立预嘱的推定原则,即解释或阐明预嘱中特定词语的意义时可以运用预嘱订立时的有关情况作为证据。当出现预嘱意图模棱两可和无意义时,可用外在证据挖掘预嘱人的真实意图,如书信、预嘱人在公开或非公开场合的谈话、预嘱人的日常行为等。第五,当预嘱出现错误而不能表达预嘱人真实意图时,当事人有权向司法机关提出校正预嘱或推翻预嘱的申请。有关真实意愿的探究,有学者认为,应"界定为无意思能力或不具备理智地形成意思的能力,并结合法律行为实施时的各种情况对成年人的意思能力予以综合判断",并提出"高度人身性质的法律行为应尊重真实意愿"〔19〕,笔者赞同。但对于什么是真实意愿,是否无民事行为能力人即无法律认同的"理性"之真实意愿还需进一步思考。

第三节　法律行为层的考察

一、医疗预先指示的形式要件

王泽鉴先生指出,在民法中,规定意思表示的形式的目的在于"警告"。

〔19〕 迟颖:《成年法定监护中被监护人的真实意愿——〈民法典〉第 35 条第 3 款解释论》,载《清华法学》2023 年第 2 期。

规范医疗预先指示有效要件的重要意义有三点，第一，确保预嘱能力。由于先天禀赋或后天资源占有的差异，具体个人的判断能力各不相同。为了避免个人一时意气订立预嘱，法律设置了最低门槛即预嘱能力。如果当事人不具备预嘱能力，则预嘱不发生法律效力。这就确保了预嘱是在当事人尽量理智的情形下作出的意愿表达。此外，强制预嘱形式要件，能够提醒当事人正确理智地作出医疗决定，而非冲动为之。此外，如预嘱人作出拒绝医疗的指示，对子女或遗产继承人而言在财产收益上是获得性的。为了避免利害关系人为了利益影响预嘱人，如将意志强加于预嘱人，提供不真实的医疗信息等法律风险，通过法律手段考量预嘱人作出预嘱的意思能力可减少道德风险，减少利用预嘱操纵他人的可能性，防止利用预嘱之名进行的故意伤害或财产侵害行为。第二，减轻子女监护人和医生的道德压力。随着医疗水平的逐步提升，个人对于生命质量的要求与传统的保留生命长度的需求相矛盾，个人对自己医疗事项的决定经由法定程序的稳妥安排能够减轻子女监护人和医生可能遭遇的负面的社会伦理评价和良心不安。无论对于具体案件当事人还是社会，法律对符合法定要件的预嘱的承认都宣示了正向的价值观，即个人在特定情形下作出的医疗决定符合个人意志，有利于个人自由的实现。第三，有利于促进公共利益。预嘱涉及个人的医疗决定，尤其是放弃治疗的决定很多时候与个人和家庭的财产相关，只要法律承认预嘱效力，难免会有纷争。在处理预嘱纠纷、审理预嘱案件时，只有根据一定的标准，才能推定预嘱的法律效力。预嘱的有效要件涉及预嘱效力的核心问题，是处理预嘱案件的主要依据。对预嘱有效要件的合理规定，将引导预嘱人订立更为完善的预嘱，明确继承人的预期，减少潜在的纠纷，节省各方的成本。

二、形式瑕疵指示的效力认定

作为与个体生命及身体健康息息相关的医疗处置行为，预嘱的成立和生效应遵循严格的形式要件，但是否可因形式要件瑕疵而否认预嘱的法律效力？首先，若遵循严格的形式主义，尽管可以促使预嘱人慎重决定，发挥形式要件的指引功能，并能积极预防和处理纠纷，但可能会忽视预嘱人之真实意思。过分地重视形式要件，可能传达这样的理念，即预嘱人必须具备足够的认知水平和医疗专业知识，能够一丝不苟地恪守法律规定的要件，才有立预嘱的可能。这将法律运用局限于某一类人，不满足制度需求。其次，形式要件作为法定程序要求，本身也在发生变化，但法律不可能随时更改，亦不能通过旧法否定新形式的有效性。最后，预嘱的形式要件的目的是保障预嘱人的真实意思，而非限制。对预嘱形式要件的苛求将导致目的与手段颠倒，"反客为主"不利于对预嘱人的真实意思在事实层面进行探究。

在形式瑕疵的预嘱中，形式严格主义和形式缓和主义不可偏废。应明确尊重预嘱人真实意志原则，避免在实务中过于重视形式要件的满足而不细究预嘱人的真实意志，也即预嘱的形式要件仍然具有重要的积极意义，但形式上的要求不能超脱于立法意图，否则将抑制预嘱制度的实质功能。此外，肯定预嘱形式要件的证据功能，符合形式要件的预嘱被推定为预嘱人的真实意思。对于否认符合形式要件的预嘱的证据，应通过审查有无证明力和证明力大小进行判断。

第四节　代理型医疗预先指示的法律分析

医疗预先指示除了包括仅体现预嘱人意思的医疗预嘱，即指示型医疗预先指示，还包含代理型医疗预先指示，即医疗健康代理，两者可以合并适用，构成体系性的医疗预先指示，也可单独适用。医疗健康代理通常与监护制度适用相提并论。当预嘱人未指定医疗健康代理人时，预嘱人的法定监护人或意定监护人为其医疗健康代理人。当预嘱人指定医疗健康代理人时，如有预嘱，代理人按预嘱要求来作出医疗决定，如无预嘱，代理人以本人真实意愿为基准作出医疗决定。此处主要讨论代理型医疗预先指示的情形。由于其有与预嘱不同的法律结构，代理型医疗预先指示更接近代理，又称为医疗健康代理，我们将它拿出来单独分析。

《民法典》之前，人身事项不得适用代理制度，自然无医疗健康代理的适用空间，《民法典》第 33 条规定了意定监护制度，"具有完全民事行为能力的成年人……可以以书面形式确定自己的监护人,在自己丧失或者部分丧失民事行为能力时,由该监护人履行监护职责”,即成年人可以以意定监护的形式确定自己的监护人。由此,预嘱人可以指定意定监护人为医疗健康代理人,也可以依据不同事务指定不同的意定监护人,或将所有事务指定给单独的医疗健康代理人。

一、代理型医疗预先指示的法律结构

(一)代理型医疗预先指示的法律内容

意定代理权是基于法律行为授予的代理权,医疗健康代理是本人授予自己选任的意定监护人以医疗健康代理权,属于意定代理。在医疗健康代理中,代理人实施法律行为,但代理人实施的法律行为的结果却不属于他自己。代理人获得授权后,以本人名义实施法律行为,所产生的效果与其无关,因此,对于代理行为本身而言,以代理人个人为准,但于法律行为的法律效果问题,以被代理人资格为准。

由于代理人为法律行为之行为人,因此代理人的行为能力对法律行为影响巨大。医疗健康代理事项的代理人逻辑上需为完全民事行为能力人。但若代理人向不具备完全行为能力之人授予医疗健康事项代理权,则应承担自由意志指定的代理权风险。这样的问题并不会存在于法定代理中,因为法定代理是法律拟定的孤立代理权,法律不是自由意志,不能承担个人风险,法律仅在它所认为的稳妥范围内授予完全行为能力人代理权。

德国《民法典》第 164 条第 1 项关于代理的概念为:“代理人在于代理权限内,以被代理人名义所为之意思表示,直接对被代理人发生效力。”意定监护被置于监护章,但传统监护的一项重要权限即为法定代理,法定代理人为法律推定的本人之代理人,以被代理人名义为意思表示,对被代理人发生法律效力。如此而言,意定监护中监护人的重要职能即为代理。

医疗健康代理权是基于本人的法律行为所授予的代理权,权力内容是代理本人或预嘱人作医疗决定的权力。它以成年人本人相对于代理人(内部授权)或与代理行为人对应的第三人(外部授权,通常为医疗机构或公众)作出意思表示的方式完成。该授权行为属于单方法律行为,基于该授权行为形成的法律关系是医疗健康意定代理权。其中,内部授权是构建性的医疗健康意定代理授权行为,而外部授权属于具有宣示意义的行为。

独立的医疗健康代理授权书或包含医疗健康代理事项的意定监护授权书具有重要意义,当代理人作出医疗决定时没有出示该份授权书,且医方毫不迟延地拒绝代理人作出的医疗决定,则该医疗决定意思表示无效。因此,授权人应将代理权授予告知医疗机构,或由代理人出具授权委托书原件。

(二)医疗健康代理授权行为与代理行为

1. 授权行为及瑕疵补正

传统德国法一直将意定代理授权行为视为独立的法律行为,它的直接法律效果是形成代理权,这一代理权本身不具有意义,仅在实施代理行为时产生法律效果归属于被代理人的特殊意义。与意定代理类似,医疗健康代理授权行为具有独立性,但该授权行为是否应履行形式要件?传统的授权行为仅规定向代理人或代理行为第三人以意思表示为之即可,虽并未规定代理权授予之特殊方式,但医疗健康代理授权具有特殊性,应要求尽量具有授权委托书,仅紧急情形下以通知形式向医疗机构明示。形式要件在医疗健康代理授权中具有警示作用,但存在的问题是,如未履行形式要件,医疗健康代理授权是否生效?这同上章讨论的意思表示瑕疵类似,形式瑕疵不应掩盖真实授权的意思表示,应尽量探查真意补足效力。医疗健康代理授权行为属于单方法律行为授予,值得探讨的问题是,当医疗健康代理人是未成年人时,此项授权是否生效,是否需经法定代理人追认?事实上,当代理人完成代理行为后,法定代理人的追认并无实际意义。

若将授权行为视为独立法律行为,则不可避免要涉及法律行为构成要件及意思表示瑕疵问题。按照上章所述的意思表示瑕疵类型,医疗与健康代理的授权行为中也可能存在真意保留、虚伪行为或缺乏真意表示。对于内部授权瑕疵,如果代理人明知瑕疵,则授权行为无效;但对于外部代理权授予,意思瑕疵涉及医疗机构等第三人,授权行为瑕疵不影响代理行为本身,除非第三人明知。当授权人与代理人通谋时,应就此项通谋对第三人承担赔偿责任。当授权人因错误、恶意欺诈和胁迫授权时，第三人不明知也不应知该项授权存在错误，则该项授权虽然无效，但做出的法律行为发生效力。

2. 法定代理权限是否可限制医疗健康代理人权限

尽管法定代理人和被代理人是基于高度信任关系而产生的孤立代理权，但基于道德风险，为保护无行为能力和限制行为能力人的人身和财产权利，法定代理人的代理权限在法律秩序中应受到限制。《民法典》第35条用监护权力和监护责任笼统限制了监护人的法定代理权限，并用“保障并协助被监护人实施与其智力、精神健康状况相适应的民事法律行为”鼓励法定代理人对被代理人实施协助行为，事实上，“协助”被代理人从侧面提醒了代理人不应全权代理被代理人力所能及的事项。德国《民法典》将高度人身专属性的身份行为（如结婚、收养、婚生否认、订立遗嘱、订立继承契约等）均设为禁止代理事项。此外，一些与本人人身和财产权益密切相关的权限，也被设为征得监护法院批准才能实施的代理权。那么这样的限制是否应当同样适用于意定代理权？对于普通的意定代理权而言，并不能以意定代理人为被代理人指定的为由来说明意定代理人之代理权限不受限制，但由于医疗健康代理人为被代理人就丧失行为能力或行为能力受限后的情形指定的意定代理人，是特殊授权代理，如果因为医疗健康代理为与人身相关的事项而受限不得代理，则失去了医疗健康代理的原本意义。当然，尽管此为特殊授权，但医疗健康代理人仍受其权力本身局限性应受的限制，如器官捐献，重大医疗处分等事项，必须有明确的具体内容授权。此外，由于医疗健康代理权本身失去了本人意志的监督，应加入第三方监督机制构成对本人意志监督丧失的补充。

3. 代理人与被代理人的责任

针对代理人的行为，原则上应以代理人为准来判断法律行为中的意思瑕疵是否属于应受关注之问题。如上章所述，医疗与健康代理应特殊授权，一般授权中与被代理人生命与身体健康相关的事项应成为代理的禁止事项。在医疗事项中，被代理人之近亲属通常为医疗机构认定的法定代理人，若意定代理人与法定代理人不一致，则必须出具授权委托书。当然，与传统的委托合同不同的是,当授权人丧失行为能力或行为能力受限时,缺乏一个为法律秩序所认可的继续涵盖代理人行为的被代理人的意思,代理人的权力欠缺被代理人的撤回可能性这一制约要素,代理人的权力不受制于被代理人之撤回权。但由于医疗健康代理本就为授权人欠缺意思能力后的事项而准备。因此,这一制约要素,应在权力设立时依靠权力限制和权利监督机制来完善。即便是基于高度信任关系下的法定代理人之代理权仍然受限,因此,医疗健康代理权应受类似限制。从这一角度看来,医疗健康代理的性质又类似法定代理。有鉴于此,医疗健康代理权中通常不能概括授权,当出现概括授权时,与被代理人身体健康相关的重大事项是禁止代理事项,除非经特殊授权或授权人已立有明确预嘱,代理人仅为传达人,其主要负责传达或出示授权人的意思表示。但若奉行传统意定代理中部分与人身相关事项必须经法院代理才能实施的法律规则,则医疗健康代理又将失去其原本的实现授权人医疗意愿和人格尊严的意义。因此,医疗健康代理应在权限上作适当放宽,只要授权人特许,医疗健康代理人即能代理授权人实施医疗事项,但应设有监督人或机构对代理人监督。

(1)无权代理:合同责任或损害赔偿。

代理人没有代理权所实施的医疗健康代理行为为无权代理,通常情形下,无权代理法律行为不能归于被代理人。医疗健康代理中无权代理通常有几种情形:其一,无权代理人为法定代理候选人,但被代理人已授权了医疗健康意定代理人;其二,医疗健康意定代理权丧失;其三,超越代理权。与传统无权代理行为不同的是,无权代理人若已完成了法律行为,如代替被代理人签字,完成对被代理人的医疗救治行为,尽管法律行为效果不能归于被代理人,但已发生不可逆转的对被代理人的作用。即便被代理人不追认,也很难撤回此法律行为。无权代理人承担的只能是经济责任,如支付医疗费用及特殊情形下的对被代理人的人身损害赔偿责任。于此情形,医疗机构可以选择向代理人请求履行,当代理人不履行时亦可请求损害赔偿。若构成表见代理,则被代理人以自己的财产承担责任,此后再向表见代理人追偿。

(2)自我行为、自己缔约。

在医疗健康代理中,仍然存在自我行为和自己缔约。自我行为和自己缔约的形式主体和实际主体并非一致。医疗健康代理中,相对人通常为医疗机构,因此,医疗机构不能成为医疗健康代理人。但由于《民法典》中的意定监护人可以为个人或组织,这里的个人和组织也可能是医疗机构或与医疗机构存在直接间接利益关系的个人和组织。自我行为所涉及的主要是利益冲突风险,医疗健康代理中,医方经济利益与患者经济利益存在冲突,因此,代理人不能实施自我行为。传统代理中的自我行为可以经被代理人的追认而有效,但医疗健康代理中的自我行为,无论代理人是否损害了被代理人的利益,均应被禁止。当医疗机构作为医疗健康代理人时,既不能从事与本人有关的医疗活动,也不能从与本人有关的医疗活动中牟取直接间接利益。是否应就医疗健康代理活动的特殊性质,禁止医疗机构的代理资格仍然值得进一步探讨。老龄社会中组织代理的必要性与能否突破医疗机构代理资格的限制也值得在实务中持续探索。

二、代理型医疗预先指示的本质探讨

代理型医疗预先指示是指本人将医疗决定代理权一般或概括授权给特定代理人,当然,本人亦可留有特定的指示。下文将根据其与普通代理行为的区别,归纳代理型医疗预先指示的本质,并探讨如若医疗预先指示设立时当事人陷入错误,那此项代理行为是否有效,若无效,是否可以撤销代理行为,或仅撤销代理授权。当然,代理型医疗预先指示与普通代理行为有一定区别,即在医疗指示涉及临终医疗时,本人可能已无撤销代理行为的意思能力,但本人可于意思能力尚存时,撤销代理权。

(一)代理人意思说

德国《民法典》第166条规定:“以意思表示的法律效果因意思瑕疵或因知道或应当知道一定情事而受影响为限,不考虑被代理人自身,而考虑代理人自身。在以法律行为授予代理权的情形下,代理人按照授权人的特定指示实施行为的,授权人就自己所知道的情事,不得援用代理人的不知。

只要应当知道与知道相同，授权人应当知道的情事亦同。”与之类似的是日本《民法典》第 101 条：“意思表示的效力，如果会因为意思的不存在、欺诈或胁迫以及就某事的已知或不知存在过失而应该受到影响时，其事实的有无，应就代理人的情况予以确定。在被委托实施特定法律行为的场合，只要代理人是在依本人的指示为其行为，本人不能就自己已知的事情主张代理人不知。就其因过失而不知的事情，亦同。”在这两部民法典中，可以直观感受到“代理人意思说”，也即德日民法将代理中的行为人定义为代理人，意思定义为效果归因于本人的代理人的意思，该学说观点认为，代理人的效果发生的根据是代理人的意思和认可该意思的实定法，代理行为是发生代理效果的要件。根据该学说，代理型医疗预先指示的代理权授予行为，只是一个条件而并非要件，本人的意思决定在要件之外。

（二）本人意思说或共同意思说

贯彻意思教条的萨维尼主张本人意思说，〔20〕他认为代理行为中，真正的行为人是本人及相对人，契约是因本人意思而缔结，代理人只是一个本人意思的搬运工。根据他的观点，在代理型医疗预先指示中，虽然代理人选择了一种医疗决定，但代理人选择的仍然是本人的医疗决定。而米特艾斯主张共同意思说，〔21〕根据共同意思说，代理型医疗预先指示中的医疗决定可以分为两部分：一部分是本人的医疗决定，另一部分是代理人根据对本人医疗决定的理解，所作出的医疗决定。当然，本人与代理人两者意思相结合，将会产生不同形态：一是本人没有具体的医疗决定意思，而授予了代理人概括的一般授权；二是本人作出了具体的指示，授予了代理人特别的代理权。但本人难以事无巨细地作出指示，故二者之间并不存在泾渭分明的界限，可能会产生诸多中间形态。如“延伸性意思分割”（医疗事项决

〔20〕 Vgl. Savigny, Obligationenrecht , als Teil des heutigen romischen Rechts, Bd. 2, 1853, S, 19, 58f. 转引自王浩：《论代理的本质——以代理权授予时的意思瑕疵问题为契机》，载《中外法学》2018 年第 3 期。

〔21〕 Vgl. Mitteis, Die Lehre von der Stellvertretung nach römischem Recht mit Berücksichtigung desösterreichischen Rechtes, 1885, § 13, S. 109ff. 转引自王浩：《论代理的本质——以代理权授予时的意思瑕疵问题为契机》，载《中外法学》2018 年第 3 期。

定的一部分基于本人的意思形成，另一部分基于代理人的意思形成，如本人仅规定拒绝侵入性医疗措施，具体拒绝哪些措施，由代理人定）、“集中性意思分割”（本人向代理人指示了若干医疗事项，由代理人选择）。

（三）旧观点的批驳与新架构的创设

在代理型医疗预先指示中，如按代理人行为说，则否定了代理人行为与委托及代理行为之间的关联，否认了本人的自主决定权，亦否认了本人的残存意思。限制行为能力的本人于意思能力尚存时对医疗预先指示的修正是否有效亦无解释空间。但如按共同意思说，代理效果是由本人与代理人共同创设的。根据米勒·弗莱恩菲尔斯的观点，代理型医疗预先指示的代理权授予本身是一个法律行为，而代理人的代理行为又与该法律行为统合为一个法律行为。两个法律行为是一个统一要件。这就从理论架构上解释了如何在代理中尊重本人的自我决定权，即代理型医疗预先指示并非由代理人的单方意思决定，主要由本人的意思决定。因此，只有代理人授权被本人意思所限定时，人们才能容忍代理人就本人医疗享有决定权，因而本人亦可在具备意思能力时撤回所授予的代理权。这揭示了代理型医疗预先指示的本质。

（四）代理人的意思表示辅助功能与本人意思自治的矛盾化解

有人可能会提出这样一个疑问，在代理型医疗预先指示中，本人的自主决定事实上受到一定程度的限制，是否因此说代理与私人自治的理念存在根本矛盾？从本质说来，代理型医疗预先指示是为了实现本人的自主决定权。当然，代理人的确作出了属于代理人自己的意思表示。即便存在细致的医疗预先指示，本人也已经对法律行为的内容和形式作出了详细决策，但代理人仍享有是否实施该指示的自由。尤其在概括授权中，代理人是决定本人意思能否付诸实践的人。事实上，代理型医疗预先指示的代理人是本人意思的辅助人。尽管在意思表示的内容上存在代理人的决定，但在效果归属上仍是自主决定。

(五)本人意思表示瑕疵处理的一般规则——兼论医疗预先指示人知情权瑕疵之撤销[22]

在整个代理制度中,评价的始终是自我决定原理。与普通代理不同的是,在代理型医疗预先指示中,我们并不需要关注相对人交易安全保障问题,我们仅需要关注当本人意思表示存在瑕疵时,是否可以撤销代理行为或代理授权。如前所述,根据代理行为说,由于代理效果的归属和内容的形成均取决于代理人的行为和意思,因此,只有代理人的意思瑕疵才会影响代理行为的效力。但事实上,我们也分析了代理人法律行为效果之所以归因于本人,是因为该行为还是基于本人自己的意思而作出,因此,对于本人在代理权授予时的意思瑕疵,可以参照《民法典》第146—150条之规定,认定代理行为无效或可撤销。那么,在代理型医疗预先指示中,如若本人基于知情权所产生的认识错误或对医疗后果的重大误解而引发的意思瑕疵,该如何救济?是仅允许其撤销代理权授予行为还是允许撤销某项具体的代理行为?前述代理权授予和代理行为乃统一的同一法律行为,那本人是否能以意思瑕疵为由将包括代理行为在内的整个法律行为溯及无效?事实上,如果仅仅撤销代理权授予行为,则该项代理行为可能成为表见代理,而本人也可能因为表见代理受该项代理行为的约束,使得本人处于劣势。如果不成立表见代理,则代理人会因为本人的意思瑕疵而对相对人负责,这种代为受过毫无缘由。因此,设立医疗预先指示的本人可以以本人或代理人意思瑕疵为由撤销代理行为,也可撤销代理授权。当然,基于代理型医疗预先指示与普通代理法律关系的区别(代理人行使代理行为时,本人可能已无撤销的意思能力,而行使代理行为后,即使本人恢复撤销代理的意思能力,基于医疗事务的不可撤销性,其也无法行使撤销该项代理行为的权利),应当允许利害关系人(近亲属等)举证代理人的意思表示存在瑕疵从而撤销一项医疗事项的代理行为。

有人会问,在执行医疗预先指示时,医疗机构或医生本就需要承担道

[22] 这里的知情权不是绝对的。因为如果要求病人基于完全行为能力、完整信息作出决定,那么几乎没有一项决定能够符合这种要求。

德风险，如若允许本人主张代理人的意思瑕疵及本人自己的意思瑕疵，那么就等于给予本人了一个摆脱对自己不利的医疗代理行为的机会，而医疗机构或医生还需要面临代理人和本人意思瑕疵这样的双重风险。这并不利于医疗预先指示的实施。

但事实上，根据《民法典》第146—151条之规定，表意人有意思瑕疵即可在除斥期间内，撤销民事法律行为，以牺牲交易安全来救济意思瑕疵，充分实现自我决定。从这个意义上说，代理行为亦是如此。此外，根据《民法典》第157条之规定，此种撤销有补救措施，即过错方赔偿对方因此受到的损失。各方均有过错，则各自承担相应责任，也即对于代理型医疗预先指示，对于本人知情权不充分产生的认识错误或重大误解而导致的本人的意思瑕疵，各方应当根据过错各自在医疗费用范围内承担责任。医疗预先指示的特殊性在于，本人的知情权很大程度上来源于医疗机构或医生，因此，将本人意思瑕疵的风险分配给医疗机构或医生亦属合情合理。当然，如果该项意思瑕疵并非基于医疗机构或医生而产生，则本人撤销代理后，承担信赖利益损害责任，也不失为一种风险分配方式。

三、代理型医疗预先指示之基础法律关系

（一）内部医疗健康代理权

若将医疗健康代理定义为意定代理，则按照代理法律关系，其权力源自作为医疗健康代理授权基础的医疗健康代理授权人和代理人之间存在的基础法律关系，此基础法律关系为意定委托合同。

内部医疗健康代理权依赖于基础委托合同，只能因基础委托合同法律关系而具有意义，它的期限也由基础关系所决定。医疗健康代理权独立于形成基础法律关系的委托行为，但如果基础的委托合同关系存在重大误解、胁迫、违背善良风俗等无效或可撤销事由，同样也会影响医疗健康代理授权。如果基础委托合同因错误而被撤销，则医疗健康代理权通常也会被撤销。例外情形是，当代理人为限制行为能力人时，委托合同处于效力待定状态时，医疗代理人之代理权授予可能不受影响。内部医疗健康代理权的内容由基础委托合同决定，只要基础委托合同中存在"能够""应该""可

以”这样的字样，即指向医疗健康代理权的内容。

（二）外部医疗健康代理权——遵守或突破

由于医疗健康代理人可代理本人作出包括签署医疗手术同意书等医疗决定，因此，可能会出现外部授权情形。在外部授权中，医疗健康代理权与委托合同之间存在本质上的不同。在外部授权情形中，外部医疗健康代理权的存续和内容原则上不依赖于委托合同而存在。由于外部医疗健康代理权的存续和内容是由授权人和第三人之间的关系决定，因此内部基础关系不影响授权人与第三人之间的关系。譬如，授权人通知医疗机构，表示授予某人医疗健康代理权，若授权人与代理人的委托合同发生错误，因该外部代理授权具有独立性，委托合同无效不影响外部代理授权，除非医疗机构明知或应知该项授权无效，也即根据传统意定代理法则，当医疗机构与以外部授权的方式取得代理权的医疗代理人之间进行法律行为时，医疗机构并没有义务就医疗代理权是否存续展开调查。但在医疗健康代理授权中，尤其是与临终放弃治疗相关的预嘱执行中，医疗机构是否应当“必须始终预见到意定代理权的存续”？传统的外部代理权法则在法律交往中的实用价值主要是保护信赖第三人的利益，在特殊的医疗健康代理权中，由于被代理人已失能失智，而代理事项亦关系被代理人根本利益，医疗机构第三人是否应具有一般性调查义务？或者说，当医疗机构从被代理人和代理人的关系中看出代理权不应存在或仅怀疑代理权存续时，是否可以拒绝代理人的法律行为？笔者认为，基于被代理人的不可监督性和放弃治疗的无法逆转性，医疗机构在放弃治疗的预嘱中的注意义务应比传统代理强。

四、代理型医疗预先指示的消灭

在《民法典》代理章中，当出现代理期限届满或者代理事务完成，被代理人取消委托或者代理人辞去委托，代理人丧失民事行为能力，代理人或者被代理人死亡，作为代理人或者被代理人的法人、非法人组织终止时，代理终止。代理型医疗预先指示也符合代理消灭的法定事由。值得注意的是，无论是《民法典》第173条还是《民法典》第934条[23]，均没有将被代理人或委托人丧失行为能力作为法定终止要件，这也给代理型医疗预先指示以制度基础。下面主要阐述有争议的第一、二项事由。

1. 医疗健康代理权的撤回

即便签订了意定监护合同，授权人也可随时撤回医疗健康代理权，这不仅是基于意定代理与委托合同的独立性，还考虑了医疗健康代理权的特殊性。当授权人自愿授予他人医疗健康代理权时，就涵盖了其可以随时撤回意定代理权。医疗健康代理并不属于不可撤回的意定代理权。尽管撤回为法律行为，但在授权人行为能力受限时，其对医疗健康代理的撤回也并非完全无效。多数情形下，代理人可能负有人身照顾等监护职责，并不仅仅依靠专业知识进行代理，在与授权人的情感交流中，行为能力受限的授权人与代理人的关系亦复杂多变。行为能力受限并非意味着表达能力和体验能力受限，此时的撤回代理权之效力需要监护监督人或法院等中立机构的评判。

2. 医疗健康代理权的放弃

曾经有学者认为，由于意定代理权以意定代理授权人的意思为基础，只能根据意定代理授权人的意思被消灭，因此意定代理权不能被放弃。意定代理是资格，也是权利，可被撤回，当然也可被授权人拒绝或放弃。在外部授权情形下，该放弃表示必须对医疗机构以宣示形式作出，才完全生效。但放弃医疗健康代理后，是否应基于委托合同承担损害赔偿责任，这视委托合同性质及代理人和授权人的关系而定。若医疗健康代理人为第三方机构，放弃资格和解除合同按合同约定和《民法典》规定进行，若医疗健康代理人为授权人之近亲属监护人，一般不承担损害赔偿责任。但值得思考的问题是，当授权人行为能力受限时，代理人可否放弃代理资格？医疗健康代理更注重授权人和代理人的高度信任，授权人信赖代理人对其的扶

〔23〕《民法典》第173条规定，有下列情形之一的，委托代理终止：(1)代理期限届满或者代理事务完成；(2)被代理人取消委托或者代理人辞去委托；(3)代理人丧失民事行为能力；(4)代理人或者被代理人死亡；(5)作为代理人或者被代理人的法人、非法人组织终止。第934条规定，委托人死亡、终止或者受托人死亡、丧失民事行为能力、终止的，委托合同终止；但是，当事人另有约定或者根据委托事务的性质不宜终止的除外。

助，当代理人希望放弃代理资格时，若执意不允许其放弃，只会影响授权人的利益。而当授权人行为能力受限，代理人放弃代理资格后，原有的医疗代理事项可改为由法定代理人完成。法定代理人的代理权既是权利也是基于亲属关系而被社会赋予的法定义务。

3. 基础法律关系的消灭

医疗健康代理基于委托关系的消灭而消灭，只要代理授权无特殊规定，关于委托关系消灭的规定同样适用于代理权之消灭。医疗健康代理就是为行为能力丧失的授权人所准备的，因此，被代理人行为能力丧失并不能构成代理权消灭的原因，有时候反而是代理权行使的要件。这里需要讨论的是，代理人或委托人行为能力受限是否为医疗健康代理消灭的法定事由。在普通代理和委托合同中，由于代理事项的处理多指向法律行为，根据传统行为能力规则，行为能力受限人不能成为代理人。在医疗健康代理中，由于与本人身体利益密切相关，行为能力受限人本不适合代理医疗事项，但若受限人与本人关系密切，而本人亦有预嘱存在，受限人的代理行为仅限于传达或出具预嘱。而若本人亦选择行为能力受限人为其医疗健康代理人，则行为能力受限或不应成为医疗健康代理消灭的法定事由。

第三章　知情同意、协助决策与医疗预先指示

第一节　医疗知情同意及其局限性

一、知情同意概述

(一)什么是知情同意

知情同意是指医生在对病人治疗之前,应当取得病人在得到充分的解释和理解后,自由表示出来的同意。因为成年患者有权作出自己的医疗健康决定,医疗健康提供者在提供治疗之前必须获得患者的知情同意,这是尊重患者自主权的一种手段。获得患者的知情同意是一项道德和法律要求,医疗健康提供者可能因未经患者知情同意对其进行治疗而承担责任。无论是医疗预嘱作出明确指示还是代理人在概括指示下对预嘱人真实意愿的探究,均需建立在本人知情同意的基础上。阻碍预嘱人充分行使知情同意的障碍包括患者本人缺乏对事实的理解(能力欠缺,主观压力)、缺乏信息披露者(院方等)的披露等。知情同意程序应确保消除障碍或使其达到不干扰个人自主和理性决策的水平。

关于自主性和医疗决策的重点主要集中在医疗信息上,而关于医疗同意的疑问,学界研究得不多。事实上,在法律、生物伦理学和临床文献中都有一个假设,即如果患者对拟议的医疗干预有完整的信息和理解,那么患者就会选择医生认为最符合他们利益的治疗方法。然而,尽管患者知情程度很高,但如果患者不同意接受治疗,而医疗提供者推翻他们拒绝治疗的决定,自主的医疗保健决策不可能实现。真正尊重患者在医疗保健决策中的自主权意味着拒绝治疗应该始终是一种选择。虽然实证研究和法庭案例表明,患者有时会拒绝常规治疗和维持生命的治疗,但也有证据表明,患

者拒绝治疗，无论是同期的还是通过预先指示传达的，有时会被医疗保健提供者忽视，他们在医院治疗患者时可能会不顾患者的反对而诉诸武力或欺骗，或寻求代理人来批准不希望的治疗。有学者认为：(1)医疗保健决策的自主权不仅是认知的，而且是身体的，应该被理解为包括身体的完整性；(2)医疗保健提供者不顾病人的反对提供医疗服务，可能会助长对法治的侵蚀。

首先，在医疗保健环境中，医疗决策的自主权已经与个人的理性决策能力混为一谈。这掩盖了自主医疗决策的其他重要方面，“每个成年和心智健全的人都有权决定对自己的身体做什么”。尽管在自主原则(健全的头脑)中嵌入了最低理性要求，但在这种情况下，自主与理性决策无关，更多的是与保持身体完整有关，这可以被定义为“一个人对自己身体的独家使用和控制”。有学者主张重新认识身体的完整性是自主权的必要组成部分，因此不顾病人的反对而治疗病人，侵犯身体的完整性，与尊重病人的自主权是不一致的。简而言之，如果其他人可以对另一个人的身体做他们想做的事，那么自主是不可能的。因此，即使提供者不认为拒绝是“知情的”或“理解的”，即合理的，也不应在没有患者授权的情况下提供医疗服务。其次，不顾病人的反对而治疗病人不仅是家长式的，而且对法律体系的稳定性和合法性也有更广泛的影响。医疗提供者不应在缺乏法律程序的情况下，不顾病人的反对而治疗病人，当提供者进行医疗侵入性治疗时，法院可追究提供者的责任。因此，该学者认为，法律应确保患者始终具有拒绝医疗的法律能力，除非法院另有决定。

知情同意是以自我决定为前提的，这包括有能力的病人有权重新定义他或她的偏好。此外，一些医生过于急切地想要治愈病人，或者想当然地认为他们有权为病人作决定，他们可能会通过维持生命的程序延长病人的绝症，从而造成病人痛苦，如使病人丧失尊严和产生无谓的痛苦。这种焦虑是没有根据的。知情同意的原则重申了每个人都有权决定如何处理自己的身体，相反，医疗预先指示似乎只是授予这一权利，而不是承认它。因此，我们可以得出这样的结论：所有那些没有立医疗预先指示的人，都可以由医生自行决定以他认为最好的方式来处理。如果病人签了预嘱，医生会倾向于在紧急情况下不救而不是救得过多，以免他背负指责，并暴露于忽视预嘱的指控。在这种情况下，他甚至不能与家属协商，因为预嘱本身就排除了这种协商。知情同意作为临床医疗的一项要求被引入法律法规30多年后，人们仍然对其必要性或有效性持怀疑态度。“有些人认为没有必要这样做，因为普通人认为医生应该为病人的最大利益着想。”另一些人则认为，鉴于普通人理解相关信息的能力有限，知情同意是一个无法实现的理想。

（二）知情同意的历史进程

英美法以彻底自决为前提。法律规定，对一个人身体的侵犯，只有在此人知情、自愿同意的情况下才会发生。患者有权要求全面披露治疗和医学实验中任何拟议程序的风险、好处和替代疗法，但紧急情况或患者无法自主决定时除外，在这种情况下需要代理人同意。根据这一原则，“知情同意”一词被创造出来。知情同意原则源于医疗事故，涉及未经患者同意的治疗。治疗需要触摸病人的身体，而非法的触摸可能会被理解为殴打。因此，医生必须征得病人的同意。关于风险的披露，如果当地医疗界不习惯披露相关风险，医生无须征得同意。只有披露重大风险才是必要的；如果风险是众所周知的，则不需要披露。一方面，按照行医守则，医生应该“尽可能不造成伤害”，因此一些医生只透露他们认为对病人最好的信息。另一方面，其他医生也因向病人透露令人不安的信息而被起诉，因为这些信息非常“令人不安、痛苦和恐惧”。然而，那些援引“治疗特权”来隐瞒此类信息的人有被指控违反知情同意规则的风险。

1. 从医生标准到病人标准的转变

现代的知情同意学说是在过去的几个世纪里出现的，但是，我们今天所知晓的知情同意权起源于西方的法院判决。几项具有里程碑意义的判决在使该学说成为现实的过程中发挥了重要作用。

知情同意的法理基础主要来自医学伦理和人权的基本原则，这些基本原则为我们建立知情同意制度提供信息和指导。知情同意的法律演变在许多方面反映了医学实践的变化。20世纪，美国法律三次作出调整，以满足不断发展的医疗系统的需要。首先,法院为被医生不正当伤害的病人设立了殴打的诉讼理由。这些早期案例的重点不是自我决定权,而是保持身体完整性权利。在莫尔诉威廉姆斯案中,美国明尼苏达州最高法院承认了殴打罪的诉讼理由,一个人同意医生给她的右耳做手术,但外科医生给她的左耳也做了手术,因为医生发现"她左耳的情况比右耳严重"。病人必须是最后的仲裁者,病人最终自己决定他是冒险做手术,还是冒险不做手术活下去。这是个人的自然权利,被法律承认为合法权利。因此,在外科医生有权进行手术之前,必须明确或隐含地给予个人同意。莫尔诉威廉姆斯案的法院主要强调了病人的"不可侵犯权",病人首先是一个"自由公民",有权禁止医生或外科医生(无论其技术多么高明或显赫)"侵犯他或她的"身体完整性。时任法官的本杰明·卡多佐(Benjamin Cardozo)在施洛恩多夫诉纽约医院协会案中,改进了侵犯身体完整性的概念。它不需要"因为不必要的触摸而产生任何特定的伤害"。根据这种解释,无论患者是否受到了任何身体伤害,外科医生在进行任何超出其同意范围的手术时,都有可能对损害承担责任。然而,施洛恩多夫诉纽约医院协会案的判决离知情同意还有很长的路要走。尽管该决定要求知情同意,但它没有提到知情同意。

其次,判例法即从因不必要的触摸而提出的殴打索赔,转变为因未能履行向病人提供足够信息以作出个人医疗决定的义务而提出的过失索赔。法官们开始"以许多理由拒绝关于殴打索赔的诉讼",其中一个原因是"法官们担心此类诉讼理由的采用会给原告—病人带来太多的好处"。向过失行为的转变有助于纠正这种不平衡,并减轻了"病人的额外负担"。20 世纪 50 年代后期,法官们开始提出一个新的、几乎是革命性的问题:患者是否不仅有权知道医生打算做什么,而且有权根据其风险、益处和可用的替代方法(包括不治疗)来决定干预措施是否可以接受。法官摸索的是这样一种主张,即医生应该被赋予肯定的责任,让病人了解所提议的手术的重要风险和可行的替代方案。著名的医生和法律学者杰伊·卡茨是一位知情同意的批评者,他解释说,法官其实"并不愿干涉医疗实践",主要是因为"法律一直尊重医生的神秘专业知识,如果他们从事'优质医疗',则应当很少追究他们的责任”。这种家长式的态度“使得知情同意法不可能促进患者的自我决策权利”。虽然之前的案件涉及医疗的知情同意的概念,但知情同意原则本身最早是在1957年的一个案件中制定的,在萨尔戈诉斯坦福大学董事会案(以下简称萨尔戈案)中,一种新颖的手术非但没有治愈,反而伤害了一位患有腿部慢性痉挛疼痛的中年男子,他在手术后醒来时出现了永久性的腿部瘫痪。布雷(Bray)法官认为,知情同意的概念具有法律效力,这一概念“被大多数医生强烈反对”,但具有讽刺意味的是这是“受雇于医生的律师们空想出来的”。医生违反了他对病人的义务,如果他隐瞒了任何事实,而这些事实是构成病人对建议治疗的知情同意的基础,那么他就要承担责任。但是,布雷法官担心的不仅是“病人有权知道在医疗过程中他们自己可能会遭遇到什么”,也就是“医生应该披露多少信息,以避免不公平地诱导病人同意的危险”,而且是“医生应该在多大程度上克制,以免惊动已经焦虑不安的病人”。在本案中,布雷法官用一个新词“知情同意”(informed consent)找到了问题的答案。“在讨论风险因素时,必须在充分披露知情同意所必需的事实的前提下,采用一定程度的酌情决定权。”令人困惑的是,这种观点有两个相反的方向,“谨慎”和“充分披露”。“在创造这个新词时,布雷法官没有阐明医生如何以及在多大程度上可以使用他们的裁量权。”不过,至少萨尔戈案激起了一场大辩论。在萨尔戈案三年后,在纳坦森诉克莱恩案中,美国堪萨斯州最高法院在几乎所有考虑这一问题的司法管辖区确立了关于医疗披露和知情同意的法律,长达十年之久,然而,有争议的是,纳坦森诉克莱恩案中,法院并没有说明医生在信息披露方面的法律义务。当面临实施“彻底自决”原则的问题时,堪萨斯州最高法院大法官施罗德(Schroeder)通过援引“专业护理标准和隐瞒信息的治疗特权作为平衡”,使之妥协,以支持医疗家长主义。

最后,自20世纪70年代初以来,病人在医疗决策中的权利已经扩大。美国各州已经改变了过失标准,从一个基于合理谨慎的医生会给出什么信息的标准(基于医生的标准),变成了一个关注于一个合理的病人想要什么信息的标准(基于病人的客观标准)。此外,一小部分州进一步将其标准建立在患者个人所需的信息水平之上,而不管其他人是否发现了与决策相关的信息(基于患者的主观标准)。美国俄克拉何马州即这些少数州之一。

2. 信息披露标准的转变

在美国法审判实践中,医生曾因以令人恐惧的方式向有能力的病人披露信息,从而造成精神痛苦而被起诉。因此,医生在披露实质性信息时谨慎是明智的,也是人之常情的,尤其是当信息可能令人痛苦的时候。有策略的披露可以让病人掌握必要的知识,从而作出明智的决定,同时避免过度的不适。死亡学家霍华德·霍格黑德给出了以下指导方针:(1)保持简单。也许是由于忧虑或不安,有的医生的描述可能会涉及太多技术等细节;建议问问自己,“这个诊断对病人意味着什么”,因为许多患者根本无法理解这种诊断的本质。在这种情况下,必须找到逐渐告知他们的方法。(2)先与家属见面。一个医生被介绍给一个他从未见过的人,他知道必须要告诉这个人一个真正的坏消息,这是非常不愉快的。首先试着从病人的家人那里了解他或她过去是如何应对危机情况的。(3)不要一次性把所有的消息都传递出去。不要试图在第一次会面上提供太多信息。人们总有一种绝妙的方法让别人知道他们能应付多少。(4)等待的时间。长时间的停顿可以让病人提问,告诉他接下来要说什么;不要否认。许多病人的典型反应是完全否认。无论否认多么不合逻辑,都是有目的的,用逻辑把它驳倒也毫无益处。病人是有选择的倾听,当他或她准备好时,他或她会“听到”信息。(5)问你自己。让病人告诉你你对他或她说了什么,或者问他或她这是什么意思。这样你就会知道他或她吸收了多少信息。(6)不要摧毁所有的希望。曾听一位医生对一位患有危及生命的慢性病的病人说:“你会因此而死,但可能不会死于此。”(7)不要说任何不真实的话。这是非法的,但更重要的是,这是残忍的。要让医生对伤害负责,原告必须做的不仅是证明他违反了披露的义务,还必须证明未披露的风险变成了伤害,并且未披露是造成伤害的原因。显然,医生告知病人拟议医疗程序的固有风险的责任是“知情同意的主要组成部分”。然而,一旦法院承认了这一义务,就面临一个较困难的问题,即什么是充分披露以及以谁的观点来衡量充分性。学界存在两种截然不同的理论:专业标准(或以医生为基础)和以患者为基础的标准。此外,“以病人为本的标准”又分为“客观或合理的以病人为本的标准”和“主观或个人的以病人为本的标准”。

临床环境中的知情同意(临床同意)和研究环境中的知情同意(研究同意)是沿着不同的思路发展的。临床同意是由法律意见确定的;研究同意是现有社会形成的产物。法官本杰明·卡多佐表示,在1914年的一起案件中,医生未经患者同意摘除了肿瘤。由于每一个成年和心智健全的人都有权决定如何处理自己的身体,未经病人同意而施行手术的外科医生属于侵犯行为,医生应对此负有损害赔偿责任。虽然这是对病人自决权的明确声明,但并没有对医生的披露提出具体要求。在1959年的Salgo v. Leland Stanford案中,法院质疑对注入醋碘苯酸钠经腰部主动脉造影术中可能影响原告的脊髓,以及质疑原告是否和他的家人被告知此造影术。法院的决定确定,知情同意必须包括程序的性质、目的、伴随的风险以及各种程序的替代方案。它还引入了治疗特权的概念,允许医生在被认为与对病人有益的事情相冲突的情况下避免披露。对于上面提到的披露要素,人们普遍达成一致,但对于应披露哪些进一步的信息(如果有的话),则没有达成一致。在1972年的坎特伯雷诉斯宾塞案之前的知情同意案件中,所披露的重要事实完全由医疗专业确定。例如,法院表示,在Natanson v. Kline案中,该案处理的是所谓的过量辐射造成的伤害。在其看来,在Salgo v. Leland Stanford案中已经陈述并应用了正确的法律规则来确定患者是否对医生提出的治疗形式给予了明智的同意,这一规则实际上迫使医生披露病情,以确保获得患者的知情同意。然而,医生披露的义务仅限于合理的医生在相同或类似情况下所作的披露。该意见所陈述的是披露的专业实践标准,要求医生披露的内容取决于他或她认为在医学界什么是合理的做法。在坎特伯雷诉斯宾塞案中,处理了椎板切除术导致瘫痪的1%的概率是否足以要求披露的问题,专业执业标准被理性人标准所取代。医生与病人沟通的范围必须由病人的需要来衡量,而这种需要是作出决定的信息材料。因此,确定某一特定危险是否必须披露的测试是它对病人决定的重要性:所有潜在影响决定的风险都必须披露。专业实践和理性人标准均属于客观标准:习惯医疗实践和理性。与此相反,披露的主观标准集中于特定患者的特定利益。这意味着医生必须发现患者的价值观和愿望与所考虑的治疗密切相关。这些披露标准在不同的国家都在使用。美国和加拿大采用理性人的标准,英国采用职业实践标准,德国采用主观标准。与临床同意不同,对研究同意的要求不是来自法律意见,而是来自保护研究对象不受虐待的努力,正如从纽伦堡纳粹医生审判开始的公开报告所强调的那样。对于美国的公共资助研究,美国联邦政府要求研究方案由机构审查委员会审查,以确定用于获得受试者知情同意的方法是否适当。然而,在这些要求中并没有明确说明将要采用的披露标准。

尽管这些标准被广泛使用,但它们都有缺点。考虑专业实践要求,它提出了一个令人怀疑的假设,即存在适用于所有医生的单一执业标准。即使存在单一的执业标准,这本身也不能保证医生传授的信息就是病人感兴趣的知识。接下来,考虑理性的人的要求,理性选择是为了达到选定的目的而选择最好的可用手段。这一要求假定有一些传统的方法来决定目的和手段应该是什么。如果我们对目的和手段的描述足够宽泛,这是可能的。例如,任何理性的人都希望通过侵入性最小的手段使自己变得健康。但是,在特定的医学背景下,医生和病人可能都是合理的,但在目的和手段上是不同的。因此,即使医生提供的信息可能与某些理性的人有关,它也可能与特定的病人无关。与上述要求不同的是,主观标准要求发现每个特定患者的利益,并使用这些信息作为充分披露的一部分。这可能是一个比应用客观标准所花费的时间更多的过程。考虑到医生在现代实践中所经历的时间限制,这种时间的延长似乎是一个严重的缺点。然而,只有这一标准才能确保患者获得有效的知情同意所需的信息。

(1)以医师为基础的专业或合理的标准。

在早期的较有影响力的涉知情同意的案件中,法院认为:“医生披露的义务仅限于一个理性的医生在相同或类似的情况下会做出的披露。”之后,美国多数司法管辖区都将专业或合理的医生标准作为“确定知情同意所需披露程度的基础”。依据这一标准的诉讼理由需要“两个关键因素,一个是类似社区的合理执业者会披露的信息,一个是医生违反这一标准的举证责任”。虽然总体规则保持不变,但相似群落标准(局域性规则)继续演化。

美国一些法院放弃了地方规则,采用了国家标准,该标准关注的是美国本国的合理执业者应该披露什么,而不是类似社区的执业者应该披露什么。强化专业标准的主要政策考虑的是,医生能够最好地确定应该向患者披露的风险和后果。一般认为,在给予知情同意之前,外行无法确定哪些事实是实质性的和必要的。此外,允许一个外行就适当的披露标准作证,将迫使医生根据外行(最终是陪审团)可能认为合理的情况作出决定,而不是根据什么最符合病人的利益。

尽管存在"广泛的地域差异",这个假设当然是"医生倾向于同意治疗和信息披露的标准"。然而,研究表明,"医生在他们认为与治疗决定相关的信息上往往存在显著差异"。这一发现对"合理谨慎的医生"披露标准的有效性提出了重大问题。因此,美国近一半的州和哥伦比亚特区已经接受了另一种选择:以患者为导向的信息披露标准。促使这种转变的另一个原因是,人们相信,医生没有与患者分享足够的信息,让他们作出有意义的选择。然而,"许多已经采用了专业实践标准的法院拒绝改变他们的立场"。

为什么医院普遍采用的是客观标准而不是主观标准?这涉及几个方面的考虑。第一,如前所述,使用客观标准所需要的时间比使用主观标准所需要的时间要少。第二,满足前者比后者更容易,因此,更容易保护医生免于过失指控。第三,前者可以满足,而不必强迫医生关心他或她的病人的理解水平。通过使用客观标准,医生可以怀疑患者是否真的理解他(她)被告知的内容,并仍然相信知情同意的要求已经得到满足。第四,我们对知情同意的全部理解受到"告知"的模糊含义的影响。"告知"在一定程度上被定义为"指导、教导、提供知识"。每一件事都可以在接收者不理解或吸收信息的情况下完成。一个人可以发送信号而不被这些信号接收。因此,一个人可以满足专业实践和合理的披露人的标准,而患者方面没有任何充分的了解。

由于告知可能只包含被传递的信息,客观标准的使用并不能清楚地表明,患者之所以不能吸收信息,是因为认知不足,还是因为对他或她被告知的内容缺乏真正的兴趣。为了确定是什么影响了患者对信息的接收,通常需要进行一些研究,在这些研究中,患者被要求回忆起他或她记得的已经理解的内容。但这是一个不充分的方法,因为在回忆一个人在给予同意之前所理解的东西和他实际上所理解的东西之间没有必要的联系。一个人可以理解到足以提供有效的知情同意,但却不记得一旦同意被给予,他们理解了什么。

(2)客观合理的患者标准。

具有里程碑意义的坎特伯雷诉斯宾塞案背离了知情同意的专业标准,法官们强烈反对"病人的诉因取决于相关专业传统的存在和不履行"这一观点。"相关的问题""在客观合理的病人标准下"意味着如果医生充分披露了实质性的风险、利益和替代方案,理性的病人是否会同意治疗。如果一个理性的病人在决定是否接受特定的手术时,认为风险是重要的。此外,决定自己利益的方向是病人的特权,而不是医生的。坎特伯雷诉斯宾塞案的法院认为,"为了让病人可以理解地规划他的治疗过程","很明显,除非医生首先阐明治疗的选择和对病人的影响,否则通常是不可能获得名副其实的同意的"。坎特伯雷诉斯宾塞案的法院确定了"知情同意的两个关键方面":同意和信息。"因为除非患者知道所有的选择和相关的风险,否则他们无法做出明智的决定。"然而,有时医生仍可能隐瞒信息,避免承担责任。坎特伯雷诉斯宾塞案的法院也承认对披露要求的若干豁免。这些例外情况包括患者已经知道的风险、任何外科或医疗程序固有的风险(如感染)以及医生没有时间获得患者同意而等待同意将进一步危及患者的紧急情况。坎特伯雷诉斯宾塞案的法院还承认了一项"治疗特权",允许医生在病人"病情严重或情绪失控……"时隐瞒病情。越来越多的司法管辖区通过司法决定或立法采取这种方式。

(3)主观的个体——患者标准。

与客观披露标准不同,主观披露标准要求医生了解特定患者的特定细节。要发现这些,就需要医生和病人之间的语言和非语言符号的相互作用,在这种相互作用中,双方逐渐认识到彼此理解对方。这是常见的互动。

美国少数法院采用了个别定位病人的方法,要求医生披露可能影响特定病人同意或拒绝某一特定程序的决定的所有可能风险。最能说明主观—病人标准的案例是 Scott v. Bradford 案(以下简称 Scott 案),该案件由美国俄克拉何马州最高法院于 1979 年裁决。Scott 案提出的"个体定位患者”方法规定，“医生沟通的范围必须由患者是否需要了解足够的信息来做出明智的选择来衡量”。换句话说，必须全面披露处理过程中发生的所有重大风险。法院进一步采用了一种主观标准来确定某一特定风险是否具有实质意义。具体来说，法院表示，重要的问题是，如果披露了具体的风险，“那个特定的病人”是否仍会同意治疗，这样的选择是否合理。法院的理由是，“如果医生遵守他的职责并告知他风险，病人就会接受治疗，显然他没有什么可抱怨的”。在Scott案中，杜林法官故意背离了坎特伯雷诉斯宾塞案中的合理病人标准，因为该标准“违背了自己的自决理论”，而且它“严重限制了给予受伤病人的保护”。根据客观标准，如果原告在得到充分披露的情况下会拒绝建议的治疗，而在类似情况下，一个理智的人会同意，那么患者的自决权就不可撤销地丧失了。这一基本的知情权和决定权是制定全面披露规则的原因。因此，我们拒绝以“通情达理的人”标准来危害这一权利。为了缓和那些“认为这个标准给医生带来了不公平的法律负担，让他们凭直觉就知道病人的特殊价值和利益，然后让医生在法庭上听任病人的事后自私自利”的批评的可能性，杜林法官说：谨慎的医生总是可以通过确保对他治疗的每个病人都有充分的了解来保护自己。如果他不违反这一义务，就不会产生因果关系问题。也许是因为医生无法预测病人想要什么样的信息，以及事后病人证词的偏颇性质，以病人为基础的主观标准在很大程度上是特殊情形。在美国，除了俄克拉何马州和俄勒冈州，所有州都采用客观的因果决定测试法（处于原告地位的谨慎的人会作出怎样的治疗决定，如果适当地告知所有具有重大意义的危险）。此外，“大多数法院和立法机构仍然普遍愿意允许医生进行一些家长式的干预，因为他们相信，病人有时需要（甚至可能希望）为他们做决定，而不是与他们一起”。

很明显，美国俄克拉何马州最高法院不想重新考虑Scott案的先例，因为Scott案的判决已经维持了旧有几年的标准。俄克拉何马州正在开拓新的领域，通过继续扩大以患者为基础的主观披露标准，继续引领知情同意原则的进一步发展。之后的Allen v. Harrison案（以下简称Allen案）证实了这一理论。

有些人认为,医患之间存在的信任关系消除了披露信息的主观标准的必要性。因为医生可以作出正确的决定,所以不需要这个标准要求的关于病人的详细信息。病人是否信任他们的医生是一个偶发事件,可以通过三个因素来改变。一是病人相信医生的初衷是好的:他们关心的是让他们的病人受益。二是病人相信,满足专业标准的医生拥有实现医疗目标所需的技能。三是病人和医生对目标达成一致的程度。美国人对医生本意良好的看法正在被企业活动所改变,这些企业活动导致了医生的经济利益和病人的最大利益之间的冲突。正如一位医生所观察到的那样:我们被赋予了巨大的信任和信心,这最终取决于我们作为治疗师的角色,他们把病人置于个人需求之上。医药的货币化打击了这种信任的核心。

即使病人相信他或她的医生是出于好意并且有适当的医疗技能,这也不能保证医生和病人在目的和手段上达成一致。除非医生对病人的利益和价值有准确的了解,否则医生披露的信息就可能是不完整的,有误导性的,或者对病人没有实质性的利益。鉴于法律规定的严格的专业执业或合理的要求标准,人们除了信任医生别无选择。但是,从道德的角度来看,信任应该产生于共同决策的关系。而这也可以通过披露的主观标准来实现。

对医生和病人来说,当他们能够形成一个治疗联盟,就医疗目标和实现这些目标的方法达成一致时,这是心理上令人满意的。在这种情况下,医生认为自己是病人的恩人,这与病人自决权的保护者之间也存在共识。但是,当医生和病人意见相左时,谁的判断应该占上风?如果病人是有能力的,并且没有要求做一些违背医生道德信念的事情,那么应该遵循病人的判断。医生可能认为,病人作出与他的判断相反的行为会给病人带来不良后果。在这种情况下,医生应该采取一切除了操纵或强迫外的措施,让病人明白他或她的要求的含义。但是,在提供这样的指示或建议时,必须清楚地认识到,那些支付全部费用的人有初步的最终决定权。人们还应记住,如前所述,引入知情同意程序的原因之一是,人们认识到,个人的选择自由是有价值的,与选择的内容无关。

然而,在某些情况下,病人的自主权似乎会压倒医生相互矛盾的判断。其中一个例子是婴儿 Doe 案,父母拒绝同意为他们的唐氏综合征婴儿进行挽救生命的手术。他们的拒绝是基于这样一种信念，即他的继续存在对他不利。反对这一判断的部分原因是人们相信，很少有唐氏综合征患儿会发育严重到完全依赖他人的地步。此外，大量轻度或中度智力障碍的唐氏综合征患儿生活充实。父母拒绝治疗的决定是合理的还是虐待的例子？我认为不能给出一个明确的答复。为了回应许多唐氏综合征患儿并非严重智力障碍的论点，婴儿 Doe 的父母可能会认为，真正的，即使相对较小的，严重智力障碍的风险超过了所有其他考虑。婴儿 Doe 的父母可能会回答说，他们已经知道他们的孩子永远不可能过上正常的生活，而大多数人在开始养育孩子时，对他们孩子的未来发展一无所知。

如果我们比较客观标准和主观标准，我们可以看到后者最有可能产生对医生的信任。因为只有通过它的使用，病人才能确认他或她的利益得到承认或照顾。主观标准也是保护患者和医生不受无效知情同意的唯一标准，在这种知情同意中，所提供的信息要么没有被吸收，要么与患者的物质利益无关。一旦认识到主观标准的优点，在其使用中所需要的努力将被视为一种道德上的必要性，在这种道义上，医生和病人都要保持诚信。

二、知情同意的法理分析

成年人有自己决定医疗保健的长期合法权利。本部分将简要概述知情同意的法律和伦理，知情同意与患者自主的关系，知情同意要求的例外情况，以及将知情同意理解为共同决策。

（一）知情同意的伦理基础：来源于美国法的探讨

对于知情同意的成熟研究多来源于美国，因此，本节向下的很多立法及司法的法理观察来源于美国学者观点。

美国的医疗保健决策法要求医疗保健提供者在治疗前获得患者的同意（授权或许可）；如果患者没有同意，那么无论是否取得了良好的医疗结果，医疗保健提供者都犯下了医疗攻击罪。[1] 即使是维持生命的治疗也

〔1〕 美国《侵权法重述（第三版）》第 19 条，对人的故意侵权。

需要征得病人的同意，而病人有权拒绝这种治疗。医疗保健提供者获得患者同意进行医疗的要求随着时间的推移而发生了变化。现在，医疗保健提供者可能不仅因为没有获得患者的治疗授权而负有责任，而且因为他们没有获得患者的知情同意而负有责任。医疗提供者有明确的义务披露病人的医疗状况信息，拟议的医疗干预，干预的原因及其风险和收益，除了建议的干预，还有其他选择包括不治疗。如果病人在缺乏完整和正确信息的情况下同意接受治疗，而病人本来是不会这样做的，因此受到伤害，提供者可能要承担责任。知情同意原则的发展是为了促进病人自决。也就是说，仅仅获得患者的许可就不能进行医疗干预，患者还必须获得作出选择所需的信息。对知情同意的法律要求旨在通过抵消临床医生在医疗保健环境中的权利，增加患者的自主权，减少提供者的家长式作风。

（二）知情同意与患者自主

知情同意与患者自主知情同意之所以成为习惯医疗和研究环境中所研究的医疗干预的先决条件，有两个根本原因。首先，人们广泛接受康德的格言：人具有一种价值，需要将其作为目的而不仅仅是手段来对待。其次，人们越来越认识到，无论选择的内容是什么，一个人的选择自由都是有价值的。在有利的情况下，寻求同意的程序促进了病人的自主权和理性决策。这些最好是在有能力的病人了解可能替代治疗的性质、目的、好处和风险的情况下实现的。阻碍充分知情同意的障碍分为三大类：缺乏对物质事实的理解、心理压力和社会压力。心理压力是由胁迫产生的；社会压力是由操纵和不适当的影响产生的。这些因素是相互关联的，因此一个因素的减少可能会导致另一个因素的减少。任何适当的知情同意程序都必须确保消除上述障碍或使上述障碍达到不干扰自主和理性决策。

然而，重要的是要认识到自主行为的个体差异。我们每个人的认知和情感的混合是如此的不同，以至于一个人的内在结构中没有任何单一的因素决定他或她的自主权的程度。例如，一个聪明的、受过良好教育的、能够理解适当的医学事实的人，由于情感上的原因，可能比那些不那么聪明、受过良好教育但情感上更坚强的人吸收它们的能力要低。因此，除无行为能力的个人之外，充分的知情同意程序应旨在创造条件，使特定的患者在特定的情况下能够尽可能地自主。早在柏拉图时期，人们就已经认识到，一个人相信他/她渴望的东西，可能并不是他/她真正想要的。例如，神经质的行为是表象与现实之间的鸿沟的产物。然而，患者可能存在这样的差距，这一事实不应该让我们停下来，因为我们想要实现的是每个人在他或她构成时可能获得的最大限度的自主权。自主是一个人本身的决定，而不是他或她可能成为的样子。

（三）知情同意的例外情形

法律和医学伦理承认的知情同意要求有几个例外。例如，在医疗紧急情况下可能无法获得知情同意，在这种情况下，可以在没有患者授权的情况下提供治疗。这是因为基于一个合理的人的标准，“同意是隐含的”，因为如果不进行医疗干预，可能会造成不可挽回的伤害。另一个需要获得患者许可的例外情况是，当法院下令进行特定的治疗时，当一个人患有传染性但可治疗的疾病而拒绝治疗对第三方构成风险时。此外，医疗决定权利的范围和条件是：首先，只有成年人在法律上有权作出自己的医疗保健决定。对于未成年人而言，所有其他决定都是由父母或监护人代表未成年儿童作出的。其次，通常只有有决策能力的病人在法律上有权作出医疗决定。即使患者被认为缺乏决策能力，医疗保健提供者在进行医疗干预之前仍然必须获得授权。然而，在美国越来越多的州，那些原本被认为丧失行为能力的人可能能够在需要作出决定时，通过正式的协助决策，即他们从可信的支持者那里获得决策帮助，自行作出医疗保健决定。虽然预先指示和替代医疗保健决策法律旨在尊重患者在先前时间点的自主权，但受支持的决策可以尊重患者同意或拒绝医疗的同时自主决定。

三、知情同意的典型案例与实证总结：以美国法为例

（一）Allen 案：俄克拉何马州的选择

1. 案情分析

Allen 案展现的结论是，知情同意原则同样适用于侵入性、非侵入性的

医疗治疗和替代治疗，而无论医生的执业范围是什么。2009年6月1日，Teresa Lynn Allen不小心吞下了一个小钉子。她去了俄克拉何马州邓肯市的邓肯地区医院急诊室，急诊室医生John J. Harrison给她做了检查。在让她做了胃部X光检查后，医生确认了异物的存在，就在她的隔膜下面。Harrison医生让Allen出院，并给她开了“高纤维饮食，让钉子自然下去”的处方。医生同时告知Allen，“如果她有任何（进一步的）问题……在三天内跟进她的家庭医生”。第二天，在严重呕吐之后，Allen去了另一家医院的急诊室——位于俄克拉何马州的西南医院。她立即接受了“紧急手术，将摄入的钉子从肠道中取出”。在手术中，她因肠道穿孔和感染而接受治疗。然而，她随后“又接受了两次手术来治疗紧急手术引起的并发症”。Allen对邓肯地区医院和Harrison医生提起了诉讼，理由是医疗过失和未能获得（她的）知情同意。尽管Allen与医院就索赔和解了，但她对Harrison医生的诉讼继续进行，理由是Harrison医生没有披露让钉子穿过她的消化系统的潜在风险，也没有披露他建议的治疗方案的替代方案。她坚持认为，如果Harrison医生正确地“履行了他披露的职责”，她就会选择“不接受治疗，或者采取不同的疗程”。在发现过程中，Harrison医生承认他既没有建议Allen采取其他治疗方案——内窥镜或手术干预——也没有在她出院前咨询外科医生。然而，Harrison医生强调说，他没有资格进行内窥镜或其他外科手术来取出钉子。据他说，这些替代治疗方案超出了他的执业领域。因此，他声称自己不需要就这些选择向Allen提供建议。Harrison医生提交了一份要求部分简易判决的动议，声称他有权就Allen的知情同意主张进行法律判决。他认为，根据俄克拉何马州法律，只有在被告医生实施积极治疗的情况下，有效的知情同意主张才会被承认。但是，本案中他依赖于自己的临床判断，而没有积极治疗并导致Allen受伤，知情同意的要素（就不能）得到满足。Harrison医生还声称，俄克拉何马州法律并不要求急诊医生在急诊部门和急诊医生的专业知识之外提供手术/内镜治疗的选择。初审法院同意并批准了Harrison医生的动议，理由是，如果主治医生没有采取行动，法院无法找到支持知情同意原则的案例。相反，这种原则适用于所接受的治疗造成损害，而没有解释其他程序。原告的索赔是基于一种过失，是基于被告未能适当地认识和处理原告所呈现的症状。Allen"试图重新考虑初审法院关于知情同意索赔的裁决，但没有成功"。但她对 Harrison 医生的医疗过失索赔确实进入了审判阶段。Harrison 医生和Allen 提起了上诉。俄克拉何马州民事上诉法院维持了下级法院的判决，但"依据略有不同"。根据先例，上诉法院的结论是，只有当医生提供导致病人受伤的手术治疗，但未能披露可行的手术替代方案时，才会触发知情同意原则。俄克拉何马州最高法院批准了 Allen 的复审申请。法院审议了下列问题：(1)"知情同意原则是否要求医生在实施非手术或非侵入性治疗过程前获得患者的同意"；(2)"除了和病人讨论医生建议的治疗方案外，医生是否应该讨论医生不建议的医学上合理的治疗方案"。法院对这两个问题都作出了肯定的回答，认为初审法院"认为 Allen 关于知情同意的主张不可起诉是错误的"。知情同意原则应同样适用于侵入性和非侵入性的医疗治疗和替代治疗。为了有效地履行披露义务，医生必须披露其认为的医学上合理的替代方法，无论这是不是他喜爱的治疗方法。病人接受何种治疗的最终决定在于病人，而不是医生。因此，俄克拉何马州最高法院将此案发回法庭，以进行与其意见一致的进一步诉讼。

俄克拉何马州高级法院在讨论开始时重申，每个病人都有"自我决定权"，只有在病人拥有足够的信息，能够作出知情选择的情况下，才能有效行使这项权利。毕竟，"病人有权对治疗作出自己的决定"，因为"俄克拉何马州法律禁止医生以任何形式或手段代替病人的判断"。在 Allen 案中，法院认定了"知情同意的关键"。医生有责任告知病人医学上合理的治疗方案及其伴随的风险。在这种情况下，医生应该披露在医学上合理的所有治疗过程。但是，医生不被允许"隐瞒任何事实，这些事实对于形成病人对建议治疗的理智同意是必要的"。然而，法院也注意到，"Scott 案中宣布的全面披露规则并非没有例外"。由于坎特伯雷诉斯宾塞案所承认的相同情况，医生不披露病情也可以得到原谅。其中一个例外是，在紧急情况下，当"患者或其代理人无法自行决定"是否应该实施治疗时，完全披露是不必要的。然而，双方在对 Scott 案的解释上存在分歧。一方面，患者 Allen 声称，知情同意原则不仅适用于手术干预，也适用于"纽约医生的重新治疗疗程"

的非手术干预,无论医生建议的是侵入性治疗还是非侵入性治疗。另一方面,Harrison 医生认为,“这一原则不适用于急诊室医生”,因为急诊室医生通常不会为病人提供手术或侵入性治疗。根据辩方的说法,这类程序超出了他的“实践范围”,并且“与医学判断相反”。法院站在病人一边,认为 Harrison 医生是“错误的”,有两个原因:第一,医生认为病人的知情同意仅限于外科手术是错误的;第二,根据 Scott 案的说法,被告方忽略了“医生沟通的范围是由‘病人需要了解足够的信息以便作出明智的选择’来衡量的,而不是医生的专业标准”。根据 Scott 案的说法,知情同意原则建立在医生有义务披露的基础上。决定因素不在于治疗的侵入性,而在于医生是否向病人提供足够的信息,使病人在接受推荐的治疗之前作出明智的选择。尽管俄克拉何马州最高法院承认,传统上,“作为一个实际问题,医生会推荐一个疗程,而患者通常会选择医生的建议”。很显然,最终的决定取决于病人。因此,俄克拉何马州最高法院强调,“医生将自己的信息披露仅限于他们建议的治疗方法或执业范围内的治疗方法,这样做并不能充分履行他们的义务”。为了给法院的论点增添分量,科尔伯特法官引用了俄克拉何马州最高法院的几个案件。首先,他引用了 Smith v. Karen S. Reisig, MD 案例,该案例认为,医生“未能告知”患者可行的替代方案“违反了医生披露的义务”。其次,俄克拉何马州最高法院提到了 Parris v. Limes 案,该案件提出了这样一种观点,即当患者声称如果他或她得到充分的信息,他或她就不会同意治疗,就不可能有知情同意。法院明确抛弃了以下观点,即医生的披露义务在某种程度上仅限于那些“侵入性治疗”或“对患者身体完整性的正面侵犯”,因为“形成知情同意原则的开创性案例”迄今只涉及外科手术的“事实情况”。为了进一步强调这一点,科尔伯特法官补充说,“任何其他解释都与个人被视为自己的主人这一基本前提不符”。同样,法院也批判了在医疗领域继续存在的“医疗家长式作风”,“通过给予个人单方面全权决定病人的最佳利益的权力”。Harrison 医生认为,他的临床判断足以免除他的披露义务。法院反驳说,这一论点“毫无根据”,因为俄克拉何马州毫无疑问地将基于病人的主观披露标准应用于知情同意原则。俄克拉何马州最高法院迄今“拒绝实施职业标准”,并继续这样做。俄克拉何马州最高法院补充说:“知情权和决定权是完全公开规则的基础。因此,医生披露的责任必须由病人是否需要了解足够的信息来做出明智的选择来衡量。”此外,科尔伯特法官认为这位医生“不诚实”,因为他错误地断言他没有“积极治疗”Allen。但依据法院意见,根据俄克拉何马州法律,开一个高纤维的饮食让钉子下移是一种“积极治疗方式”,它被定义为“使用药物,手术,包括电器、手动或机械手段,或其他任何性质的方法,治疗,缓解,调整或修正任何人类疾病”。再次,尽管 Harrison 医生承认,内窥镜或手术干预在医学上是合理的选择,他声称“对 Allen 隐瞒了这一信息”,因为“这超出了他的实践和经验范围”。法院驳回了这一论点,并宣称 Harrison 医生“有义务披露其他侵入性干预措施,甚至可能需要咨询其他医疗专业人员以促进披露”。决定让钉子穿过病人消化系统的是 Harrison,而不是 Allen。最后,法院强调了知情同意的范围:知情同意原则同样适用于侵入性、非侵入性医疗治疗和替代治疗,而不论医生的执业范围。病人接受何种治疗的决定取决于病人自己。基于这些原因,俄克拉何马州最高法院认定“初审法院认定 Allen 关于知情同意的主张不可提起诉讼是错误的”。因此,将该案发回重审,以便按照其意见进行进一步的诉讼。[2]

2. 案情分析和知情同意适用标准的扩大

科尔伯特法官的意见继续遵循已经受到高度批评的主观的、以病人为基础的知情同意原则标准,这种标准只适用于少数州,比如俄克拉何马州。只是,它合理地扩大了标准的范围,使其比 Scott 案更进一步。现在,根据 Allen 案的判决,一个医生如果给出任何疗程或建议(甚至建议什么都不做),很可能就是在提供“积极治疗”。无论何种医学专业,医生都有义务披露所有合理可行的替代方案。如果一名医生因缺乏某一特定领域的专业知识而无法进行治疗,则他或她有义务向“另一名医疗专业人员”咨询。俄克拉何马州的医生再也不能只在他们的专业舒适范围内推荐治疗或替代治疗,以免他们在知情同意原则下承担责任。虽然 Scott 案的法院解释说,医生必须披露与特定治疗相关的所有重大风险和合理的替代方案,但

---

〔2〕 Megan S. Wright, *Equality of Autonomy? Physician Aid in Dying and Supported Decision Making*, 63 ARIZ. L. REV. 157(2021).

Allen案以病人自决权的名义宣布，这同样适用于侵入性和非侵入性治疗。医疗服务提供者对他们的病人负有受托责任，因此，医生必须始终为病人的利益服务。医生不仅必须肯定地披露并讨论所有建议治疗的相关信息和建议治疗的原因，还必须公开和讨论所有合理的替代方案，包括不治疗。医生也必须告知患者所提议的治疗或程序的性质和目的，其潜在的好处和风险，以及可用的替代方法，以及它们的好处和风险。在这之前，医生所披露的信息有限，只是告知病人所提议的治疗方法的风险和好处，而不是建议他们选择其他治疗方法。在大多数情况下，医生只设想一种合理的治疗方案，认为没有必要与病人讨论其他方案和潜在的风险。此外，即使对替代方案进行了披露，也不披露那些不易获得的替代方案。

首先，根据俄克拉何马州的法律来看，决定治疗（手术或非手术）或不治疗患者都被认为是积极的治疗。俄克拉何马州的法律将治疗定义为“使用药物、手术（包括器具）、手工或机械手段，或任何其他性质的手段，用于治疗、缓解、调整或纠正人类疾病”。但是，规约并没有对“积极”一词下定义。科尔伯特法官认为，这似乎意味着任何治疗，无论医生实际上使用侵入性或非侵入性的程序，或建议不侵入性治疗他或她的病人。在Allen案中，医生认为，因为他“没有积极治疗并导致Allen受伤，所以不能满足知情同意的条件”。俄克拉何马州最高法院驳回了这种解释，这大概是科尔伯特法官扩大了知情同意原则的范围，以适应案件的具体情况的原因。法院将知情同意的范围扩大到非侵入性治疗的决定是合理的，但令人惊讶的是，没有更多的法院更早地主张这一点。法院没有更早地对此作出断言的一个可能的原因是，知情同意案件通常涉及的是接受过手术的病人，并且正在处理这种手术的负面后果或副作用。乍一看，将该学说的范围扩大到非侵入性治疗似乎有些过分或深远。尽管如此，当一个人面对令人震惊的案件时，法院的裁决更有意义，比如在Allen案中，医生建议他的病人吃高纤维食物，让钉子穿过病人的消化系统，而没有采取任何额外的行动，结果导致病人的内脏被刺穿。

一些批评人士可能会说，“糟糕”的案件有时会导致法律的考虑不完全。事实上，俄克拉何马州最高法院的决定冒着让医生不得不告知病人所有可能的合理选择以及所有相关风险的风险。在一个高度以消费者为基础的社会里，时间是最重要的，医生经常被要求每天看尽可能多的病人，让病人知道所有合理可行的选择使这项任务变得令人生畏。在俄克拉何马州这样的州，情况尤其如此，法院采用主观的以患者为基础的标准，要求医生披露所有可能影响特定患者同意或拒绝某一特定手术决定的风险。对于俄克拉何马州的一名医生来说，这意味着要花更多的时间与病人建立"关系"，而现在已经没有多少时间了。事实上，"今天，医疗服务提供者正在放弃分散的家庭实践模式，转而采用将登记的患者分配给一系列患者不认识的专业人士的配送系统"。然而，"知情同意和信任原则迫使医生披露非现成的替代方案"。关于非现成替代品的披露范围必须加以限制，以避免给医生带来过多的负担。考虑到自主权和医生负担之间的竞争关系，仅通知替代方案是病人选择和医生负担之间"可行的妥协"，一旦得到通知，"负担就会转移到病人身上，要求更多的信息"。当然，要想获得更多的信息，病人也必须了解传达给他或她的信息。然而，Allen 案所在的法院从未处理过病人理解的问题。不过，事实上，"法院制定的要求关注的是医生信息的披露，而不是病人对信息的理解"，但这是一场超出本案评论范围的辩论。

其次，医生转诊的要求最终为病人提供了更好的护理，并为开业医生提供了更好的保护。许多治疗方法的不确定性意味着即使是医生也不是对治疗风险无所不知；在某些情况下，他们自己的无知与他们的病人的无知之间的差距可能并不比技术复杂产品的卖方和买方之间的差距大。医生，就像律师一样，不会对他们面临的每一个挑战都立即有一个答案。医生发展他们的技能，并在某些医学领域专攻。虽然人们并不期望他们对医学的所有领域都有全面的了解，但人们确实希望他们能诚信行事，有些人甚至可能期望他们将病人转介给称职的医生进行进一步分析或在出现疑问时进行合理的替代治疗。

在 Allen 案中，Harrison 医生声称，因为他是一名急诊内科医生，俄克拉何马州的法律没有要求他提供替代手术或内镜治疗。如果医生的职责仅限于告知病人在其专业知识范围内的治疗情况，那么他或她不可避免地会"单方面"损害病人对足够信息的基本权利，阻碍病人明智地选择治疗方法。的确,医疗决策是复杂的。它受到许多因素的影响;例如,医生的教育、专业选择、科学信念和经济需求。虽然美国医学协会开出了昂贵的处方,以及尽管医生们知道最好的说辞不像以前那样有说服力,医生们仍然拒绝与他们的病人分享信息或作出决定的权利。Harrison 医生只向 Allen 透露了一种可能的治疗方法——“让钉子顺着下去”——这并不是因为他只设想了一种合理的治疗方法,而是因为他觉得提出一种超出他专长范围的治疗方法不属于他的专业能力范围。事实上,他应该不仅解释他提出的非侵入性治疗的风险,也应该提出替代疗法,即侵入性手术选择,尤其是考虑到形势的严重性。如果他不相信自己有专业的知识来提出这样的选择,他至少有专业的能力给 Allen 推荐一位专家。俄克拉何马州最高法院解释说,当病人不了解风险和合理可行的替代方案时,医生选择治疗——无论是侵入性的还是非侵入性的——或者不治疗,都是医生单方面为病人的最大利益作出的选择,是“医疗家长主义”的延续。因此,医生必须告知病人他或她的所有选择,即使这意味着把病人转到其他有能力的医生那里,这也是合理的。如果一个医生仅仅因为开了非治疗或其他可能给病人带来风险的非侵入性治疗,就逃避他的职责,这将是荒谬的。尽管俄克拉何马州最高法院的判决在这方面是好的,但它可能会对俄克拉何马州的医生产生“寒蝉效应”。事实上,因为俄克拉何马州的医生对他们的病人负有更多的信息披露义务,而在其他州,无论是使用合理的以医生为基础的标准,还是合理的以病人为基础的标准,医生可能宁愿避免责任,拒绝某些类型的病人。正如杜林法官在 Scott 案的意见中所恰当地指出的那样:“一个谨慎的医生总是可以通过确保他对他治疗的每个病人都有充分的了解来保护自己。”如果他不违反这一义务,就不会产生因果关系问题。其他反对者可能会认为,由于这一增加的信息披露要求,将会有更多针对医生的诉讼。因此,从业员可能不得不提高他们的费率,以支付更高的医疗事故保险,以覆盖他们的风险。如果是这样,患者最终将支付增加的医疗费用。这个想法似乎也不明智。

3. 结论

在过去的几十年里,俄克拉何马州一直是一个先锋,在医疗背景下,在以病人为基础的主观标准下，在美国全国范围内继续推动医疗家长式管理的情况下，促进病人的权利。虽然这一意见促进了个人权利，但重要的是要承认，在俄克拉何马州这些权利是以“医疗披露做法的全面改变”为代价的。在美国的民主制度中，为了更大的自由，这是值得付出的代价。

Allen 案遵循了现有的先例，得出了合乎逻辑的结论：如果主观的基于病人的标准的理由是病人的自决权，那么这应该同样适用于所有的治疗，无论是侵入性的还是非侵入性的。虽然它最终与 Scott 案保持一致，但它也通过采取下一步合乎逻辑的步骤扩大了这一决定，这是俄克拉何马州最高法院迄今为止尚未采取的举措——将知情同意原则扩展到非侵入性手术，而不管医生的执业范围。现在，如果一名医生不具备有关某一问题的医学知识，他或她可能需要将病人转介给另一名医生或咨询另一名医学专业人士。“超出执业范围”的借口不再成为医生鲁莽或疏忽治疗的借口。此外，为了有效地履行医生披露的义务，医生必须披露医学上其他合理的替代方案，这才能确保病人拥有真正的决定权。Allen 案无疑是一个值得承认的观点，因为它扩大并进一步促进了患者的权利，同时使现有的知情同意原则更加清晰。

（二）实证研究结果分析

法律和医学道德都要求医生在提供医疗之前获得患者的知情同意，然而，大量研究表明，知情同意的理想很少与医疗决策的现实相匹配。此处将描述美国学者作的有关医疗保健提供者和患者对医疗保健决策的观点和经验的研究，然后将讨论对知情同意失败的学术反应。

实证研究压倒性地表明，医疗保健提供者没有始终如一地与患者进行法律强制的知情同意过程，也没有实现共同决策的理想。事实上，在医生信息披露要求方面，研究表明，医疗机构“在一次典型的医疗遭遇中花费的时间不到 5%……为患者提供信息”。另一项研究发现，医生披露的信息不到要求披露的 1/3。〔3〕 医疗保健提供者的披露做法与大多数患者的偏

〔3〕 King & Moulton, *supra* note 11, at 461 – 62.

好不符。患者报告说，他们想要的信息比他们从医疗保健提供者那里得到的要多得多。例如，在一项研究中，许多患者甚至不知道将要对他们进行的手术，也不知道其他的手术。其他研究表明，当患者确实获得了法律要求的信息时，许多人认为这些信息是不够的，这导致他们“怀疑医生的决定是否符合他们的最大利益”，或者只是医疗保健提供者的偏好或方便。患者强调了解将要发生的事情和有机会提出问题的重要性。事实上，患者希望与他们的提供者共同决策，但报告称这在实践中并没有发生。即使医生符合披露要求，研究和病例报告也表明，患者并不理解他们所同意的治疗方法。这种理解的缺乏在很大程度上是因为患者收到的信息很复杂，他们需要更多的时间来了解他们的诊断、预后和治疗方案。医疗保健提供者可能无法与患者共同决策，甚至无法履行最低限度的披露义务，这有几个原因。有时，医疗保健提供者可能无法获得对所有干预措施的知情同意，因为这样做根本行不通。例如，患者可能对特定的干预措施表示知情同意，但永远不知道进行该干预措施所需的所有各种程序或这些其他程序的替代方案。提供者也可能认为缺乏时间进行公开，或者认为公开是不必要的，因为干预是司空见惯的。此外，一些医疗提供者可能不了解他们没有达到知情同意要求的程度。这种误解可能源于他们对具体的法律义务缺乏了解。或者，那些声称他们致力于尊重患者自主权的提供者可能没有意识到他们与患者的互动不符合这一承诺。学者们将“提供者使用知情同意的语言”而表现出家长式作风的现象称为“执行知情同意”。

对于一些医疗保健提供者来说，未能与患者达成有意义的知情同意，可能是因为提供者认为这一要求只是法律规定的一种形式。事实上，“一些医生声称，他们几乎总能让病人同意他们想做的任何手术”，让病人的选择成为法律制造的一种幻觉。此外，一些提供者似乎将知情同意对话和任何相关文件主要视为减少潜在责任的一种手段。患者也认为签署同意书是一种标准的官僚程序，旨在保护医生的利益免受后续任何法律诉讼，尽管他们可能觉得除了签署之外别无选择。最后，研究表明，患者的决策偏好可能与理想的知情同意过程不同。也就是说，一些患者“可能不想自己做医疗保健决定”，而是希望遵从他们的医疗保健提供者，提供者可以相应地调整他们的沟通。这种决策偏好可能取决于患者的治疗目标。如果治愈是可能的,病人可能会听从他们的医生,而如果病人在生命的尽头,他们可能会觉得他们应该自己作决定。患者也可能不希望作出决定,因为他们生病了,没有情感、智力和身体资源作决定。

然而,重要的是不要夸大患者在医疗决策中的可被代理的程度。研究表明,一些医疗保健提供者是家长式的,他们不顾患者的决策偏好,代表患者作出医疗决策,这破坏了患者在临床遭遇中的自决。提供者可以通过以一种旨在确保患者授权的方式构建或操纵信息来做到这一点。医疗提供者还可以在知情同意讨论中加入非正式的能力评估,如果他们认为患者对干预措施缺乏足够的理解或理解(尽管有证据表明患者的认知功能正常)医疗措施提供者可以拒绝要求的医疗干预措施,即使另有医学指示。或者,提供者可以要求进行正式的能力评估,在发现患者无能力后,驳回拒绝治疗的请求。在这种方式下,医疗保健提供者扮演着"看门人"的角色,对患者自主权的尊重取决于提供者对代理能力的评估。

四、医疗知情同意程序的改革建议:学者观点

(一)共享决策

许多学科和专业的学者已经发现,知情同意的理想在实践中是如何无法实现的。公平地说,"尽管它的名字,'知情同意'并不能确保患者的同意实际上是知情的"和"患者的相关问题和担忧得到了充分的回答"。鉴于知情同意在实践中是虚幻的,学者们主张进行改革,以促进医生披露,增加患者的知识和理解,以确保患者获得符合其偏好的医疗服务。

也就是说,法律学者和临床医生提倡共享决策,通常与患者决策辅助工具相辅相成,以补充医生的口头披露。决策辅助工具"包括决策网格、视频和互动网站"和"小册子……计算机程序或第三方咨询",通常用于"临床环境之外",以帮助患者在不同的治疗方案之间进行选择。有证据表明,使用决策辅助工具有几个好处,比如帮助患者了解他们的价值观和偏好,最近的法律学术研究重点是如何增加决策辅助工具的使用并确保其质量。本章下一部分协助决策中还将专门提及与共享决策相关的协助决策方法。

但确保患者了解他们的治疗方案并不是实现知情同意理想的唯一障碍。知情同意的失败不仅仅是信息和理解方面的失败。学术上对知情同意的“知情”要素的关注,可能会忽略其他法律要求。

(二)异议处理及难题

实务中有大量关于医生披露情况和患者对医疗干预的理解的实证学术研究,但关于非自愿医疗的研究相对较少,特别是在患者明确反对的情况下提供的治疗,尽管大量的传闻证据证明……在没有知情同意的情况下,有时会对患者实施重大医疗干预。缺乏研究可能是因为研究这种非法行为非常困难。事实上,在医疗预先指示中,有充分的证据表明,医生往往不按照丧失行为能力的病人的事先指示拒绝维持生命的治疗,此外,研究表明,预先的指示对医生对病人进行复苏的决定可能没有任何影响。

医疗保健提供者不遵守患者的事先指示,不顾患者的反对治疗丧失行为能力的患者,有几个原因。有些不遵守可能是无意的。例如,提供者可能无法访问或理解预先指示,或者可能是“提供者和患者之间缺乏沟通,或者机构对患者意愿的记录不足”,不遵守患者事先指示也可能是故意的。又如,提供者可能出于良心的原因反对遵循预先指示。提供者可能认为他们有可能被起诉为非正常死亡,或者在前者的情况下必须支付更大的赔偿金,因此选择提供维持生命的治疗,尽管指令要求放弃这种治疗。再如,提供者可能不遵守患者的预先指示,因为预先指示可能看起来与患者当前的利益相冲突,“许多医生不仅认为他们有责任根据患者的最大利益做出治疗决定,而且还认为,当患者的偏好与医生的评估不一致时,应该忽略患者的偏好”。鉴于这种不服从违背了预先指示的目的,而且可能是非法的,许多法律学者已经探索并倡导侵权救济、行政制裁,以及不向患者收取非自愿医疗费用。不幸的是,许多法院没有证明病人通过事先指示拒绝治疗的权利是正确的,而提供者已经推翻了这一指示,从而使这一权利成为一种幻想。下一章节将探索医疗预先指示所涉及的侵权损害赔偿思路。

第二节　协助决策法

医学伦理学肯定了知情同意医疗的重要性。美国医学协会的《医学道德准则》认可尊重患者自主权和知情同意的价值的原则,并指导患者有权"就医生建议的护理做出决定","让这些决定得到尊重",以及"接受或拒绝任何建议的医疗干预"。由于自主性在美国法律和医疗决策伦理中处于首要地位,以及自主性对患者的重要性,已经有一些重大的学术事业来改变医疗提供者披露医疗信息的方式,以便患者能够真正了解他们的医疗保健选择。例如,法律学者提倡在知情同意过程中使用经过认证的患者共享决策或协助决策辅助工具,如视频或决策网格。共享决策是一种道德承诺,被认为是以患者为中心的良好护理。在共享决策模式中,医生披露患者的诊断、预后和治疗方案等信息,患者传达他们的"价值观、目标和偏好";患者和他们的医疗保健提供者,可能还有家庭成员一起,根据患者的主观健康状况决定采取何种医疗干预措施。共享决策主要包括了患者相关的所有成员的信息共享,协助决策比共享决策更深入,要求为医疗决策者提供技术支持。[4]

一、协助决策及其重要性

(一)WNHS 信托诉 H 等人案:医疗决策适当性的判断标准

在 WNHS 信托诉 H 等案中,患者 KH 女士患有多发性硬化症。她住在一家为她提供 24 小时护理的养老院。KH 的生存完全依赖于养老院,因为她的"身体功能已经停止工作"。顾问医生、精神病顾问和 KH 的家人一致认为她无法同意接受治疗。她通过喂食管喂食。当管子掉出来时,她被送进了医院。病人家属反对重新插入喂食管。当事人并未立下书面的医

〔4〕 Daniella Lyman, *Medical Assistance in Dying and Its Enforceability in a Personal Directive*, 43 LAWNOW 18(2019).

疗预先指示。仅仅是当事人在非正式聊天时表明愿望,“不希望在自己将来发生这样的事情”。这仅仅是一个事先表达的愿望,可以成为医疗预先指示吗,可以作为患者主观意愿予以保护吗?而医院以KH缺乏决定能力为依据,向法院申请为了她的最大利益重新插入喂食管。法院行使其自由裁量权,裁决在她有能力时没有明确表示的拒绝治疗的医疗预先指示的基础上批准了声明。在KH的女儿和兄弟提出上诉后,上诉法院维持高等法院的判决。这个案例表明,除非有明确和适用的拒绝声明,否则医疗预先指示将不具有约束力。法院拒绝了KH的意愿,因为:(1)这些对话发生在1994年KH进养老院之前;(2)没有一项具体内容涉及停止人工喂养;(3)没有具备医学资格的证人曾与她讨论过在两至三周时间内慢慢饿死的后果;(4)没有证据显示当事人的所谓上述意愿是在充分考虑所有相关事项后作出的经过深思熟虑和平衡的决定。

本案说明了制定医疗预先指示的决策过程的重要性。法院在医疗预先指示的争议中关注的大部分问题集中在四个问题上:第一,在医疗预先指示制定时患者是否有精神能力;第二,根据现有的信息类型,患者是否了解拒绝治疗的性质和后果;第三,在已经出现的情况下,医疗预先指示意味着什么;第四,医疗预先指示在当下是否仍然代表患者的意愿。

(二)协助决策法

“协助决策”的定义为,它是一种决策方法,包括为能力受损的人提供他们自己作决定所需的支持或一个框架,在这个框架中,可以帮助残疾人作出有效的决定,其中的关键概念是授权、选择和控制。协助决策的另一个概念是一系列正式或非正式的安排,旨在支持一个人“做出有关个人生活的决定并与他人交流”。受协助决策,从最广泛的意义上讲,是一种向需要援助的人提供支持,以实现其法律行为能力权利和传达其意愿的机制。协助决策的中心思想是帮助人们获得自主表达或决策的能力,并在赋予他们权利的目标的指导下,给予适合他们的适当协助。医疗预先指示背景下的协助决策是指通过医疗预先指示帮助人们表达意愿,并与他们的信念保持一致。尽管最近关于支持决策的研究主要集中在支持有智力残疾或认知残疾的人在影响他们生活的决策中表达他们的偏好，但支持决策的中心思想同样适用于在作出明智决策方面需要帮助的有能力的人。毕竟，人类在日常决策中，在生活的各个方面，都会以各种形式进行互动和获得支持。例如，作出购买或投资决定，考虑订阅哪个健身房会员或加入哪个俱乐部，或者决定搬到哪里。一个心智健全和身体残疾的人可以作出这些决定。不同之处在于主题的性质，实现该决定所必需的支持，以及在决定生效后改变他或她的想法的能力。主题越复杂，就越需要支持以促进决策进程。支持决策需要外部的积极行动或协助人，适应人的需要，实现行使自主权的能力和实现决定权，赋予人以尊严。这是一种与自主的历史发展相一致的概念，其中医疗决策的控制权从医生的权威手中转移到患者手中。

协助决策有助于他们预测和避免医疗预先指示时遇到的各种问题。例如，虽然身体健全的有能力的人在完成身体或精神任务时不会遇到身体残疾或精神受损的人所面临的障碍，但该人可以从医生就拒绝治疗的风险和选择进行咨询中获益。个人无法完全预测在作出医疗预先指示或了解首选治疗方案的潜在风险后可能发生的变化，因此需要以理解这些风险和选项的形式提供支持。协助决策通过提供必要的支持来理解决策的复杂性，并减少实现个人自主意愿表达的一些实际障碍，努力解决这一弱点，从而使医疗预先指示在尊重个人意愿的前提下更有可能具有法律约束力。

在协助决定中，尽管任命了协助者，但个人仍然保持合法的决策权；当事人可以自由订立或决定终止该关系；这个人积极参与决策，作出的决定通常具有法律约束力。首先，在作出医疗预先指示时采用协助决定可以解决对患者精神能力的关注和对拒绝治疗后果的理解。协助决定为一个人提供了看病或接受医生评估的机会，或将其转给适当的专家进行这种评估。其次，在咨询中进行的讨论包括向打算拒绝治疗的人提供相关信息。这样的讨论可以启发他们思考是否会改变想法。最后，应该向病人强调环境变化的影响，个人环境的这些变化确实有可能发生，并认识到医疗预先指示需要迎合这些可能性，或者至少要认识到当一个人变得无能时，执行医疗预先指示即可能没有机会改变主意或反映变化的环境。以及告知他们拒绝治疗性质和后果以及改变的可能性。

根据具体情况的需要，将有一系列人员参与这一协助过程，如医疗保健专业人员、律师、社会或精神卫生工作者或专家。医疗预先指示需要一个多学科团队的参与，或者在某些情况下符合患者喜好的个人参与。让医生参与这一过程是有帮助的，因为医生可以向患者解释，当寻求实施医疗预先指示时，情况可能会发生变化。或者向患者解释创设一份医疗预先指示应当避免过于模糊或难以解释的笼统表达。在创设医疗预先指示时使用协助人员可以在实施时有所帮助。例如，家庭成员在参与医疗预先指示制作过程时，可以确认各自患者的意愿。除了让他们更好地了解病人的决定，他们还可以提供有关病人个人情况的信息，这些问题可能与实施医疗预先指示有关，以及后续是否有任何变化会影响医疗预先指示。家属可以帮助用病人容易理解的方式解释信息，或者提供情感和心理上的支持。通过讨论，本人可以考虑在家庭成员之间发生冲突时，是否提名替代决策者或信任的人来处理医疗预先指示的实施。

应鼓励患者在制作医疗预先指示时寻求医生和医疗专业人员的支持。英国《心智能力法案》的行为准则建议在准备制作医疗预先指示时寻求医生的建议。此外，它建议想要制作医疗预先指示的人向医生、与他们的护理密切相关的人或可以就特定情况向他们提供具体建议的组织寻求建议。此类讨论应记录在患者的医疗记录中。医疗保健专业人员认识到，做出拒绝未来治疗的决定具有严重的影响，患者需要必要的支持来表达他们的偏好，当他们变得无能时，这些偏好将指导他们的治疗。

二、医疗预先指示中协助决策的适用方法

医疗预先指示通常是在患者出现不适前一段时间做出的。正如本节第一部分所述，KH 是喂食管脱落的病人。医院想重新插入喂食管，但她的家人反对。她的家人的反对源于 KH 之前表示她不想在目前的情况下生活。例如，KH 的另一个女儿 T 在她母亲去养老院之前一直照顾她，她回忆起她母亲躺在床上时与她的一次对话，她母亲说："我不想被机器维持生命。"KH 的哥哥认为，他怀疑 KH 是否知道她在说什么。N 夫人是 KH 的老朋友，她回忆说，当他们讨论死亡时，KH 也对她说过类似的话，而且 KH

只想要最好的生活质量。据 N 夫人说，KH 曾多次告诉她，如果她不能照顾好自己，她永远不会成为女儿们的负担。KH 曾经进一步强调，如果她认不出自己的女儿，她就不想活了。当 KH 第一次装上喂食管时，T 曾表示不同意，这一观点与其他家庭成员的感受是一致的。尽管有这些证据，法院还是下令重新插入喂食管，因为在她目前的情况下，没有明确表达的医疗预先指示及拒绝治疗。她预先的愿望是在多年前她失能前的一次谈话中表达的，但并没有涉及停止喂食。法院认为，她没有认识到拒绝的性质和后果，如果一个人与保健专业人员讨论了拒绝的问题，他就会认识到这一点。总体来说，法院不相信 KH 知道她拒绝的是什么。协助决策将如何帮助 KH？KH 知道她的多发性硬化症诊断，但从病例中不知道她对疾病的进展以及可以给予她的治疗和护理有什么了解，以帮助她避免成为家庭的负担。如果 KH 不知道关于她的疾病进展的信息，协助决策的方法可以帮助她，让多发性硬化症专家就疾病的具体后果向她提出建议，使她能够为未来的护理做好准备。她还可以了解她第一次被诊断时处于什么阶段，以及在她变得无能之前她还有多少时间。这些信息将使她能够评估和考虑她的偏好，以及什么对她的家庭构成负担。了解疾病只是了解医学预后的一个方面。在考虑了医疗状况后，关于拒绝饮水和食物对她的影响，她有什么信息？在什么情况下，她预计拒绝会生效？事实并没有表明她知道这些信息，尽管从她与亲密的朋友和邻居的谈话中可以知道她只想要最好的生活质量。

关于拒绝水和食物的影响的信息最好由医疗专业人员解释。当她知道诊断结果，以及像她这样的病人可以选择哪些治疗或姑息治疗时，协助决策可以通过咨询医生来帮助她。这将类似于医生和患者之间关于治疗方案以及选择一种方案而不是另一种方案的效果的同期临床咨询。她在作出医疗预先指示的时候就已经预料到自己因为多发性硬化症而退化，而不是基于假设的事实或猜测而拒绝。同样，在她据称表示拒绝时，如果有人怀疑她的精神能力，她本可以让合格的专业人员评估她的精神能力。能力评估涉及作为多发性硬化症患者是否理解她拒绝的性质和后果。同样，当 KH 表示拒绝时，通过医生观察任何不正当影响的迹象，这种方法可以在 KH 作出医疗预先指示时帮助她。一旦确定了这种影响,就有机会消除这种影响,从而帮助她作出有效的医疗预先指示。在拒绝治疗的情况下,该决定可以同时与患者确认。在医疗预先指示中,这将意味着要求 KH 理解她仍然会自愿承担拒绝治疗的风险。这种方法还可以帮助 KH 预测和适应她个人情况的后续变化,这些变化可能会影响她的决定。例如,如果她的医疗诊断有任何变化,她可以在有能力的情况下发表声明,表示首选她家人的证据(尽管这将取决于是否接受),或根据委托书指定他们为律师或作为代理人。她还可以提名她的家人或亲密的朋友作为协助人员,在她的医疗预先指示实施时能够确认她的愿望。

医疗预先指示中使用协助决策法符合自决和尊重身体完整的原则。它旨在帮助一个人行使与个人自主权相一致的偏好。在制定预先指示的过程中得到支持,加强了个人的自主权,而不是成为一个破坏因素。这种做法符合自决和尊重身体完整的原则。在作出医疗预先指示时,协助决策法存在讨论、记录和确认当事人意愿的机会,同时确保当事人具有理解拒绝的性质和后果的心理能力。此外,该方法可以通过在制定医疗预先指示时引入一些措施来帮助适应可能发生的后续更改。当患者与医生讨论医疗预先指示时,重要的是要强调定期审查和确认医疗预先指示的重要性。应当让患者知晓,当患者需要或当发生影响医疗预先指示应用的变化时,可以有向相关人员提出后续更改的可能性。

随着《残疾人权利公约》的广泛应用和协助决定在成年监护法律机制互动中的充实扩展,协助决定范式成为医疗预先指示立法的必然选择。协助决定范式要求医疗预先指示制度保留患者的决定主体地位,尊重患者真实和残存意思;要求医疗预先指示能够为传统限制行为和无行为能力的成年人与医生、亲属及社会之间搭建沟通桥梁。协助决定范式“尊重医疗自主决定权”,强调个性化保护,它允许通过医疗预先指示或代理性文件的形式预先约定接受或不接受某种医疗方式;也可以通过对个人最大利益和真实意愿的考量,实现患者拒绝医疗的目的。协助决定范式并不以“父爱”医疗强行取代患者本人在医疗决定过程中的主导地位,它倡导多方辅助个人真实有效的医疗预先指示的实现。它或通过法律文件对时间和空间的置换，或通过对个人真实意愿的考量，适用患者的医疗决定能力，尊重并保全患者的人格尊严，以实现行为能力丧失后延续其医疗意愿的目的。

以协助决定范式贯穿医疗预先指示制度设计关注两点，第一，根据患者的意愿和偏好允许患者（现在或将来）作出指示，在支持患者意愿符合主观上的自主性，程序符合客观上的合理必要性时，最大程度尊重和容纳患者的医疗预先指示中的拒绝治疗选择，并确保患者在整个医疗过程中知情。第二，当患者仅作了概括性的医疗预先指示时，由代理人在个人意思能力不足后协助患者知情同意并作出医疗决定；当个人无医疗决定能力时，应由代理人根据个人立场推测其真实医疗意愿，并替代个人作出医疗决定。传统民法领域中的代理多为财产事项托付，更侧重于代理人的法律行为与被代理人的法律行为之法律效果相同，利益的实现对于代理的构成无足轻重，〔5〕也并不深究被代理人的真实意愿。协助决定范式下的医疗预先指示制度侧重查明代理人的意思表示内容本身是否尊重预嘱人内心真意及最大利益。

〔5〕 参见［德］卡尔·拉伦茨：《德国民法通论》，王晓晔、邵建东等译，法律出版社2013年版，第816页。

第四章　医疗预先指示的权利救济

医疗预先指示制度保护的是个体的医疗自决权,它是不言自明的宪法权利,但离开救济谈权利是空话,各国民法中对其权利保护路径均作了合理安排,但审判实务效果不佳。

医疗预先指示的权利救济最重要的一点是应设立法律责任,主要是指违反本人设立的医疗预先指示所应承担的法律责任。基于医疗预先指示对生命权的重大影响,国外立法实践也并无统一标准,从事实来说,医疗预先指示制度应对所有知情人员具有法律约束力,而违反医疗预先指示的主体通常为医生或亲属。“有学者调查发现,美国医生不遵守医疗预嘱的情况高达65%,还有学者研究表明,仅58%的美国医生在大多数情况下会遵守医疗预嘱。”[1]美国医疗预先指示立法普遍规定了医生遵守医疗预先指示豁免法律责任。但仍有大部分医生拒绝执行或采用转移等方式回避执行患者的医疗预先指示。这主要与法律风险不明确有关,此外,对于一项与生死息息相关的法律制度,立法者也对法律责任采取谨慎和保守态度。这导致了医生认为遵守拒绝治疗的医疗预先指示的法律风险低于因执行拒绝治疗涉嫌侵犯患者生命权的法律风险。

第一节　医疗预先指示在司法实务中的尴尬处境

在美国,直到20世纪60年代,患者自主权才开始被确定为医学伦理

〔1〕 曾见:《论“当时的医疗水平”的法律评价》,载《法学评论》2016年第4期。

学的核心原则。[2] 如今,医生的家长式作风已被广泛拒绝,现代伦理和法律规范通常要求尊重患者关于治疗的决定,包括拒绝维持生命的护理的决定,即使患者不再有能力把这些决定告诉他们的医生。[3] 预先指示作为一种手段,使病人在丧失能力的情况下仍能自主接受医疗护理。然而,不幸的是,在生命结束时保持病人的自主权并不是一件简单的任务。首先,我们很难说服患者通过预嘱来为丧失能力后作准备。[4] 其次,正如以下我们所描述的那样,即使他们这样做了,这些愿望也很有可能会被忽视或忽略,而一个表达了拒绝维持生命治疗的患者仍然会违背他或她的意愿继续活着。在这种情况下,病人经常被拒绝给予适当的法律补救,理由是继续活着不是一种可补偿的伤害。[5]

1997 年,美国内科医生卡萨雷特(Casarett)和罗斯(Ross)在《新英格兰医学杂志》上发表的文章设想"一名 69 岁的男子患有转移性肺癌,正在接受化疗"。他因肺炎住进了医院,并申请了禁止心肺复苏令(DNR)。他心脏骤停是因为对一种抗生素过敏,他的医生坚持要心肺复苏,认为病人的禁止心肺复苏令不应该被用于医源性心脏骤停。笔者认为:"尽管可以引用各种伦理原则无视病人的预先指示的理由,但我们认为没有一个是有价值的。"Casarett 和 Ross 的评论一定程度上引起了一些轰动。2 年后,Casarett 医生,与 Carol Stocking,Mark Siegler 一起撰写了一份对 285 名医生的问卷调查,访谈这些医生对类似的假设场景作出回应,即一名对青霉素过敏的患者误接受了青霉素,心脏骤停,却被命令放弃抢救。受访者被

[2] See David J. Rothman,*The Origins and Consequences of Patient Autonomy:A 25 – Year Retrospective*,9 health care analysis 255(2001).

[3] 参见 Cruzan v. Director,Missouri Dep't of Health,497 U. S. 261(1990)案,该案认为,有能力和无能力的患者都有拒绝医疗的权利,但各州可要求提供明确和令人信服的证据,证明患者目前无能力时愿意拒绝医疗。

[4] 根据美国皮尤研究中心的调查,已经完成预先指令的人没有超过美国人口的 1/4,尽管公众对案例的反应以及在其间的 15 年里对医疗预先指示的价值进行了广泛讨论。See Poll,*More Americans Have Living Wills*,Newsmarx,http://archive. newsmax. com/archives/articles/2006/1/5/125608. shtml.

[5] 由于中国并未建立系统的医疗预先指示制度,有关制度运行首先面临的法律困境,即侵权损害赔偿责任的适用,本章多阐述并引用美国司法实务和学者文章,可以看到的是,侵权损害赔偿也是医疗预先指示制度在美国运行的制度困境之一。

问及是否会尝试心肺复苏(CPR)。69%的受访者表示,他们倾向于复苏,因为他们(1)不确定病人在这种情况下会想要什么;(2)有一种强烈的冲动,想通过提供心肺复苏来减轻他们对错误的内疚;(3)声称这符合病人的最大利益;(4)为了延长生命而犯错误在法律和道德上或更安全。医学生和资深医生都提到了注射错误会带来的负罪感,以及如何通过复苏来减轻这种负罪感;心肺复苏术有很好的机会恢复正常的窦性心律,而且,最重要的是,在知情的拒绝心肺复苏医患对话中,没有考虑到医源性引起的心脏骤停。此外,尽管法学家认为,无视病人的预先指示可能会招致诉讼,但似乎还没有法院因被告不顾患者拒绝医疗而判给原告损害赔偿金。一些法院将允许对不必要的干预直接造成的身体伤害的损害索赔,例如心肺复苏术胸部按压造成的肋骨骨折。[6]

法律规定,当临床医生无视事先的指示时,可能会招致严重损害赔偿责任。尽管如此,并无被告无视医疗预先指示而判给原告损害赔偿金的多数案例。此外,这两种情况都不符合上文假设的情况,即医源性错误导致需要进行可能已经被证明相当成功的延长生命的干预措施。但司法实务中,法院继续将临床医生是否优先决策的问题留在法律的边缘,从而无意中鼓励了这种做法。但卡萨雷特和罗斯在1997年发表的文章中采取的立场是,当患者对医源性心脏骤停的偏好尚不明确时,患者对不抢救状态的同意提供了患者自主不接受这种侵入性干预的最佳证据。因此,医生应该尊重患者的不接受侵入性治疗的医疗预先指示,即使该心脏骤停是由于医源性原因造成的。假如临床医生在假设场景中,尊重了患者的“不抢救”令,停止心肺复苏,允许自然死亡,若病人的家属起诉医院过失致死,他们可能会得到赔偿吗?医院可以持三个观点:一是患者已经被认定患有绝症,即使抢救成功,他的生命存续期间也短暂;二是“成功的”复苏可能不会使患者恢复到之前的生活质量,但可能会像韦斯曼案一样,给其近亲带来重大的情感和经济负担;三是患者承担了拒绝心肺复苏的风险。

尽管这个问题已经引起了美国媒体的广泛关注,提高了对医疗预先指

[6] See Samuel D. Hodge Jr., *Wrongful Prolongation of Life — A Cause of Action That May Have Finally Moved into the Mainstream*, 37 QUINNIPIAC L. REV. 167 (2019).

示的认识,医生仍然可能因为害怕法律报复或由于缺乏沟通而无视病人的预先医疗愿望。法院坚持认为,他们无权判定受损的生命不如没有生命有价值。这也许可以解释为什么医生们在假设的情况下仍然倾向于复苏和/或人工通气插管:他们宁愿为自己辩护错误的生命诉讼,也不愿为自己辩护错误的死亡诉讼,而且没有法律先例说服他们作出放弃人工复苏的选择。下面的三个美国典型案例可以反映医疗预先指示中医疗自决权的尴尬处境。〔7〕

一、韦斯曼案:“被赋予生命不是一种伤害”

2013 年,韦斯曼(Beatrice Weisman)在马里兰总医院(Maryland General Hospital)被发现心脏骤停,并接受了心肺复苏术。她当时 83 岁,2 个月前曾严重中风,并在医院住了 2 周。韦斯曼夫人指定她的丈夫为她的医疗代理人,在她的 4 个孩子的支持下,韦斯曼先生批准了一份“维持生命治疗医嘱”(MOLST)表格,声明如果他妻子的心脏或肺衰竭,应被允许死亡。MOLST 表格成为她的医疗预嘱的一部分,但显然工作人员不知道这一点。在提供心肺复苏术时,临床医生不仅(无意中)违背了她的意愿,还造成了肋骨骨折和肺部塌陷。韦斯曼先生提起诉讼,指控包括袭击、疏忽和故意造成精神伤害在内的各种索赔。此外,医院要求韦斯曼家人用于复苏后护理的大笔医药费也是索赔问题。这起案件的庭外和解金额不详,不过据报道,医院的一位发言人表示,在马里兰州法律中,“被赋予生命并不是一种伤害”,这与 Saitta 和 Hodge 早些时候的评论相呼应,即法院不愿为指控“错误延长生命”的原告作出裁决。

二、Alicia 案:“和稀泥”的庭外和解

2012 年 3 月 3 日,91 岁的 Bucilla Stephenson 因肺炎、败血症和急性肾衰竭住进了佐治亚州奥古斯塔医院。她的医疗预先指示指定她的孙女

〔7〕 See John Banja & Michele Sumler, *Overriding Advance Directives*: *A 20 – Year Legal and Ethical Overview*, 39 American Society for Healthcare Risk Management, Vol 39: 2, p. 126 (2008).

Alicia 为她的医疗健康代理人。Stephenson 的预先指示书中表明，如果(1)她的病情无法治愈和不可逆转；(2)她无法恢复意识；(3)治疗的风险超过了好处，她不想延长自己的生命。在得知她的祖母需要加护病房时，艾丽西亚女士口头告诉主治医生，她的祖母不会接受心肺复苏和任何“救治措施”。Stephenson 夫人随后接受了由另一名医生进行的右胸腔穿胸术，该医生在他的进展记录中两次记录了无心肺复苏，并打电话给艾丽西亚女士，要求允许医生为她的祖母插管。

2012 年 3 月 5 日，一名没有阅读医疗预先指示或医疗进展记录的外科医生联系 Alicia，征求她口头同意进行“外科”胸腔镜手术。他没有告诉 Alicia 这个手术需要插管和人工通气。Alicia 后来声称，如果她知道这一点，她就会拒绝手术。在手术中，Stephenson 夫人的右肺被发现严重坏死，外科医生切除了它的 2/3。2012 年 3 月 7 日拔管后，Stephenson 夫人在凌晨开始出现呼吸困难。外科医生被叫来，决定在没有联系 Alicia 的前提下给 Stephenson 夫人插管和安装呼吸机。在接下来的几天里，Stephenson 夫人的病情恶化，Alicia 女士同意了她一直想避免的手术，包括放置喂食管、支气管镜检查和气管切开术。2012 年 3 月 14 日，Stephenson 夫人出现肾衰竭，Alicia 女士授权拆除呼吸机，只提供舒适措施直至 Stephenson 夫人去世。作为 Stephenson 夫人的遗产管理人和医疗代理人，Alicia 对医院和外科医生提起诉讼，指控他们过失违反医疗预先指示，故意造成精神痛苦，违反信托义务。作为回应，医疗提出了一项简易判决动议，声称他们免于承担责任。佐治亚州最高法院驳回了医院的动议，称《佐治亚州法典》的这些条款要求卫生专业人员“在‘拒绝或未能’遵守代理人的指示或决定，并在病人转移之前协助病人的继续护理时，立即通知代理人”。法院裁定，“当提供者的行为不是基于代理人的善意指示时，他不能要求这种豁免权”，并指出，外科医生“没有考虑预先指示和医疗保健代理人的决定，他作出什么对病人是正确的判断，之后会与艾丽西亚核实想要‘撤销’他下令做的手术，‘拔管’”——这正是艾丽西亚想要避免的决定。但最高法院也并没有据此作出有利于原告的判决，并称“案件本身有事实争议”而将案件发回最初审理的高等法院。此案以 100 万美元庭外和解结案。

三、Jamie Sams 案:漠视医疗预先指示的持续

2016 年新墨西哥州受理了一起类似案件,2016 年 2 月 5 日,以灵性书籍闻名的美国作家 Jamie Sams 前往 Christus St. Vincent Regional 医疗中心进行疼痛控制。她对氢吗啡酮过敏。她在 2018 年 11 月的诉讼中声称,她已告诉急诊科工作人员,她对氢吗啡酮过敏,但医院还是给其注射了这种药物,随后她出现了心脏骤停。Jamie Sams 戴着医院发放的紫色手镯,上面写着"不抢救"。她事先也签署了一份放弃抢救的表格,表明她既不想心肺复苏也不想插管。她的诉讼声称,"不抢救符合所有法定要求,对原告的医疗保健提供者有效并具有约束力"。Jamie Sams 女士成功地复活了,但结果是"继续经历剧烈的疼痛、残疾和限制,并在她的余生中产生大量的费用"。因此她起诉医疗中心损害赔偿,诉请并未得到支持。

第二节 医疗预先指示的权利救济路径

一、医疗预先指示的适用局限:缺乏救济措施

20 世纪 60 年代和 70 年代,公众开始越来越关注医疗技术维持生命的能力和适用医疗技术维持生命的必要性。从 1976 年美国新泽西州最高法院判决的 In re Quinlan 案开始,许多被广泛报道的维持生命治疗的案件引起了公众的警惕,即患者和他们的家人在不想要的治疗被拒绝或撤回之前必须忍受令人烦琐和受伤害的法律程序。[8] 人们意识到这种情况也可能发生在自己身上,为了避免类似的情况发生,人们越来越多地要求制定一种法律规则,让患者在无法再向医生表达意愿的情况下,能够控制他们接

〔8〕 参见 Quinlan,355 A. 2d 647(N. J. 1976),该案认为根据美国州和联邦两级存在的宪法隐私权,病人本人或通过监护人甚至可以拒绝维持生命的医疗护理;另见 Conroy,486 a. 2d 1209(N. J. 1985),该案认为有能力的病人拒绝治疗的权利不会在病人变得无能力时消失,并且可以根据对病人本来想要什么进行替代判断分析,或基于最佳利益分析而拒绝或撤回治疗。

受干预的种类和强度。

第一部提倡立医疗预嘱的法律文献出现在1969年。[9] 尽管这些文件最初被誉为行使"前瞻性自主权"[10]的一种手段,但实务中的医疗预先指示被证明不如最初设想的那么成功。尽管有重要的立法和司法支持,包括美国最高法院承认为精神丧失能力的人作出医疗决定是宪法自由利益,《患者自决法案》(PSDA)的通过要求接受联邦医疗保险和医疗补助基金的医疗保健提供者告知患者他们有权设立医疗预嘱和(或)任命代理决策者,以及每个州都制定了相关法律给予先进指令以法律认可[11]——研究表明即使患者已经作出了选择,生命末期的医疗护理往往与患者的选择不一致。

1989年,研究人员开展了一项名为"支持"的国家项目,即了解预后、结果偏好和治疗风险的研究,以更好地了解在美国医院死亡的经历。研究发现31%的一期患者表示倾向于避免心肺复苏,但只有不到一半的医生准确地理解了这一偏好。针对这一结果,研究人员制定、评估并实施了一项多管齐下的干预措施,旨在提高医生和患者之间的信息质量和交流。医生们得到了书面报告,描述他们特定患者存活到6个月的概率、严重功能受损的可能性、心肺复苏存活的概率以及患者对心肺复苏的看法和医疗预先指示的信息。与此同时,医院还安排了经过专门培训的护士,促进患者与医疗团队就延长生命治疗的使用进行沟通,并记录患者对未来护理的治疗愿望。但即使仔细研究的干预措施,医生对患者偏好的认识或放弃抢救命令的时间上也没有显著变化。本次研究中,研究人员确定了618名报告有正式书面预先指示的患者。其中,358人有生前遗嘱,411人有永久授权

---

[9] See Louis Kutner, *Due Pmcess of Euthanasia*: *The Living Will*, *A Proposal*, 44 IND. L. J. 539 (1969).

[10] Norman L. Cantor, *Prospective Autonomy*: *On the Limits of Shaping One's Postcompetence Medical Fate*, 8 J. Contemp. Health L. & PoC'v 13 (1992); Ben A. Rech, *Strange Bed Fellows*: *How Meeical Jurisprudence Has Influenced Medical Ethecs and Medical Practice* (2001).

[11] See Matthew B. Hickey, *Note*, *Oklahoma Advance Directive Act*: *Denying Choice to Those Who Cannot Choose - A Proposal for Legislative and Practical Alternatives*, 59 OKLA. L. REV. 449, 453 - 54, Published by University of Oklahoma College of Law Digital Commons, 2006. 该文描述了《绝症患者统一权利法》和相应的州法规,承认医疗预嘱、医疗预先指示和替代决策。

书,151 人两者都有。然而,这些患者中只有 36% 的患者的医疗记录中提到了预先指示的主题,而且相关文件实际上只在两名患者的医疗记录中存档。此外,即使在那些有生前遗嘱的人和放弃心肺复苏的人中,预先指示对医生关于心肺复苏的命令或医院资源的使用(通过医院账单、平均治疗强度或住院时间来衡量)也没有显著影响。[12] 1996 年的一项关于患者偏好对维持生命治疗的影响的研究得出了同样令人沮丧的结论,即这些偏好不会影响患者最终接受的治疗。[13] 在美国 SUPPORT 研究发表十多年后,美国《患者自决法案》通过近二十年数据调研依旧显示,医疗保健提供者仍然无法提前及时获得医疗预先指示,即使有具体的指示,接近一半的医疗服务仍然与这些指示不一致。[14] 尽管公众强烈支持,法院和立法机构在创建和认可预先指示的法律地位方面也发挥了重要作用,但对于医生未能遵守患者提供的指示,法官和立法者都尚未制定出连贯或有效的补救措施。补救措施的缺乏也是许多学者认为的"医疗预嘱的失败"的原因之一[15]——几乎没有有效的激励措施来督促医生和其他医疗保健提供者严格遵守预先指示。[16]

二、不足的补救措施:美国法上的追偿理论

(一)违反医疗预先指示的追偿理论[17]

如果医疗提供者没有遵守患者的医疗预先指示且医方已提供了治疗,

〔12〕 See Joan M. Teno et al. ,*Do Formal Advance Directives Affect Resuscitation Decisions and the Use of Resources for Seriously Ill Patients?*,5 J. CuN. Erics 23,25(1994).

〔13〕 See Marion Danis et al. ,*A Prospective Study of the Impact of Patient Preferences on Life Sustaining Treatment and Hospital Cost*,24 CRET. CARE MED. 1811,1815(1996).

〔14〕 See Lauren G. Collins et al. , *The Stateof Advance Care Planning*: *One Decade After SUPPORT*,23 Am. J. Hosp. PAL. uiA. CARE 378,379(2006).

〔15〕 See Angela Fagerlin & Carl E. Schneider, *Enough*: *The Failure of the Living Will*,34 HASTINGS CTR. REP. 30(2004);Henry S. Perkins, *Controlling Death*: *The False Promise of Advance Directives*,147 ANNALS INTERN. MED. 51(2007).

〔16〕 See Daniel P. Kessler & Mark B. McClellan, *Advance Directives and Medical Treatment at the End of Life*,23 J. HEALCH EcON. 111(2004).

〔17〕 See Holly Fernandez Lynch, Michele Mathes & Nadia N. Sawicki, *Compliance with Advance Directives*: *Wrongful Living and Tort Law Incentives*,29 J. LEGAL MED. 133(2008).

患者或其代表可以根据侵权法提起民事诉讼，要求损害赔偿。常见的是基于医疗侵入的故意侵权或医疗事故的过失侵权。

1. 故意伤害

在 Schloendorff 诉纽约医院协会（Society of New York Hospital）案中，法官 Benjamin Cardozo 解释说，“未经患者同意而实施手术的外科医生构成了攻击行为，他应为此承担损害赔偿责任”[18]。根据美国《侵权法重述（第二版）》，当一个人的行为意图对另一个人造成有害或冒犯性的接触，并直接或间接地造成这种有害或冒犯性的接触时，就产生故意伤害。[19] 重要的是，该侵权行为构成要件并不涉及任何个人敌意或任何身体伤害，仅涉及行为人是否有意进行未经同意的行为；因此，伤害只不过是未经同意的故意侵权行为。因此，违背患者意愿进行治疗的医生将构成故意伤害，即使治疗最终挽救了患者的生命或治愈了他的病情，因为无论是否有益，都没有获得患者的同意。从理论的角度来看，对无视医疗预先指示的医方提起的故意伤害诉讼应该是成功的，即使没有身体伤害。然而，正如我们所看到的那样，在实践中的应用较难。

2. 过失

当医生直接违反患者意愿提供治疗或完全未能获得所提供治疗的知情同意时，故意伤害是首选的诉因。然而，当医生努力获得同意，但这种同意是基于对所涉及风险的不完整或不充分的披露，医生可能因疏忽而承担责任。[20] 过失诉讼中的原告有责任证明被告有遵守注意标准的法律义务，被告违反了该义务，原因和损害结果间有因果关系，并且原告已经遭受了实际损害。[21] 然而，过失和故意伤害中的原告都必须证明法律上可认定的伤害的因果关系，以获得赔偿。不幸的是，这些恰恰是在案例法中最

[18] Schloendorff v. Society of New York Hosp., 105 N. E. 92, 93 (N. Y. App. 1914).

[19] See Restatement (Second) of Toirs § § 13, 18 (1977).

[20] 例如，Baltzell v. Van Buskirk, 752 S. W. 2d 902, 906 (Mo. App. 1988)。值得注意的是，尽管法院承认涉及不必要的救生照顾的索赔可能基于过失或伤害，但他们的理论分析通常没有遵循传统的过失格式，而是依赖于伤害。

[21] 美国《侵权行为重述（第二版）》第 328A 条（1965）。注意，此处的“原因”既包括事实原因，也包括类似原因。

难证明的因素。

3.“错误延长生命”一词的使用

除了这些基本的侵权理论，一些患者还主张独立的“错误延长生命”索赔，这些索赔通常被描述为一种新的侵权行为。在判例法和文献中，关于这些诉讼的性质以及法院应该如何处理这些诉讼，都存在很多困惑。“错误延长生命”不是一个独立的诉因，而只是“由于疏忽或故意干涉某人拒绝治疗的权利而造成的侵权损害索赔”，而这种治疗导致了“不必要的生命延长”。[22] 因此，“错误的生存”不过是一种描述包括与一组特定事实有关的传统侵权索赔的术语。至少有一家法院解释说：“错误的生存索赔是一个损害赔偿概念，就像‘不当鞭打’或‘不当手臂骨折’的索赔一样，必须涉及潜在的过失或故意伤害索赔。”[23] 在“错误延长生命”境况中，患者公认的拒绝治疗的权利受到了侵犯，导致了伤害，这延长了生命本身。因此，伤害是传统的，但损害不是传统的。这些非传统损害应该如何得到赔偿？法院尽管没有明确指出继续生命是不可赔偿的，但这往往是他们传达的信息。这让那些既定权利受到侵犯的患者得不到适当的补救，并为医生侵犯这些医疗自主决定权打开大门。

（二）医疗预先指示侵权损害赔偿之判例法[24]

寻求延长生命损害赔偿的最早案例是医方未能应患者或患者家属的要求撤销维持生命的治疗。法院最初不愿允许在这些情况下进行追偿，指出所涉权利和有关先例尚未充分界定，医生们不相信他们能够在不承担责任的情况下遵守这些要求。[25] 然而，即使在拒绝治疗的权利得到确立之后，对侵犯这一权利的行为进行赔偿仍然比较困难。

---

〔22〕 See Mark Strasser, *A Jurisprudencein Disarray: On Battery, Wrongful Living, and the Right to Bodily Integrity*, 36 SAN DIEGo L. REV. 997, 1021(1999).

〔23〕 Anderson v. St. Francis – St. George Hosp., Inc., 671 N. E. 2d 225, 227(Ohio 1996).

〔24〕 See Holly Fernandez Lynch, Michele Mathes & Nadia N. Sawicki, *Compliance with Advance Directives: Wrongful Living and Tort Law Incentives*, 29 J. LEGAL MED. 133(2008).

〔25〕 如 Bartling v. Glendale Adventist Medical Center, 229 Cal. Rptr. 360(1986); Foster v. Tourtellote, 704 F. 2d 1109(9th Cir. 1983)。

1. 拒绝治疗被质疑

一些法院曾承认拒绝治疗，但仍在治疗时违背病人的意愿。例如，在Werth v. Taylor案（以下简称Werth案）中，病人有宗教信仰，拒绝接受输血。因此，当她怀上双胞胎时，她在分娩医院提交了一份拒绝血液制品的书面预登记。两个月后，当她住院分娩时，她的丈夫代表她签了另一份拒绝表格。然而，当沃斯（Werth）女士在分娩全身麻醉后出现危及生命的子宫出血时，她的医生驳回了她的拒绝，并提供了输血。

尽管法院声称承认拒绝医疗的权利。但仍然认为，任何拒绝都必须充分知情，并且是"同时的"，以推翻在面临紧急医疗需要时产生的默示同意。法院不相信沃斯女士之前的拒绝医疗符合标准，因为这些拒绝是在她考虑常规程序时作出的，而不是在"如果不输血可能会导致死亡"的时候。因此，密歇根州上诉法院维持了下级法院对沃斯女士索赔的驳回，并接受了医生的辩护，即患者的拒绝是不可操作的，因为决定是在不同的情况下作出的，而不是在需要输血时。[26]

在处理Leach v. Shapiro遗产案（以下简称Leach案）的类似情况时，俄亥俄州上诉法院承认了这些担忧，并采取了更微妙的做法。[27] Leach是一位在心肺骤停成功复苏后陷入慢性植物人状态的病人，她的家人声称医生后来在没有征得她同意的情况下对她进行了生命维持治疗。据原告称，Leach曾明确告知医院和她的医生，"她不希望靠机器维持生命"，尽管各方在她拒绝的时间和情况上存在一些争议。家人认为，因为Leach女士的心跳和呼吸已经通过心肺复苏恢复，生命支持似乎只是作为一种预防措施提供的，没有任何紧急情况可以证明未经同意进行额外治疗是合理的。

虽然承认紧急情况通常会导致对医疗的默示同意，但法院指出，即使在紧急情况下，如果患者在以前的情况下明确不同意这种治疗，也不能默示同意某种治疗。换句话说，如果Leach女士拒绝了生命维持的可能性，那么以后的紧急情况就不会否定她的拒绝，否则"医生就可以避开临终病人的明确意愿，等到病人昏迷和危急时再采取行动"。然而，法院强调，必

〔26〕 Werth, 475 N. W. 2d at 430.

〔27〕 Estate of Leach, 469 n. e. d d, 1051.

须满足病人拒绝在紧急情况下接受或拒绝护理的知情同意的传统要求，包括了解和理解。法院指出，尽管“完全被告知危机即将来临的绝症患者”的拒绝治疗将否定紧急情况下的默示同意，但在绝症情况下“通常表示希望和平死去”的患者，如果在车祸中受伤，仍然可以在紧急情况下接受治疗。因此，为了评估代表 Leach 女士提出的索赔，初审法院需要对 Leach 女士所作的任何预先指示的具体情况和内容，以及医院对她进行生命维持时她的身体状况作出事实确定。

由于 Werth 案法院和 Leach 案法院都没有认定被告侵犯了病人拒绝维持生命的权利，这些案件都没有对原告提出错误延长生命索赔可能获得的损害进行分析。[28] 当然，也有少数进行过此类分析的法院将损害赔偿裁定限制在最低限度。

2. 延长生命损害驳回

Edward Winter 案可能是迄今为止关于“错误延长生命”讨论最广泛和最复杂的案例，本案涉及为患者 Edward Winter 提供不必要的护理的问题。这位病人最初因胸痛住院，在患病之前，Winter 先生目睹了他妻子在接受紧急复苏后的病情恶化。因此，入院后，他与医生讨论了“不想接受特别的维持生命治疗”的愿望，这一医疗愿望反映在他的病历中。尽管有明确指示，Winter 先生发生心室颤动时，护士还是给他除颤。没过几天，他突发脑卒中，右侧身体瘫痪，但他又活了大约两年。Winter 先生在诉状中称，护士的行为构成故意伤害和过失，给他造成了痛苦、折磨和精神困扰，请求索赔医疗和其他费用。[29] 初审法院最初作出了有利于医院的判决。判决认为：“在俄亥俄州，不存在延长生命的错误医疗管理，即‘错误延长生命’的诉讼理由。”上诉时维持了这一判决，即在 Winter 先生根据“错误延长生

〔28〕 即使一些法院允许基于故意伤害或过失的不当生活索赔继续进行，也未能对可能判给的损害赔偿进行充分的分析。例如，在 Gragg，696 n. e. d d at 1282 案中，上诉法院推翻了初审法院驳回《家庭费用法》（Family Expense Act）对未经患者同意对患者进行心脏手术并在未经患者同意的情况下维持患者生命支持的医生的索赔。上诉法院认为，原告提出了医疗侵入的索赔，但没有解决除（根据《家庭费用法》）赔偿与治疗有关的医疗费用之外，原告可以获得哪些损害赔偿的问题。鉴于原告在非法生活案件中面临的最大挑战是为可证明的损害获得损害赔偿，法院不愿讨论损害赔偿问题只会加剧这一问题。

〔29〕 Anderson 1，614 N. E. 2d at 843.

命”的“伤害”寻求赔偿的程度上，根据俄亥俄州法律，这种伤害是不可赔偿的。[30] 之后，法院认定 Winter 先生可能因除颤造成的其他可合理预见的伤害而获得赔偿，前提是没有替代事件发生打破因果关系链，因此该案被重审。它以确定被告是否因提供 Winter 先生指示明确排除的治疗而犯有故意伤害罪或玩忽职守罪被驳回，然而，初审法院再次作出有利于医院的判决，认为 Winter 先生没有因除颤而遭受实际损害，并指出他撤回了名义损害的请求。

在第二次上诉中，俄亥俄州上诉法院对初审法院驳回损害赔偿问题作出了回应，指出了与 Winter 先生发生脑卒中有关的医疗费用、疗养院费用和特别费用(包括疼痛和痛苦)。根据上诉法院的说法，Winter 先生如果能证明他的不良健康后果是由不必要的复苏措施中以“自然、连续和不间断的顺序”导致并发生损害就可以获得可预见的实际损害赔偿金。在初审法院重新审议这一因果关系问题之前，俄亥俄州最高法院接受了酌情上诉。它问道：“如果医疗提供者违反患者的指示对患者进行延长生命的治疗或程序，医疗提供者是否对治疗或程序造成的所有可预见的后果损害负责?”然后，该法院将这个问题浓缩为一种“最简单的形式”“继续生存”是一种可赔偿的伤害吗?

法院认为，Winter 先生没有资格获得要求的损害赔偿，因为他没有拿出任何证据证明除颤本身导致或促成了(他的)脑卒中，而不仅仅是延长了他的生命。[31] Winter 先生只能获得由心肺复苏直接造成的损害赔偿，例如胸外按压造成的肋骨骨折或除颤造成的烧伤。法院认为，Winter 受到的故意伤害在身体上是无害的，他只获得了象征性的损害赔偿。俄亥俄州最高法院驳回了上诉法院的惯例裁定，认为有关通过“自然的、连续的和不间断的顺序”的证明要求是在侵权法的任何其他领域都没有承认的额外要求。但根据法院的推理，原告不仅必须证明被告的行为是他或她遭受伤害的一个原因，而且必须证明被告的侵权行为与他或她自己的伤害之间存在某种其他更直接的因果关系。

---

〔30〕 Anderson I,614 N. E. 2d at 845 – 46.

〔31〕 Anderson III,671 N. E. 2d at 229.

想象一下,一个学生一拳打在他的大学教授的下巴上,导致他的教授下颚骨骨折,使其无法按计划进行有偿演讲。根据俄亥俄州最高法院所采用的推理,被告将只对骨折负责,而不是对原告的收入损失负责,即使原告证明:(1)如果不是被告的攻击造成骨折,他本可以进行演讲活动;(2)对他下巴的攻击将导致这种收入损失是合理的。在标准侵权行为的背景下,这样的结果令人难以轻信。当原告是一个违背自己意愿被维持生命的病人时,它应该引起同样的关注,特别是因为这种方法使原告损害不可逆时。[32]

3. 裁定有限损害赔偿

继 Edward Winter 案后,与"错误延长生命"行为有关的损害赔偿案件很少。[33] 有些患者获赔的案例是新闻媒体报道的,而不是法律记者报道的,导致学者和从业者无法从法院的推理分析中获益。尽管如此,一些法院愿意承认这属于故意伤害类案件,并允许对当事人侵犯患者自主权造成的重大伤害进行赔偿,而不被"生命继续总是好处"的虚构分散注意力,这一事实为事情正在朝着正确的方向发展提供了希望。

例如,1996 年,密歇根州陪审团裁定 Brenda Young 的家人获得 1650 万美元的赔偿。Brenda Young 是一名女性,1992 年癫痫发作后,在 Genesys St. Joseph 医院靠呼吸机、人工营养和水维持了两个月的昏迷状态,这与她的医疗代理人的指示相反。值得注意的是,Brenda Young 的代理人同意接受的治疗仅仅是"安慰护理",但这与人工生命维持系统的问题混淆。她反复告诉医生,她的女儿不需要生命维持系统,但医生向她保证,她女儿的通气、管饲、透析和药物只是让她更舒服的治疗方法。代理人还要求,一旦她的女儿明显不太可能康复,就撤掉生命维持系统,但这一要求没有得到重视。Brenda Young 在半植物人状态下从昏迷中醒来,最终出院由母亲照顾,但她卧病在床,每天有节奏地抽搐和尖叫数小时,除了偶尔说"水"或

〔32〕 当然,一些评论人士认为,如果"延长生命"被认定为一种伤害,那么在实施不必要的救助治疗后发生的所有损害或伤害都将与被告的侵权行为有因果关系。例如,John Donahue, Comment, *Wrongful Living: Recovery fora Physician's Infringement on an Individual's Right to Die*, 14 J. CoNTEMP. HEALTH L. & *PoL'y* 391, 399 – 400(1997)。

〔33〕 在阿洛尔案(Allore, 699 n. e. d d at 563)中,俄亥俄州法律不承认延长生命的损害赔偿。

"埋了我"之类的话,她不说话。上诉后,陪审团的赔偿减少到 140 万美元。双方后来以一笔未披露的金额达成和解,不幸的是,初审法院裁定医院违背 Brenda Young 女士的意愿对她进行治疗犯有故意伤害罪的裁决无效。[34]

同样,2007 年,佛罗里达州的陪审团判决赔偿 150000 美元给某老年中心的居民 Madeline Neumann,其家人诉称对 Madeline 生命支持的六天为不必要的痛苦,违反了她的医疗预先指示。尽管裁决支持 Madeline 女士的主治医生,但陪审团发现面对 Madeline 女士的预先指示实现程度下降,养老院未能制订计划来处理。

三、"错误延长生命"损害赔偿的可行性

上述两个案例表明,"错误延长生命"索赔在未来可能会有一些希望,但现行美国法律拒绝了"错误延长生命"是故意伤害和过失的特殊变体,要么直接坚持生命本身不是一种伤害,要么间接地通过关于因果关系的争论。当我们考虑到医生不服从病人的拒绝治疗不一定是出于真正的恶意,可能是出于家长主义的信念。此外,医生的行为更可能基于对风险的理性评估。一方面,挽救病人的生命,即使违背病人的意愿,也只会带来有限的制裁或责任的风险;[35] 另一方面,选择不治疗病人,从而让他或她死亡的风险是医疗事故诉讼,存在潜在的巨大损害,增加保险支付,并损害专业声誉。卫生保健专业人员和机构在患者预先指示方面的行为不太可能改变,除非制定新的和更强有力的激励措施,承诺对忽视病人明确医疗预先指示的医生给予严厉惩罚的政策将有助于重建病人的医疗自主权,使其成为生命结束时的首要利益。

(一)默认规则的矛盾

一些评论人士似乎担心,允许对生命进行错误补偿,将不可避免地改

---

〔34〕 See Laura Parker, *In a Crisis, Do – Not – Revive Requests Don't Always Work*, USA TODAY, Dec. 20, 2006, at la.

〔35〕 这些可能包括职业制裁、雇佣后果、医疗的有限损害赔偿,或患者拒绝支付不必要的护理费用。

变当前支持生命的默认规则。如果要在不拯救那些更希望被拯救的病人和拯救那些不希望被拯救的病人之间作出选择,导致冒犯性错误最小的规则当然是合理的。究竟是不想要的生命是更严重的错误还是不想要的死亡是更严重的错误,这是困难的形而上学问题,不适合直接的经验分析。当然,因为我们不能比较可知的和不可知的,所以对这个问题只有哲学上的答案是不可能的。诱导偏好可能是有帮助的,比如要避免的结果是大多数美国人(或一般人)害怕的结果,要追求的结果是大多数人更喜欢的结果。然而,如果我们只依赖多数主义偏好,我们就有可能产生现状偏见。

有些人认为,即使死亡有时是一种受欢迎的缓刑,但违背自己的意愿死亡肯定比违背自己的意愿活着更糟糕,因为死亡是终身性的。事实上,这种对终局性的担忧似乎是最高法院在 Cruzan 案中作出裁决的推动力。在允许病人拒绝不想要的医疗护理的同时,最高法院的目的是保护那些希望活下去的病人,允许国家要求病人提供明确和令人信服的证据,证明病人有放弃维生治疗的意图。[36] 在解释为什么对拒绝者应采取如此高的标准时,最高法院指出,“撤销维生治疗的错误决定是不易改正的”。“人活着可以死,死了就不能起死回生”这句话当然没错。因此,治疗的不良结果——过着不值得过的生活——通过死亡是可以纠正的。[37] 从病人的角度来看,任何一个错误的决定都可能是不可挽回的,违背自己意愿而被挽救或维持生命的病人被剥夺。他自己的堕落的存在是永恒的,他的家人的苦难还在持续,他留下的记忆变得越来越扭曲。即使后来决定满足他的愿望也不能消除造成的伤害。[38] 由于这些原因,在期望的时间实现一个人想要的死亡是一件意义重大的事情。

所有生命客观上都值得尊重和保护,这是一个默认规则,政府可以通

---

〔36〕 Cruzan,497 U. S. at 282.

〔37〕 Savulescu,supra note 77,at 65.

〔38〕 Cruzan,497 U. S. at 320(Brennan,J. ,dissenting). Brennan 法官还指出,保留自己希望被人记住的形象很重要,这种形象可能会被“陷入腐朽的不光彩结局”所摧毁。

过设置一个有利于它的默认规则来延长它对生命的一般防御[39]——在没有明确证据表明病人宁愿死亡的情况下,一个有效延长生命的规则。这一默认规则拒绝代表患者进行生活质量评估。此外,在其默认的形式下,该规则通过允许患者选择退出并进行自己的评估来维护个人自主权。然而,当病人对自己作出的主观评估——关于他们不想过什么样的生活以及他们不想承受什么样的痛苦——被忽视而没有重大后果时,这种非常明智的方法面临崩溃。如果没有能够对违反医疗预先指示的患者进行充分补偿的法律补救措施,病人自主医疗决定的许可就变得毫无意义。[40]

(二)"错误延长生命"的责任承担方式

1. 医疗预先指示中严格责任的不可取性

医疗预先指示中的严格责任[41]是指只要医疗保健提供者违反患者医疗预先指示,即让他们对错误延长生命及其所有后果承担责任。不论他们这样作的决定是多么合理,也不管医生的良好出发点。此外,由于严格责任制度将为医生提供强烈的激励,使他们严格遵守病人的指示,我们可以预测,这样的制度将产生有益的效果,鼓励病人确保他们关于自己愿望的

---

〔39〕 法律一般倾向于保护生命,如惩罚杀人犯的法律、法院在 Cruzan 一案中对举证责任的分配、假定对紧急医疗程序的默示同意、存在避免复苏的一般规则的"放弃抢救"命令,以及各州为不包括堕胎的计划生育服务提供资金的特权。在大多数情况下,医生和医院为自己的行为辩护,声称挽救生命从来不是违法的。See Philip G. Peters, Jr. , *Illusion of Autonomy at the End of Life*: *Unconsented Life Support and the Wrongful Life Analogy*, 45 UCLA L. REV. 673, 685(1998).

〔40〕 有学者注意到拒绝"错误的延长生命"表明法院的推理是"生命的保存必须是一种不可估量的价值,超过任何可能因不必要的延长生命而产生的痛苦或侮辱",并迫使患者或代理人仅依靠申请禁令或投诉寻求对违规医生的专业纪律处分。See William C. Knapp & Fred Hamilton, "*Wrongful Living*": *Resuscitation as Tortious Interference with a Patient's Right to Give Informed Refusal*, 19 N. Ky. L. REV. 253(1991); Norman L. Cantor, *Twenty - Five Years After Quinlan*: *A Review of the Jurisprudence of Death and Dying*, 29 J. L. MED. & ETHics 182, 194(2001).

〔41〕 此处的严格责任与我国法中的严格责任含义不同。

交流准确地反映了他们当前的想法。[42]

但这种方法存在弊端。首先，对不遵守预嘱字面条款的人施加严格责任可能会适得其反，结果并不是促使他们起草更完善的预嘱，而是导致患者顾虑较多，不愿起草医疗预先指示。其次，如果有证据表明，患者所陈述的偏好有时反映了对各种治疗方案的意义和影响的困惑，那么字面上应用患者预先指示的条款也可能是不恰当的。例如，一个想要做心肺复苏的病人，相信她会有 70% 的机会完全康复，如果她知道成功的真正可能性，就有可能受到她可能不想要的干预。此外，考虑到预先指示的标准语言本身可能对识别患者的意图和愿望构成障碍，应为医疗预先指示的解释留下余地。最后，考虑到患者临终愿望陈述的清晰和准确性，严格遵守事先指示可能并不可取。“即使是病人在当下对疾病做出决定，也经常会被决定的难度所吓住。他们是人。人类在收集信息时易犹豫不决，误解和忽视客观信息，缺乏经过深思熟虑的偏好来指导决策，也可能会草率地做出选择。面对无法确定的疾病和无法预测的治疗方法，让人们对一个无法确定的未来产生偏好的确很难。”[43]因此，即使患者有充分的理由尽可能清楚地表达他们的愿望，也可能没有多少激励措施能让他们作出完美的预测。

对于这些困难，一些评论家认为应完全拒绝预先指示，主张回归患者的最佳利益。他们声称，“法院不应强制执行一份文件，其作者如此矛盾，可能不希望该文件具有约束力”，证据表明，尽管患者自主运动已经进行了几十年，许多医生不仅认为他们有责任根据患者的最大利益作出治疗决定，而且认为，当患者的偏好与医生的评估不一致时，应该忽略患

〔42〕 严格的文本主义者在法律解释的背景下提出：如果立法机关想要某种结果，它必须在其指示中明确而准确。如果立法机关在这方面失败了，法院不应该猜测立法机关可能在想什么。相反，它应该简单地按照立法机构说的去做，这将鼓励立法机构在法院犯错时采取行动推翻法院，也将激励立法机构在起草未来的法律时更加谨慎。See Steven I. Addlestone, *Note*, *Liability for Improper Maintenance of Life Support*: *Balancing Patient and Physician Autonomy*, 46 VAND. L. REV. 1255, 1278(1993).

〔43〕 Klavan v. Crozer – Chester Medical Center, 60 F. Supp. 2d 436(E. D. Pa. 1999).

者的偏好。[44]

事实上,患者拒绝治疗的适当性不能仅根据医疗专业知识来判断,而是取决于患者的价值观和患者基于价值观所作的决定。“何时以及是否与死亡作斗争或向死亡屈服,最终是一个远远超出医学判断的问题,它涵盖了价值观和精神、家庭动态和个人偏好。”“因此,尽管目前的医疗预先指示系统存在缺陷,甚至考虑到一些患者希望他们的医生在决定推翻指示是否符合他们的最大利益时有很大的余地”[45],但医生、病人、律师、立法机构和法院一致认为,医疗预先指示在临终关怀中是有价值的工具,完全放弃它们而支持医疗家长式的最佳利益标准将是一个重大的倒退。这一结论得到了大量研究的支持。研究发现,随着时间的推移,患者先前表达的关于提供维持生命护理的指示仍然是患者意志的可靠表达。为此,我们可以提出“错误延长生命”的概念,旨在保护那些已经严重到明显违反默认规则的案件。当然,它还承认,在患者意愿不明确的情况下,医生有一定程度的适当裁量权。

2. 允许偏离规定的指示

机械地遵守病人的指示不能成为贯彻“错误延长生命”医疗责任的最

---

[44] 当医生认为尊重患者的偏好不符合患者的最佳利益时,他们往往会无视患者的选择。如果医生继续认为他们有义务根据病人的最大利益而不是他们对病人意愿的理解来作出临终医疗决定,医疗预嘱对医疗决策的影响将微乎其微。只有当这些建议与医生对患者最大利益的看法相一致时,这些建议才会得到尊重。See Tricia Jonas Hackleman, *Note*, *Violation of an Individual's Right to Die: The Need for a Wrongful Living Cause of Action*, 64 U. CIN. L. REv. 1355, 1357 – 58 (1996); David Orentlicher, *Trend in Health Care Decision making: The Limits of Legislation*, 53 MD. L. REV. 1255, 1283 (1994).

[45] 1992 年的一项研究发现,接受调查的透析患者中,39% 的人不会让他们的医生和代理人有任何推翻事先指示的余地,但 31% 的人会给“完全”余地,11% 的人会给“很大”余地,19% 的人至少会给“一点”余地。这些受访者在不同程度上也不同,他们希望在决定偏离他们先前的指示时考虑疼痛或痛苦、生活质量、新治疗的可能性、治疗对家庭成员的经济影响以及他们的宗教信仰。大多数受试者希望将这些因素考虑在内,特别是疼痛和折磨以及持续治疗造成的侮辱,但有相当一部分人不希望这些因素发挥作用。这些结果并不一定表明应该无视患者的意愿,而只是鼓励患者在事先的指示中说明他们是否愿意让医生违背他们的指示,如果愿意,在什么情况下同意医生违背指示。See Ashwini Sehgal et al., *How Strictly Do Dialysis Patients Want Their Advance Directive Followed?*, 267 J. A. M. A. 59, 62 (1992).

终目的。但是,如果没有对他们偏离指示的合理决定的保护,医生很可能会过度害怕责任,导致前述的防御性医疗。[46] 教条地遵守预先指示的文本,既不会促进患者的自主,也不会促进患者的最大利益。医生应该被鼓励作为病人的延伸,自由裁量权——以及行使自由裁量权的意愿——是必不可少的。然而,我们必须小心,不要给病人太多回旋余地,以免我们给病人设定了一个不可能的明确和具体的标准,在他们的拒绝被认为有效和实际实施之前,必须达到这个标准。考虑到这些因素,我们现在的评估可能表明可以无视患者指示的情况类型。

首先,让医生为未知的拒绝治疗指示负责是不合适的。[47] 例如,在一项关于重症住院患者预先指示有效性的研究中,研究人员发现,只有 1/3 的指示被记录在患者的永久医疗记录中。[48] 在现代医疗实践中,一个病人可能会由多名主治医生和家庭工作人员诊治,其中很少或没有人以前见过这个病人。在病历没有指示的情形下,这些医生没有依据来假定它的存在。在此情形下,对因归咎于系统失败而承担责任是不合适的。

其次,如果医生或医院本可以合理地了解病人的意愿,这并不一定免除医生或医院的责任。如果医院未能在病人的病历中包含现有的预先指示,或未能实施有效的系统来快速识别拒绝维持生命治疗的病人(例如,病人床边的标志,指示性手镯,项链等),该机构应负责。[49] 错误的生活责任应附加于故意向他人隐瞒患者偏好的护理提供者或不了解(没有合理理由地不了解)患者拒绝治疗愿望的医生。如果医生在紧急干预之前有时间调

---

〔46〕 See David M. Studdert et al. ,*Defensive Medicine Among High – Risk Specialist Physicians in aVolatile Malpractice Environment*,293 J. A. M. A. 2609(2005);Daniel P. Kessler & Mark McClellan,*Do Doctors Practice Defensive Medicine*?,111 Q. J. EcON. 353(1996).

〔47〕 这里的典型案例是,在紧急情况下,医生面对一个不称职的病人,如果花时间弄清病人的愿望,就会失去挽救病人生命的机会。

〔48〕 See Joan M. Teno et al. ,*Advance Directives for Seriously Ill Hospitalized Patients:Effectiveness with the Patient Self – Determination Act and the Support Intervention*,45 J. AM. GERIATR. Soc'Y 500,507(1997).

〔49〕 在一定程度上,医疗事故是由系统错误而不是个别医生的粗心造成的,将责任分配给机构也将导致整个系统的质量改进。See Becker DJ , Kessler DP,*The Effects of the U. S. Malpractice System on the Cost and Quality of Care*,Cambridge University Press,2006,p. 84 – 92.

查病人的意愿，可能是在称职的情况下与病人口头讨论这个问题，或者熟悉病人病历中记录的偏好，这种情况就会出现。

换句话说，当治疗医生或其他卫生保健专业人员可以合理地实现患者所陈述的愿望时，直接应用默认规则就不再合适，新的标准将开始发挥作用。然而，即使在这样的情况下，如果医生有理由相信病人拒绝接受维持生命的治疗是没有被充分告知的，或者是基于上述对某种干预措施的性质或其可能的结果的错误或误解，他也可以被认为是合理的。在这种情况下，医生不能确定病人的拒绝是真正行使了病人的自主权。同样地，医生不应被期望实施那些在医疗预先指示作出时缺乏能力自行作出决定的患者提出的拒绝，或那些似乎是被迫拒绝的拒绝，特别是当患者似乎很明显如果让他或她自己选择，会作出不同的选择时。[50]

撇开错误和强迫不谈，如果医生提供治疗是基于对病人指示语言的合理解释，或基于病人拒绝不适用于当前情况的逻辑判断，比如病人确实没有给出任何可以被理解为可以推翻默认规则的指示，那么医生也可以适当地避免责任。如前所述，许多指令不够全面；围绕患者临终治疗决定的一系列特定事实可能没有被患者考虑到，也没有在文件中提到，这使得医生只能根据患者表达的偏好推断出患者想要什么。例如，可能患者的拒绝从未打算适用于目前的情况，又如，当病人有拒绝通气的指示，但同意进行需要全身麻醉的手术时，在手术期间将需要临时通气。[51] 或者，在某一时刻，拒绝可能是为了适用于目前的情况，但事情已经发生了变化，拒绝治疗的适用性被质疑，例如，拒绝接受一个病人的血液制品，他是有宗教信仰的病人。这些场景中涉及的背景解释是必不可少的，但解释医疗预先指示富有挑战性。以 Werth 案为例，该案证明了在变化的情况下，当医生的自由

---

〔50〕 例如，在 *re* Dorone, 502 A. 2d 1271, 1278 (Pa. Super. Ct. 1985) 中，病人拒绝输血的背景是必要的信息，并指出如果病人拒绝输血的唯一证据是一张医疗警示卡，那么该卡是由病人单独签署的，还是作为宗教会议中对信仰的象征性肯定，这都是相关因素。

〔51〕 例如，美国某诊所为那些只选择舒适护理但仍然需要手术来使他们在死前尽可能舒适的病人提供了三种选择：在手术中暂停他们的预先指示，在手术中修改他们的预先指示，或完全保留它而不更改。详细的预嘱计划参见 https://my.clevelandclinic.org/patients/information/medical-decisions-guide/advance-directives。

裁量权走得太远时，会产生不幸的结果。

身为有宗教信仰的沃斯女士在身体健康时曾多次拒绝输血，但法院不相信她的拒绝会延续到她面临即将死亡的情况。在诉讼中，沃斯女士、她的丈夫和她的医生之间就涉及的输血手术前的几次不同的谈话进行回忆。在沃斯的描述中，医生知道她之前拒绝接受血液制品，并特别问她，如果她真的快死了，是否还会需要血液。这个问题让沃斯夫妇都感到害怕，因为他们觉得这个问题表明这个手术比他们之前想象得要严重。沃斯女士作证说，她丈夫当着她的面回答说，他不想让她死，但他不想让她接受血液制品。相反，他希望得到他所知道的有相同宗教信仰的人在紧急情况下所得到的另一种待遇。[52] 沃斯先生的证词与沃斯女士的说法完全一致。[53] 医生反馈的是，当她问沃斯夫妇是否同意输血时，沃斯女士说不，但她的丈夫对风险表示担忧。丈夫认为，沃斯女士问他是否认为情况真的那么糟糕时，他只是回答说："现在还没有。"至于当情况变得糟糕后，沃斯女士是否会改变主意，不得而知。医生本可以从一个既有能力又有意识的病人那里得到一个更具体的答案，但他却没有得到最终答案，这是不负责任和不合理的。这表明，医生应该为错误的做法承担责任。尽管如此，法院似乎被沃斯先生对手术风险的担忧所感动，并且接受了医生的证词。得出结论认为，本案的输血情形不适用先前的预嘱。法院调查病人是否真的有意拒绝适用于目前的情况是合适的。但医生仅仅因为一个关于手术风险的简单问题就得出需要治疗和拒绝的结论是不合理的。医生仍然根据自己的喜好行事。Werth 案提供的警示是，"尽管病人表达的意愿很清楚，但医生等到病人失去意识后再输血，就不用担心他会受到损害赔偿责任"[54]。当然，医生是有得出"病人不希望他或她的拒绝治疗延伸到目前的情况"的合

〔52〕 Werth, 475 N. W. 2d at 426.

〔53〕 然而，沃斯先生作证说，根据医生的保证，他并不认为死亡是一种真正的风险。See Werth, 475 N. W. 2d at 429 – 30.

〔54〕 Mark Strasser, *A Jurisprudencein Disarray: On Battery, Wrongful Living, and the Right to Bodily Integrity*, 36 SAN DIEGo L. REV. 997, 1009 (1999).

理空间的，也必须保留医生作这些决定的空间。[55] 情况是千变万化的，不能因为变化了的情形就允许直接废除病人的医疗预先指示，这会让例外吞没规则。

只要我们承认病人自主比医疗家长主义的最佳利益标准更可取，我们就必须接受病人预测自己未来愿望的能力并不完美，同时鼓励他们尽可能清楚地表达自己的医疗意愿。事实上，最能保护患者自主权的方法可能是，告知患者环境改变导致偏好改变的可能性，提醒他们使用的语言中可能存在的歧义，并鼓励他们相应地表达自己的拒绝治疗偏好，而不是希望医生能够很好地猜测患者想要什么。采取这些步骤将有助于医生或代理人更好地实现医疗预嘱，并尽可能减少对预嘱的解释。

3. 医疗预先指示的解释标准：合理与鲁莽

除最明确而具体的指示外，医疗预先指示的解释也有存在的必要性。正如立法机关不可能努力“找出他们想要的确切规则；想象它可能适用的所有情况；找到语言来具体说明所有这些可能发生的情形”一样，我们往往会选择赋予法规的执行者一些自由裁量权，同样，赋予医生类似的灵活性，符合患者的最大利益。[56] 但，怎样的解释为合理，个案可能存有争议。一

---

〔55〕 Michael DeBakey 博士的案例就是这样一个例子。DeBakey 博士患有主动脉夹层动脉瘤，但他最初拒绝入院，因为他担心接受必要的手术会让他这个年龄的人严重残疾。最终他屈服了，在最初的事件发生三个多星期后住进了医院。他的医生建议他做手术，但DeBakey博士拒绝了，当然，他也告知医院他想过几天再评估一下情况。然而，将近两个星期过去了，没有重新评估。那时 DeBakey 博士已经毫无反应，濒临死亡。他的意愿似乎模棱两可。他之前显然不想做手术，但因为他留下了重新评估的空间，所以不清楚他的拒绝是否适用于迫在眉睫的生死关头。尽管他的医生应该在可能的情况下试图阐明更明确的偏好声明，但他们提供手术（应用默认规则）的行为似乎是适当的。关于这个病例的讨论，参见 Lawrence K. Altman, *The Man on the Table Devised the Surgery*, Now York Times, 25 Dec. 2006, at Al。

〔56〕 从技术上讲，这种自由裁量的空间应该可以是任意一种，比如，允许医生拯救可能希望被拯救的病人；允许可能更喜欢拒绝治疗结果的病人死亡，而不管病人指示的确切内容；但考虑到潜在的自由裁量权滥用、利益冲突、提供最低限度护理的经济压力，以及对某些少数群体的基于历史原因的某类权益剥夺，对于医生被允许在没有明确同意的情况下为一些患者或代理人选择死亡的担忧可能太大了且无回旋余地。这并不是因为继续活着总是比死亡好，死亡是一个非常主观和困难的判断，而是因为需要避免助长对医疗职业的不信任。

个特定的事实错误是否严重到足以改变病人的意愿？情况的变化是否足以使先前的拒绝医疗决定无效？患者是否真的有意拒绝医疗？医疗预先指示真的含混不清吗？仅仅允许“合理解释”的空间，并不能给医生行使自由裁量权提供自信，反而会增加机械解读的概率。

因此，除简单的过失标准外，应允许医生的自由裁量权，并对“错误延长生命”责任实施更细致和分层的方法。首先，法院应询问医疗保健提供者在提供挽救生命或维持生命的护理时是否鲁莽行事，或是否故意无视患者的明确医疗预先指示。[57] 如果他们不是鲁莽的，也没有表现出故意或故意无视患者的意愿，那么患者对护理的同意应该是默示的同意。其次，当治疗的决定是鲁莽或故意行为的结果，也不存在默示同意情形时，护理的实施成为未经同意的违规行为且应附加“错误延长生命”责任。换句话说，医生应该应用默认规则来维护生命，除非病人已经明确指示要遵循另一条规则。我们应该尊重医生的善意判断，即病人拒绝治疗的指示不够明确。

这样的标准似乎给负责执行病人指示的医生和其他卫生保健提供者提供了较多的回旋余地，但如果医生可以自由地偏离规定的指示，而这种偏离促进了患者能够实施真正的临终愿望，那么患者可以依赖医生。这将在很大程度上消除人们担心自己的指示是一成不变的，以及需要考虑每一种可能的意外情况，最终形成一种有效的医患关系模型。[58] 明确陈述其意愿的患者，以及指令起草较为灵活的患者，都将得到最大限度的保护，这种方法比严格责任或完全拒绝“错误延长生命”责任更可取。以 Marshall

---

〔57〕 医生不应该对在拒绝不明确的情况下提供维持生命的治疗承担责任。但当患者或亲属通过书面文件或口头声明明确拒绝治疗时，医生应该承担责任。

〔58〕 当然，这可能需要医生投入大量的时间，而由于现代医疗实践的要求，医生可能已经受到较大的时间压力。这也许解释了为什么那么多医生不能与病人讨论临终愿望。然而，这仅仅是改革美国医疗保健体系的另一个理由，但这不是接受糟糕的病人护理的理由。此外，缺乏时间可能不是一个问题，缺乏重要的沟通技巧而医生需要介绍和充分讨论这些敏感问题是医生需面对的问题。有学者解释说医生通常无法与患者发起有意义的预先护理计划讨论，因此建议引入解决和减少医生的情感、认知和技能障碍的机制，结合更大的卫生系统变化，将改善临终前的医疗保健服务。See Joseph S. Weiner & Steven A. Cole, *Three Principles to Improve Clinician Communication for Advance Care Planning: Overcoming Emotional, Cognitive, and Skill Barriers*, 7 J. PALLIAVE MED. 817, 818 (2004).

Klavan 博士的经历举例，证明这一判断步骤不会破坏“错误延长生命”情形下的补偿可能性。在目睹父亲中风后，Marshall Klavan 博士担心自己会完全虚弱，于是设立了一项医疗预先指示，拒绝采取非常的医疗措施。4 年后，Marshall Klavan 博士试图自杀，并留下了一张纸条，表示他不希望被心肺复苏。在被发现后，Marshall Klavan 博士被送往急诊室，医生采取了措施，成功地使他复苏。3 天后，Marshall Klavan 博士已经恶化为植物人状态，他的家人将他的遗书和早些时候的医疗指示通知了医院。医院同意按照指示提供护理，并降低了他的护理水平。然而，当他的病情恶化时，医院再次采取了特别的复苏措施，Marshall Klavan 博士随后中风了。[59]

目前尚不清楚最初发现 Marshall Klavan 的人在试图抢救他时是否知道他的指示和后续预嘱，但即使他们知道，急诊室拒绝遵守预嘱而治疗的做法可能是恰当的。Marshall Klavan 在写这封信时的精神状态和拒绝的能力当然值得怀疑；尽管他的意愿是在极度绝望的状态下陈述的，但他在此状态下的自主意愿很可能与先前的预嘱有所不同。因此，最初的复苏不是鲁莽的，也不是故意无视 Marshall Klavan 的明确意愿，他的医生不应对他们的行为承担责任。

然而，当医生们进行第二次复苏时，他们不能再拒绝执行 Klavan 的预嘱。很明显，患者已经不可能恢复以前的生活质量或任何接近的生活质量。他所处的状况正是他指示中曾希望避免的，当时他曾表示，无论他是如何到达那里的，他都希望拒绝特别护理。因此，他的医生面对着适用于目前情况的明确指示，并得到了患者家属的证实，但他们却故意忽视了指示。自杀的极端性质和自杀者的可疑能力使这个案件成为一个值得辩论的困难案件，但无论如何，第二次复苏似乎是如此令人愤慨，医方应承担“错误延长生命”责任。[60] 同样的情况也适用于 Werth 案，Brenda Young

〔59〕 本案的事实和观点来源于 Klavan v. Crozer – Chester Med. Ct. ,60 F. Supp. 2d 436,439 – 40(E. D. Pa,1999)。然而，Marshall Klavan 博士的意愿是否真正明确，这一问题存在很大的困惑。法庭记录中有各种各样的描述，称他处于持续的植物人状态，并与医务人员交谈，这些描述完全不相容。因此，我们基本上将本案作为基于法院提供的事件版本的假设。

〔60〕 不幸的是，该法院从未审理这一问题，因为该案因管辖权问题被转移到州法院。

案和 Edward Winter 案。[61]

(三)补救办法:“错误延长生命”责任承担与损害赔偿

界定何种情形下承担“错误延长生命”责任是重要环节。然而,一旦医方被认为是鲁莽或故意地未能遵守患者的明确医疗指示,当要求其承担“错误延长生命”责任后,还会出现更困难的损害赔偿问题。为损害制定与责任相当的补救或赔偿是法院的困扰。损害赔偿对解决这两个问题都至关重要。通常,当被告实施侵权行为时,他或她要对侵权行为的所有合理可预见的后果负责,但并没有合理的方法来确定适当的赔偿。作为妥协,法院可能愿意允许象征性的较少的损害赔偿,用于承认在没有证明损害的情况下侵犯了某些法律权利。但名义上的损害赔偿对于解决和预防与“错误延长生命”有关的问题是严重不足的,这可能会引发让医方拯救病人,而不是遵守预嘱让其死去的结果。只有对违反医疗预先指示的行为进行重大处罚的诉讼才能重新制定这些动机,并使其达到更平衡的状态。

1. 经济损害赔偿及标准侵权原则的适用

当医方违背病人预嘱而抢救时,他将面临各种原本不会产生的费用,包括一般生活费用和特殊医疗费用。拒绝赔偿生活费用和其他费用(除最直接的医疗费用外的所有费用)的案例似乎忽视或误用了侵权法的一些基本原则。

回想 Edward Winter 案,在该案中,法院拒绝赔偿病人因心肺复苏(与预嘱相悖)而直接产生的医疗费用,只赔偿在心肺复苏术中折断的肋骨和

〔61〕 与此案高度雷同的是 Maria Duran 案,Duran 女士是某宗教的一名需要肝脏移植的病人,她选择了她的移植中心,因为该中心愿意在不输血的情况下进行手术。她签署了一份持久委托书专门为移植做准备。在相关部分中指出:“我绝对地、明确地、坚决地拒绝……血液在任何情况下,无论我的身体状况如何……即使医疗服务提供者……相信只有输血疗法才能保全我的生命或健康,我不要。家人,亲戚或朋友可能不同意我的宗教信仰和我在此表达的愿望……任何此类分歧都不应被解释为对我的意愿的强度或实质产生模糊或怀疑。”尽管如此,当 Duran 先生请求法院任命其为 Duran 女士在紧急情况下的有限监护人,唯一的目的是同意移植后必须输血,法院批准了他的请求。Duran 先生随后批准了输血,医院提供了输血。医院的行为是恰当的,因为它只是遵循法院的命令,但法院允许推翻 Duran 女士的指令可能是不恰当的。See re Duran,769 A. 2d 497(Pa. Super. Ct. 2001).

在除颤期间的烧伤治疗费用。法院认为，Winter 先生的中风发生在心肺复苏后几天，并非由被告的心肺复苏行为引起，并且中风实际上切断了将心肺复苏及其后产生的医疗费用联系起来的因果链。[62] 然而，鉴于被告的行为导致 Winter 先生的生命和原有的医疗状况继续存在，而这种状况导致了他的中风，法院判定侵权人对原告的损害负责的理由也应适用于 Winter 先生的案件。[63] 心肺复苏的侵权行为引发了一系列事件，即使实际发生的伤害比被告预见的严重，被告也应该对这些事件负责。[64] 由于 Winter 先生先前患有可能导致他中风的疾病，如果被告无视他的拒绝医疗，应对他今后所产生的所有医疗费用承担责任，除非有替代原因打破了因果链，这并不过分。这似乎是一个残酷的结果，但在双方当事人之间，将成本强加给积极寻求避免伤害的患者将更加严重。像 Winter 先生这样的病人不应耗尽他们自己或家人积蓄来支付违背他们意愿的护理。[65]

当然，关于其他一般费用的索赔就较为艰难。有些人可能会发现，对一个病人来说，尤其是对那些生活条件相对较好的人来说，从错误的心肺复苏开始，索赔所有的费用也有问题，因为这似乎提供了一笔非同寻常的意外之财。然而，无论病人目前得到的护理有多好，这些无形的利益与受到损害的经济利益无关，因此不能用来抵消由继续生命造成的纯经济损害。例如，如果病人因为写了一本关于痛苦经历的书而获得版税，或者可以继续获得一些收入，在评估经济损失时并不考虑这些金额，尽管这可能

〔62〕 *Anderson* Ⅲ，671 N. E. 2d at 225.

〔63〕 根据“蛋壳脑袋规则”（侵权法规则），具有原有身体或精神状况（或其他相关特征）的原告可以就被告侵权行为造成的身体伤害获得赔偿，即使这些伤害“比合理预期的程度更大或类型不同”。参见美国《侵权法重述（第三版）》（2005）第 31 条，美国《侵权法重述（第二版）》（1965）第 461 条。因此，如果被告以一种不会对一般人造成任何严重伤害的方式推了原告，但原告恰好有极薄的骨头，其中许多都被推断了，被告将对那些更严重的伤害负责。

〔64〕 这反映了一些法院在过失绝育案件中裁判的结果，即允许父母请求医方赔偿因医生的错误而需要父母抚养一个孩子（不是残疾的智力障碍或身体有残疾的孩子）所产生的额外费用（超出正常抚养孩子的费用）。参见以下案例，Emerson v. Magendantz，689 A. 2d 409（R. I. 1997）；Fassoulas v. Ramey，450 So. 2d 822（Fla. 1984）。

〔65〕 如 Winter 案中，有关讨论众说纷纭。Winter 耗尽了他一生的 10 万美元积蓄，他打算在死后留给家人，却用来支付复苏后的医疗费用。参见 David Margolick，*Patient's Lawsuit Says Saving Life Ruined It*，N. Y. TIMES，18 Mar. 1990，at Al。

确实是一笔意外之财。[66] 这正是美国《侵权法重述(第二版)》中所提供的利益规则背后的基本原理,该规则解释道:"当被告的侵权行为对原告造成损害时,因侵犯一个利益而造成的损害不会因表明另一种利益已受益而减少。"但是,当存在争议利益以外的利益时,减轻损害原则不适用。一些法院应用这一规则面对"错误怀孕"的诉讼,[67] 在分析经济损失索赔时,正确地把成为父母的潜在情感利益放在一边。这些法院愿意判决赔偿由于被告疏忽而生下的计划外孩子的全部抚养费用,而不仅仅局限于医疗和其他非常费用。[68] 法院判决这些巨额损害赔偿的理由很简单:由于错误的程序违反了父母的注意义务,侵权人应该对侵权人造成的全部损失负责。[69] 同样,在"错误延长生命"案件中,病人主动寻求避免他或她通过起草预先指示来拒绝的维持生命的治疗,本应不存在的生活费用只是医生未能尊重这一权利的许多可预见的后果之一。因此,适用标准侵权原则,当卫生保

〔66〕 美国《侵权法重述(第二版)》(1979)第920条规定了原告从被告的侵权行为中获得的利益。

〔67〕 在这些诉讼中,父母要求赔偿其生殖自由权受到侵犯,包括接受非过失绝育和堕胎服务的权利或自己就是否终止妊娠作出知情决定的权利。

〔68〕 例如,*Emerson* 案的法院在判决中指出,当医生接到实际的或推定的通知,即寻求绝育的病人有合理的期望生下一个残疾儿童时,抚养这样一个孩子的全部费用应得到赔偿。参见 *Emerson*, 689 A. 2d 414; Lovelace Medical Center v. Mendez, 805 P. 2d 603 (N. M. 1991); Marciniak v. Lundborg, 450 N. W. 2d 243 (Wis. 1990)。后两个案件均适用传统侵权原则,允许追回因疏忽绝育造成的所有合理可预见的损害,而不抵销生育健康子女的经济或情感利益。新墨西哥州最高法院特别得出结论,将情感利益适用于经济损失,未能像美国《侵权行为的重述》(第2版)所要求的那样,将类似利益适用于类似损失。同样,威斯康星州最高法院拒绝用情感利益抵销经济损失,也拒绝减轻经济损失,理由是生一个不想要的孩子的经济利益微不足道。然而,这样的结果相对不常见,大多数审理与怀孕有关的侵权案件的法院不愿允许追讨可预见的抚养子女费用。如 Russell G. Donaldson, *Annotation*, *Recoverability of Cost of Raising Normal*, *Healthy Child Born as a Result of Physician's Negligence or Breach of Contractor Warranty*, 89 A. L. R., 4TH 632, §3 (1991)。在这些类似案件中,法院已经确定父母可能无法获得抚养和教育一个不想要的孩子的典型成本。

〔69〕 在 *Emerson*, 689 A. 2d at 418 (Bourcier, dissenting) (citing Ochs v. Borrelli, 445 A. 2d 883, 885 (Conn. 1982) 中,持相反意见的 Bourcier 法官认为,如果孩子的出生是由于疏忽的医疗护理造成的,最好的规则是允许父母获得抚养计划外孩子的费用。被告要求我们以公共政策为基础,为侵权人的正常义务开辟一个例外,为他直接造成的所有损害承担责任。但是,公共政策不能支持侵权责任的例外,因为这种例外的影响会损害宪法保护权利的行使。

健提供者不顾后果或故意违反患者拒绝治疗的行为时,应允许患者获得因侵犯拒绝医疗权利而产生的所有金钱费用。法院在根据相当因果关系划定界限方面有丰富的经验,不应被这些案件涉及恢复继续生命这一事实所蒙蔽,适用其他案件的规则也应适用于这里。允许赔偿除医疗费用外的生活费用将造成这样一种情况,即适当地阻止医生违反拒绝治疗的规定,即使是那些通过获救而客观上可能具有良好身体生活质量的患者。如果医生只对医疗费用负责,对于那些可能会有不好结果的病人来说,他们就会有充分的动机避免犯错。

然而,在这样的惩罚机制中,医生也有充分的动机去挽救那些可能会有好结果而不需高额费用维持的病人,不管病人是否拒绝治疗。挽救一个可能有好的结果的病人的自由裁量权也并非有理,Werth 案验证此点。每个人对自己生命的主观价值不同,身体健康与患者利益是否受到损害的问题无关,它也只是众多考量因素之一。病人拒绝治疗的理由有很多,未必是仅仅害怕不好的结果。我们给了有能力的病人这样做的权利。医生无法决定他们的病人应该过什么样的生活。这也是承认医疗预先指示的意义。此外,无论医疗干预后的生活质量如何,允许对“错误延长生命”责任给予广泛的金钱赔偿还有一个额外的好处,即法院无须进行有争议的生活质量分析。相反,法院必须发现,作为一个事实,病人正面临具体的费用,如果他或她的意愿得到遵守,本可以避免这些费用。

2. 非经济损失

计算非经济损害赔偿的困难不应被视为完全扣留这种损害赔偿的充分理由。一些学者认为,当需要赔偿的伤害是生命本身时,非经济损害的确定在形而上学上是不可能的。通常情形下,赔偿金的计算一般是将受害人侵权前的情况与侵权后的情况进行比较,并补足差额。然而,在医疗预先指示损害赔偿案中,我们必须比较患者被侵权后状态(生活)与患者如果不被实施侵权行为(死亡,或者更一般地说,不存在)的利益和伤害。因为生命是可知的,而死亡是不可知的,许多人认为这两种状态之间根本无法进行必要的比较。

然而,法院已经承认,拒绝维生治疗权涉及患者的宪法自由利益,通常还涉及法定权利。因此,作为一项政策问题,我们已经认识到,对某些人来说,某些情况至少在主观上可能比死亡更糟糕,而保全生命可能构成一种实际伤害。[70] 因此,即使我们不知道我们所做的确切价值,我们确实知道它们的相对价值,我们不应该让我们的无知创造出根本没有非经济损害的法律虚构。我们可以通过使用由完全可知的因素构成的损害测量来识别因违反患者意愿而造成的伤害:对继续生命的相对利益和负担进行比较。

在这里,《侵权法重述》中的利益规则中的"相同利益"原则是没有问题的,因为非金钱利益只能抵销非金钱损害。从法律上讲,活着的好处不可能总是超过负担;继续活着也可能是一种伤害。因此,我们绝不能把在与怀孕相关的法理学背景下创造的"祝福"学说引入"错误延长生命"中。[71] 如果继续生活的负担如此糟糕,以至于超过了快乐(也许就像前文所述 Brenda Young 的经历一样),病人选择死亡确实可能更好,并且应该为受到这样的伤害得到赔偿。[72] 然而,更困难的问题是,为了损害赔偿,患者必须向法院证明他或她在客观上活着比死亡更糟糕,因为法院不满足于根据患者对伤害的主观看法来判给损害赔偿金。让法院参与这种生活质量评估使残疾人权利倡导者感到担忧。法院不会宣布一项标准即某些类型的病人选择死亡会更好。相反,他们只会发出信号,同意患者自己的评估,患者有权为自己作出评估。执行这一评估将发出一个信息,即患者的权利必须得到尊重,而不是其他预后相似的患者必须拒绝治疗。[73] 事

〔70〕 在上文的 Strasser 案和 Peters 案中,在生命结束时,州法院和立法机构已经作出了关键的政策决定,即生命的延长并不总是一种祝福。"死亡权利案件证明法院做出了一些让步,即活着并不总是比死亡更可取。"See Alan J. Belsky, *Comment*, *Injury as a Matterof Law*: *Is This the Answer to the Wrongful Life Dilemma*, 22 U. BALT. L. REV. 185, 223(1993).

〔71〕 许多法院面对"错误的出生"索赔时,总以孩子的出生是一种祝福为理由,拒绝或限制父母对精神损害的赔偿。See Michael T. Murtaugh, *Wrongful Birth*: *The Courts' Dilemma in Determining a Remedy for a Blessed Event*, 27 PACE L. REV. 241, 258(2007).

〔72〕 在前述 Peters 案中,许多评论家认为,要赢得一项"错误延长生命"索赔,病人必须证明他们选择死亡比活着会更好,否则就没有实质性伤害;也有学者认为"只有当一个人活着比根本不生活更糟糕时,对'错误生活'的损害才能存在"。See Daniel Pollack et al., *Anderson v. St. Francis - St. George Hospital*: *Wrongful Living from an American and Jewish Legal Perspective*, 45 CLEv. ST. L. REV. 621, 635(1997).

〔73〕 Philip G. Peters, Jr., *The Illusion of Autonomy at the End of Life*: *Unconsented Life Support and the Wrongful Life Analogy*, 45 UCLA L. REV. 673, 695(1998).

实上，只有在病人本人已经作出评估的情况下，法院才有机会执行这种评估；如果病人希望得到维持生命的护理被拒绝，任何法院都不能基于病人的愿望不适当而拒绝对病人的非正常死亡进行赔偿。因此，被“错误延长生命”的原告所经历的痛苦和遭受的损害在某种程度上是可以计算的，承认它们不会给那些愿意接受治疗的人带来负担。此外，由于痛苦和遭受损害具有主观性，在“错误延长生命”的情况下，它们并不难证明。

然而，Werth 案更特殊。考虑到他们良好的医疗结果，他们将很难证明他们选择死亡会更好。尽管如此，仅仅对经济损失进行赔偿似乎还不够，因为这些患者确实因为他们的一些基本宗教信仰被忽视和自主权被践踏而遭受了真正的精神伤害。事实上，美国《侵权法重述（第二版）》中的利益规则有一个“公平考虑”条款正是针对这类问题。虽然我们前面看到，该规则旨在防止意外之财，并确保受害者的补偿仅限于实际遭受的损害。这些实际遭受的损害并不能同侵权人违背自己的意愿强加于他人利益相折抵。因此，当适用该规则会产生这种结果时，不需要减轻损害。[74] 由于被“错误延长生命”的原告特别寻求避免授予他们的“利益”，他们应该被允许追偿因拒绝他们的指示而受到的严重的伤害，而不管他们之后的生活过得如何。

最后，对在错误的生活环境中承受的痛苦和痛苦的损害应获得赔偿前，还应克服一个额外的障碍，即金钱损害并不能补偿所遭受的伤害。补偿性损害赔偿金旨在使原告尽可能恢复到侵权前的状态，再次使原告“完整”。当涉及经济损失时，这个目标很容易实现，因为损失的钱可以恢复。但是，当涉及痛苦和苦难时，金钱是无能为力的。一些评论家依靠这种不匹配来辩称，痛苦和痛苦损害在“错误延长生命”案中不合适。例如，Steinbock 在一般损害赔偿的争论中提出了一个悖论：损害越严重，要求巨额损

〔74〕 参见美国《侵权法重述（第二版）》（1979）第 902 条。这一条款下的论述提供以下例子：“当一个人拥有土地或动产，他已将其用于特定目的时，他有权继续为此目的使用它们。而干扰使用的人无权因其增加了市场价值而减轻损害。”同样，病人应该有权将自己的身体奉献给特定的目的，例如，为上帝服务，而不应该因其他人的价值而减轻损害。

害赔偿的权利就越强，但裁决对（原告）损害的补偿能力就越弱。[75] 基于类似的理由，一些侵权改革提案建议完全消除非经济损害。[76] 然而，事实是，痛苦和基于痛苦的损害赔偿是侵权受害者通常有权获得的一揽子赔偿的一部分。金钱可能不是一种足够的赔偿形式，但它往往是我们能提供的最好的赔偿。

总之，如果医生避免鲁莽或故意无视病人的意愿，他们将不承担责任。因此，一些病人可能会在他们宁愿死的时候获救，但这种错误是不可避免的，因为医生作为代理人必须被赋予解释自由裁量权。但是，当医生在抢救病人时行为不当，他或她可能要为患者"错误延长生命"承担责任，并将对侵权行为所产生的所有金钱和非金钱损失负责。[77] 有学者建议对"错误延长生命"的损害赔偿进行类似的组合，包括对生命延长造成的痛苦和痛苦的附带损害赔偿、基于精神痛苦的尊严损害赔偿、生存造成的医疗费用以及在适当情况下的惩罚性损害赔偿。这种赔偿组合将在侵权法允许的范围内最大限度地赔偿患者。它还将为医生目前因过失死亡而面临的责任提供一个较好的平衡，对过失死亡的恐惧已经确立了"生命至高无上"的规则。[78] 由于违背人们的意愿（而非死亡）可能会造成重大损害，医院的律师将不再能够声称他们更喜欢"错误的活着"诉讼而不是"错误的死亡"之诉。如果公共政策对法院宣布"病人活着"是一种伤害的担忧太大（即使是不合逻辑的），单独允许赔偿金钱损失可能会起到足够的威慑作

〔75〕 See Bonnie Steinbock, *The Logical Casefor "Wrongful Life"*, HASTINGS CTR. Rer., Apr. 1986, at 15, 20.

〔76〕 See Joseph H. King, *Pain and Suffering, Noneconomic Damages and the Goals of Tort Law*, 57 SMU L. REV. 163 (2004), https//scholar. smu. edu/smulr/vol57/issl/8.

〔77〕 如果医生的行为特别恶劣，惩罚性赔偿也是合适的。有学者认为："继续治疗病人并无视病人禁止使用维持生命的程序的指示的医生将被指控为有意识的、明知的无视病人的合法权利。这种故意无视病人合法权利的行为，无论是出于善意还是恶意，都不能容忍。在这些情况下，惩罚性赔偿是合适的，无论照顾者无视病人指示的动机如何。" See Adam A. Milani, *Better Off Dead Than Disabled: Should Courts Recognizea "Wrvngful Living" CauseofAction When Doctors Failto Honor Patients' Advance Directives*, 54 WAsH. & LEE L. REV. 149, 228 (1997).

〔78〕 See Tricia Jonas Hackleman, Note, *Violation of an Individual'sRight to Die: The Need for a Wrongful Living Cause of Action*, 64 U. CIN. L. REV. 1355, 1370 (1996).

用，尽管它不会完全赔偿。在这个领域，渐进式的改变总比没有好。我们希望逐步实现个人临终的愿望，并适当赔偿与一个人的临终愿望被忽视有关的全部伤害。但允许较弱的恢复总比完全不允许恢复要好。

四、小结

由于公共政策，有些权利不予补救，但通过医疗预先指示拒绝医疗的权利不在其中。患者拒绝接受治疗，可以在不损害他人的情形下执行，也不会削弱“生命至高无上”的传统默认规则。当患者没有陈述自己的愿望或只是不明确地陈述时，假设病人希望得到挽救生命或维持生命的护理的规则是可行的。但是，不应允许这一规则排挤那些明确提出相反意见的人。我们的目标应该始终是尽可能最大限度地保护患者的自主权。

在某些情况下，我们只能猜测病人想要什么，但在另一些情况下，病人已经告诉了我们。有证据表明，即使在后一种情况下，患者的愿望也往往得不到满足，患者经常被违背自己的意愿而得到挽救。目前的法律结构已被证明无力解决这一问题。由于没有认识到“错误延长生命”仅是更传统的侵权行为的一个特殊实例，造成了一些独特的（尽管是可以解决的）损害问题，法院不必要地把事情复杂化了。他们引发了医方有倾向性地拯救病人。因为拯救病人总比冒着过失死亡诉讼的风险更安全。这使得病人不得不承担“安全行事”的后果——医疗费用和他们特别想避免的其他伤害。

明确医方责任可能会大大有助于改变医疗预先指示的现状。并为一个事实留出空间，即在表达临终愿望时很少能达到完美的清晰度。如果我们允许对“错误延长生命”承担责任，那么对责任的恐惧本身可能就不再是医生行为的驱动因素。相反，面对这两方面的潜在责任，在法律上唯一谨慎的做法是本着诚信行事，符合患者或患者家属所表达的意愿，并符合良好的医疗实践。[79]

---

〔79〕 See M. Rose Gasner, *Financial Penalties for Failing to Honor Patient Wishes to Refuse Treatment*, 11 ST. Louis U. Pus. L. REV. 499 (1992).

然而,承认“错误延长生命”索赔并不是“万灵药”。[80] 我们在改善医疗预先指示,帮助人们反思他们的临终愿望和他们如何改变或适应愿望,和找到新的方法来确保一旦病人丧失医疗决定能力,医疗决策代理人尽可能地以病人的愿望为指导方面,仍有进步空间。但是,如果连最明确的拒绝治疗意愿也不坚持且没有真正的责任后果,那么推动这些重要的变化就没有意义。允许对卫生保健专业人员和医疗机构的不当行为索赔,将有助于向正确方向转变。对应到国内立法,可以参照上述美国司法实践对法律风险作具体规定。立法应当规定医生违反医疗预先指示侵犯人格权,并根据侵权法、合同法、行政法进行法律救济。根据侵权法,由于侵权责任的客体为绝对权,而违反医疗预先指示侵犯了人格权,因此从侵权法上判定侵犯人格权的物质与精神损害赔偿于法有据;根据合同法,违反医疗预先指示侵犯了当事人约定的履行利益,可依法判定违约损害赔偿及拒绝放弃治疗由此产生的医疗费用赔偿;根据行政法,可对医生进行警告、罚款等行政处罚。当然,违反医疗预先指示的违约行为实质侵犯了固有利益和履行利益,因此产生了违约责任与侵权责任的竞合。当然,此处的固有利益和履行利益范围并不完全重叠。固有利益是当事人的人格利益,履行利益是违反合同履行义务导致阻碍患者意思自治的实现。当然,基于医疗预先指示相当程度的伦理性,并涉及人类自身利益,包括精神损害赔偿、赔礼道歉等精神抚慰要求,可比照医疗合同,仅适用侵权责任法。由于侵权责任不包括返还利益,对当事人保护不周,因此,在司法实务中,可借鉴《侵权责任法》在产品责任中纳入产品自伤损失的做法,将医疗费用等返还利益纳入侵权损害赔偿中,以使本人获得合理的救济,减少诉讼难题。

〔80〕 尽管承认“错误延长生命”索赔将有助于提高生命结束时的自主权,但如果没有医生协助,并从事前的角度预测哪些治疗是值得的,那只会使我们处于痛苦的状态,这一固有的困难是没有直接补救办法的。

第五章　医疗预先指示的运行：域外经验

本章列举了医疗预先指示立法较早的一些国家，但并不仅仅纸上谈兵地谈立法，主要以运行为观察对象。其中，将美国法单列的原因是，美国是医疗预先指示立法和运行最早的国家且各州各具特色。将德国法单列的原因是，德国是有民法典的大陆法系代表性国家，德国法如果将医疗预先指示融贯和运用到民法典和整个国家的法律体系中，对有相似背景的中国立法和司法意义重大。第三节主要列举了西欧多数国家的医疗预先指示的立法，是为了作纵向比对，便于中国法选择借鉴。

第一节　美国医疗预先指示的立法和司法实践

一、美国医疗预先指示的联邦立法

在美国，所有 50 个州和哥伦比亚特区都有关于预先指示和指定医疗保健代理人的法律。虽然这通常是州法律的问题，但美国国会已经通过了有关医疗预先指示和预先护理计划的法律。

（一）美国《患者自决法案》

1990 年，美国国会通过了《患者自决法案》，其中要求某些医疗保险和医疗补助覆盖的提供者（医院、养老院、家庭健康机构、临终关怀机构和医疗保险优势计划）遵守预先指示方面的具体政策和程序。被覆盖的供应商必须遵守书面的政策和程序，具体为应向成年人提供书面资料，说明他们根据国家法律有权就医疗保健作出决定，包括：制定预先指示；在个人医疗记录中记录医疗预先指示；不以是否有医疗预先指示为基础，对护理的提供设置条件,或以其他方式对个人进行歧视;确保遵守国家法律关于预先指示的要求;就有关预先指示的问题向工作人员和社区提供教育;《患者自决法案》还规定,某些受覆盖的提供者应根据医疗或与健康有关的事件的时间(如入院时、初次接受护理或计划登记时)告知有关医疗预先指示的信息。医疗保险认证的提供者如果不遵守这些要求,可能会被美国卫生与公众服务部(HHS)扣留款项。医疗补助法没有包含类似的合规要求。此外,美国《社会保障和发展法案》规定继续适用国家法律,允许保健提供者出于良心反对执行预先指示。为了监督实施情况,2015 年美国政府问责局的一份报告发现,美国医疗保险和医疗补助服务中心(CMS)提供了文件来通知覆盖的提供商,并描述代理人的监督工作。在这个过程中,美国医疗保险和医疗补助服务中心依赖于外部实体,如国家调查机构和认证组织,以及内部合同审查来监督医疗预先指示的要求。报告还发现,虽然不同的医疗服务提供者提前告知个人指令的方式不同,但在不同的环境中也存在类似的挑战,包括医疗服务提供者在谈论临终问题时感到不适,以及工作人员缺乏时间进行此类讨论。

(二)其他的联邦立法

另外两个关于预先指示和预先护理计划的法律是 1996 财政年度的美国《国防授权法案》(该法案为军事人员制定了一项明确优先于州法律的联邦预先指示),以及 2008 年美国《患者和提供者医疗保险改进法》[1]。除此之外,MIPPA 还将“临终计划”添加到医疗保险受益人在登记时接受的初步预防性体检中。MIPPA 对“临终计划”的定义是在受伤或疾病导致个人无法作出医疗保健决定的情况下,个人是否有能力准备预先指示的口头或书面信息,以及医生是否愿意按照预先指示中的个人意愿行事。

(三)医疗卫生改革和预先护理计划

在医疗改革辩论中,将临终或预先护理计划定性为“死亡小组”,导致

〔1〕 Medicare Improvements for Patients and Providers Act of 2008,简称 MIPPA。

政策制定者回避了在《患者保护和平价医疗法案》[2](ACA)下建立覆盖医疗保险的预先护理计划(ACP)福利的建议。然而,一些利益相关者看到了机会,希望在《患者保护和平价医疗法案》建立的医疗保险年度健康访问机制中(AWV)中涵盖更多有限的预先护理计划。医疗保险年度健康访问包括法律规定的一些内容,并授权卫生与公众服务部秘书包括任何其他适当的内容。因此,卫生与公众服务部秘书可以要求包括预先护理计划的内容。2010 年,美国医疗保险和医疗补助服务中心实施医疗保险年度健康访问要求的提案没有提到预先护理计划。然而,根据建议所收到的意见,最终规则将"自愿性"预先护理计划列为医疗保险年度健康访问的一部分。预先护理计划被纳入最终规则引发了争议,在发表后不久,美国医疗保险和医疗补助服务中心取消了其作为指定医疗保险年度健康访问元素的添加。从那时起,人们就对为预先护理计划建立一个医疗保险收费代码产生了兴趣。2016 年,美国医疗保险和医疗补助服务中心《医生支付条例》最终确定了一项提案,允许在两个新的现行程序术语(CPT)代码中实施预先护理计划。1966 年,美国医学协会创建了 CPT 代码,以标准化医疗、外科和诊断服务以及住院和门诊实施的程序为报告。每个 CPT 代码都代表了对手术或服务的书面描述,消除了对提供给患者的具体内容的主观解释。为了适应不断发展的医疗保健卫生事业,美国医学协会每年更新 CPT 代码集,发布新的、修订的和删除的代码,以及对 CPT 编码指南的更改。此外,美国医学协会更新了 CPT 命名法或医学语言,以反映医学的进步。尽管美国医学协会拥有 CPT 代码的版权,但它邀请提供者组织参与代码集的持续维护,欢迎使用它的人对代码和代码描述符提出更改的建议。CPT 代码 99497/99498 – 预先护理计划包括由医生或其他合格的卫生专业人员(前 30 分钟,与患者、家属和/或代理人面对面)解释和讨论医疗预先指示,如标准表格(在执行操作时填写此类表格);附加代码为每个增加 30 分钟。最终规则还在医疗保险年度健康访问中增加了预先护理计划作为可选元素,由受益人自行决定。

---

〔2〕 Affordable Care Act,简称 ACA。

（四）医疗预先指示在联邦法中实施的总结

遵循个人治疗意愿的看似明确的推定界限在医疗预先指示实施过程中可能变得模糊。例如，一个病人可能无法创造医疗预先指示，因为他或她是无意识的或患有阿尔茨海默症；急救人员可能不知道病人有医疗预先指示；当医疗服务提供者需要指示时，病人的预先指示可能无法得到；如果家庭成员不同意医疗服务提供者的决定，即使这些决定符合病人的意愿，家庭成员也可以对医疗服务提供者提出威胁或采取法律行动。患者在执行医疗预先指示后可能会改变他们的偏好，除非这些改变在医疗预先指示中记录在案，否则这些改变可能不会得到尊重。这些都可能会给医疗保健提供系统带来挑战。根据美国医学研究所的说法，作为更全面的预先医疗保健计划讨论的一部分，医疗预先指示可能是有用的，但它们对医疗卫生保健决策者也必须是灵活的。有些人认为有必要通过涵盖特定治疗的预嘱（如不抢救、不插管）来阐明患者的偏好。此外，在患者的电子健康记录中包含预先指示或存储在外部数据库（如注册中心）中，可以解决医疗服务提供者访问的某些障碍。

二、Cruzan 案及影响

美国学者在 1991 年调查了州法院关于扣留或撤回医学治疗的判决和法律。1990 年 6 月 25 日，美国联邦最高法院在“Cruzan 诉密苏里州卫生部”一案（以下简称 Cruzan 案）中作出判决，这使得重新审视州法律的发展变得及时。因为法院在 Cruzan 案中宣布，将对不称职患者停止治疗的决定可能施加什么法律要求的问题留给各州自主决定。伦奎斯特法官代表多数人的意见解释这么做的原因，即美国联邦最高法院尊重州法院的决策基于这样一个事实：“州法院可以根据州宪法、法规和普通法来作出决定，而这些我们都无法获得。”尽管该意见明确表示密苏里州卫生部可能已经授权 Cruzan 的家人决定终止对她的医疗治疗，但美国联邦最高法院的大多数人没有认为密苏里州卫生部的行为是宪法要求这么做的。因此，密苏里州和其他所有州都可以自由地作出法律规定，即在没有“明确和令人信服的"证据证明病人意愿的情况下,不能撤销治疗。

1983 年的一个晚上,在密苏里州贾斯帕县,年轻女子 Cruzan 开的车失控了。她被发现时脸朝下躺在一条沟里,无法检测到心脏或呼吸功能,并产生了永久性脑损伤。据估计,Cruzan 缺氧了 12 分钟到 18 分钟。最终,她被诊断为持续性植物人。尽管州初审法院批准了 Cruzan 一家提出的终止对她的人工补水和营养的请求,但密苏里州最高法院以分歧投票推翻了这一决定。初审发现 Cruzan 在 25 岁时曾经和室友有一次严肃谈话,她表示,如果生病或受伤时,她不希望继续她的生命,除非有一半以上活命的机会。正常情况下,考虑到她目前的状况,她不会希望继续她的人工化合营养摄入。相比之下,密苏里州最高法院发现室友的声明可能有"不可靠的目的"且"无法确定 Cruzan 的真实意图",认为她和她的家庭都无权直接终止治疗过程,认为本案缺乏"明确且令人信服的、固有的可靠证据"。斯卡利亚大法官既同意多数人的意见,又单独撰写了一份意见书,他在书中赞扬各州开始通过立法来解决终止医疗的问题。他还警告美国联邦最高法院的其他法官避免混淆概念。因此,五名法官明确表示,这一领域不应被宪法化。就像韦伯斯特修改罗伊诉韦德案(Roe v. Wade)后对堕胎的一些限制一样,有关保留或撤销救命治疗的决定将由各州自行决定。Cruzan 案的多数共识中有一点内容是例外的。五名大法官之一的奥康纳法官在一份单独的一致意见中表示,宪法"可能"要求各州执行代理决策者的决定。由于美国联邦最高法院的大多数法官决定退出这一领域,我们只能在 50 个州和哥伦比亚特区的法规和司法裁决中发现该法律的执行情况。立法机关可以随时自由地改变自己,就像它可以自由地忽略所有其他州所采取的立场一样。在 Cruzan 案中有争议的法规就充分说明了这一点。迄今为止,只有密苏里州为终止治疗决定设置了一个可怕的程序障碍。在纽约州,虽然需要明确且令人信服的证据标准,但也允许授权给代理人。在缅因州,法院的一项决定采用了明确而令人信服的证据标准,但受到法律的限制,允许家庭在所有情况下作出决定,但涉及人工插管喂养的情况除外。[3]

---

〔3〕 See Kathy L. Cerminara, *Cruzan's Legacy in Autonomy*, 73 SMU L. REV. 27 (2020).

拒绝治疗的权利一直在州法律中有体现，即使在那些没有预先医疗指令的情形下，一直都被允许。个人或其监护人可能仍然作出医疗决定，最终将允许病人的死亡发生，特定医疗情形除外。这种诉讼态度导致了Cruzan案。在诉讼期间，Cruzan一直处于植物人状态住院治疗。尽管Cruzan能够通过勺式喂养获得营养，但人工营养和水合作用被确定是医学上的指示。虽然密苏里州当时有一份关于“医疗预嘱”的规定，但Cruzan并没有写这样一份预嘱。即使她这样做了，法律也明确排除了病人医疗预嘱中取消使用营养或水合管的可能性。密苏里州的立法机构似乎作出了一个决定，即取消营养和水合作用有违公共政策，密苏里州最高法院要求对Cruzan的意愿进行更高的证据标准。Cruzan案向美国联邦最高法院提出了两个法律问题：第一，即使没有立法批准，Cruzan是否有宪法权利同意放弃营养和水合作用；第二，监护人是否可以行使这项权利，此外，需要什么样的证明标准来证明这样的行动是病人的意图。美国联邦最高法院最终决定，州可以要求明确和令人信服的证据来证明她的意愿，由于她的监护人没有足够的证据，营养和水合作用不能取消。虽然美国联邦最高法院没有具体决定密苏里州法院是否可以违背Cruzan明确而令人信服的表示，从而撤销医疗程序，但它假定根据美国《宪法第十四条修正案》存在这样一种权利。因此，根据Cruzan案，个人拒绝治疗的权利可能比州法规授予的权利更广泛。

Cruzan案和其他一些引人注目的涉及个人在没有事先指示的情况下有权拒绝或终止治疗的案件（如Terri Schiavo案）已经引起了公众对这个问题的相当大的关注。根据美国医学研究所2014年的《美国死亡报告》，40岁以上的成年人中约有47%作了医疗预先指示。然而，个人完成一项任务的可能性是不同的。2011年美国国家卫生统计中心的一项研究发现，88%的临终关怀出院患者接受了医疗预先指示，而在养老院住院的患者和在家接受护理的患者中，这一比例分别为65%和28%。美国政府问责局表示，增加预先指示可能性的因素包括存在慢性疾病或状况（如糖尿病或阿尔茨海默症），以及65岁以上、白人、女性，或拥有相对较高的收入和教育水平。

美国医疗预先指示司法和立法活动可以分为三类:(1)有医疗预嘱的州;(2)有法令或法院裁决授权代理决策者的州;(3)在没有预先指示的情况下,有法律或法院裁决授权家庭决策的州。关于医疗预嘱立法的一般模式在1991年前并未有太大的概念。1987年,39个州和哥伦比亚特区制定了生前遗嘱。从那时起,明尼苏达州和北达科他州等共41个州和哥伦比亚特区制定了该法律。大多数法规包含了相当严格的标准,以提供具有约束力的指示。例如,许多法律规定,只有当患者被确定为绝症时,一项指示才具有约束力——通常,该决定必须由不止一名医生作出。在一些州,只有当患者在出现绝症之后但在出现无能症状之前(对一些患者来说是短暂的时刻),该指示才具有法律约束力。越来越多的医生和律师都对这些法定模式提出了批评,因为它们在程序上存在障碍,而且未能明确规定在什么情况下放弃哪种形式的护理。于是,许多人开始相信,问题的部分原因在于,很难预测针对特定患者可能作出的全部治疗决定。因此,对许多人来说,越来越有吸引力的选择是,在患者无法自己作出决定的情况下,将法定的决定权委托给代理决策者。1987年,只有3个州有专门针对医疗保健决策的法律,尽管所有州都有普遍持久的代理权,可能足以授权医疗保健代理决策者。之后,39个州和哥伦比亚特区制定了专门授予此类权利的法规,或专门解释适用于医疗保健决策的一般代理法规。当然,实际权利并没有所涉及的州总数那么大。只有19个司法管辖区明确授予代理人撤回或拒绝治疗权。缅因州、明尼苏达州和纽约州规定,只有在病人明确授权的情况下,代理人才有权撤销人工营养。

但是,司法实务中,仍然很少有人准备医疗预先指示。奥康纳法官在Cruzan案中说,1988年接受调查的美国人中,只有15%的人立了医疗预嘱,尽管56%的人告诉了家人他们对使用维持生命治疗的意愿。纽约大学法学院教授佩吉·戴维斯强调了数据中固有的偏见,指出“我们很少有人能拿起电话,命令我们的信托和遗产律师起草生前遗嘱”。美国国会已经颁布了立法,旨在告知患者他们有执行预先指令的合法权利。每个病人有权利作出医疗预先指示的权利,此外,医疗保健提供者还被要求在个人的医疗记录中记录该个人是否执行了预先指示。但即使该法案生效,许多人可能仍然不准备预先指示。只有当某人成为住院病人时，新法案才会被触发。特别是对于像 Cruzan 这样的年轻事故受害者来说，准备提前指令可能太晚了。幸运的是，越来越多的州已经通过立法来解决如何最好地为没有预先指示的病人作出治疗决定的问题。法规一般授权特定的家庭成员做出医疗决定，包括终止治疗。1987 年，只有 16 个州授权家庭有权采取行动(11 个州通过法令，5 个州通过法院裁决)。之后有 20 个州授权家庭有权采取行动。有趣的是，尽管法院在审查涉及拒绝救命治疗权利的案件时提到了几个州法院的判决，但多数意见和反对意见都没有讨论这些法规，且授权家庭提供同意的法律和法院判决各州差异很大。

授权同意的新标准有四个方面值得考虑。(1)符合条件的患者特征。各州对哪些病人被覆盖的看法不同。在颁布法令的 13 个州中，有 10 个州明确规定病人必须是“病入膏肓”。而通过法院裁决的州均将适用于处于昏迷状态或持续植物人状态的病人。南布·克鲁赞(Cruzan)一直处于植物人状态，人们并不认为她得了绝症，因为她可能已经处于植物人状态很多年了。因此，即使 Cruzan 准备了一份医疗预嘱，在大多数州，预嘱也不会使她享有终止人工营养的权利。(2)可能被停用或者撤销的治疗。各州在家庭可能撤回的治疗方面有所不同。康涅狄格州禁止停止营养或补水。佛罗里达州、艾奥瓦州和犹他州禁止收回“营养品”。俄勒冈州规定了“按照主治医生的医疗判断，提供病人可以忍受的常规和典型营养”。相反，法院的裁决一般认为，停止人工补水和营养与停止任何其他延长生命的医疗程序之间不应加以区别。(3)合格的家庭成员。在赋予哪些家庭成员决策权的问题上，各州也存在分歧。大多数州建立了获得家庭成员同意的优先顺序清单。通常情况下，法规首先要求直接求助于法院指定的监护人(如果有的话)，然后求助于病人的配偶，之后求助于成年子女(如果有不止一个成年子女，则求助于大部分成年子女)，最后求助于父母中的任何一方。路易斯安那州和犹他州非常谨慎地规定，配偶必须在法律上没有分居。得克萨斯州补充说，配偶必须是成年人。6 个州批准在最后关头求助于病人“最近的亲属”。艾奥瓦州在名单上增加了一个成年兄弟姐妹，路易斯安那州要么是病人的兄弟姐妹，要么是病人的另一个支系或后代。犹他州要求家长优先考虑成年子女。康涅狄格州只要求“已知的近亲”知情同意。在9份法院意见书中，只有少数几份专门解决了哪些家庭成员有权为病人作决定的问题。华盛顿州最高法院规定，必须咨询病人的直系亲属，并且所有家庭成员必须同意这一决定。佛罗里达州规定，只有亲密的家庭成员，如配偶、孩子或父母有权作出决定。康涅狄格州授权近亲。在新泽西州，那些亲密关系可以是配偶、父母、成年子女或是兄弟姐妹的家庭成员。但是，如果另一个亲属，如堂兄、姑母、姑父、侄女或侄子，在病人的核心家庭中发挥作用，那么这个亲属可以而且应该被当作亲密和关心病人的家庭成员来对待。(4)对家庭成员虐待的限制。大多数采取家庭决策形式的州都考虑到家庭成员可能滥用其权利的风险。阿肯色州和路易斯安那州要求家属“代表病人”采取行动。佛罗里达州和艾奥瓦州强制要求家属必须根据病人的明示或暗示的意图行事。法院也在努力解决这个问题。在加利福尼亚州，一个家庭成员首先应该根据他对病人的愿望和感受的了解程度来指导他们，并且只有在病人最大利益的情况下才会采取最后的手段。所有法院都限制了可能造成的伤害，将家庭的权利限制在主治医生已确定病人病入膏肓或无法恢复昏迷的情况下。得克萨斯州规定，符合条件的家庭成员必须同意其中两种优先类别。在华盛顿州和新墨西哥州，所有可接触的家庭成员都必须同意。总而言之，大多数州都遵守至少一种形式的预先指示，要么是生前遗嘱，要么是永久授权书。然而，对于没有预先指示的患者，必须寻求法院授权终止治疗，除非在那些授权家属决定的司法管辖区。对家庭的依赖意味着更快、更便宜的决策，而不是降低决策的质量，因此家庭同意法应该受到患者、保健提供者和社会的欢迎。即使没有明确的声明，患者的家庭成员通常也最有可能知道患者对治疗的看法。更正式的程序机制，包括法庭听证，很可能主要依靠家属来获得有关患者价值观和信仰的信息，而且，这样会增加决策成本，而决策质量几乎没有提高。

但是，依赖家庭的趋势并非没有问题。“家庭”一词并不精确。当亲属对病人的意见不一致时，在没有法律规定哪一位亲属的意见应优先考虑的情况下，纠纷可能需要法院来解决。在某些情况下，家庭将不包括最有见识的代理决策者。幸运的是，在大多数州，希望确保非亲属代表自己发言的个人可以选择准备一个预先指示,指定非亲属作为他们的代理决策者。最后,还有保护病人不受少数家庭的伤害的问题,这些家庭可能因为不诚实或无知而采取行动。一些人建议,应要求所有家庭向医院伦理委员会或法院就终止治疗的任何决定进行辩护。一种更尊重人的做法是指导卫生保健提供者理解和接受家庭的决定,越来越多的州已经这样做了。迄今为止,那些处理这个问题的州法院和立法机构不仅支持预先指示,除密苏里州之外,他们对家庭决策非常顺从。与此同时,通过准备一份书面的预先指示,个人可以最大限度地提高其关于治疗的意愿将被遵循的可能性。该指示应具体说明病人在病入膏肓或无法恢复昏迷的情况下希望终止补水和营养。理想情况下,指示还应该指定一个首选代理决策者,以及在首选代理不可用时的几个备选决策者。在大多数州,如果文件由两个与病人无关的成年人见证,程序要求将得到满足。该文件的副本应交给患者的医生和家属,以便最大限度地保证医疗保健提供者有知道该文件的机会。

三、美国的州立法变革:以佛罗里达州为例

佛罗里达州政府对医疗预先指示立法和执法的监管,无非是政府与其公民最亲密的个人选择之间的关系。尽管大多数人(至少在表面上)同意,个人应该有拒绝无效和痛苦的医疗的自由,但这一法律领域仍然充满紧张和困难。一方面,个人更喜欢自治而不是国家的参与。然而,另一方面,政府应该在保护弱势群体方面发挥明确而有效的作用。这些对立的目标提出了棘手的问题。如果一个病入膏肓的病人似乎是出于绝望而不是慎重考虑,医生该怎么办?如果病人失去意识无法表达自己的意愿怎么办?如果无意识的病人立了一份医疗预嘱,但医疗预嘱的措辞含混不清怎么办?如果病人的家人不同意他的选择怎么办?佛罗里达州最高法院已经把佛罗里达州宪法中明确的隐私权作为解决这些困难的办法。佛罗里达州最高法院在其公布的每一项临终裁决中都确认,病人有权拒绝接受医疗护理,包括挽救或延长生命所必需的医疗护理。这种宽泛的、绝对的拒绝治疗权比美国联邦最高法院的宪法裁决更进一步。佛罗里达州的立法机构担心佛罗里达州最高法院做得太过了,于是从一个不同的伦理角度——保

护弱势群体——来解决临终关怀的难题。1999年修正了佛罗里达州《医疗预先指示法》,试图在佛罗里达州最高法院的自主导向的判例和社会保守派对安乐死和协助自杀的关注之间达成妥协。不幸的是(对许多佛罗里达州的人来说是悲剧),立法机构的妥协尝试是草率和考虑不全的,并导致了一个令人困惑的法规,践踏了病人的自主权,同时未能有效地保护弱势群体。《医疗预先指示法》的起草者发明了一种对病人自主权的明确性限制,这与佛罗里达州最高法院的宪法裁决相抵触。现行的法律规定,无论患者的意愿多么明确,医生的建议多么明确,家人的意见多么一致,生命维持系统都不能从患者身上移除,除非有两位医生确定病人处于"临终状态",处于"终末期状态",或处于"持续性植物状态"。笔者认为,临终/终末期/持续性植物状态的分类与佛罗里达州最高法院关于危重病人有权拒绝无望治疗的宪法案例相抵触。分类的最大问题在于其含糊其词临床标准不精确,法规起草者并没有完全理解,实际上医生、病人和法院也在为之奋斗。因此,这些类别将医疗和法律决策者的注意力从患者的意图转移到评估患者是否符合临终/终末期/持续性植物状态框架中。立法机构的法律带来了两个反常的后果。首先,对于处于可以说是临终或终末期病情的患者来说,在条款的适用性上存在分歧,往好了说,可能会引发旷日持久的诉讼,往坏了说,可能会使原本有效的医疗预嘱失效。其次,立法机关在措辞上的拙劣选择也产生了意想不到的效果——悲剧地在 Terri Schiavo 案中得到了证明——鼓励摘除难以确定个人意愿的植物人的生命支持系统。

(一)Browning 案:佛罗里达州宪法性权利的确认[4]

Browning 夫人在80岁前非常健康。直到80多岁,她唯一的病痛就是高血压。她比丈夫多活了十多年。事实上,在她去世的时候,她比她所有的亲戚都活得长,除了一个80多岁的表亲。据记载,她是一个幸福的女人。85岁的时候,Browning 夫人到一家养老院拜访朋友。两天后,她向她

[4] See Lucy Beadnell & Jonathan Martinis, *Rethinking Guardianship and Substitute Decision Making: Supported Decision-Making and the Reform of Virginia Law, Policy, and Practice to Protect Rights and Ensure Choice*, 39 DEV. MENTAL HEALTH L. 1 (2020).

的闺蜜罗斯·金斯讲述了她所见过的那些病残病人。Browning 夫人对金斯女士说，“我希望这种事永远不要发生在我身上”。Browning 夫人已经起草了一份医疗预嘱。她书面要求，如果她失去知觉，没有恢复的希望，就不要人工维持她的生命。之后，出于极其谨慎的考虑，Browning 夫人签署了第二份医疗预嘱，并规定如下：“当我处于生命末期，或者我的主治医生认定没有任何恢复的可能性，死亡即将来临，我指示，如果延长生命的程序只会人为地延长死亡的过程，则应停止或取消。感谢上帝，我把这件事处理好了。”Browning 夫人告诉金斯女士，“到时候我就可以平平静静地走了”。在她与金斯女士交谈后一年，Browning 夫人发生脑卒中了。脑卒中对 Browning 夫人控制意识思维的那部分大脑造成了无法弥补的损害，使她瘫痪、意识不清、无法自主吞咽。她的医生通过手术将一根喂食管移植到她的胃里，并将她转移到一家养老院。在接下来的几个月里，Browning 夫人的身体问题一直困扰着她，包括胃造瘘管从胃里掉出来的例子。医生通过她的嘴插入了第二根管子。然而，Browning 夫人的病情稳定。她已经永久地丧失行为能力，也不太可能恢复，但她的医生预测，她可以在生命支持系统的维持下生存下来。

（二）Browning 案后的挑战

与 Browning 夫人的想法一样，大多数美国人说，他们宁愿自然死亡而不愿意面临漫长的痛苦的人工生命支持。但是，这种可以理解的广泛持有的大多数观点掩盖了是否摘除病人生命支持系统的实务操作、伦理和宪法上的困难。在实务领域，困难的范围几乎是无止境的。医院应该如何执行模糊的医疗预嘱？法院应该如何具体地裁决？对于没有医疗预嘱或家庭成员的病人，医生应该采取什么行动？此外，在临终关怀领域出现了两种不同的伦理问题。首先，法院和立法机构必须明确区分允许病人拒绝医疗和帮助病人自杀。病人自主是好事，但安乐死和自杀却不是。其次，法官和医疗保健专业人员不该用他们自己的观念去替代病人自己的意愿。自从临终关怀服务从家庭职权转移到医院，法院很难在尊重病人尊严和自决的宪法权利的基础上解决这些实际性和伦理性的问题。这里存在一个终极问题,即政府在深度个人选择上被允许参与的程度,换句话说,政府以病人自主权为代价强化自己的伦理和实务优先级上存有多少余地。佛罗里达州的回答与美国联邦最高法院的回答有所不同。

在联邦层面,美国联邦最高法院还没有走到宣称拒绝治疗是绝对权利的地步。相反,美国联邦最高法院认为,美国《权利法案》中固有的隐私区域暗示了拒绝非自愿医疗干预"自由利益"。然而,佛罗里达州最高法院提供了一个更清晰、更明确的答案。在20世纪70年代末到90年代初的一系列案件中,佛罗里达州最高法院一直明确表示,拒绝医疗是一项强有力的、几乎不受侵犯的权利。这一说法可以追溯到1980年影响深远的Satz v. Perlmutter案的判决,在该判决中,法院认为,一个濒死的人如果可以表达他退出治疗的愿望,那么他的愿望就有得到尊重的宪法权利。继Satz v. Perlmutter案之后,1984年又发生了John F. Kennedy Memorial v. bludu – worth案,该案件将拒绝治疗的权利扩大到了没有康复希望的植物人。随后,Browning案明确地将这一权利扩展到所有失去口头表达意愿能力的患者。宪法允许的对行使这一权利的唯一限制(下文将详细说明)是国家利益和病人临终愿望的明确证据。事实证明,佛罗里达州规定的拒绝医疗服务的权利具有很强的韧性,并在一些困难的病例中幸存下来。例如,1993年,佛罗里达州最高法院裁定,Patricia Dubreui有权拒绝为挽救其剖腹产后的生命而进行必要的输血,即使她的死亡导致她留下了她的四个孩子,包括她刚出生的孩子。随后的佛罗里达州上诉法院将Dubreuil及其先例解释为拒绝医疗的"绝对权威"。这远比联邦"自由利益"原则在拒绝不受欢迎的治疗方面更明确。

佛罗里达州最高法院和美国联邦最高法院所采取的方法之间的差异很容易解释。佛罗里达州最高法院的裁决以佛罗里达州宪法中明确的隐私权为依据,其中规定"每个自然人都有权不受政府干涉其个人的私生活的权利"。而美国宪法中没有类似的规定,这使得美国联邦最高法院只能四处寻找有关自由的界限不明的"半影区"和"发散区",从而造成更模糊的隐私"区域"的论述。至少在理论上,佛罗里达州宪法赋予的拒绝治疗的权利,解决了规范生前遗嘱和临终关怀的现实和伦理挑战。通过将决策权交给病人,可以限制政府的过度干预。通过关注拒绝治疗,而非平权法案,它试图取消对协助自杀和安乐死的申请。然而,它提出了一个新的问题——如何确定一个无意识的人的自由意志?

浏览 Browning 夫人的医疗预嘱,就会发现,以个人意图为导向的司法裁决可能会导致错误。Browning 夫人说,她希望在她"临终"的情况下摘除生命支持,她的死亡是"迫在眉睫"且没有希望从这种情况中康复的。对于 Browning 夫人遗嘱中的措辞,人们可能会问,Browning 夫人所说的"康复"、"即将来临"和"终结"究竟是什么意思。同时,Browning 夫人发生脑卒中后的病情并没有随着治疗的发展而好转——她可以,而且确实,依靠生命支持设备活了很多年。在一个声称将个人自主置于其他考虑之上的法律制度中,这一问题可能提出了临终问题中的关键一环,即具体来说,在起草医疗预嘱或向朋友和家人描述自己的偏好时,患者必须具备什么样的知识水平?正如 Browning 夫人所做的那样,人们希望在病危、没有康复希望的情况下,摘掉生命支持系统。但是,很难预料现代医学的奇迹会出现大量的方法保持一个人生物性的活着而未能恢复任何一种接近像样的生活质量。这些医疗干预可以创造一个潜在悲惨选择的领域。(不幸的是,大多数接受临终治疗的病人对该项治疗几乎一无所知,也不知道他们有权拒绝它的范围)已知的病人偏好和未预料到的医疗状况之间复杂的相互作用正是 Browning 案引发争议的原因。Browning 夫人发生脑卒中后,她八十多岁的表亲,Doris Herbert,被任命为 Browning 夫人的监护人。Herber 女士认为,Browning 夫人的生前预嘱适用于她的半清醒、依赖医疗状态,因此请求佛罗里达州的一个审判法庭允许她撤销对 Browning 女士的生命支持。佛罗里达州反对 Herbert 女士的请求。该州在很大程度上忽视了 Browning 夫人医疗预嘱中涉及的医疗技术的变化莫测,而是认为将一个病情稳定的女人的生命支持系统撤离可能会形成一个令人不安的先例。州政府说服了初审法院,法院立即下令继续维持 Browning 夫人的生命支持系统。审理 Browning 案件的初审法院基于 Browning 夫人医疗预嘱中所包含的"终结"一词的含义,以及《医疗预先指示法》中对其的定义,拒绝了 Herbert 女士的请求。当时的《医疗预先指示法》规定,除非病人在医学上被确定为病人膏肓，否则不得从病人身上摘除生命支持装置。因为Browning夫人可以一直处在潜意识以及使用人工生命支持无限期的医学支持状态，初审法院推断她未能满足佛罗里达州预先指示法规的“终结”的要求，因此，她的医疗预嘱将无法用于撤销生命系统。Browning夫人在依靠生命支持系统生活了两年半后在养老院去世。她享年89岁。Browning夫人去世时，Herbert女士要求取消其生命支持的请求正在佛罗里达州最高法院等待裁决。Herbert女士承诺会继续上诉，因为对她有利的上诉复审“可能会帮助其他人”。

佛罗里达州最高法院有义务基于佛罗里达州宪法规定的拒绝医疗的强大权利，认定医院和初审法院无视Browning夫人的医疗预嘱侵犯了这一权利。值得注意的是，二审和佛罗里达州最高法院都坚决驳回了初审法院对法定技术的关注——预先指示规约中“终结”一词的含义。初审法院发现这个词的定义决定了审判结果，而佛罗里达州最高法院表示，正确的调查是病人是否有明确表明拒绝医疗的证据。换句话说，除众所周知的丧失行为能力的佛罗里达州人保留拒绝处理的权利之外，Browning案还代表了两个重要的主张。首先，Browning案指出，描述移除生命支持系统的特定临床前提条件的技术法定术语并不是任何针对患者意图的宪法调查的关键组成部分。如果病人的病情极其严重，毫无希望，并且病人已经明确表示在这种情况下拒绝治疗，那么病人保留宪法权利这样做。在暗示这一结论时，Browning案法院回避了这样一个事实，即Browning夫人的情况可能不符合《医疗预先指示法》对“终结”定义的明确解读。其次，Browning案在医疗预嘱方面也给出了类似的教训。如果病人在临终时拒绝无用的医疗护理的意图明确，那么Browning案就不需要对生前遗嘱中的条款进行精确的分析。在Browning案的情况下，丧失行为能力的病人不必预见任何可能的医疗情况。相反，如果他的愿望能够合理地适用于目前面临的情形，一个代理人或监护人可以行使其拒绝处理的权利。如上所述，Browning案及其后案的影响力远远超出了美国联邦最高法院对此事的表态。这一决定也激怒了社会保守派。佛罗里达州天主教会议痛斥Browning案表现出的“一种过度的个人主义哲学，忽视了保护未出生的孩子、青少年、老人、年老体弱者等方面的任何社会行为或社会”。

(三)Browning 案后州立法进展

佛罗里达州的《医疗预先指示法》代表了对 Browning 案用广泛的、功能性的方法进行判断以撤销生命支持系统的草率尝试,社会保守派也许有理由担心,对这个案件的不严格应用可能会导致协助自杀和安乐死。如今,生效的《医疗预先指示法》已经从本质上剥夺了像 Browning 夫人那样的患者的宪法权利,却没有充分保护脆弱的病人。

1997 年,佛罗里达州立法机构和佛罗里达州立大学佩珀老龄化研究所召集了一个由 20 名卫生保健专业人员、民选官员、学者和神职人员组成的生命末期护理研究小组,对《医疗预先指示法》提出修改建议法令。该小组在佛罗里达州进行了一系列听证会和公开讨论,以衡量公众对临终关怀的看法,小组成员对他们所获得的信息感到不安。佛罗里达州人们经常报告说,医院和医生拒绝取消那些垂死的痛苦的病人的生命支持系统,即便他们有明确的医疗预嘱。Browning 案对拒绝治疗权的宽泛的功能性方法,似乎未能在底层站稳脚跟。该小组将医院拒绝执行医疗预嘱的行为追溯至《医疗预先指示法》。1997 年的《医疗预先指示法》仍然包含导致 Browning 夫人医疗预嘱无效的“临终状态”测试条件。该测试要求患者处于“临终状态”(这是由两位医生确定的),才能使病人的医疗预嘱得到尊重。法律定义的“临终状态”是一个条件,即如果不及时治疗会导致死亡。这个定义对于任何人来说都是无法理解的。1997 年对“临终状态”的定义存在问题,既包含过多,也包含过少。一方面,在很多情况下,很难说一个患有绝症的人在治疗或不治疗的情况下肯定不会活下去。所以,谨慎的医生更倾向于过度治疗,而非撤销病人生命支持系统。另一方面,“临终状态”的字面解释会导致合法荒谬的结果。例如,如果不进行治疗,口渴就会导致死亡。在任何理性世界里,都不会使口渴成为取消生命支持系统的“终极状态”。免疫疾病专家、前共和党州众议员 Bob Brooks 领导这个小组,努力改变临终关怀的“超现实进程”,在这种进程中,刚性的医疗规则或高科技机器控制了临终前的重要时刻。新闻媒体对该小组进行了大量报道,并听取了政府的广泛意见。佛罗里达州民众分享了一些令人心碎的故事,例如,面对明确的“禁止心肺复苏”命令和医疗预嘱,所爱的人被迫继续痛苦的生活,接受侵入性的且往往是徒劳的手术干预。正如 Brooks 所指出的,人们提出的最常见的问题是,当他们接近生命的尽头时,即使是在明确的医疗预嘱和无望的状况下,他们的愿望却无法得到满足。最后,专家组以 19:1 的投票结果结束了其研究,建议立法机构从《医疗预先指示法》中删除“临终状态”测试,并重申 Browning 案对患者意图的关注,而不是对模糊的临床定义的关注。佛罗里达州医学委员会和相当多数接受投票的医生和律师支持该专家组的多数意见。佛罗里达州众议院和参议院的 5 个两党委员会一致投票接受该建议。委员会唯一投出反对票的是 Jim Towey,其攻击主要派意见,呼应了 Browning 案的早期批评。Towey 声称,该小组的建议“将使佛罗里达成为死亡问题上最自由的州之一”。“让我害怕的是”,Towey 说,“对于那些没有保险或在抑郁时做决定的人来说,没有任何安全网”。Towey 的少数派地位最终取得了胜利。据专家小组的一名成员说,Towey 说服了当时的州长杰布 · 布什(Jeb Bush)否决任何使人们“更容易”死亡的立法。就在立法机关就新的预先指示法案进行投票之前不久,“临终状态”的要求被悄悄地重新加入法案中。然而,伴随着对委员会建议的忽视,立法并没有停止。立法机关不仅保留了“临终状态”的语言,它还增加了两个新的同样棘手的术语:“持续性植物人状态”和“终末期状态”,并且没有记录作出这些改变的法律依据。显然,“终末期状态”和“持续性植物人状态”这两种分类是一种妥协的产物,旨在获得保守派对该法案的支持。之后佛罗里达州天主教会议立即改变了对先期预先指示令的反对,并宣布支持新版本。在会议结束后的一系列活动中,立法机关把这些变化写入一项综合法案。时任州长杰布 · 布什于1999 年6 月11 日签署了这项法案,使之成为法律。这仍然是今天的法律。唯一值得注意的变化是 2001 年对“终末期状态”的定义略有调整。

(四)佛罗里达州医疗预先指示立法及案例[5]

佛罗里达州立法机构在1999年对《医疗预先指示法》的修订并没有减轻Browning案和生命末期护理研究小组进一步确定的问题。如果有什么区别的话,“终末期状态”和“持续性植物人状态”这两个类别的增加,使得该法规比只包含“临终状态”要求时更加笨拙。现在,医院在考虑病人的医疗预嘱时有三个而不是一个模糊的临床定义。这些修正案在实践上和宪法上的影响都令人不安。要完全理解为什么1999年的分类与Browning案件相悖,首先需要理解在没有临终状态/终末期/持续性植物人状态限制的情况下,《医疗预先指示法》是如何发挥作用的。

除了这些限制,法令或多或少地将Browning案及其后续案件添加了几个程序性的保护。法令指出,立法机构认为,每一个称职的成年人都有关于其自身健康决定的基本自决权,包括选择或拒绝医疗的权利。佛罗里达州最高法院的裁决承认,这项权利就像所有宪法权利一样,并不是不受约束的。法院的临终判例对拒绝医疗服务的权利提出了两项宪法上可以接受的限制。一是对拒绝治疗权利的证明。大多数人不执行医疗预先指示,Browning案的法令要求患者有明确和令人信服的关于临终关怀的证据。二是涉及某些国家利益与个人拒绝治疗的权利之间的平衡。

1. 对拒绝治疗权利的证明

在Browning案的影响下,拒绝治疗的权利延伸到了无意识(又名无能力)的病人身上,他们在有能力表达自己的欲望的时候这样做。然而,要揣测一个无能力的病人的意愿是比较困难的,即使是一个起草了医疗预嘱的病人。如上所述,即使是Browning夫人的医疗预嘱,在应用上也是相当模糊的。那么,当病人的生活可能取决于对宽泛而不具体的术语的解释时,法院和医院该怎么做?如果一个病人没有留下医疗预嘱,而是和一个亲密的朋友就他的临终愿望进行了一次长谈,那该怎么办?如果一个病人在看

[5] See Konstantin Tretyakov, *The Right to Die in the United States, Canada, and China: Legal Fictions and Their Utility in a Comparative Perspective*, 21 U. PA. J. L. & Soc. CHANGE 79 (2018).

完电视节目后,与其进行长谈,还轻率地提到他宁愿死也不愿在昏迷中活下去,那该怎么办? 换句话说,Browning 案不仅带来了道德上的挑战,也带来了证据上的挑战。我们如何知道一个没有接受过医学培训的人在特定情况下会选择接受或拒绝哪些复杂的医疗干预?

在 Browning 案中,佛罗里达州最高法院表示,佛罗里达州宪法规定无能的个体有权拒绝治疗,即使他们表达的愿望是广泛的,含混不清的,或者口齿不清的。法院裁定 Browning 夫人的生前遗嘱有效,尽管文件中提到了"临终"和"即将"死亡的情况,因为 Browning 夫人曾表示,在任何无法恢复的情况下,她都希望退出治疗。同样,预先指示立法还应包含一些机制,使法官、律师和医疗保健提供者的注意力集中在有关病人的意图的证据上。具体来说,与 Browning 案一样,《医疗预先指示法》将举证责任推给了试图取消生命维持系统的一方,并要求其提供(也和 Browning 案例一样)明确而有说服力的证据。该法规明确保证,已执行医疗预嘱的病人有权对拒绝治疗的意图进行有明确和令人信服的证据可反驳推定。医生治疗一个具有明确医疗预嘱的病人将可能按照医疗预嘱指示来做,而不用担心承担刑事或民事责任。对于医疗预嘱实施的唯一限制是,当主治医师作出移除生命支持治疗的决定被家庭成员、医生或其他利益相关人员质疑,而这份疑问是基于医疗预嘱是模棱两可的,或病人在执行医疗预先指示后改变了他(她)的想法。该法令将没有生前遗嘱的病人分为两大类:已经指定了医疗代理的病人和没有指定代理人的病人。简而言之,有医疗代理人比没有代理人的病人可能更优越且易作出司法裁决。法令授权代理人代表无行为能力的病人作出医疗保健决定,包括在病人"没有合理的康复可能性"时决定取消生命支持系统。

对于没有执行医疗预嘱或将医疗保健相关决定的权利委托给他人的病人,该法规给予了最少的证据尊重。这是该法规中最重要的一类,因为超过 80% 的人没有生前遗嘱或指定的医疗保健决策者。属于这一类别的病人有法律为他们指定的医疗保健代理人,这里的指定优先考虑更密切的家庭关系。代理人可以为病人作出医疗保健决定,包括决定停止维持生命的治疗,但必须有明确证据证明这个决定会被病人所选择。但这种需要很难满足，尤其是涉及年轻病人和看似健康的人从未想过显要地与朋友或家庭成员讨论他们的临终关怀的偏好。尽管如此，我们仍有充分的政策理由从法律上限制代理人为其家庭成员作出医疗保健相关决定的自由。在任何情况下，家庭成员都不可能知道病人的选择。事实上，一项研究表明，代理人和病人在面对同样的一组假设事实时，在30%的情况下，会对是否放弃医疗保健作出不同的决定。此外，没有医疗预嘱的病人愿望的证据往往是以道听途说的形式提供的且零散的，通常为"不要让我那样生活"的声明。当在法庭上作为证据支持一份撤销医疗的申请时，这样的声明应被视为在很大程度上具有怀疑性。

2. 对于拒绝医疗权基于政策的限制

医疗预先指示法规第二个基石在于，Browning案承认，在一些情况下，国家利益胜过个人自主权。佛罗里达州最高法院已经确立了某些案例中的四个强制性利益可以抵消病人拒绝医疗权：保存生命、保护无辜的第三人、预防自杀、维持医疗专业的道德操守。但任何与安乐死有关的情形，均不被考虑。佛罗里达州《医疗预先指示法》在几个方面包含了这些限制。例如，该法令规定，在没有法院命令的情况下，代理人不能同意进行实验性治疗、电击疗法、精神外科手术或绝育手术。此外，这项法案还限制了孕妇的生命支持设备的摘除，这也引起了争议。根据该法令，在没有法院命令的情况下，昏迷或无能力的妇女即使有明确的医疗预嘱和合法指定的代理，也不得在胎儿"可存活"之前行使拒绝治疗的权利。"大多数州都有类似的限制。"这些限制，无论你是否承认和同意，在国家利益的范围内，凌驾于拒绝医疗权之上。对诸如心理外科和绝育等边缘疗法的禁止保护了医学专业的完整性，而与怀孕有关的限制则保护了胎儿的生命。以下将进一步详细说明。

佛罗里达州《医疗预先指示法》的证据和基于政策的限制——尽管可以被争论——至少是基于一个连贯的宪法体系。下一个限制则不然。在阐明了Browning案证据和基于政策的限制权利拒绝医疗后，医疗预先指示提出了第三个条件。在病人的意愿被确定为合理之后，在所有基于政策的限制被处理之后，医院必须确定病人是否处于终末期状态，是否处于临终状态,或是否处于持续性植物人状态。如果两名医生不能一致认为一个病人属于这些定义不明确的类别之一,那么不管病人生前的意愿或实际情况,病人的生命支持设备都不能被移除。临终/终末期/持续性植物人状态的分类显然是没有依据的,因为它们与病人的临终愿望没有关系。想象一下,一个病人同时听从律师和学者的建议,并预先作了一份明确的医疗预嘱。病人甚至了解了一些关于临终护理的基本情况,并明确地描述了她希望在何种情况下取消生命支持的情况。这位病人随后遭遇车祸,发生脑死亡,无法自主呼吸或吞咽,没有康复的机会,她的家人们均同意她的预嘱,在这种情况下,她的愿望将是取消生命维持系统,自然死亡。在这种情况下,对病人的意愿没有争议。她的愿望很明确,她的情况是无望的,不可逆转的。她只能靠喂食管和呼吸器维持生命。然而医院的律师可以提前根据预先指令法律,建议这位病人的医生无视她的医疗预嘱。因为,这名病人目前还没有明确的病危,因为她可以通过人工辅助无限期地维持生命;且这名患者也没有出现终末期的情况,因为只要接上呼吸器和饲管,她的健康就会保持稳定。此外,她处于昏迷状态,而不是植物人状态。在这种假设的情况下,临终/晚期/持续性植物人状态限制了行使一项基本权利,无论行使这项权利有多清楚、记录有多清楚或适当。临终/终末期/持续性植物人状态的分类打破了这种平衡,因为它们可以抵消在不容易识别的状态利益情况下拒绝治疗的明确愿望。例如,在上面的假设中,病人没有怀孕,她没有接受姑息治疗,也没有自杀倾向。然而,她被迫保持脑死亡和生命支持。

拒绝医疗的女性与这些类别有所不同。学术评论人士抨击了佛罗里达州对孕妇拒绝接受医疗服务权利的限制,认为这将女性的地位在本州降到了"动产"或"孵化器或生殖容器"。这些争论取决于对国家利益的重视和对胎儿生命的特别鉴定。有学者认为,女性群体拒绝治疗的权利应该权衡国家利益和保护未出生的生命。然而,如果把胎儿的生命视为人类的生命,那么国家就有利益保护它。此外,这一条款背后还隐藏着一个证据问题,因为很少有女性会在医疗预嘱甚至闲谈中预料到怀孕和丧失行为能力的可能性。理性的人可以对这些问题有不同的看法,但国家对保护人类生命的利益这一事实和明智的选择仍然存在。此外，佛罗里达州立法机构已经确定，该州对胎儿生命的利益暂时超过了母亲拒绝医疗护理的利益。

3. Terri Schiavo 案：佛罗里达州《医疗预先指示法》的应用

Terri Schiavo 案（以下简称 Terri 案）这一令人伤心的案件是众所周知的，但是它与佛罗里达州预先指令法案机制之间复杂的相互作用在很大程度上被忽视了。Terri 案是对佛罗里达州《医疗预先指示法》在宪法和实践上的深刻缺陷进行研究的终极案例。佛罗里达州的《医疗预先指示法》是 Terri 的丈夫麦克尔・夏沃提出的撤销他妻子生命支持系统的争议性请求的“战场”。然而，法令并没有像预期的那样起作用。它没有要求对 Terri 的临终愿望或最佳利益进行彻底调查。相反，它将法院的注意力集中在一个标准上，这一标准为判定 Terri 是否处于持续植物人状态。Terri 26 岁时心脏病发作昏迷，之前她看起来很健康。与大多数美国人一样，Terri 没有医疗预嘱，也没有指定的医疗保健决策者。根据预先指示法令，她丈夫作为代理人介入代理。麦克尔・夏沃的第一个行动是起诉 Terri 的产科医生，他从那里赢得了 100 万美元的渎职判决。大部分钱都是用来给 Terri 治病的。公众熟悉的有关 Terri 的争议也始于麦克尔・夏沃，作为 Terri 的代理人，他提起诉讼，要求取消他妻子的生命维持系统。就在那时，Terri 已经卧床 7 年了。她的心脏病导致她的大脑缺氧很长一段时间，对大脑皮层造成了无法弥补的损害，大脑皮层是负责有意识思考的部分。到 1996 年中期，CAT 扫描显示 Terri 几乎所有的大脑皮层都萎缩了，并被液体所替代。不过，Terri 并没有昏迷。她自己无法吞咽，但她不用呼吸器也能呼吸。此外，她还至少保留了与环境互动的能力。在被广泛观看的 YouTube 视频中，Terri 在父亲用温和的声音对她说话时，她在大口喘气，显然还在大笑。换句话说，她处于个人意识的灰色地带，被称为“持续性植物人状态”。

“持续性植物人状态”可能是一个比“终末期状态”或“临终状态”更可疑和模糊的名称。根据法令规定，“持续性植物人状态”是一种“无意识状态，没有自愿行动能力、无法有意识地与环境沟通或互动”的状态。对于没有接受过医学训练的人来说，其界限很难区分，但“持续性植物人状态”的病人并不是处于昏迷状态。“持续性植物人状态”是一个微妙的、技术性的医学名称，其在《医疗预先指示法》中的简短定义掩盖了其作为医学概念的复杂性。“持续性植物人状态”的诊断非常复杂，美国神经病学学会（AAN）为神经学家提供了一个冗长、研究密集的定义。根据美国神经病学学会的说法，长期植物人可能处于神经退行性疾病的晚期，比如阿尔茨海默症，或者他们可能正在从创伤事件中恢复。这种情况很难诊断。根据美国神经病学学会的说法，一个病人即使表现出微弱的用他或她的眼睛追踪物体的能力，也不是处于“持续性植物人状态”，而且可能经历了一些自我意识和大脑功能。在1999年的修正案之前，“持续性植物人状态”是“临终状态”的一个例子，而并非“临终状态”本身。即便如此，很多人还是认为这是一个起草错误，因为从定义上讲，“持续性植物人状态”不是“临终状态”。“持续性植物人状态”可以无限期地持续，也可以缓慢地改善。事实上，在许多情况下，“持续性植物人状态”的病人有很大的康复机会。当然，佛罗里达州立法机构并没有打算鼓励移除那些本可以好转的病人的生命维持系统。然而，1999年的修正案预先指令法规提高了“持续性植物人状态”的法定范畴，与“终末期条件”和“临终条件”并行。《医疗预先指示法》和佛罗里达州最高法院一致认为，任何有关从丧失行为能力的病人身上摘除生命支持设备的调查，都应包括仔细查看病人意图的证据。此外，寻求解除生命支持的一方的举证责任而且应该是一项很高的责任是，根据《医疗预先指示法》，请求取消维持生命治疗的当事方必须以明确和令人信服的证据证明，该决定是丧失行为能力的病人希望作出的决定，或者至少是符合病人的最佳利益的决定。换句话说，《医疗预先指示法》创造了一个简单的负担转移机制。希望从丧失行为能力的病人身上撤除生命支持设备的一方最初的责任是证明病人本来想要撤除治疗。“相关方”，如患者的家庭成员，则有权选择反对请愿书，并提出相反意图的证据。从表面上看，Terri案似乎遵循了这一法律的规定。麦克尔·夏沃出示了证据，证明他声称Terri有退出生命维持系统的意图。Terri的家人试图反驳这一证据，但输了。Terri的生命维持系统随后被移除。然而，那些声称本案是《医疗预先指示法》如何发挥作用的教科书范例的评论人士只说对了一半。所有关于Terri案的简报、判决和公开都掩盖了一个值得注意的宪法事实——《医疗预先指示法》要求明确和令人信服的证据，而麦克尔·夏沃没有。麦克尔·夏沃试图利用 Terri 据称对他和她的朋友及家人所说的道听途说的话来满足他的举证责任。这些言辞很少，而且含混不清。然而，尽管证据不足，麦克尔·夏沃仍然相信 Terri 不会想要以“持续性植物人状态”生存。Terri 的父母，Robert 和 Mary Schindler 利用他们的法定权利，对麦克尔·夏沃请求撤掉 Terri 的生命维持设备的请求提出反驳。辛德勒夫妇攻击了麦克尔·夏沃，声称他想杀了 Terri，以便继承她的财产，并娶一个他在 Terri 出事后坠入爱河的女人为妻。辛德勒夫妇也拿出了自己的证人，其中包括麦克尔·夏沃的两名前女友（以及其中一位女友的丈夫），他们作证说，关于 Terri 的意图，麦克尔·夏沃编造了自己的证词。麦克尔·夏沃的证据尽管有不足之处，但仍占了上风。尽管佛罗里达州法院采用了病人希望继续活着的推定，尽管《医疗预先指示法》要求有“明确而令人信服”的证据证明病人的意图，但法官们一个接一个地裁定，麦克尔·夏沃的传闻证据足以撤掉 Terri 的生命维持系统。Terri 在首次昏迷后的 15 年之后，于 2005 年，她的人工生命支持系统终于被拔掉，大约两周后她死于饥饿和脱水。然而，这并不是 Terri 案件的全部故事。事实上，《先期法令》对 Terri 案适用的真正意义几乎完全被忽视了。对 Terri 待遇的争论产生了数十个上诉和初审法院裁决及两项可能违反宪法的法规，一项由佛罗里达州立法机构通过，另一项由美国国会通过。然而，它只是引发了一场有关什么才是最重要的讨论。

麦克尔·夏沃与辛德勒夫妇的法律斗争经过了不同级别的多次上诉，包括佛罗里达州第二区上诉法院公布的一系列三项判决。然而，在所有的法律文件中，只有很少的文字描述了 Terri 的意图。其余的文字则专注于医学范畴，其意义因党派而异，因律师而异，因法庭而异，甚至因日常而异。尤其是三个第二区上诉法庭的判决，说明了“持续性植物人状态”这一类别在多大程度上扰乱了法院，模糊了 Browning 案中对病人意图和自主性的关注。第二区上诉法院显然试图采取一种理性的、富有同情心的方法来解决一个棘手的争端，试图同时尊重 Browning 本人和《医疗预先指示法》。事实证明这几乎是不可能的。在他们的第一种意见中，第二区上诉法院对麦克尔·夏沃提供的关于Terri遗愿的证据只判了两句话，而把重点主要放在了Terri受伤的严重程度和她康复的可能性上。在其第二项意见中，法院认为，只有在Terri突然有机会完全治愈的情况下，才适合重新审理初审法院撤销Terri生命维持系统的命令。“这种基于奇迹般的重审假设讨论造成了混乱，导致第二区上诉法院在第三意见中为第二意见造成的混乱道歉。”在这三个裁决中，Terri的健康状况是被关注的首要问题。在第一项裁决中，第二区上诉法院指出，“药物不能治愈这种情况。除非上帝的行动，一个真正的奇迹，重新创造了她的大脑，Terri将永远处于无意识的、反射性的状态，完全依赖他人来养活她和照顾她最私人的需求”。然而，当作出第三项裁决的时候，辛德勒夫妇的医学专家已经说服持怀疑态度的第二区上诉法院下令举行一个证据听证会，以确定Terri是否想要接受一个新的疗法有机会恢复一定程度的认知功能。换句话说，法院根本没有考虑Terri的意愿——或者说没有考虑到Terri的意愿。相反，法院显然是在假定持续植物人只是一种可怕的生存状态下进行的，任何理性的人都不想在经历植物人的过程中活着。只要麦克尔·夏沃能证明Terri确实处于“持续性植物人状态”，法庭就会愿意忽略完全缺乏的证明Terri意图的证据。这使Browning案扭曲得面目全非。事实上，它代表了保守派在Browning案件宣判后所担心的结果，并试图用1999年对《医疗预先指示法》的修正来纠正该案的审理结果。

第二区上诉法院对Terri是处于“临终状态”还是“持续性植物人状态”的关注，揭示了《医疗预先指示法》中两个基本的宪法缺陷。首先，该法规过于强调界定模糊的临床标准是取消生命支持系统的先决条件。对医学诊断的强调显然鼓励了法院将“持续性植物人状态”或“临终状态”视为撤除生命支持设备的先决条件，这个调查和Terri的实际愿望没有关系。其次，Terri案的判决揭示了法院和立法机构在解释专门医学名称时遇到的困难。例如，第二区上诉法院在第二次判决时，根据《医疗预先指示法》的规定，把Terri的情况定性为符合“终止条件”。然而，正如法院在之前的判决中指出的，Terri有“足够的金钱和身体力量在喂食管的帮助下无限期地活着”。换句话说，Terri被发现处于“临终状态”，因为没有食物和水她就会死去。通过在法令中加入“持续性植物人状态”，以及保留“临终状态”，立法机关阻碍了自己的政策目标，给医生、病人和法官造成了长期的困惑。1999 年的立法机关关注的是保护弱势群体。然而，立法机构制定的法令剥夺了对医院中一些最脆弱的病人的保护——那些处于“持续性植物人状态”的人，就像 Terri 案所显示的那样，法院将根据临终/终末期/持续植物人状态的语言，根据明确而令人信服的证据以及植物人处于某种特定的医疗状态，而非病人自己的决定，来判断是否撤除他的生命支持系统。与此同时，修正后的《医疗预先指示法》模糊了病人决定在生命结束时接受或不接受何种医疗护理的权利。在 Terri 案中，临终/终末期/持续性植物人状态限制了法院对调查病人意图的注意力。但它们同样可以很容易地限制有明确生存意愿的病人决定自己命运的能力。

4. 佛罗里达州《医疗预先指示法》立法及应用的总结

医生、医院伦理小组和医疗保健律师有关如何解释和应用《医疗预先指示法》是没有任何经验的，但有证据表明，该法规的临终和终末期条件被用来迫使一些病人继续依靠生命支持系统生存，即使在病人没有希望康复的意愿和留下明确的医疗预嘱的情况下。一位熟悉医院关于临终生活护理的个人说，医生在佛罗里达州已经成为自己的风险管理者。现在，在某些情形下，即使是清醒的病人也不能行使拒绝治疗的权利。此外，全国性的研究发现，即使在没有明确限制的州，如佛罗里达州的法令中所发现的州，医生也未能对病人及其家属进行充分的临终护理教育。他们倾向于在侵入性过度治疗方面犯错误。

事实是，绝大多数美国人只是没有接受过临终护理方面的教育。而美国人对现代生活维持系统所带来的令人麻木的选择缺乏认识，这给法院、立法者和医院服务造成了巨大的问题。我们希望保护弱势群体，同时尊重个人的神圣性，他们可以随心所欲地使用自己的身体。然而，当人们不知道有什么选择时，他们怎样决定如何处理自己的身体。笔者遇到这样的案例，一位老人提前准备了她的医疗预嘱，指定儿女作为她的代理人。老人开始时固执地认为，她想顺其自然地去处理使人衰弱的疾病。然而，当儿女开始和她讨论在研究中了解到的一些更困难的维持生命的方案时，她犹豫了。如果她只能靠呼吸器维持生命,她准备下令摘除生命维持器,在摘除呼吸器几分钟后她就会死亡。但当儿女提到昏迷、持续性植物人状态或部分脑萎缩的问题时,老人就没那么热情了。在这种情况下,她只能像Terri一样,在数天或数周的饥饿或脱水后死去。这是一场让人不舒服的谈话,笔者也能理解为什么医生和律师在与那些指望他们提供建议的人进行这种谈话时有些犹豫。事实是,对于现代临终关怀所造成的困境,并没有简单的答案。直到20世纪,人类的死亡一直是一件亲密的、以家庭和社区为中心的事情。现在,医院和州政府的介入让死亡成了现代工业和官僚主义的组成部分,这带来了巨大的好处,但也带来了巨大的风险。

佛罗里达州试图平衡这些风险和利益的尝试是失败的。法律应该鼓励积极的方法来解决棘手的问题。在这种情况下,预先指令法律应该鼓励病人、医生和律师就临终关怀进行坦诚的讨论。它应提高佛罗里达州公民的能力,使他们作为宪法明确规定享有隐私权的州的受教育公民,能够决定如何和何时接受医疗服务。它还应该保护弱势群体,使其免受医疗系统固有的滥用,尤其是医疗系统在很大程度上是以成本考虑为特征的。但佛罗里达州《医疗预先指示法》并没有保护弱势群体,而是将决策者的注意力集中在模糊、定义不明确的临床标准上。但这并不是说不应该限制个人拒绝治疗的权利。永远不应该对有机会恢复的已失能的病人,甚至对那些虽然不能完全恢复,但仍希望继续接受维持生命治疗的病人,取消生命支持。此外,医院和政府不应协助病人自杀,或者认定某些生命不值得保留。但是临终/终末期/持续性植物人状态的分类只能部分地服务于这些有价值的目的。佛罗里达州立法机构可能有充分的理由担心Browning案在个人自决的方向上走得太远。但是,在宪法上正确和实际有效的应对应该是在Browning案的框架内工作,而不是放弃它。Browning案及其之后的判例应当允许对拒绝医疗的权利进行基于证据和政策的限制。如果仔细实施这两种限制,可以充分保护脆弱患者不受虐待,同时允许医院尊重真正没有康复希望的患者的意愿。此外,对证据限制的日益重视从逻辑上鼓励对病人可能作出的临终护理决定进行更广泛的讨论。反过来,这种讨论可以帮助解决法院和医院所面临的难题,法院和医院正在审查剥夺无能力的病人生命支持的请愿书。如果病人的愿望真的可靠,病人的情况真的没有希望和不可逆转,那么最困难的情况会变得简单一些。

第二节　德国医疗预先指示的条文、案例与司法规则

经过公众和议会的热烈讨论,德国《民法典》第三修正案正式承认了医疗预先指示的法律效力。此次修改由三条组成,第1901a条明确了医疗预嘱和治疗请求的相关性,第1901b条确定了患者意愿谈话的重要性,将原有的第1901a条中的书面护理请求和委托书变为第1901c条。在此种背景下,德国高等法院近几年的相关判决都提到了有关医疗预先指示的新颖的解决思路。

一、德国高等法院的案例与判决

在民法和监护法变革的背景下,因修法而引发了关于预先指示法律规定的不明确,联邦法院案件处理总出现不明确且有争议的裁定,导致出现了个案中有关如何处理口头或书面事先陈述以及决策能力和程序的新问题。以下总结了三个典型案例,第二部分成文法体系中的分析也主要围绕这三个案例展开。

案例1:一位46岁的女性突发脑出血,导致无反应性觉醒综合征(UWS),这是一种非常复杂的脑部疾病。患者可以自主呼吸,血液循环也无障碍,可能也会存在对疼痛刺激的反应。但他们的大脑皮层已死亡,无法感知周围事物。与昏迷病人相比,他们的眼睛是睁开的,似乎可以四处看,但事实上,这只是脑干和脑神经完好无损的标志。根据症状的严重程度,他们可以吞咽(轻度病例),也可能需要营养治疗(重度病例)。这位女士正在通过经皮内镜下胃造瘘管(PEG管)人工喂食,她并没有作出事先书面的医疗预先指示。但是,据多名证人(目击者)称,当这位女士的侄女儿处于持续的植物人状态时,这位女士曾反复表示,如果她自己将来某日

也处于这种状态,她选择不想要任何延长生命的措施。她的丈夫和女儿被指定为她的监护人,他们共同得出的结论是,停止人工喂养符合本人意愿。他们向监护法院申请批准他们的决定,或者要求监护法院作出一个“无须批准”的宣告性判决。他们和主治医生之间就本人的治疗意愿达成协议,但不久之后,该女士居住的长期照护中心发生变动,这样的一份协议也不复存在。

案例2:医疗预先指示的案例可能会引发冲突,因为人们通常反对死亡的医疗化。但人们可能不会准确描述他们拒绝哪种类型的治疗,或在哪种情况下希望接受哪种治疗。1998年,一女子在一份医疗预先指示中表示,如果她神志不清,无法表达自己的意愿,她希望得到适当措施的充分照顾,只要维持可忍受的生活的现实前景即可。但是,若有明确的医学判断证明她的病情已到晚期,她没有恢复意识的希望,或者她遭受了长期严重的脑损伤,她就拒绝采取延长生命的措施。如果出现上述情况,她认为应该采取措施减轻痛苦与恐惧,即便这会缩短她的生命。她反对主动安乐死。除了她所立的医疗预先指示,鉴于她有一个一直处于植物人状态的熟人,她还告诉亲戚,她不希望在植物人状况下还活着。当她发生脑卒中后,她从2008年5月后就一直处于植物人状态。2008年6月,她终于能说话了,她对治疗师说:“我想死。”2012年,她的儿子和丈夫被任命为她的监护人,两人都拥有唯一监护和代理权。在主治医师的同意下,她儿子希望停止对她的人工喂养,而她的丈夫不同意。

案例3:在与医疗预先指示相关的刑法问题上,联邦法院也有具有争议的判决。刑事案件有其自身规则,但应与民法规则相协调。一位77岁的妇女,由于脑溢血,多年来一直处于无反应性觉醒综合征状态,并在养老院人工喂养。恢复是不可能的。她在事先没有书面指示。然而,就在大出血之前,这位妇女告诉她的女儿,如果她处于不可逆转的昏迷状态并连接着管子,她不想要任何延长生命的措施。根据该名妇女早前的陈述,她的女儿和儿子作为指定的监护人。在家庭主治医生的同意下,他们试图终止人工喂养,但护理院的工作人员拒绝这样做。接下来,女儿在哥哥的支持下,停止了人工喂养,由于他们的顾问律师给出了这样的指示。工作人员很快就发现了这一事件,这名女子被送往医院,再次进行人工喂养。几天后,她自然死亡。该顾问律师因故意杀人罪而面临起诉。[6]

二、德国医疗预先指示的法律体系及完善方向

(一)宪法条款及其适用

尊重自决权和人格自由发展、生命权和人身完整权以及人的尊严等基本权利,都是德国法中承认与保护医疗预先指示的宪法相关权利。它们的保护包括在预测未来丧失行为能力时作出决定的可能性,并事先规定被拒绝或希望采取的治疗措施。然而,在适用医疗预先指示的条件下,自决权的概念是有争议的。有学者认为,德国法上自决权的宪法意义可以这样解释,即自决权不因一个人的年龄或疾病而丧失明确决定或表达自己意愿的能力。这种解读与联合国《残疾人权利公约》的做法相一致。如果从狭义上理解自决权,人格自由发展的权利就具有重要意义,并导致同样的结果:正是由于人格自主或自由发展、生命和身体完整的权利,病人在特定情况下的愿望才具有决定性。个人有权在任何时候改变或推翻事先的决定。如果这个人不再有能力明确地作出决定,就会产生解释和考虑事先决定和具体行为的问题。

医疗预先指示的显著特点是,撰写指示时的情形和应用指示时的情形存在差异。从宪法角度看,他们应被视为在不确定条件下作出的决定。一方面,它们是在特定的不确定条件下撰写的。撰写者和参与者只能在有限的程度上预测未来现实世界环境中身体和精神的状态,以及在这种情况下他或她的偏好是什么。至少其他人面临着准确描述病情预判和个体愿望的问题。另一方面,预先指示是在不确定的情况下适用的。他们通常在相当大的程度上需要解释。鉴于这个人目前的经历,他或她是否仍然想要以前指定的东西,这仍然是一个无法克服的不确定性。

在这种情形下,医疗预先指示中的陈述不能被视为并等同于一个有能

〔6〕 See Marion Albers, *Cases and Regulation of Advance Decisions in Germany*, 25 EUR. J. HEALTH L. 441(2018).

力表示同意的人的决定。它们需要更复杂的方法去判断和执行。宪法权利排除如下立场:例如,几乎无条件地适用先前的指示,或相反地,仅仅以其他人的最大利益解释指示为导向。德国《基本法》规定了宪法性标准,并没有把立法选择局限于一个答案。

(二)《残疾人权利公约》中的相关规定

德国学界目前正在探讨,在宪法指导方针、司法决定和政治改革已经引发的基础上,德国于2006年通过的《残疾人权利公约》条款需要在多大程度上以及如何修改成文法。根据德国《基本法》第59(2)条,国际公约条款具有非宪制联邦法律的地位。由于德国《基本法》对国际法的承诺,它们在规范等级中的地位必须以一种更为复杂的方式来描述。除了例外情况,它们必须通过立法措施和符合实质性宪法规定的现行法律纳入法律制度。它们的影响是持续的,因为只要适用的方法标准为这种解释留有余地,就必须根据公约解释和适用次级宪法成文法,无论其生效日期如何。

与预先指示相关的关键规定来自禁止歧视的《残疾人权利公约》第3条第1项和第5条,以及涉及人身自由和平等权利的《残疾人权利公约》第12条,该条规定任何人不得被剥夺法律行为能力。《残疾人权利公约》第12条第3款加强了从替代决策到协助决策的范式转变:应支持受影响的人自己做出决定,而不是由第三方代替作出决定。正如《残疾人权利公约》第12条第4款所示,一般不禁止侵犯,但侵犯必须符合公认的正当理由。因此,可以归结为支持独立决策的措施必须与侵犯《残疾人权利公约》第12条规定的权利加以区分,也即,应最大程度上支持本人的自主决策或协助其做出医疗决定,医疗预先指示的实施精神应符合《残疾人权利公约》规定。

(三)德国成文法的不同领域

1. 德国民法的相关规定

在德国,2009年7月颁布的《第三修正案》(Drittes Gesetz zur Anderung des betreuungsrechts of 2009)规范了医疗预先指示且写入德国《民法

典》[7]。因此,在德国,医疗预先指示具有法律约束力。

当医疗预先指示缺乏正式的组成规范时,在先前口头表达的具体治疗偏好的约束力,以及在主治医生和法定代理人就患者意愿存在分歧的情况下将监护权授予法院时,该法的自由方式变得明显。这部法律被认为是相当自由的,这可能是因为德国的医疗预先指示问题是一个自下而上发展的社会运动,从而推动了对政治决策的要求。2002 年,只有 2.5% 的德国公民拥有医疗预先指示,而在 2007 年,也就是有关医疗预先指示的最终法律通过的前两年,这一数字增加到大约 10%。由于这种自由的临终决策方式,德国没有像西班牙、葡萄牙或意大利那样对医疗预先指示进行国家登记,也没有像英语国家那样进行“代理预嘱”国家登记。没有考虑到医生的作用,也没有考虑到在罗曼语国家实施医疗预先指示所产生的风险。

德国法律预设了医疗预先指示具有法律约束力的性质。一个无行为能力病人的愿望必须从三个不同的层面寻求,按优先顺序递减:(1)医疗预嘱;(2)先前表达的治疗愿望;(3)假定的愿望。只有医疗预嘱才需要作为书面文件;医疗信息公证的法律义务尚未确认。此外,德国法中,口头声明在法律上是有效的:如果是符合患者目前医疗状况的明确口头声明,则被视为治疗愿望;如果是关于痛苦、生活质量、死亡和垂死的更一般的偏好声明,则被视为假定愿望。在西欧国家中,除了德国,没有一个国家的法律明确承认先前口头表达具有如此严格的决定性权利。[8] 此外,在德国,患者偏好声明接受者的职业地位无关紧要。如果代理人和医生对病人的意愿有分歧,法院必须介入。根据德国《民法典》第 1904 条,监护法院(Betreuungsgericht)只负责监护人(或代理人)和负责病人的医生之间关于病人偏好的冲突案件。这是对 2003 年联邦法院民事法庭判决的编纂,该判决指出,除非医生和患者的法定代理人不同意患者的意愿,否则停止或撤销治疗不需要法院的批准。在上述冲突中,法院必须确定病人的意愿。

---

[7] 整个《第三修正案》提出的流程为:德国最高院作出判决—议员提出草案—《第三修正案》提出。

[8] 在苏格兰,如果事先口头陈述是传达给全科医生、律师或其他专业人士,则可能具有约束力。参见《苏格兰精神卫生法》。

修订后的德国《民法典》中规定了若干与医疗预先指示相关的基本术语和基本概念：个人自主权，通过合同法和侵权法对个人自主权进行的保护，患者意图和意图声明的权威性、有效性的几个要求，比如给予同意的能力；解释意图声明的规则以及损害或缺乏同意的制度，比如错误、意图形成过程中的外生障碍；条款的原则，即考虑到在预先指示撰写时具有决定性的情况的变化。德国《民法典》第63条a款第2项还载有关于医疗合同的框架条例，特别是关于给予知情同意的条款。给予同意能力的先决条件是当事人能够理解和评估医疗的性质、意义、效果和风险，并能形成自己的自由意志。但评估一个人是否拥有医疗同意能力较难。同意能力的评估适用于以不同阶段的精神清晰度为特征的与年龄有关的疾病，也适用于某些精神障碍，即给予同意的能力可能波动并间歇性地恢复。

如果当事人没有能力表示同意，则可以使用医疗预先指示。医疗合同条例已经与监护法中关于医疗预先指示的条例交织在一起，必须相应地加以协调：如果病人不能同意，则必须取得有权这样做的一方的同意，除非根据德国《民法典》第1901a(1)1条的指导性指示允许或禁止这一措施。[9]这一指令要求具有同意能力的成年人已书面确定，在他无法同意的情况下，他是否同意对他的健康状况、治疗或在确定时尚未直接确定的医疗干预的具体测试。德国《民法典》第1901a(1)3条补充说，预先指示可以随时撤销，而无须具体形式。由于法律定义涵盖了广泛的应用领域，预先指示不仅是关于临终情况的一种选择，而且在精神病学领域也是一种选择。当事人可以在事先指示中具体说明他或她希望或拒绝哪种精神治疗或药物，药物的（最大）剂量应该是多少，他或她不同意涉及强制拘留的措施，或者

---

〔9〕 德国《民法典》第1901a(1)条规定，对于一有意思能力之成年人，就日后陷入无意思能力时，针对提出申请时尚未面临之健康检查、身体治疗或侵入性之医疗处置，而为同意或拒绝所提出之书面声明，应由其辅助人加以检验，该声明是否符合现在之生活及治疗情形。如有符合者，辅助人应明确表示受辅助人之医院，并依其同意书加以履行。病患意愿同意书得以不要式方式，随时撤回之。未订有病患意愿同意书或该病患同意书之内容未符合其现在之生活及治疗情形者，辅助人应以受辅助人明示或可得推知之意愿，或以其为基础，决定是否同意第一款所定之医疗行为。所谓可得推知之意愿，应以具体情事为依据。于此情形，特别应斟酌受辅助人先前以口头或书面所为之意思表示，或考虑受辅助人对伦理及宗教之信念，或其个人价值观。

他或她更喜欢或排除某些治疗机构。

患者预先指示的约束力与其生效必须具备的有效要件包括：法定年龄、书面形式、预先指示制定时的同意能力，以及该人授权或禁止的医疗程序的精确说明。如果当事人要求医生确认他或她在这个关头作出决定的能力，并将其登记在预先指示（“认证的”预先指示）的背景下，那么在撰写预先指示时对同意能力的评估就会更容易。法律规定，成年人有权同意或拒绝医疗措施，除非有相反的证据。但是，对于同意能力的鉴定较困难。最苛刻的先决条件是医疗程序的精确规范。虽然受波动性精神障碍影响的人可能能够根据自己的病史评估可能的医疗措施和自己的愿望，但面临以健康状况逐渐下降为特征的与年龄有关的疾病的人则依赖于根据其他人的经历进行预期或判断。在最近的案例中，联邦法院为精确的规范设定了很高的门槛。法院要求当事人就是否同意某些尚未到来的医疗程序作出具体决定。所提及的疾病或治疗情况必须充分说明。法院主要使用否定区别来说明需要如何精确地描述：诸如要求“如果治疗不再有望成功，可以有尊严地死去”之类的一般性指示是不充分的，正如在某些情况下“不需要维持生命的措施”的陈述是不充分的。关于未来预期的情况，法院认为，“严重永久性脑损伤”这一措辞如果不作更具体的说明，是不精确的，以致不能假定当事人拒绝采取何种具体治疗措施。

解释医疗预先指示很重要。例如，在本节前述案例 2 中，联邦法院强调，必须仔细注意解释现有的预先指示，特别是当它包含各种声明时。一方面，受影响的妇女表达了积极治疗的愿望，并明确拒绝主动安乐死。另一方面，她在某些情况下拒绝采取维持生命的措施。为了描述这些情况，她使用了法院认为原则上过于模糊的措辞，但更具体地说明了这些情况。因此，监护法庭必须作出苛刻的决定。在满足精确规范的前提条件的困难面前，也不能忽略了预先指示制定过程中的咨询和解释。立法者将咨询和最新的预先指示列为有用的规范，但不是强制性的。对有能力作出医疗决定的人提供咨询应视为有助于减少不确定性和缩小预先指示的制定和执行之间的差距的一项因素。此外，应旨在将预先指示纳入更广泛的事先护理规划中。现行的法律框架没有充分解决这个问题。立法和司法还存在很多的不足。因此,立法者不仅考虑了预先指示有效性的先决条件,而且首先考虑了其解释和执行。这就是为什么德国《民法典》第1901a(1)1条中医疗预先指示的法律定义嵌入关于法律监护的标题中。而关于监护人或授权代表的职责和权限的进一步规范声明紧随此定义。双方的职责之一是确定预先指示中规定的内容是否符合患者目前的生活和治疗情况。指导性指示所包含的陈述与无行为能力患者的实际表达和行为之间的冲突在法律上是相关的,无论是作为撤销,还是鉴于目前的生活和治疗情况,该医疗预先指示缺乏适用性。[10] 考虑到患者的意愿是根据德国《民法典》第1901a条做出决定的基础,这些挑战是监护人或代理人及医生必须讨论指示措施的原因之一。在确定病人预嘱的讨论中,应给予病人的近亲属和其他享有病人信任的人在可能的情况下作出陈述的机会,而不应有任何相当的拖延。当然,这并不意味着要作出的决定(实际上是关于病人指示的有效性和适用性的一系列决定)在法律上是相互的决定。主治医生应通过介绍自己的经历来支持确定病人的意愿。这个决定的作出是监护人或代理人的任务。如果他或她得出的结论是,医疗预先指示满足所有有效性要求,并与当前的生活和治疗情况相对应,他或她有义务表达预先指示中所述的患者意愿,并确保这些意愿得到尊重。只有在实施或不采取医疗干预有充分理由导致患者死亡或遭受严重和长期健康损害的情况下,监护人或代理人与医生就所选择的措施与患者意愿之间的一致性达成协议,作为先决条件,才是法律规则的关键要素。如果达成协议,则不需要监护法院的批准。

由于患者已经事先作出了同意指定医疗措施的决定,并以对所有相关人员具有约束力的方式作出了决定,监护人或授权代表必须确保患者的意愿得到实现。尽管不需要监护人或代理人替代同意医疗程序,但他们的角色地位仍然很高,因为预先指示涉及在不确定条件下作出的决定:必须根据许多不同的民法要素来检查有效性,在考虑到所有可能的解释因素的同时解释指示的内容,在必要时区分约束性要素和指示性要素,并在主治医

〔10〕 关于缺乏适用性的相关性,参见德国《民法典》第1901a(1)条和第1901b条。

生的支持下，以及最终在其他医务人员、亲属或朋友的支持下，根据现有的指标并考虑到先前的指示，确定患者当前的意图。关于主治医生在检查了所指的治疗方法后，是否以及在多大程度上被允许在他或她认为现有的预先指示明确适用并给出明确指示的情况下，参照现有的预先指示自行作出决定，这是一个有争议的辩论。法律规则并不明确，甚至含混不清：2013 年修订的德国《民法典》第 1901 条规定，如果患者无法同意，则应获得有权这样做的一方的同意，除非根据第 1901（a）条的指示允许或禁止该措施。这可以理解为，医生是医疗预先指示的直接受约束方，而无须咨询代理人。但是德国《民法典》第 1901 条没有回答必须由谁和遵循什么程序来解释指示的声明，而且，正如上文解释的那样，监护法的规则基本上假设，在指示要执行的情况下，相关人员需要由医疗保健代理人或监护人支持。这个问题的解决方案应该有所区别：至少在代理指示或已经指定的法定监护人存在的情况下，主治医生可能不会独立行事。（这个法条目前删除或未找到）代理型医疗预先指示追求的目标正是确定应该由谁来决策，但在没有指定的替代决策者的情况下，如果一项医疗预先指示禁止采取维持生命的措施，而且被认为是明确有效、适用和可行的，那么几乎不可避免地会出现两难境地：要么主治医生是唯一在法律上负责解释和执行的人，要么就需要进行费时地指定法定监护人，而且很可能必须开始不必要的治疗。因此，前一种选择可能是合适的，如果医生已经知道病人需要一个较长的护理过程。在这种情况下，可以有一个明确的针对主治医师（他或她）的医疗预先指示；此外，患者的近亲和其他享有信任的人应根据德国《民法典》第 1901b（2）条参与决策过程。实现的不确定性和已有的争论表明，将医疗预先指示和代理结合起来总是可取的。

根据规定的有效性和实施情况的要求，预先指示编写时制定的声明，无论当事人的疾病类型或阶段如何，都具有法律约束力，并适用于以后的治疗情况。这意味着，如果存在有效的预先指示，即符合德国《民法典》第 1901a（1）条的规定，则必须遵循其声明，并在所述的各种程序中进行解释和验证。如果预先指令不能满足要求，这并不意味着它完全无关紧要。根据德国《民法典》第 1901a（2）条，在确定最初的处理意愿或推定意图时，必须考虑到其陈述。在德国，医疗健康决定被认为属于个人领域，只有在与患者意愿发生冲突的情况下才会寻求法官的裁决。程序上，德国议会采取了更为自由的方法：既没有建立“预嘱代理人”的全国登记册，也没有建立关于“医疗预嘱”的正式程序性规定。

2. 成年监护法的重要意义

德国《民法典》中的成年监护法非常重要，它为指导性预先指示的执行情况提供了法律规则。根据成年监护法的规定，如果一个人不能代表自己行事或不能同意，因此部分或完全不能安排自己的事务，监护法院必须指定一名监护人。监护只限于需要监护人的事项或领域，并只可在有需要的情况下涵盖这些事项或领域。德国成年监护法的规定以及《残疾人权利公约》第 12 条的规定，在某种程度上被质疑。一些人认为，德国法律为残疾人制定了特殊的法律规定，通过指定监护人规定了不可接受的对自主权的侵犯。然而，监护法并不是专门为残疾人设计的。由于宪法规范、权利和原则，如比例原则，由《残疾人权利公约》加强的支持自决的方法已经反映在德国法规中。因此，指定监护人在很大程度上是为了支持当事人，确保该人的自决权，因此必须相应地解释他或她的任务和职责。的确，监护法的某些条款允许侵入，例如精神病学领域的非自愿监护，但这些入侵只有在符合宪法权利和原则的情况下才是合法的，联邦宪法法院强调限制宪法要求。在民法中，当事人通过不同的可叠加的选择作出决定。预先指示可以具体说明要作出的医疗决定的内容。如果存在这样的医疗预先指示，则在何时“需要”监护人方面存在分歧，如果有的话，则是根据德国《民法典》第 1896(2)条的辅助人规定。因此，与医疗预先指示一起指定代理决策者是有意义的。作为第二种选择，当事人可以在丧失行为能力之前指定一个人作为他或她的代理人。如果在法律上是有效的，并且涉及健康方面的相关事项，则根据辅助性原则，除监督监护人的例外情况外，不需要监护。代理人的任务与监护人的任务大致相同。他(她)的决定必须得到监护法院的批准，这也是在法律规定和限制条件下所必需的。但是，就职权范围而言，有一个重要的例外：如果没有法律上有效和适用的指导性指示规定患者事先决定是否同意，需要医疗健康代理人的同意，他或她只能同意、不同意或撤销对涉及死亡风险或严重和长期损害健康的医疗措施的实施或不采取的同意，这里的前提是委托书明确包括这些措施，并以书面形式提供。联邦法院在其决定中在这方面提出了严格的要求：授权委托书的文本必须充分明确地规定，拥有授权委托书的人的决策权涉及此类措施，此外，他或她的决定实际上可能导致此类风险。即使存在有效的授权书，在某些情况下，法院也可以任命一名监护人（监督监护人），维护当事人在其代理人面前的权利。不信任代理人的亲属可能会提出这样的申请。与所有其他监护形式一样，监督监护人只有在必要时才可委任。这将需要充分的证据证明代理人无法履职或没有善意履职。

个人可以对未来的决策施加影响的第三种方式是通过监护指令，明确指定谁应该或不应该被指定为他或她的监护人。监护人的权限比获授权代表的权限更广，而且从一开始，包括有充分理由存在患者死亡或遭受严重和长期健康损害的风险的情况。一旦法院指定了监护人，他或她就承担了主要责任，必须按照监护法的规定（特别是德国《民法典》第 1901 条）行事或作出决定。只有在有充分理由可能导致病人死亡或对健康造成严重和长期损害的情形下，他或她的决定（进行或不进行检查、治疗或医疗干预）才受监护法院的控制，即必须得到法院的批准。无须受批准的情形是：监护人和主治医生之间存在具有法律约束力的事先指示和协议，其声明涵盖了当前的生活和治疗情况。另外，尽管没有具有约束力的事先指示，但当监护人和主治医生一致认为给予、拒绝或撤回同意与患者的治疗意愿或推定意图一致时，监护人不需要批准。如果代理人、监护人和医生之间仍有疑问，则未达成所需的协议。

只要不怀疑有渎罪行为，则不应通过监护法庭案件而使患者意愿的实施变得困难，该案件可能会经历几个上诉阶段，在案件进行的每个阶段，通常必须继续进行后来被证明违背患者意愿的医疗程序。医生和监护人在做出决定时相互控制，以保护病人不受监护人权利的滥用。无论如何，双方都可以让监护法院审查他们的决定。此外，任何第三方，特别是生活伴侣、亲属或被监护人信任的人，都可以引发监护法院对监护人作出的决定的审查。在本节案例 1 中，联邦法院强调了协议的法律意义，以及之前的审查和讨论程序，以及监护法院审查的功能。如果当事人要求监护法院介入，并得出达成协议的结果，以及所选择的医疗措施符合患者的意愿，它必须做出宣告性的判决，即不需要得到监护法院的批准。前文案例 1 中，没有这样的协议存在。因此，监护法院必须确定有关妇女的治疗意愿和推定意图，重点是她以前的口头陈述是否能够得到证明，并涵盖她目前的生活和治疗情况。根据审查结果，法院有义务批准或不批准丈夫和女儿的共同决定。

3. 与刑事法相关的规则

德国通过刑法对患者的合法权益进行了多种形式的保护。首先，如果进行了治疗，根据德国《刑法典》第 223 条的规定，对身体完整性的干涉被归为造成身体伤害。通常情况下，患者的同意可以阻却违反法律。当然，如果拒绝不应拒绝的治疗导致病人死亡，这也可能与刑法有关。由于根据德国《刑法典》第 13 条，医生具有受信任的地位，不提供医疗援助不仅构成德国《刑法典》第 323c 条意义上的不提供援助，而且构成德国《刑法典》第 212 条和第 213 条所界定的杀人罪。这些病例必须与那些患者拒绝同意治疗措施，而死亡是由于他们的疏忽（“被动安乐死”）的病例区分开来。此外，根据德国《刑法典》第 216 条，在他人要求下杀人是一种犯罪行为。这种刑事犯罪包括第三人主动干预另一个人的身体完整，根据他或她的明确愿望结束该人的生命（“主动安乐死”）。德国《刑法典》第 217 条规定，以商业规模协助他人自杀是违法行为。这些刑事规则与民法关于知情同意和医疗预先指示的规定相协调，要求很高。法院将民法要素纳入刑法规则，作为必须遵守的具体规定。缺乏行为能力的个人在具有法律约束力和适用的医疗预先指示中的陈述、他们的治疗愿望或他们在先前口头陈述中的隐含意图会对刑法评估产生影响。例如，根据德国《刑法典》第 212、213

条[11],如果主治医生遗漏了指定的治疗,因为有效的医疗预先指示包括充分明确的拒绝同意这一特定治疗,并且医生及其代表或监护人根据德国《民法典》第 1901 条同意这一治疗,则不会构成犯罪。相反,在这种情况下进行处理将违反德国《刑法典》第 223 条。法院强调,必须遵守民法实体法条款(有效性要求、与当前生活和待遇情况相对应)和程序条款(由代理人或监护人审查、德国《民法典》第 1901b 条规定的协议程序)。

在本节案件 3 中,具有刑事管辖权的联邦法院承认,考虑到该妇女先前的口头陈述,该妇女有拒绝人工喂养的推定意愿,主治医生和作为法定监护人的女儿和儿子已就此达成协议。在这些情况下,必须根据民法的规定进行评估,应该避免喂食。然而,进一步的刑法问题是,女儿根据所给的指示主动切断了喂食管。法院采用了一种新的办法,放弃了传统法律中对医疗措施的作为与不作为之间的明显区别,并解释说这种区别一直是人为的。法院认为,无论作为还是不作为,其导致法律要求的“治疗结束”都没有区别。在法庭审理的案件中,在未经同意的情况下切断管子以结束治疗和做出这样的指示,不被视为犯罪。律师被无罪释放。

4. 需完善的方向

在德国,医疗预先指示的法律框架部分是新的,总体来说相当复杂,旨在明确承认医疗预先指示,联邦最高法院也给出解决此类问题的新规则。但是,新规则并没有为在事先作出决定的情况下出现的一些众所周知的问题提供令人信服的解决办法,并导致新的问题。其中一个原因是,预先指示的制定和执行彼此之间没有充分的协调和联系。预先指示不应被视为一个孤立的工具,而必须嵌入预先护理规划的更广泛背景中。这就要求进一步改善医疗保健体系。

---

[11] 德国《刑法典》第 13 条规定:(1)凡未能阻止作为刑事规定要素的结果的人,只有在法律上有责任确保结果不会发生,并且不作为等同于通过积极行为实现犯罪的法定要素时,才应根据本法承担刑事责任。(2)根据第 49 条第 1 款的规定,处罚可以减轻。第 212 条(故意杀人)规定:(1)非谋杀而故意杀人的,处 5 年以上自由刑。(2)情节特别严重的,处终身自由刑。第 213 条(故意杀人的减轻情节)规定:非因故意杀人者的责任,而是因为被害人对其个人或家属进行虐待或重大侮辱,致故意杀人者当场义愤杀人,或具有其他减轻情节的,处 1 年以上 10 年以下自由刑。

第三节　西欧诸国的医疗预先指示的本土化立法和实践

一、西欧诸国立法概述

本节重点研究的国家有西班牙、法国、英国，由于上文已专门介绍过德国，此处的德国仅在比较中列举。之所以将这四个国家重点列出，是因为既有大陆法系的德国、法国，又有英美法系的英国，还有接受大陆法系移植的西班牙。之所以选取西班牙而非葡萄牙，是因为西班牙的法律一直被视为葡萄牙的榜样并予以借鉴。这些国家都有自己的法律文化和法律传统，都接纳了医疗预先指示作为行使患者自决权的工具，并转化到本国法律中。当然，各国对于医疗预先指示保护采取不同的侧重。有以医生为中心的国家，也有优先保护患者自主权的国家。西欧国家的医疗预先指示可以分为上文中划分的类型：指示型医疗预先指示（医疗预嘱）和代理型医疗预先指示，这两种类型是互补的。在所有被研究的国家中，健康被视为一项宪法权利。其保护程度因国而异：从国家不危害公民健康的“消极义务”（如爱尔兰）到对“健康权”的最高程度保护（如意大利）。在所有这些国家，公民都有拒绝医疗的权利。除意大利、爱尔兰和北爱尔兰外，所有被研究的国家都有法律支持的医疗预先指示制度。〔12〕

尽管这些国家在保护患者自主权这一广泛概念上有基本共识，但不同的政策强调不同的价值观。在英语和德语国家，患者自主被认为是基本的；它的保护是通过支持缺乏能力的人（英语国家），或者强调病人自决权的重要性（德语国家）。在罗曼语〔13〕国家，虽然病人的自主权得到了承

〔12〕 部分西欧国家关于预先指示的法律为：奥地利：《成年障碍者事务管理法》；英格兰：《意思能力法》；德国：修订后的《德国民法典》；法国：《公共卫生法》；葡萄牙：《医疗预先指示法案》；西班牙：《医学道德守则》《关于医疗预先指示的法规》；《苏格兰精神卫生法》；意大利 2350 号法案《The Bill 2350（La legge 2350）》（已废止）；北爱尔兰 2016 年《辅助决策（能力）法案》。

〔13〕 罗曼语指法语、意大利语、西班牙语、葡萄牙语、罗马尼亚语等。

认,但也强调了以医生为中心的方法和实施医疗预先指示的不足。意大利议会采取了最家长式的方式,天主教生物伦理委员会起草了第2350号法案,诸如"保护生命""特殊治疗""禁止任何形式的安乐死"(从未出现在意大利《刑法典》中的术语)等短语在该法案的第1条中作为主要原则出现。立法者意识到,法律无法预见生命终结医疗决定的每一个细节。因此,一些国家已授权公共机构规范和管理国家医疗预先指示登记册,或仅仅是代理人登记册;有些国家则提名了一个公共机构负责执行医疗预先指示的一般准则;还有些国家的立法者制定了国家业务守则或医学道德守则,作为执行国家法律的工具。此外,在所有这些国家中,国家医师委员会[14]以进一步的规则规范医患关系,如果违反这些规则,则由国家医师委员会直接或间接地制定行业纪律制裁。

英语、德语和罗曼语国家的多数国家议会都承认患者的自决权。医疗预先指示一般不受时间限制;然而,这条规则也有一些例外。法国(《公共卫生法》第iii-1条)、奥地利(2012年5月8日法律第7条第i节)、葡萄牙(2012年7月16日法律第7条第1节)和意大利(第2350号法案第4条第3节)限制了医疗预先指示的有效期。除法国医疗预先指示的有效期为3年外,其他国家均实施了5年的有效期。这些立法者似乎采用了德里克·帕菲特的哲学,他认为个人身份不仅仅是一个随时间推移的物理连续性问题。此外,这些政策的基本原理是基于一些实证研究的结果,这些研究表明,患者的决定会随着时间的推移而改变。

此外,医疗预先指示的规则通常在不同的法律文本中确立。法国是唯一修改了《公共卫生法》的国家。奥地利、德国和瑞士修改了他们的民法典。值得注意的是,将临终决定纳入公法或民法典的政治决定本身就是一项重要的政治选择:公法规范公民与国家机关有关的活动,民法规定公民彼此之间的交往。将对医疗预先指示的监管纳入公法的决定,表达了对公

〔14〕 国家医师委员会的确切名称是:在奥地利,医师协会;在法国,国家医学委员会;在德国,医生协会;在爱尔兰,医学委员会;在意大利,国家联合会医师和牙医协会;在葡萄牙,医学协会;在西班牙,医学院校总理事会;在瑞士,医学协会;而在英国被称为医学总委员会。

民医疗健康决策的某种外部控制。另外，对民法典的修改（例如在德语国家）表明临终医疗决定被认为是个人领域的私事。

医疗预先指示法律也关注医疗健康代理人，或强调代理人的作用。在西欧国家，医疗健康代理人在医疗保健决策中的重要性已得到确立。以前的代理规则不允许对个人人身事项授权，并规定一旦代理人丧失能力，就丧失代理的权利。在某些情况下，法律规定了谁可以被提名为医疗健康代理人，在其他国家，议会规定了谁不能成为代理人。一般来说，每个有法律能力的自然人都可以被提名为医疗健康代理人。此外，在瑞士，法人也可以被指定为代理人（瑞士《民法典》第 360 条），这是本节所提及的国家中唯一一个由法律明文规定的法人代理人情形。在没有医疗健康代理人的情形下，一些国家的议会建立了一个固定的优先顺序，突出了病人家庭的重要性；其他国家则授权一个独立的公共机构在法律规定的特定情况下被提名和授权为医疗健康代理人。第一种方法在地中海地区可能是有效的，在那里，实证研究表明，患者的家人通常比患者自己得到更多的信息，而且大多数非正式护理人员都是患者的亲属。第二种方法在离婚率高的社会中更为有效。

如果在执行医疗预先指示中发生冲突，一般国家法律都规定寻求法官的裁决。然而，在意大利、葡萄牙、苏格兰和瑞士，在某些情况下，可由另一个公共机构作出相关决定。[15] 在所有被研究的国家政策中，患者的自主权都没有被剥夺。然而，在罗曼语国家，虽然病人的自决权被认为是重要的，但医生的护理义务以及行善和不伤害的道德原则也被考虑在内。[16]

---

〔15〕 在葡萄牙，只有在出于医学上的良心反对的情况下，医院才必须与其他医院或医生寻求最佳解决办法。葡萄牙《医疗预先指示法案》是本次研究中唯一在法律上明确规定“医疗上处于良心的反对”的法律。在苏格兰，如果代理人和医生之间发生冲突，将由精神福利委员会的“提名医生”作出决定［苏格兰《无行为能力法》第 50 条第 4 节］。在瑞士，成年保护局将在以下情况下对成年人负责：①没有执行医疗预先指示；②患者利益受到威胁或得不到很好的保护；③医疗预先指示不表达患者的自由意志。

〔16〕 See Hannah Yang, *Acts, Omissions, and the Doctrine of Double Effect: The Law and Ethics and End - of - Life Choice in New Zealand and the United Kingdom*, 5 PUB. INT. L. J. N. Z. 97（2018）.

二、罗曼语国家的医疗预先指示:医师中心主义

此处详细分析了罗曼语国家,特别是西班牙和法国有关医疗预先指示的立法现状。在这两个国家,患者自主被认为是一个重要因素。尽管如此,立法仍然考虑医生在临终决定中的作用和由实施医疗预先指示中引起的不利因素。

在罗曼语国家中,西班牙是第一个规范医疗预先指示的国家,与其他被研究的国家相比,西班牙的规则是最精确的:西班牙的医疗预先指示在开始就建立了关于代理人、形式、有效性和国家登记的所有细节。值得一提的是,与其他罗曼语国家相比,西班牙法律采取了最自由的方式。法国是所涉及国家中唯一一个直接承认医疗预先指示咨询权利的国家,也是唯一一个修改了《公共卫生法》的国家。这项法律采用了一种家长式的方法。

(一)西班牙的医疗预先指示立法

西班牙2002年11月颁布了《关于医疗预先指示的法规》,2012年葡萄牙的医疗预先指示法律即以西班牙法律为范本。该法第1条第3款限制了病人的自主权。该法认为,相关机构不应适用违反法律的医疗预先指示,或当指示不符合病人在发出这些指示时所考虑到的情况,指示不应被适用。根据西班牙《医学道德守则》第36条第4节规定,医生必须采用病人的指示,除非这些指示违反"良好的医疗实践"。至于什么是"良好的医疗实践",由西班牙医学院校总理事会负责定义其含义,似乎西班牙立法者已经赋予了这个代表医生利益的公共机构决定应用哪些医学指令的权利。尽管在其他国家,病人反对"良好医疗实践"的指示也是无效的,但西班牙法律明确规定了遵守"良好的医疗实践"原则。有些学者认为,这一政策没有考虑到医生的家长式作风历史。历史上,医生因家长式作风和希望控制病人的健康而受到批评。

此外,西班牙立法规定了与指示人陈述时所考虑的情况不相符的医疗预先指示不适用。这种限制带来的问题是,指示人并不可能预测所有可能导致其丧失行为能力的疾病,以及在这些情况下可以使用的所有医疗方

法。此外，一些指示内容含混不清，另一些指示的内容太过具体，不适用具体的医疗情形。在上述所有情形下，对西班牙《医学道德守则》第2条严格解释要求执行医疗预先指示。但由于法律没有规定负责检查这些指示是否符合目前的生活和治疗情况的人，而医疗预先指示是用于执行患者—医生关系的文件，因此，关于执行它们的最终决定取决于负责的医生。

2002年11月西班牙《关于医疗预先指示的法规》第2条承认了医疗预先指示的重要性。然而，2002年西班牙议会采取了一种以医生为中心的方法：其第3节明确规定，不得适用反对“良好医疗实践”的指示，该法没有规定一个中立的医务人员来解释病人先前的医疗预先指示。

（二）法国的医疗预先指示立法

在法国，2005年4月颁布的《公共卫生法》（简称CSP）管辖医疗预先指示。法国法也认为是对法庭案件的政治反应。该法案的几个部分强调了行善和不作恶的道德原则。当病人有自决能力时，医生也可能必须试图说服他，继续必要的治疗。

卢梭的社会契约哲学对法国法律文化的强烈影响可以解释法国法中以医生为中心的法律。卢梭认为，每个人的意见和喜好都服从于代表社会利益的公意。根据法国生物伦理委员会的报告，医生被认为是社会的代表，应该被允许代表生病的公民作出理性的决定。因此，法国医生会根据“专业共识”或“医疗标准”作出决定，而不是根据患者的意愿。同时，法国国家医学委员会有权通过《医学道德守则》，该守则已被纳入法国《公共卫生法》。虽然这些规则只能在纪律程序中通过，但经过司法审查后，法国国务委员会可以确定其合法性。当然，罗曼语国家的立法机构也允许其他公共机构执行有关临终决定的国家法案。但更详细的规定来自不偏袒医生的机构。

此外，司法实务中，该法还在两个案件中设立并应用了特别的合议庭程序（CSP第4127－37号）。第一种情况是在存在死亡风险的情况下限制或撤回治疗（CSP第5节第1－4条）；第二种情况是限制或撤销不相称的治疗，或旨在人为延长生命的治疗（CSP第1节，第1111－13条）。在这两种情况下，在咨询其他医生之前，不能决定限制或停止治疗。此外，治疗病人的医生在与保健小组协商后作出决定。在这种情况下，医生还应咨询患者的代理人和家属，如果不可能，则咨询患者的医疗预嘱（CSP 第 1111－4 条）。因此，只有在既没有代理人也没有家庭成员可以咨询的情况下，才会考虑病人的指示。这一政策遵循了法国的文化规范，在法国，家庭（通常）不会听从病人的指示。而且，在法国，许多医生在作决定时并不把病人的生前预嘱作为一个重要考虑因素。

法国与西班牙一样，采取了以医生为中心的方法。然而，法国议会采取了更为保守的做法：在法国，医疗预先指示只是被考虑在内，没有绝对的法律约束力。此外，医生必须尽一切可能说服有能力的病人不要拒绝治疗，法律还规定对某些情况成立医疗监督小组。

三、英语国家的医疗预先指示

在英语和德语国家中，特别是在英国和德国，患者的自决权一直被认为是医疗预先指示的主要原则。德国、奥地利（仅涉及代理人的提名）和瑞士已在其民法典中引入了有关医疗预先指示的规范。在英国，2005 年 4 月的《心智能力法案》（Mental Capacity Act）规定了医疗预先指示，它反映了英国的自由主义传统。这可以追溯到洛克和密尔的学说影响力，包括新教的影响。此外，在英国，患者的自决权被生物伦理团体和司法机构视为基本权利。

在英国，2005 年 4 月的《心智能力法案》规定了医疗预先指示及阿尔茨海默症人的医疗权。英格兰所有法律在临终决策中都适用类似的原则；这些原则也已被用作北爱尔兰 2016 年《辅助决策（能力）法案》的模型。该法案的自由做法反映在有关“生前遗嘱”的程序规范、“患者最大利益”一词的“新”定义的编纂、永久委托书（LPA）的创建以及保护法院的创建中。

在英格兰，通过医疗预嘱拒绝接受医疗必须以书面形式。当拒绝延长生命治疗时，该文件必须由制作者或制作者指示的另一个人在证人在场的情况下签署，证人也必须签署，或至少承认捐赠者的签名（英格兰《意思能力法》第 25 条)。此外,当撤销持续性植物人状态(植物人状态超过 6 个月的患者)或类似于植物人状态的患者的人工营养和水合作用时,应寻求法院的声明。然而,拒绝基本护理的医疗预先指示不具有法律约束力。基本护理包括旨在为病人提供舒适或减轻症状或痛苦的所有治疗。这包括温暖、庇护、卫生(如失禁的管理)、提供口服营养和水合作用,以及提供镇痛。

在英国,"患者最大利益"一词仅指客观的医学标准,如诊断、预后、预期寿命和疼痛的性质,该术语还指患者过去和现在的愿望和感受(《精神能力法案》第 4 条)。因此,英国的"患者最大利益"原则接近于欧洲大陆的"替代判决"原则。此外,《精神能力法案》将代理人引入了永久委托书。律师必须在公共监护人处注册。在英国,公民有机会选择一个以上的医疗健康代理人,当他们选择了代理人时,他们可以选择适用《心智能力法案》的程序规则(第 1 条,第 4 节)。因此,在比较研究中,英国是唯一一个将 CM/Rec(2009)11 号建议第 2 节原则 4[17]中确立的可能性纳入国内法的国家。此外,如果没有针对委托人福利的可持续性代理,但委托人已经为他们的财产和事务设立了可持续性代理,则在医疗保健决定时应咨询代理人。对于没有可持续性代理或近亲属的患者,必须咨询独立的心智能力辩护律师。当代理人(或代表病人的其他人)与医生在病人的最大利益和医疗方面发生冲突时,保护法院可以直接或通过任命一个可作为代理人的人作出决定(英格兰《意思能力法》第 4 条)。在某些情况下,需要保护法院进行干预。在下列情况下,对于无行为能力的患者作出严重医疗决定时,必须由保护法院作出决定:建议非治疗性绝育;其他涉及未经检验领域的道德困境,或专业人员之间、专业人员与家庭成员之间存在其他无法解决的冲突的情况。在英国,事先的医疗指示具有法律约束力。对"患者最大利益"的新解释优先考虑了患者的愿望。此外,医疗保健决定被视为私事,只有在必要时,或者在患者的最大利益和医疗存在冲突时,才会通过新的保护法院寻求法官的决定。

在上述所有西欧国家中,预先指示被认为是支持患者自主广泛概念的

〔17〕 英国部长委员会 CM/Rec(2009)11 号关于持续授权和丧失行为能力预先指示原则的建议(英国部长委员会于 2009 年 12 月 9 日在第 1073 次部长副会议上通过)。

工具。所有这些国家都认识到“生前遗嘱”和“预嘱代理人”的重要性。此外,除了爱尔兰、意大利和北爱尔兰之外,所有国家都制定了关于临终决定的国家立法。尽管所有这些国家都强调病人自决权的重要性,但在罗曼语国家,慈善和不伤害的伦理原则在法律上也得到了承认。

第六章　医疗预先指示的国内立法设想

第一节　医疗预先指示的法社会学调研[1]

由于笔者居住在江苏省无锡市,无锡市的特点是隶属经济较为发达的东部地区,居民有一定的财富积累,这也促进了他们的医疗自主意识的成长。但在无锡市生活5年后,惊奇地发现,虽然与经济发达的上海仅两小时车程,但无锡仍有较浓烈的中国传统思维方式,尤其对子女和生老病死问题,这点从笔者另一个课题可以侧面印证,新式财富传承手段并未被无锡市居民接纳。笔者指导的学生在无锡市医院、养老院、公证机关以问卷和访谈形式进行了一系列的医疗预先指示的调研,并以报告形式展现出来。

一、大众问卷调查:对医疗预先指示持乐观态度

(一)大众问卷抽样

1. 确定样本容量及抽样方法

样本量的大小一般与以下因素有关:一是调查的主要目的;二是分类比较的程度;三是调查人口的规模(但当调查人口达到一定水平,样本量基本相同);四是抽样设计方法,包括调查答复率、现场条件等。

为了使样本更加科学和具有代表性,我们采用分层抽样、随机抽样、等量抽样和机会抽样相结合的方式对无锡市居民进行抽样。

---

〔1〕 本篇调研报告数据来源于大学生创新创业课题项目:《医疗预先指示的本土适应性及应对策略研究——以无锡市为例》,调研小组成员:洪静怡、夏玲、汪和欣、曹慧娜、郝冰冰。

2. 无锡市居民样本容量及分配

样本量确定：综合考虑无锡地区、人口、经济等多方面因素（见表6－1），对样本量进行合理的定额设计，确保抽取的样本反映无锡市的实际情况越多越好。

表6－1　无锡市八大市辖区人口分布

城区	人口数（万人）	占比（%）
江阴市	177.95	23.85
宜兴市	128.58	17.23
梁溪区	98.55	13.21
惠山区	89.37	11.98
锡山区	88.24	11.82
新吴区	72.02	9.65
滨湖区	59.30	7.95
无锡经开区	32.21	4.32

取置信度95%，$u_{\alpha/2} = 1.96$，绝对误差 $d = 0.05$，由于成数 p 无法由先前资料得到，所以取 $p = 0.5$。

无锡市2020年年末八市辖区常住人口为 $N = 7462135$，计算样本容量得：

$$n_0 = \frac{N\mu_{\alpha/2}^{\ 2}S^2}{Nd^2 + \mu_{\alpha/2}^{\ 2}S^2} = \frac{N\mu_{\alpha/2}^{\ 2}p \times (1-p)}{Nd^2 + \mu_{\alpha/2}^{\ 2}p \times (1-p)}$$

$$= \frac{7462135 \times 1.96^2 \times 0.5 \times 0.5}{7462135 \times 0.05^2 + 1.96^2 \times 0.5 \times 0.5} = 384.14 \approx 384$$

根据以往经验，预估无回答率 $r = 90\%$，因此调样本量为：

$$n_1 = \frac{n_0}{r} = \frac{384}{0.9} \approx 427$$

由于多阶段抽样的效率比随机抽样的效率低，取设计效应 $deff = 1.35$，则全市范围内应调查的样本容量为：

$$n_2 = n_1 \times deff = 427 \times 1.35 \approx 576$$

综合考虑实际情况，受疫情影响调查范围有限，初步确定在8个主要城市辖区内发放288份问卷（根据实际发放情况），以满足调查需求。

为使样本更具代表性,决定采用分层抽样、分两阶段抽样等抽样方法。

(1)第一阶段抽样。

鉴于市区不同地区的居民人数差异很大,为增加估计的准确性,改进估计量的设计,减少抽样偏差或误差,对各区的规模进行测算。实施不等放样抽样。以第一层为例,具体操作如下:赋予每个单元与相应 M_i 相等的代码数,然后将代码数累加得到 M_0 ,如表 6-2 所示。

表 6-2　每单元与 M_i 相等的代码数

i	人口数/万	累计百分比
1(江阴市)	177.95	(0,0.2385]
2(宜兴市)	128.58	(0.2385,0.4108]
3(梁溪区)	98.55	(0.4108,0.5429]
4(惠山区)	89.37	(0.5429,0.6627]
5(锡山区)	88.24	(0.6627,0.7809]
6(新吴区)	72.02	(0.7809,0.8774]
7(滨湖区)	59.30	(0.8774,0.9569]
8(无锡经开区)	32.21	(0.9569,1.0000]
	$M_0 = 658.15$	(0,1]

使用计算机在(0,1]中选择 5 个随机数,设为 0.45、0.58、0.77、0.82、0.90,则第 2、4、5、6、7 个单位入样。实际操作中,所选区分别为宜兴市、惠山区、锡山区、新吴区、滨湖区。

(2)第二阶段抽样。

在第一阶段抽样的基础上,按照各样本区的人口比例数随机抽取镇(街道)内的无锡市民众开展简单随机问卷调查,计划调查宜兴市约 77 人,梁溪区约 58 人,惠山区约 44 人,锡山区约 43 人,新吴区约 35 人,滨湖区约 31 人。

(二)大众问卷数据分析

1.大众是否听说过医疗预先指示及其影响因素

288 名应答者中,36 人(12.50%)听说过医疗预先指示,并充分理解其含义;75 人(26.04%)听说过医疗预先指示,但不了解含义;177 人(61.46%)从没听说过医疗预先指示。为了探究大众之间性别、年龄段、文化程度、收入和是否有宗教信仰的不同是否会影响其对医疗预先指示的了解,将大众是否听说过医疗预先指示的三个选择,“听说过,并充分理解其含义”“听说过,但不了解含义”“从没听说过”作为因变量,大众基本资料作为自变量,无序分类变量用χ^2检验,有序分类变量用秩和检验,结果如表 6-3 所示。

表 6-3　大众是否听说过医疗预先指示及其影响因素交叉统计

自变量		听说过,并充分理解其含义	听说过,但不了解含义	从没听说过	χ^2值	P 值
性别	男	15	34	65	1.708	0.426
	女	21	41	112		
年龄	≤24 岁	3	14	51	29.985	<0.001
	25—40 岁	15	28	53		
	41—60 岁	17	28	38		
	61—80 岁	1	3	32		
	≥81 岁	0	2	3		
文化程度	小学及以下	0	2	26	22.468	0.001
	初中	0	4	20		
	高中或中专	4	13	22		
	大专或大学本科及以上	32	56	109		
宗教	有	8	8	6	1.843	0.398
	无	58	97	111		
收入	≤2000 元	5	23	73	22.799	<0.004
	2001—5000 元	10	23	53		
	5001—10000 元	12	17	40		
	10001—20000 元	6	6	9		
	≥20000 元	3	6	2		

结果显示,由于P值<0.05,所以大众是否听说过医疗预先指示的影响因素如下所述。

(1)年龄。

如表6-3所示,被调查的68名低年龄段对象(≤24岁)中“听说过”医疗预先指示制度的比例为25%;被调查的96名25—40岁年龄段对象中“听说过”医疗预先指示制度的比例为44.79%;被调查的83名41—60岁年龄段对象中“听说过”医疗预先指示制度的比例为54.22%;被调查的36名41—60岁年龄段对象中“听说过”制度的比例为11.11%;被调查的5名高年龄段(≥81岁)对象中“听说过”医疗预先指示制度的比例为40%。

从数据分析,不同年龄段对医疗预先指示的了解程度差异明显。(≤24岁)低年龄段和(≥81岁)高年龄段“从没听说过医疗预先指示”的比例较大,41—60岁群体“了解和听说过”的比例较大。年龄与制度的认知程度在一定程度上具有关联性,不同年龄段的群众的人生阅历和对于政策的敏感度不同,表现为:低年龄段对政策信息不敏感,加上对自身身体状况的充分信心,在没有专门普及的情况下,不会主动了解“医疗预先指示制度”这样的非普及化概念。高年龄段群体对外界信息的获取途径较为匮乏,对政策信息的获取有延迟,加上思维方式的固化与迟缓,主客观原因综合导致其对医疗预先指示的了解度不高。如表6-3所示,从25—40岁到41—60岁,民众的了解度有所提升,这说明,随着年龄的增长,人们会增强对医疗方面的关注。

(2)文化程度。

如表6-3所示,文化水平与医疗预先指示的了解和认知程度呈正相关。受访的“小学及以下文化水平”的28名被调查对象中听说过制度的比率是7.14%;“初中水平”的24名被调查对象中听说过制度的比率是16.67%;“高中或中专水平”的39名被调查对象中听说过制度的比率是43.59%;“大专或大学本科及以上水平”的197名被调查对象中听说过制度的比率是44.67%。文化程度在一定程度上影响人们对于新鲜知识的学习情况。文化水平越高的民众,对于各行业的专业术语和概念了解程度更高,因此更有概率接触到“医疗预先指示制度”的概念。

(3)收入。

如表6－3所示,在101名低收入群体(≤2000元)中,"听说过"制度的比率为27.72%;在86名中等收入群体(2001—5000元)中,"听说过"制度的比率为38.37%;在69名中高收入群体(5001—10000元)中,"听说过"制度的比率为42.03%;在21名高收入群体(10001—20000元)中,"听说过"制度的比率为57.14%;在11名超高收入群体(≥20000元)中,"听说过"制度的比率为81.81%。

从数据分析,不同的收入水平会影响人们对医疗预先指示的了解和认知程度。如表6－3所示,低收入阶层的了解程度较低,中、高收入阶层对医疗预先指示的了解和认知程度较高。当前我国医疗预先指示文件的签署需要一笔不菲的费用,一般在千元以上。从马斯洛的需求金字塔看,低收入阶层终日为生存奔波,没有足够的时间和精力来了解一项与自己暂时无关的事情,也没有额外的资本支撑自己及家人完成预嘱文件的签署。中高收入阶层已经满足基本生活需求,转而追求生活质量和人格尊严,对于"预嘱"这项政策也有足够的时间和精力了解。

2. 大众是否可能参与医疗预先指示相关项目及影响因素

在288名被调查者中有99人(34.4%)对医疗预先指示相关项目很感兴趣并且乐于参与;有181人(62.8%)表示会看情况参与医疗预先指示相关项目;有8人(2.8%)完全不想参与医疗预先指示相关项目。

为了探究基本信息以及医疗观念的不同是否会影响调查对象对医疗预先指示相关项目今后的参与情况,将大众是否可能参与医疗预先指示相关项目的三个选择,"很感兴趣并且乐于参与""看情况,可能参与""完全不想参与"作为因变量,将大众基本资料和医疗观念作为自变量,无序分类变量用χ^2检验,有序分类变量用秩和检验,结果如表6－4所示。

表6－4　大众是否可能参与医疗预先指示相关项目及影响因素交叉统计

自变量		乐于参与	可能参与	不想参与	χ^2值	P值
性别	男	53	53	8	28.301	<0.001
	女	46	128	0		

续表

自变量		乐于参与	可能参与	不想参与	χ^2值	P 值
年龄	≤24 岁	21	48	2	14.496	<0.070
	25—40 岁	36	59	6		
	41—60 岁	36	49	0		
	61—80 岁	6	20	0		
	≥81 岁	0	5	0		
文化程度	小学及以下	3	25	0	19.848	0.003
	初中	6	18	0		
	高中或中专	9	30	0		
	大专或大学本科及以上	81	108	8		
宗教	有	10	12	0	1.773	0.412
	无	89	169	8		
收入	≤2000 元	19	78	4	39.236	<0.001
	2001—5000 元	24	60	2		
	5001—10000 元	33	34	2		
	10001—20000 元	14	7	0		
	≥20001 元	9	2	0		
是否听说过医疗预先指示					27.592	<0.001
听说过,充分理解其含义		21	11	4		
听说过,但不了解含义		29	44	2		
从没听说过		49	126	2		
身体健康时是否会作出医疗规划					13.445	0.001
是		93	139	6		
否		6	42	2		
治疗不能改善病情,只能延长存活时间的时候,您的选择是					18.852	<0.001
继续治疗,尽可能延长生命		16	36	6		
停止治疗		13	36	0		
为了减少痛苦停止治疗		70	109	2		

结果显示，由于 P 值 <0.05，大众是否可能参与医疗预先指示相关项目的影响因素如下所述。

(1)性别。

男女性别特质的差异可能使得女性更容易接受新鲜事物。由于性别的性格、认知等原因可能对医疗预先指示的接受度更大，相对于男性，女性更易于接受与参与医疗预先指示。

(2)年龄。

年龄对于是否参加医疗预先指示具有较显著影响。年龄段≤24 岁和 25—40 岁中部分群体对于医疗预先指示态度比较鲜明，不愿意参加的人直接给出了自己的看法，并没有进行观望。这与不同年龄段的人群的性格特质有关。青年人的性格偏向果断与决断，并不会在生命的初期对生病和死亡进行深度思考。随着年龄的增长，对生命的思考增加，人们的性格偏向中庸与犹豫不决。表 6 -4 数据显示，在年纪稍长的人群中，几乎没有人选择完全不参加这个选项，大部分人选择了可能会参加这个选项，这表明了更多人处于观望态度，当政策符合他们的想法时便会考虑签署。这种观望态度说明人们对未来有较为强烈的忧患意识与危机意识，特别是新冠疫情的暴发使得民众体验到了医疗卫生方面关于未知与死亡的恐惧。41—60 岁这个年龄段是直接选择愿意做的比例最大的一个年龄段，这个阶段的群体往往拥有足够的财力和精力，更加需要直面衰老和死亡的恐惧，而医疗预先指示制度很有可能满足他们生命末期的需求感和尊严感。

(3)收入。

收入层次较低的群体对于医疗预先指示的了解程度较低，也没有较高的意愿参加医疗预先指示。首先，这部分群体中有一部分是学生。学生群体对未来的规划还在探索阶段，各自处于不同专业知识的学习中，除非是法学专业、社会工作专业、医学专业等与预嘱制度具有较为紧密联系程度的学科专业的学习者，否则对该制度的了解程度一般较低。另外的部分群体属于社会意义上的低收入群体，往往在生存层次上挣扎，并不愿意花费时间与金钱来了解一项尚未被法律明确效力的制度，同时，该类人群对未来没有足够的能力去规划，所以对医疗预先指示有较低的期待和预期。医疗预先指示的对象系面向大众群体,虽然这类人群不是医疗预先指示推广的主要针对对象,但若想发展医疗预先指示,需对这类人群有针对性的方案。收入较高层次的群体对医疗预先指示的了解和认知程度较高,态度也较为积极。就目前实践经验看来,这类群体恰恰是医疗预先指示的主要受众和对象。

(4)关于是否听说过医疗预先指示。

从未听说过或不了解医疗预先指示含义的人群对预先医疗制度会存有相当大的疑虑,即使制度适合他们的实际需求,他们也会选择"视情况而定",持不明确态度。而对预先医疗听说过且了解其全部含义的人群大部分会明确表达"乐于参与预先医疗制度"。

(5)关于身体健康时的医疗规划。

选择在健康时作出医疗规划的人会更乐意参加医疗预先指示。这类群体对自己的身体状况和发生意外后的解决方案往往具有规划,他们会主动寻求自我解决的方案,追求对自己人格尊严的极大维护。不作医疗规划的人中也有部分(12%)乐意参加医疗预先指示制度。这说明这部分人不是不会作出医疗规划,他们只是在健康时不考虑突然的意外,但是当给予其作出医疗决定的选择权时,他们是愿意做的。所以,不能单从是否处于健康状态下作出医疗决定来判断是否愿意参加医疗预先指示。并且,政府与社会给予民众"作出医疗决定的选择权"对于制度的推广也是具有参考价值的。

(6)治疗不能改善病情,只能延长存活时间时的选择。

选择继续治疗,尽可能延长生命的群体中,有10.34%的人不乐意参加医疗预先指示。因为无论是否参与该制度,他们都会选择继续救治。选择"停止治疗"和"为了减少痛苦停止治疗"的群体中,"可能参加"的比例均高于"乐意参加"的比率。这是由于人们还不能判断医疗预先指示的效力和发展情况,但是明显后者比前者乐意参加医疗预先指示制度的比例大。说明为了减少痛苦而停止治疗的群体更是经过一定的思考,对于未来有了更为明确的目标。

3. 对医疗预先指示的态度

（1）支撑无锡市医疗预先指示发展的建设成果。

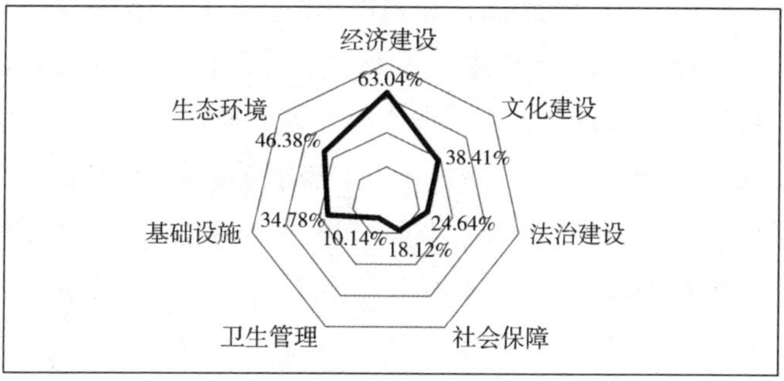

图 6－1　支撑无锡市医疗预先指示发展的建设成果

通过图 6－1 得出，调查对象对无锡市经济建设（63.04%）、生态环境（46.38%）、文化建设（38.41%）比较满意，但认为在卫生管理（10.14%）等方面，无锡市还存在较大的不足。从此判断指标上可以得出无锡市可以支撑发展医疗预先指示。医疗预先指示依靠的是经济基础和医疗资源，不论从现有数据分析还是从群众对无锡市的满意度来评价，无锡市比较适合发展医疗预先指示制度，所以可以成为中国推广医疗预先指示的试点城市。

（2）医疗预先指示的潜在优势。

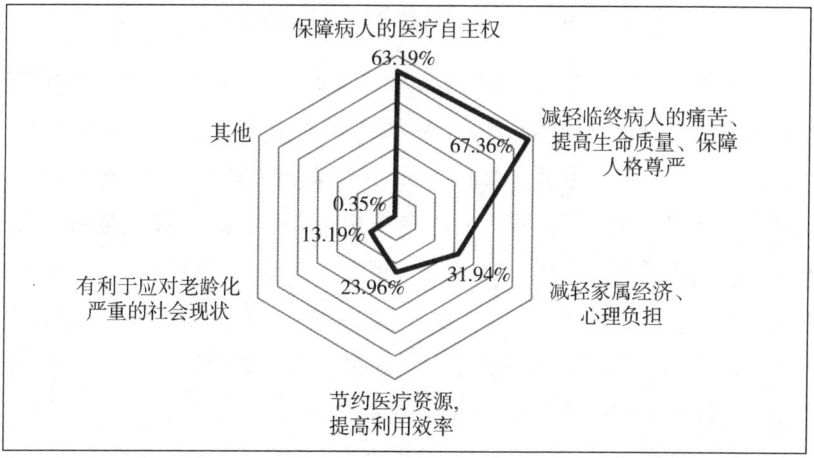

图 6－2　医疗预先指示的潜在优势

根据图6-2,初步了解医疗预先指示这项制度后,大部分居民认为医疗预先指示制度的主要优势是减轻临终病人的痛苦,保障人格尊严(67.36%),另一个比较重要的优势是保障病人的医疗自主权(63.19%)。这两个方面都是与人对尊严的探讨和保护有关,间接说明了无锡市人民部分了解医疗预先指示的价值取向和目标。医疗预先指示的次要优势是减轻负担,一次重大疾病对于一个家庭来说是沉重的负担,但是基于法律和道德的双重风险,即使生命末期的病人已经很绝望,也不能满足患者的意愿,停止治疗,减轻其痛苦。如果有医疗预先指示,可以在某种程度上减少这种纠结。

(3)医疗预先指示的潜在弊端。

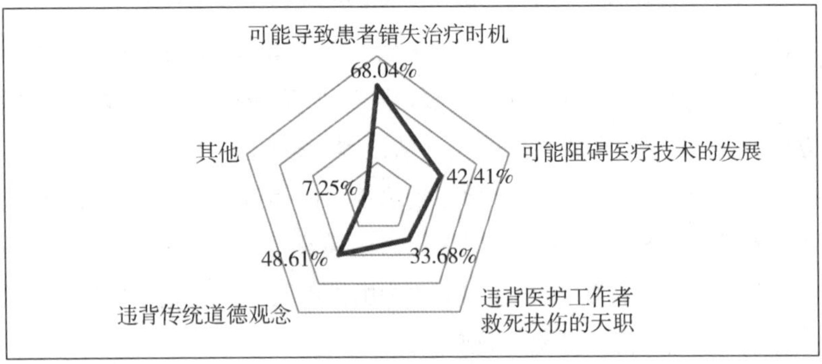

图6-3　医疗预先指示的潜在弊端

根据图6-3,得到医疗预先指示的弊端主要为四种,分别是可能导致患者错失治疗时机、可能阻碍医疗技术的发展、违背医护工作者救死扶伤的天职和违背传统道德观念,而可能导致患者错失治疗时机(68.04%)为最突出的弊端。这与人们对生命的重视相关,医生、家人甚至是陌生人都不会忽视生命的重量。其次突出的弊端是违背传统道德观念(48.61%),无锡市人民受传统观念中的生命观和道德观的影响比较大,这也是医疗预先指示在无锡市推广的主要阻力之一。很多东西随着时代变化都会发生进步,传统的道德观念需要一定的改变和调整。

从优势和弊端的对比分析中,可以发现,人们主要是在生命权、病人的自主决定权和人格尊严权上纠结,医疗预先指示在无锡市得以适应性发展需要解决这个根本性问题，也让人们能够正确思考如何面对临终患者，而不是一味地以自己的意志去强求他们。有时候治疗不能延长他们的生命反而是增加他们的痛苦。但是这种决定只能由患者本身作出，而且必须是经过仔细思考的、有保证的、有效力的、能够得到承认的，不然也只是一纸空文。医疗预先指示的发展就是为了保证这种决定的有效性，在当前的需求下，这种制度有存在的必然性。

4. 医疗愿望的决定与实现主体

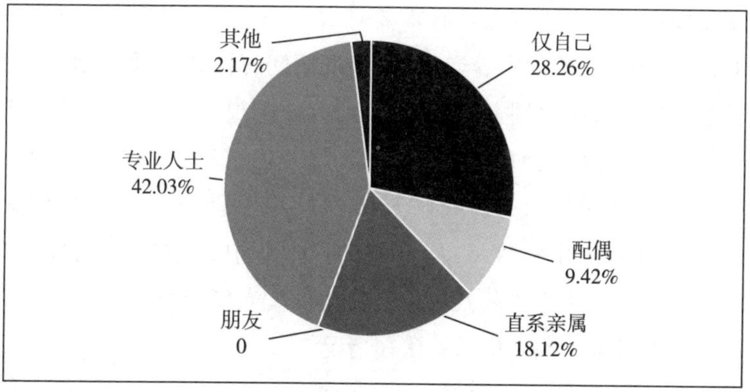

图 6－4　大众医疗愿望的决定与实现主体

根据图 6－4 得到，人们在生命末期时对于作出医疗决定的人会有不同的决定，42.03% 更相信专业人士对他们病情的评价以及为他们作出的决定，27.54% 会选择家属或配偶，但是还有 28.26% 认为最终的医疗决定需要经过自己的选择。这种结果的出现，是因为群众对于医生在专业上的能力表示信任，一般医疗决定通常由医生作出判断，如果没有专业人士的指导，群众很难作出准确的判断，这是专业人士的突出性特征和优势。在这种大众氛围下，仍有 28.26% 的人选择自己作医疗决定，说明人们已经逐渐开始重视医疗自主权，不再完全按照专业人士的建议，毕竟专业人士的建议不能反映患者自己的意愿。同理，直系亲属和配偶的选择也不能体现患者的真实意思表示。

其实，很多绝症的治疗是一个非常痛苦的过程，在没有足够的医学知识的情况下，患者的家属往往更为注重维持患者的生命体征而忽视患者的生命质量，在现有的法律法规下，若医疗人员遵从患者预先医疗指示的愿望极有可能被患者家属要求承担民事或刑事责任，但若有预先医疗指示制度作为支撑，则能够在完全尊重患者意愿的情况下合法免除相应责任。

二、特定群体问卷调查及分析结果：形态各异的生死观

（一）老年群体问卷分析

老年群体是医疗预先指示所面向的重要群体之一，该群体的意向对于医疗预先指示的本土适应性具有重要意义。小组成员通过走访国药康养照护中心、广华福寿院两家养老院（由于疫情期间管制，数量较少），对老年人进行结构访谈式问卷调查，最终收集到有效问卷37份。其中男性18人（48.65%），女性19人（51.35%）；61—70岁13人（35.13%），71—80岁14人（37.84%），81岁以上10人（27.03%）；小学及以下文化程度27人（72.97%），初中文化程度6人（16.22%），高中或中专文化程度2人（5.405%），大专或大学本科及以上文化程度2人（5.405%）。

1. 老年人对医疗预先指示的认知情况

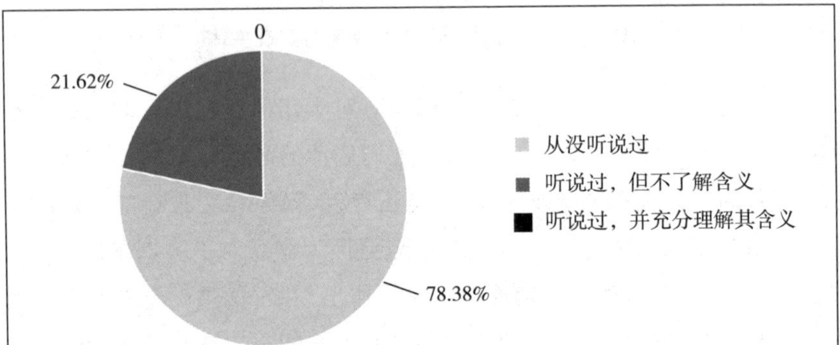

图6－5　老年人对医疗预先指示的认知情况

（1）结果。

从图6－5来看，在37名老年人中，听说过医疗预先指示并充分了解其含义的人数为0，听说过但不了解其含义的有8人（21.62%），从没听说过的有29人（78.38%）。

(2)结论与分析。

从该数据来看,医疗预先指示在老年人群体中的普及度较低,其概念和意义尚未被正式宣传普及于老年群体。老年群体作为医疗预先指示制度主要的面向对象与实施主体,目前存在对该制度认知度低的问题,因此在制度推行前应当针对老年群体进行解释与推广。

2. 影响老年人是否作出医疗规划的潜在因素

表6-5 影响老年人是否作出医疗规划的潜在因素

在身体健康、神志清楚时愿意作出医疗规划23人(62.16%)			
潜在影响因素		人次(人)	比例
经济水平	富裕水平	7	70%
	小康水平	12	63.16%
	没有达到小康水平	4	50%
文化水平	小学及以下	16	59.26%
	初中	4	66.75%
	高中或中专	1	50%
	大专或大学本科及以上	2	100%
生死观	忌讳	0	0
	顺其自然	23	63.88%
家庭情况	无子女/配偶	0	0
	有子女/配偶,家庭和睦	17	58.62%
	有子女/配偶,存在家庭矛盾	6	75%
健康状况	健康	4	44.44%
	轻度、中度患者	16	66.67%
	重症患者	3	75%
对医生的信任程度	十分信任	16	94.12%
	一般	7	46.67%
	不信任	0	0

续表

在身体健康、神志清楚时不愿作出医疗规划 14 人(37.84%)			
经济水平	富裕水平	3	30%
	小康水平	7	36.84%
	未达到小康水平	4	50%
文化水平	小学及以下	11	40.74%
	初中	2	33.25%
	高中或中专	1	50%
	大专或大学本科及以上	0	0%
生死观	忌讳	1	100%
	顺其自然	13	36.11%
家庭情况	无子女/配偶	0	0
	有子女/配偶,家庭和睦	12	41.38%
	有子女/配偶,存在家庭矛盾	2	25%
健康状况	健康	5	55.56%
	轻度、中度患者	8	33.33%
	重症患者	1	25%
对医生的信任程度	十分信任	1	7.14%
	一般	8	50.00%
	不信任	6	42.85%

(1)经济水平。

达到富裕水平和小康水平的老人超过半数愿意在身体健康、神志清楚时作出医疗规划,而未达到小康水平的老人也有半数愿意作出医疗规划,由此来看,随着身体的衰老与病症的增加,老年人倾向于作出医疗规划,而经济水平较高的老人们更为倾向于提前作出医疗规划,以备不时之需,可见经济水平是影响老年人是否作出医疗规划的因素,经济水平越高,老年人往往对于医疗规划的重视程度越高。

（2）文化水平。

从结果来看，随着学历的增加，愿意做出医疗规划的老人比例也在增加，尤其是大专或大学本科及以上的老人，其所属群体为高知老人群体，通过询问，该部分老人更乐于接受新的概念与知识作为储备，并且会比其他学历的同年龄老人倾向于未雨绸缪，更早地考虑与规划包括医疗计划的老年生活。可见文化水平是影响老年人是否作出医疗规划的因素，文化水平越高，老年人往往对于医疗规划的重视程度越高。

（3）生死观。

多数老人并不忌讳死亡这个话题，但生死观持顺其自然的老人在作出医疗规划的选择上仍存在一定的分歧，由于样本数量较少以及养老院老人可能存在较少忌讳死亡话题，从此数据观之，生死观对于在身体健康、神志清楚时是否作出医疗规划没有较为明显的影响。

（4）家庭情况。

从家庭情况的数据特点来看，存在家庭矛盾的老人更有远见性，倾向于作出医疗规划，而家庭和睦的老人群体，可能存在其他原因影响其愿意作出医疗规划的决定，数据所呈现的差异性并不大。可见家庭的矛盾对在身体健康、神志清楚时是否作出医疗规划有一定的影响。

（5）健康状况。

从结果来看，健康状况与作出医疗规划意愿呈现一定的正比例，病症越严重的老人越倾向于愿意作出医疗规划，这可能与老人对生命长度的紧迫感有所相关。可见，健康状况是影响老年人是否作出医疗规划的因素。

（6）对医生的信任程度。

总体来看，对医生持信任与中立态度的老人人数较多，不信任的较少，体现了老年人对目前医疗资源和医疗人员的信任度相对较高。从结果来看，对医生的信任程度与作出医疗规划意愿呈现一定的正比例，越信任医生的老人越倾向于愿意作出医疗规划。可见，对医生的信任程度是影响老年人是否作出医疗规划的因素之一。

3. 老年人医疗观

(1)自身无法决定时所重视的医疗愿望。

从图6-6看,针对“您认为个人在就医后无法自己作决定时,哪些方面是应当重视的”(多选,不限个数)问题,老年人倾向于选择“尽量减少疼痛,即便会影响精神状态如睡眠状态”(27人)和“保持个人卫生状况”(22人)两个选项,而“尊重器官捐献意愿”(8人)则选择比例最少,其余三项的选择比例较为接近。

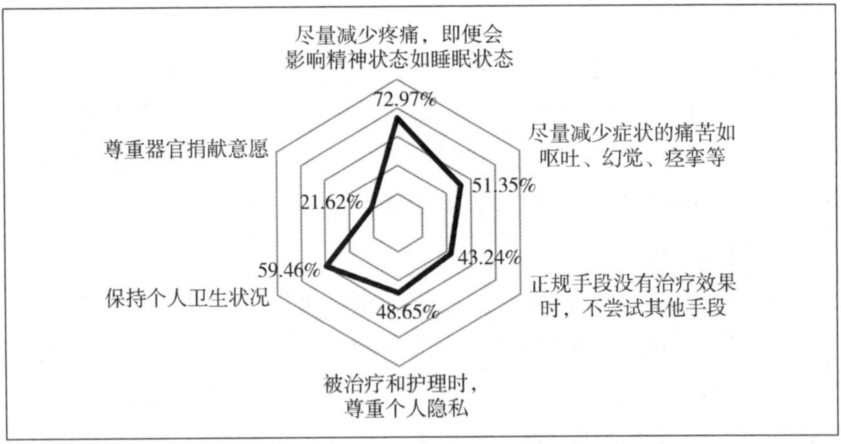

图6-6　老人自身无法决定时所重视的医疗愿望

由此来看,老年人对于减少疼痛的医疗意愿是最为重视的,这与医疗预先指示的人本理念相符合,在一定程度上体现了老年人对舒缓医疗的社会需求,以及以法律作为保障的合理性与必要性;而卫生状况、尊重个人隐私、减少症状等较为重视的医疗愿望,则要求与之相配套的专业医疗人员与服务支持,由此才能够保障老年人的医疗愿望得以实现。

(2)生命质量与生命长度的选择。

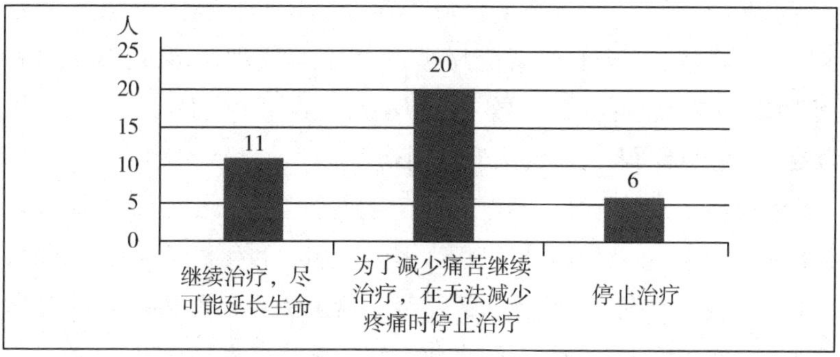

图 6－7　治疗无法改善病情时老人的医疗选择

针对"当治疗不能改善病情,只能延长存活时间的时候,您的选择是"问题,选项"为了减少痛苦继续治疗,在无法减少疼痛时停止治疗"(54.05%)选择人数最多,超过 1/2,同时"继续治疗,尽可能延长生命"(29.73%)也有较多人选择,接近 1/3,"停止治疗"(16.22%)选择人数最少。

该问题实则为当生命质量与生命长度发生冲突时应选择何者。从结果上看,过半数的老人选择了生命质量与生命长度的折中选项,也有 1/3 的老人坚持生命长度选项,这些老人的观念体现了追求生命长度的共性,而只有在生命质量影响较大时才会放弃生命长度,一定程度上反映了生命长度高于生命质量的位阶关系和具体情况具体分析医疗想法的特点,体现了国人较强的朴素人本思想,但对于生命质量缺乏一定的普及认知和重视程度。

(3)医疗愿望的实现与决定主体。

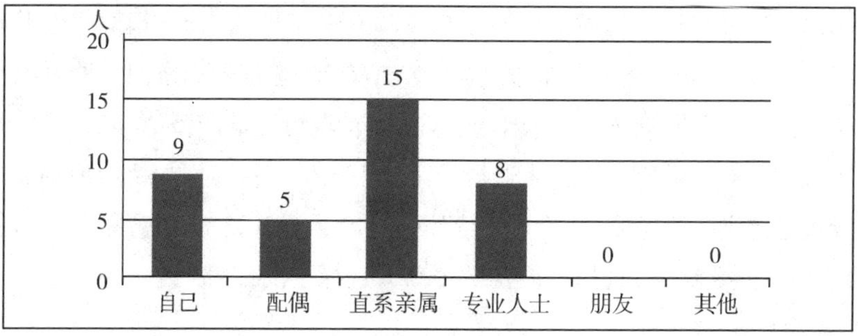

图 6－8　老年人医疗愿望的实现与决定主体

从图6－8来看，针对“您最希望谁来帮助您实现上面提到的医疗愿望”问题，40.54%的老人选择了直系亲属，通过询问，该部分的几乎所有老人希望子女来帮助实现自身的医疗愿望，并且考虑到知识、理解能力的局限，希望子女根据情况为自己做主，选择自己、配偶、专业人士的老人数量较为接近，而选择朋友或其他主体的则均为0。

总体而言，老人们倾向于让亲人实现自身的医疗愿望，而主要由自己决定的占比较少，问及原因，老人们大多觉得病状和死亡是顺其自然的，当遇到不可逆转的情况时，子女或其他亲人能够为自己作出正确的医疗判断。这在一定程度上体现了多数老年人缺乏医疗自主权意识，以及由于知识水平、理解能力、社会观念等多方面的限制而较为依赖子女实现医疗愿望的现象。

4. 对医疗预先指示的态度

（1）结果。

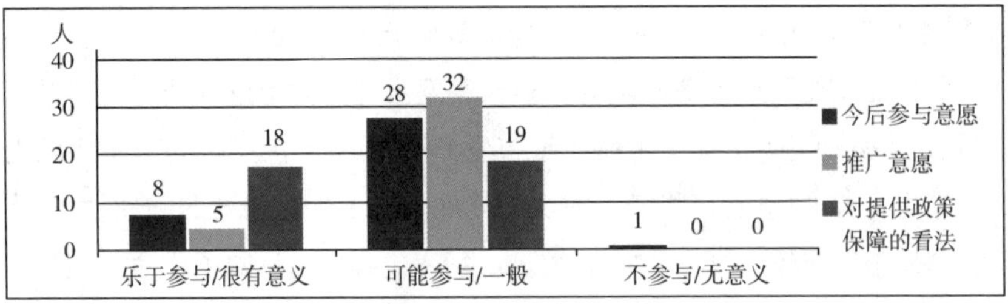

图6－9　老年人对医疗预先指示的态度

从图6－9来看，针对“您今后是否可能参与医疗预先指示的相关项目”问题，28人（75.68%）选择了可能参与，8人（21.62%）选择了很感兴趣并乐于参与，1人（2.7%）选择了完全不想参与；针对“您是否愿意向亲朋好友推广该项制度”问题，32人（86.49%）选择了看情况可能推广，5人（13.51%）选择了很感兴趣并乐于推广，0人选择了完全不想推广；针对“如果政府为您的医疗规划提供政策保障，您的看法是”问题，19人（51.35%）选择了一般可能有用，18人（48.65%）选择了很有意义，0人选择了没有意义。

（2）结论与分析。

关于是否参与和推广的问题，大多数老人持中立和观望态度，问及原因，部分老人提出光凭一份问卷和简单的描述是难以让他们完全理解并且在未来使用的，也有老人提出病症是难以预料的，要看具体情况再决定是否参与，现在或者签署时可能与未来的想法不一致。提及政府为医疗规划提供政策保障的看法时，没有老人认为没有意义，问及原因，多数老人认为政府所宣传的政策自有其合理之处，自身一定会支持政府的决定。由此来看，老人对于推广的政策具有一定的追随性，但实际的运用则需要基于深入的理解和具体的现实需求，在此阶段中，老年人最为需要的是医护人员和政府人员的对接宣传教育，以打消其心中的疑惑与不安，从而让老人们真正放心去参与和推广。

（二）医护工作者问卷分析

医疗预先指示签署后，能否得到很好的执行有赖于医护人员的配合，此时医护人员是否具有这方面的知识和技能就至关重要。2020 年 11 月，无锡市长期照护研究会举办了“生命尊严医者说”安宁疗护高峰论坛，借由这次机会，笔者团队走访了无锡市第五人民医院。通过问卷调查法，笔者团队从医护人员处收集有效问卷共 37 份，通过对所收集问卷进行分析，以评估医护人员对预先医疗知识的认知水平及态度选择，分析医疗预先指示在医护工作实践中面临的问题，为医疗预先指示在医护人员中的推广提供参考。

1. 医护人员对医疗预先指示的认知情况

（1）医疗预先指示的认知度。

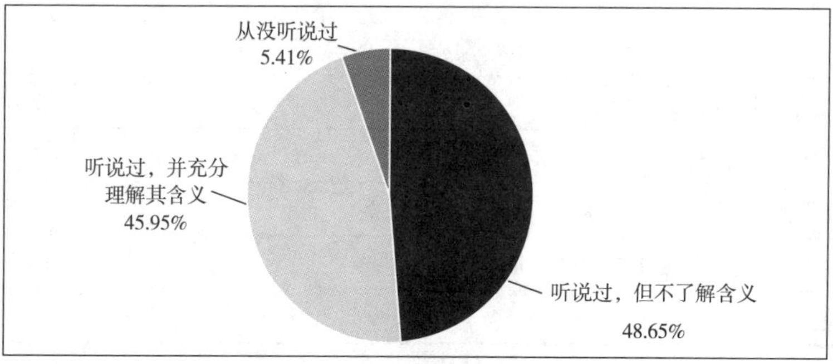

图 6－10　医护工作者对医疗预先指示的了解程度

从图6－10来看，在37名医护工作者中，听说过医疗预先指示并充分了解其含义的有17人（45.95%），听说过但不了解其含义的有18人（48.65%），从没听说过的有2人（5.41%）。

由此观之，医护人员中对医疗预先指示的了解程度较高，这可能与他们职业的特殊性有关，但需注意的是，有18人（48.65%）只是听说过医疗预先指示或其相关概念，并不知道具体含义。这说明医疗预先指示在医护人员之间的普及度仍有待提高，医护人员是医疗预先指示的实施者，在整个医疗预先指示制度的建设中扮演着至关重要的角色，医护人员既是医疗预先指示制度宣传的客体，也是对患者宣传医疗预先指示制度的主体，故对医护人员进行医疗预先指示的宣传以及对医护人员进行专业的培训任重而道远。

（2）医疗预先指示的优势和劣势。

表6－6　医疗预先指示的优势和劣势

医疗预先指示的优势		
	人次（人）	比例
减轻临终病人的痛苦、提高生命质量、保障人格尊严	28	75.68%
保障病人的医疗自主权	17	45.95%
减轻家属经济、心理负担	15	40.54%
节约医疗资源，提高利用效率	10	27.03%
有利于应对老龄化严重的社会现状	4	10.81%
医疗预先指示的劣势		
可能导致患者错失治疗时机	30	81.08%
违背传统道德观念	16	43.24%
可能阻碍医疗技术的发展	15	40.54%
违背医护工作者救死扶伤的天职	12	32.43%
其他	1	2.7%

表6－6反映了医护工作者对医疗预先指示的优势及劣势的认知，为保证问卷的有效性和合理性，设计其为多选题（选择两项），从问卷结果来

看,“减轻临终病人的痛苦、提高生命质量、保障人格尊严”(75.68%)是医护人员认为的医疗预先指示的最主要优势,“保障病人的医疗自主权”(45.95%)和“减轻家属经济、心理负担”(40.54%)也是医疗预先指示的主要优势。而关于医疗预先指示的劣势,高达81.08%的医护工作者认为其“可能导致患者错失治疗时机”,此外,医疗预先指示还可能“违背传统道德观念”(43.24%)、“阻碍医疗技术的发展”(40.54%)以及“违背医护工作者救死扶伤的天职”(32.43%)。

从上述问卷结果中可以得出,医护工作者认为医疗预先指示对于病人及其家人来说是有利的,一方面,它减轻了病人的痛苦,提高其生命质量,保障了病人的医疗自主权;另一方面,它减轻了家属的经济和心理的双重负担。但其也有很大的弊端,很大可能会影响病人的救治,延误治疗时机,并且其与我国传统的道德观念(儒家传统的孝亲文化)以及医护工作者救死扶伤的理念(对病人给予所有的治疗手段是职责所在,不能不做)有所冲突,这对于医疗预先指示的应用和推广是一个很大的障碍。

(3)影响医疗预先指示在国内未建立的潜在因素。

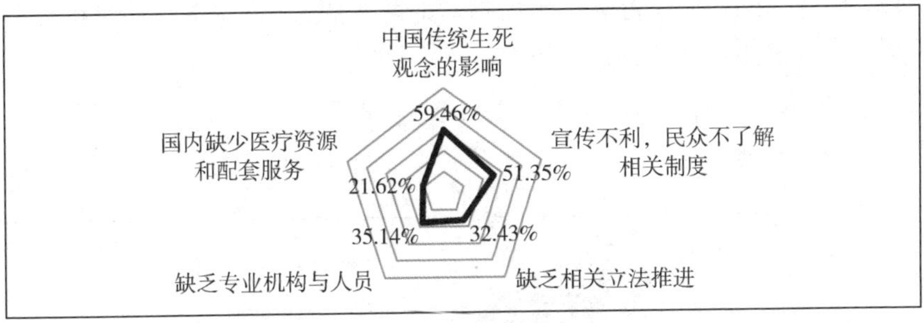

图6-11　影响医疗预先指示在国内未建立的潜在因素

图6-11说明医护人员认为医疗预先指示制度在国外多地得到推广,但在国内迟迟没有建立起来的原因,从统计结果来看,“中国传统生死观念的影响”(59.46%)以及“宣传不利,民众不了解相关制度”(51.35%)是医疗预先指示在中国迟迟未能建立的主要因素,此外,“缺乏专业机构与人员”(35.14%)、“缺乏相关立法推进”(32.43%)以及“国内缺少医疗资源和配套服务”(21.62%)也或多或少地影响了医疗预先指示的建立和推广。

首先，受中国传统儒家生死观（“未知生，焉知死”）的影响，死亡被认为是一个禁忌话题，不宜谈论死亡，尤其是自己的死亡。在患者晚期，医护人员往往出于善意，对患者隐瞒真实情况，告知家属后，由家属决定是否自己告诉病人。他们认为如果与患者讨论医疗预先指示，恐怕会引起患者和家人的心理不适，这也是医院对此采取缄默原则，不到万不得已的时刻或者患者主动问起时才会告知患者相应制度的原因。这就导致患者很大程度上失去了了解自己真实病情并作出选择的权利，伤害了患者的知情同意权以及医疗自主权。其次，就医疗预先指示的宣传而言，目前国内只有罗点点创办的“选择与尊严”网站，人们可以登录网站填写“我的五个愿望”（医疗预先指示文本），其还举办了线上讲座等多项活动来推广生前预嘱以及安宁疗护。但这只是小范围的推广，而且主要是在专业人士之间，并且填写的文件只是人们医疗愿望的表达，并没有法律效力。最后，目前我国的医疗资源分配较不均衡，只有北上广深等大城市才具备相应的条件去实施医疗预先指示，而在这些城市中，医疗设施和专业人员也非常有限，医生没有足够的时间和病人沟通，符合条件的医院相对于庞大的群体需求来说只是杯水车薪，如何完善医疗预先指示的配套服务，建立专门的机构培养专业人才，可能还是需要政府的支持。

2. 医护人员面临的与医疗预先指示相关的问题

（1）医疗观。

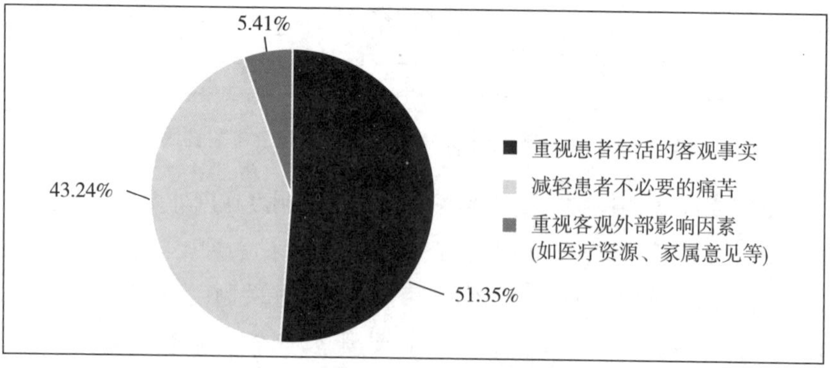

图 6－12　医护人员所持医疗观

图6－12说明受调查的37名医护人员所持的医疗观，19人（51.35%）表示首先“重视患者存活的客观事实”，16人表示把“减轻患者不必要的痛苦”放在第一位，还有2人表示会“重视客观外部影响因素（如医疗资源、家属意见等）”。

从统计结果可以看出，医护人员首先把患者放在第一位，这是毋庸置疑的。过半的人会尽可能地拯救患者的生命，但已经有相当一部分医护人员开始从病人的角度出发，有意识地去减轻患者的痛苦。在被问到“如果遇到患者本身因宗教信仰问题而不能接受一些医疗服务（如输血等）而放弃治疗这种情况，您会怎么做”时，9人（24.32%）表示“即使违背患者的意愿，也坚持治疗”，但有28人（75.68%）表示会“遵从患者意愿，不进行救治”。这表明，在允许的情况下，医护工作者会尽可能尊重患者的意愿。

（2）临终患者治疗意愿。

图6－13说明医护人员在医疗实践中所遇到的临终患者的治疗意愿，20人（54.04%）表示“患者本人和家人都想要继续治疗”，6人（16.22%）表示“患者本人不想要继续治疗，家人想要”，7人（18.92%）表示“无明显倾向”，“患者本人想要继续治疗，家人不愿意”和“患者本人和家人都不会坚持治疗”的占比很小（5.41%）。

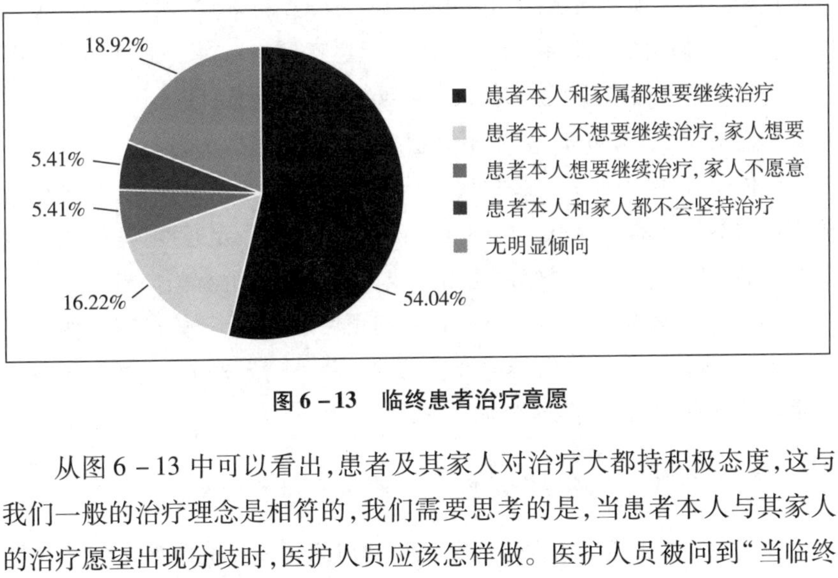

图6－13　临终患者治疗意愿

从图6－13中可以看出，患者及其家人对治疗大都持积极态度，这与我们一般的治疗理念是相符的，我们需要思考的是，当患者本人与其家人的治疗愿望出现分歧时，医护人员应该怎样做。医护人员被问到“当临终患者和家人产生意见分歧时,您认为医疗预先指示对于医患关系的影响是"时,21 人(56.76%)认为会"缓和医患关系",10 人认为会"加剧医患关系",6 人(16.22%)认为对医患关系"没有影响",超过五成的人认为医疗预先指示在这种情况下会缓和医患关系,这也是医疗预先指示的意义所在。

3. 医护人员对医疗预先指示的态度选择

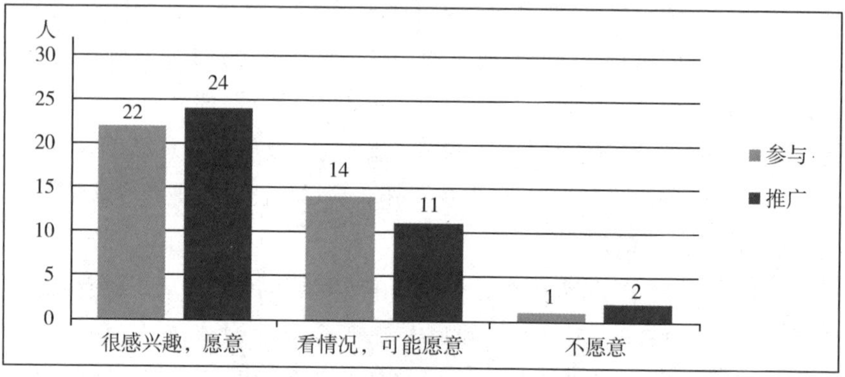

图 6-14 医护工作者参与及推广医疗预先指示意愿

根据图 6-14 的统计数据,在医护人员中,22 人(59.46%)很感兴趣并愿意参与医疗预先指示的相关项目,14 人(37.84%)持保守态度,表示"看情况,可能愿意",仅有 1 人(2.7%)不愿意参与。对于是否愿意将医疗预先指示推广给亲朋好友,24 人(64.86%)表示愿意,11 人(29.73%)表示可能愿意,2 人(5.41%)表示不愿意推广医疗预先指示。

总体而言,医护人员大多数比较认可医疗预先指示的作用,对医疗预先指示的参与和推广持积极态度,仅有极少数人持否定态度,这可能与他们职业的特殊性以及对医疗预先指示或多或少的了解有关。出于职业原因,医务人员对疾病的发生、进展、转归和预后本身就了解,在需要作出医疗决策时,相信自己能作出最适合自己的选择。病人多了,也可能导致对自主性的反思,更加关注自身的自主性。

(三)公证处工作者问卷分析

我国医疗预先指示通常借由公证机构以意定监护的附属文件形式签

署。这意味着,只要有办理预嘱的需要,就可以在公证员的见证下,借助自己选定的监护人,订立医疗预先指示文件。笔者团队通过走访无锡市梁溪公证处本部、无锡市梁溪公证处滨湖办事处、无锡市锡城公证处、无锡市江南公证处四家公证机构,通过发放问卷的形式收集数据资料,共得到有效问卷36份。对这36份问卷进行统计,从无锡市医疗预先指示的办理原因、文件签署因素、预嘱效力等角度分析后,能够清晰地了解到现阶段无锡市各公证处对医疗预先指示文件的签署情况与态度,有助于明确未来预先医疗的实践完善方向。

1. 无锡市医疗预先指示办理情况与原因分析

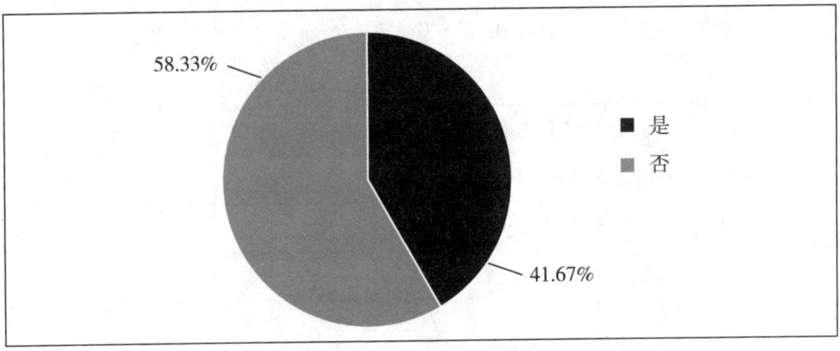

图6－15　医疗预先指示的办理情况

(1)结果。

在36名被调查公证员中,15人(41.67%)参与过医疗预先指示文件的签署,21人(58.33%)未曾接触过医疗预先指示文件。图6－15中结果可以大致反映医疗预先指示文件在无锡市的公证办理情况:文件的办理比率较低。

我国预嘱发展的缓慢,主要由2013年成立的北京生前预嘱推广协会积极推动,部分地区开展试点。无锡市则由无锡市长期照护协会联合无锡市各大公证处,努力宣传医疗预先指示,鼓励人们签订医疗预先指示文件。图中统计结果反映了在预嘱的大众传播度与认知度较低的大背景下,无锡市公证机构接触签署预嘱文件的情况较少。

(2)结论与分析。

结合制度发展的大背景,从无锡市各大公证处公证人员接触预嘱办理情况的现状出发,可以推论出预嘱在无锡市的大致开展情况:在无锡市民众对预嘱的知晓程度较低的背景下,在制度的实体法空缺状态下,目前无锡公证处的办理情况并不多。但无锡市以梁溪公证处为首的实践无疑走在前沿,在未来不断探索与扩大宣传的过程中,办理预嘱的数量也会有所增加。

2. 医疗预先指示签署意愿的影响因素

表6－7　影响医疗预先指示签署意愿的因素

愿意签署预嘱的原因(受访对象为曾参与预嘱实务的15名公证员)		
	人次(人)	比例
减少生命末期不必要的痛苦	13	86.67%
减轻家人或监护人心理负担	10	66.67%
减轻家人或监护人经济负担	9	60.00%
规避风险,保持人格尊严	8	53.33%
其他	1	6.67%
无意向签署预嘱的原因(受访对象为36名公证员)		
家庭关系良好,信任家人的选择	24	66.67%
想法存在不确定性,可能产生变动	23	63.89%
质疑文件效力,不想做	17	47.22%
自己没有信任的人	13	36.11%
其他	4	11.11%

注:在对影响预嘱签署意愿的因素进行分析时,问卷以多选题形式访问36位被调查对象,表6－7呈现每个原因项被选择的次数及该原因被选次数占有效问卷总答数的比例。

(1)结果。

表6－7的统计结果反映了无锡市四家公证机构的公证员了解到的民众有意愿/无意向签署医疗预先指示制度的原因。36名被调查的公证人员从自身丰富的实践经验出发,多项选择影响民众签署预嘱的原因。其中,

“减少生命末期不必要的痛苦”(86.67%)是无锡市公证员认同的民众愿意签署预嘱的最主要原因,另一个较为重要的原因是“减轻家人或监护人心理负担”(66.67%)。而民众无意向签署的最主要原因是“家庭关系良好,信任家人的选择”(66.67%),另一重要原因是“想法存在不确定性,可能产生变动”(63.89%)。表6-7中各单项原因被选择的频次大致反映出,无锡市民众从生命质量与情理角度考虑,为了在疾病终末期减轻自身与家属的痛苦,选择签署医疗预先指示文件;另有一部分民众保持对亲属的充分信任或者考虑到自身想法的不确定性,无意愿签署预嘱。

(2)结论与分析。

关于“民众有意向签署预嘱原因”的统计结果与预嘱设立与推广的初衷相符合,即提高疾病终末期患者的生活质量,减轻其与亲属的伤痛,达到保障人权与实现人格尊严的目的。但从无锡市民众“无意向签署预嘱原因”的统计结果来看,首先,“家庭关系良好,信任家人的选择”在原因中占比最高,达到全部样本的66.67%。在该项条件下,没有签署文件的民众在面临疾病的终末期时,医疗决定主要由家属作出,当患者自身意愿与之不同时,很可能丧失医疗自主权。其次,“想法存在不确定性,可能产生变动”在原因中占的比例同样很高,达到全部样本的63.89%。这反映出的问题是医疗预先指示制度的推广必然要建立的机制:文件的撤销与修改机制。

3.公证行业对预嘱的态度与原因分析

(1)无锡公证行业对预嘱的态度。

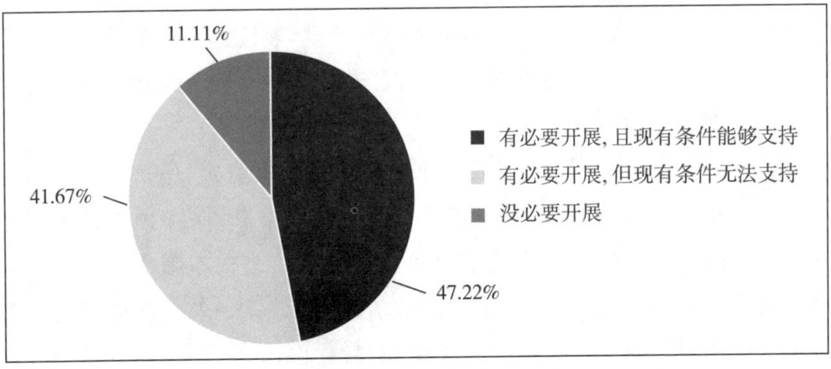

图6-16　无锡公证行业对开展预嘱活动的态度

图 6－16 的统计结果反映了无锡市公证行业对开展预嘱活动的态度。在受访的 36 名被调查对象中，17 人（47.22%）认为“有必要开展，且现有条件能够支持”，15 人（41.67%）认为“有必要开展，但现有条件无法支撑”，4 人（11.11%）认为“没有必要开展”。

在 36 名公证员中，认为有必要开展预嘱活动的比例达到 88.89%，该结果反映出无锡市公证行业对于预嘱项目开展整体呈现出积极与肯定的态度。但其中 17 人（47.22%）认为现阶段无锡市的条件不足以支撑预嘱推广的情况表明，制度在无锡市推广仍然有不小的阻碍。如不能保障制度本土化必备的资源条件与政策支持，制度将一直停留在“可以开展”的理论层面。

（2）影响预嘱推广的潜在阻碍因素。

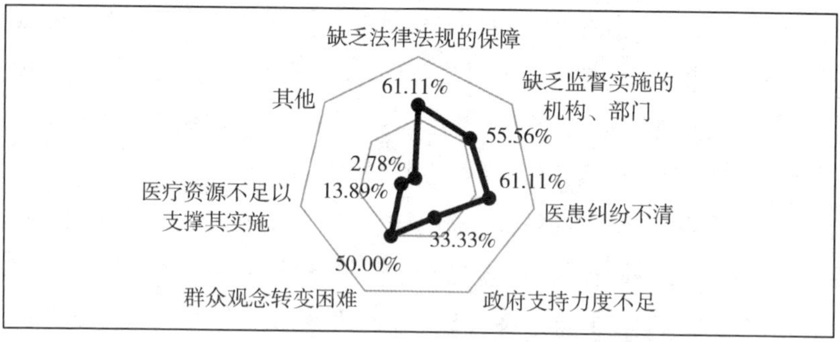

图 6－17　公证员认可的影响预嘱推广潜在阻碍因素

图 6－17 的统计结果反映了无锡市各大公证处公证员认可的阻碍预嘱推广的原因。“缺乏法律法规的保障”（61.11%）、“医患纠纷不清”（61.11%）、“缺乏监督实施的机构、部门”（55.56%）是阻碍预嘱在无锡市推广的三大重要原因。

无锡市公证员对于预嘱项目的态度整体呈积极肯定，但实际接触的关于医疗预先指示文件的公证项目较少，由此可以推断，医疗预先指示制度在无锡市的本土化过程中受到了阻碍。立法空白是根本阻碍因素。因为缺乏政策与文件的支持，预嘱文件的效力变得不确定。监督实施机构的缺失又使得预嘱实施产生的纠纷无法调和，激化医患矛盾，各环节的断裂会形成恶性循环，进一步阻碍预嘱的发展。

4. 对文件效力的态度

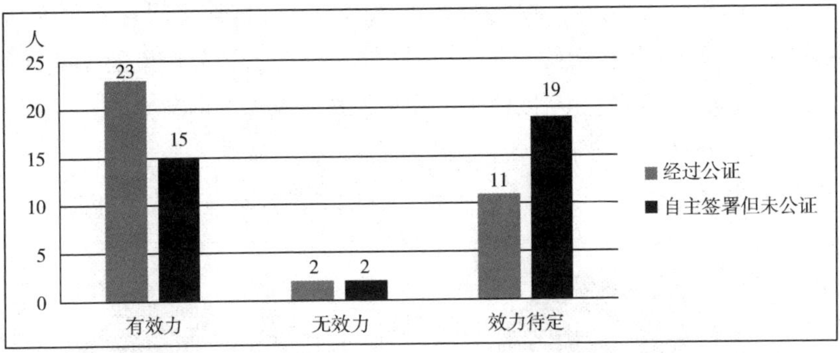

图 6－18 公证员对不同签署条件下预嘱效力的判断

(1)结果。

图 6－18 的统计结果反映，对于经过公证的预嘱文件，23 人(63.89%)认为其具备效力，11 人(30.56%)认为其效力待定，2 人(5.56%)认为其无效力。对于民众自愿签署，如在生前预嘱推广协会签署，但是并未经过公证的预嘱文件，19 人(52.78%)认为其效力待定，15 人(41.67%)认为其有效力，2 人(5.56%)认为其无效力。

(2)结论与分析。

无锡市公证员对于不同情况下预嘱效力的判断统计图揭示了两方面内容。首先，医疗预先指示文件的效力是不明确的。即使是经过公证的文件，公证员也不能肯定其具备完全效力。“效力待定”会使得文件在运用时产生显著的不确定性，这对于民众的独立意思表示与生命健康权均有不同程度的损害。效力不确定导致文件在实施过程中产生纠纷是与预嘱设立初衷相违背的。其次，预嘱未来在无锡市发展的可讨论空间较大。当前预嘱的主要受众是老年群体，无锡市作为老龄化程度较高的城市，对于预嘱的需求相对较高。这种需求性的增长会打开无锡市民众对公证预嘱服务的需求。在这种情况下，讨论预嘱的效力，固定预嘱的效力必然会引发广泛讨论。

(四)律师问卷分析

探究医疗预先指示制度的合法性是推广医疗预先指示的必经之路，因此律师行业对医疗预先指示的态度就尤为重要。小组成员通过走访漫修、盈科、汇业、京师等4家律师事务所,对律师们进行访谈与问卷的发放,最终共收集到有效问卷35份。通过对数据的分析,了解无锡市的律师行业对待医疗预先指示的态度,以便于医疗预先指示制度的顺利推广。

1. 律师行业对医疗预先指示制度的观点分析

本部分是对律师们对医疗预先指示制度适用的观点和态度进行分析。

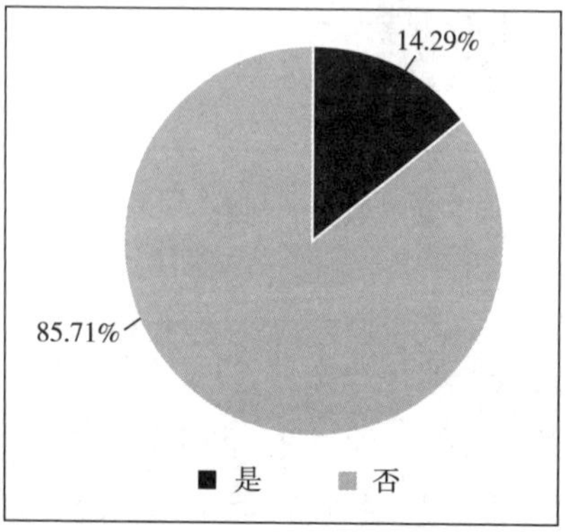

图6-19 医疗预先指示是否违背国家对生命健康权的保护

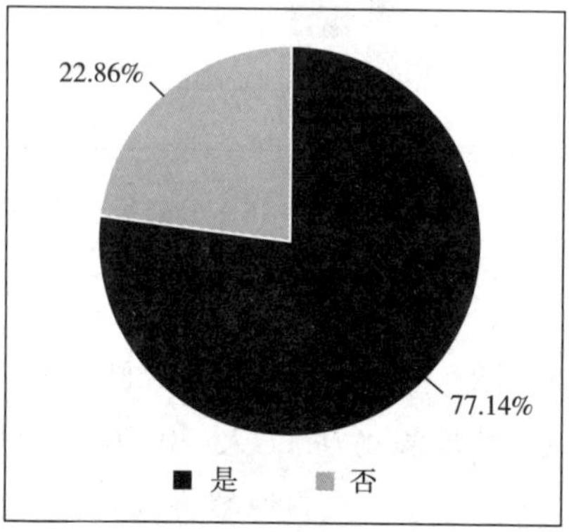

图6-20 "法无禁止即可为"原则是否可以作为医疗预先指示合法化的基础

(1)结果。

在关于"医疗预先指示是否违背国家对生命健康权的保护"一题中,35位律师有5位认为医疗预先指示违背了国家对生命健康权的保护,占14.29%。有30位律师认为没有违反国家对生命健康权的保护,占85.71%(见图6-19)。在关于"'法无禁止即可为'原则是否可以作为医疗预先指示合法化的基础"一题中,有27位律师认为可以作为合法化基础,占77.14%,另有8位律师认为不行,占22.86%(见图6-20)。

(2)结论与分析。

首先,通过图6-19统计数据可以看出,大多数律师认为,医疗预先指示并不与已有的法律原则相冲突,其存在并不是对生命健康权的破坏。其次,通过图6-20统计数据可以看出,大多数律师认为,"法无禁止即可为"原则基本可以作为医疗预先指示合法化的基础。因此,医疗预先指示的推广拥有一定的法律基础。但仍有部分律师对其的合法性存在不同理解，医疗预先指示制度还需要加强在律师行业中的推广，让拥有法律专业知识的人更加深刻地理解医疗预先指示的内涵，医疗预先指示制度的合法性还需要他们来进一步阐述。

2. 律师行业对医疗预先指示运行困境的阐述

（1）医疗预先指示在立法方面存在的潜在困难。

表6-8　医疗预先指示在立法方面存在的潜在困难

困　　难	人次（人）	比例
我国两会期间多次提及将“生前预嘱”纳入医疗卫生体制改革议事日程，但未通过	20	57.14%
参考美国、澳大利亚等国家的立法历程，短期实现医疗预先指示立法的可能性不大	21	60%
从已发表的文章来看，研究者对医疗预先指示在我国短期内实现合法化持保守态度	13	37.14%
中国人口基数大，民众对医疗预先指示知之甚少	21	60%
其他	3	8.57%

表6-8的统计结果反映了律师行业认为医疗预先指示在立法方面存在的潜在困难，其中“参考美国、澳大利亚等国家的立法历程，短期实现医疗预先指示立法的可能性不大”与“中国人口基数大，民众对医疗预先指示知之甚少”两项为最主要的原因，占比皆为60%。另外“我国两会期间多次提及将‘生前预嘱’纳入医疗卫生体制改革议事日程，但未通过”占比为57.14%，也是重要原因。

我国引入医疗预先指示制度较晚，除深圳的地方性立法外，尚无专门的关于医疗预先指示的法律，也无专门的患者权利法。当前医疗预先指示制度在我国立法仍处于空白状态，尽管部分城市医院正在开展试点实验，但是实验内容有很大的局限性，医疗预先指示对于大部分群众而言仍是陌生概念。由此可见，表6-8的数据与我国目前的立法状态是符合的，我国相关立法经验的缺失以及医疗预先指示的宣传不当是阻碍医疗预先指示制度立法的主要原因。因此，为了医疗预先指示制度顺利推行，我国可以参考其他地域的立法经验,基于我国国情,使我国医疗预先指示制度的发展有法可依。另外,我国政府部门应意识到医疗预先指示制度的普惠性以及该制度对医疗等行业的积极意义,积极进行宣传与推广工作,提升民众对医疗预先指示的意识。

(2)医疗预先指示在执法和司法方面存在的潜在困难。

表6-9　医疗预先指示在执法和司法方面存在的潜在困难

困　　难	人次(人)	比例
缺乏相关实施细则及配套方法,执法的合法性与司法实践难以确定	22	62.86%
多部门分工不清、相互推诿,执法主体难以确定	19	54.29%
缺乏程序上的保障,程序正义难以保证,执法与司法实践难度大	18	51.43%
缺乏专门的监护监督机制	14	40%
缺乏专业相关人才	14	40%
其他	2	5.71%

表6-9的统计结果反映了律师行业认为医疗预先指示在执法与司法方面存在的潜在困难,其中"缺乏相关实施细则及配套方法,执法的合法性与司法实践难以确定"为最主要的原因,占比为62.86%。而"多部门分工不清、相互推诿,执法主体难以确定"与"缺乏程序上的保障,程序正义难以保证,执法与司法实践难度大"紧随其后,占比分别为54.29%和51.43%。另外"缺乏专门的监护监督机制"和"缺乏专业相关人才"也是不可忽视的原因,其占比皆为40%。

如前文所述,我国引入医疗预先指示相对较晚,立法相对不完善,因此其在司法与执法方面的配套设施也不够支撑医疗预先指示的发展。首先,我国目前尚未出台完整有效的医疗预先指示政策,相关配套措施仍处于滞后状态,未能得到体系化与推广,没有程序上的保障,相关负责主体与监督机制也就无法成立。其次,由于宣传不到位等,目前医院普通的护理人员尚不具备舒缓医疗的相关专业知识。因此,我们需要针对符合签署医疗预先指示文件标准、依自身意愿进行安宁疗护的患者,在政策确认行为有效性的前提下,辅以严格完善的公证、医疗等专业流程与硬件支持。另外,还需要培养舒缓医疗专业人才,建立系统完善、横向整合的医疗服务模式。

3. 律师行业对文件效力的态度

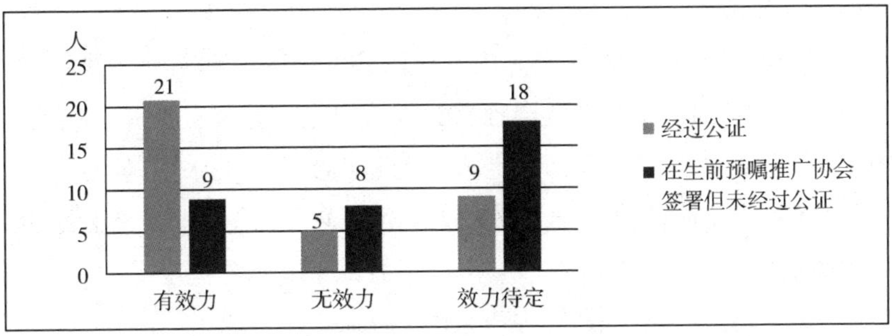

图 6－21　医疗预先指示不同签署条件下的效力认定问题

(1)结果。

从图 6－21 来看,对于医疗预先指示文件的效力问题,律师们的分歧较大,60% 的律师认为经过公证的文件是具有法律效力的,而认为其效力待定与无效力的占 40%。医疗预先指示制度文件的效力还是不确定的,即便经过了公证程序,律师也不能肯定其具有法律效力。但对于在生前预嘱推广协会签署但未经公证的文件,认为其效力待定的有 18 人,占比为 51.43%,认为其有效力的人次则大幅下降,只有 9 人。

(2)结论与分析。

通过统计数据可见,目前我国医疗预先指示文件的法律效力是不确定的,其原因与立法方面的缺失以及程序上的疏漏密不可分。因此,要完善相关法律,使公证作为公共监督机构履行公共监督职能,完善医疗预先指示文件的签署程序,让民众信任公证的效力,确保参与医疗预先指示的人的相关权利。

三、医疗预先指示访谈分析:个性化需求与缺失的法律保障

(一)老年群体

1. 广华福寿院老年人

(1)生死观。

该养老院的老人大多不忌讳谈论死亡,部分老人十分积极地将自身对

死亡的看法与生前规划与笔者团队进行了分享，通过与广华福寿院相关负责人的访谈来看，该院的老年人大多已有高龄或患绝症等重大病症的经历，并不忌讳谈论死亡，而是怀着“听天由命”的心态平静对待死亡的接近。

(2)家庭条件。

通过与广华福寿院相关负责人的对话，笔者团队了解到该养老院的老人家庭均较为和睦，子女经常会抽空过来看望老人且家庭经济情况较好，自身的养老金收入也较高，部分老人达到月均上万元的水平，但也存在少部分老人病情较重、收入较低，子女仅希望将老人安置在养老院后减少来往的情况。

(3)医疗观念与对医疗预先指示的态度。

虽然老人们的病状、精神状态各异，但在访谈中大多老人选择相信子女，认为应由子女来掌握自身的医疗权，但同时大力支持政府所推广的政策。通过与广华福寿院相关负责人的对话，笔者团队了解到该养老院的老人们大多受抗战时期、红军思想等具有时代特色的思维方式影响，具有相信政府因而大力支持政策，但忽视自身医疗自主权等法律权利的特点，并且由于文化程度、理解能力等受限因素，大多数老人们自然会选择相信子女和专业医护人员，因此可能在该制度的真正参与程度上会比较低。

2. 国药康养照护中心高知老人等

在国药康养照护中心举行的“生命尊严每周六公益沙龙”中，笔者团队有幸访谈了几位高知老人：周先生、徐先生和蒋先生（人名已隐名处理），并和杨海霞女士（无锡国药康养照护中心院长）进行了深入交流，笔者更为清晰地了解到部分高知老人对生命末期、医疗预先指示等方面的态度与想法。

(1)高知老人对死亡更为从容平静、心态积极。

接近生命末期的高知老人所持的生死观更为深入思考、超脱平静，态度更为积极向上。提及死亡时，多数高知老人会更多地考虑自身目前的身体状况与未来可能发生的情况，清晰地知晓自己可能的生命终点，并怀着积极的心态享受最后的时光。提到生病与死亡时，周先生深有感触：“我从出生就面临着生与死的考验。出生就患有先天性心脏病。前几年，在我50

岁那天突然发现身体有些疼痛,似乎有硬块。医院初步诊断这可能是个良性肿瘤,并以良性方案治疗。我上了手术台后,切片检查告诉我:这是恶性肿瘤,并且已经转移到右侧淋巴了。我心衰有三级,走路走得急一点也要大喘气,会有呼吸困难。所以我一直生活在心脏病和癌症晚期的交集下。癌症晚期后来转移到全身,为多发性、转移性、全身性的骨病变。4 年前,我因为身体状况好转从医院出院,我就到养护院居住,到现在马上就 4 年了。在 4 年中我的身体状况日渐衰弱,但心态还可以,经常参加社会活动。因为冬天血管收缩,身体比夏天更加难受。今年 10 月住院,住在癌病房,癌症通过打针暂时控制住了,但心脏病更加严重,医生说随时可能因血栓等原因去世。我就选择随遇而安,听天由命。一方面积极面对人生,能活多少岁就多少岁。另一方面也考虑最后的安排。"

(2)高知老人倾向于追求生命的三种维度。

高知老人对生命末期的规划与目标更为明确,并且对自身的经历、文化传承更为看重,老人们愿意发挥自身的主观能动性减少痛苦、享受生活、为后辈创造与留下美好的回忆。在沙龙的分享过程中,徐先生提到了"人生的高度、厚度、长度",以及自己所写的书籍、文件,在场的周先生对此感悟良多,自己也已集各种疾病于一身,但仍每天九点进行康复运动,正是人生高度、厚度、长度才能让后人铭记。此处周先生提道:"我现在处在生命的这个阶段,已经开始做最后的准备了。我把自己的所谓的作品,像自己发表过的文章、音乐什么的整理成了一本书。"

(3)高知老人对生命末期与之后的事项有一定的规划意向。

面对必然的终点,相对于知识水平较低的老年群体,高知老人除良好的心态外还会提前作出一定的自主规划,以实现自身的意志与意愿。受访的蒋先生的意愿是这样的:"我写了书面的文件,自己留一份,交给家人一份,我看到消息,上海民政系统下属机构对上海居民有一套专门管理海葬的办法,一年举办 2 次。我已告知家人,我去世之后一切从简,不要追悼会和坟墓之类的东西,到上海申请海葬流程。里面的内容是:第一部分是感恩的心,感恩生命中的每一个人。第二部分是向死而生,因为我活的每一天都是向着死亡而去的,但并不是消极的,而是以积极的心态去面对,并且有生命质量是最好的。第三部分是后事简办,交代发生意外伤亡的情况下保险理赔相关事宜;在正常死亡情况下,骨灰寄存、申请海葬、发送微信朋友圈的讣告等相关事宜。第四部分向家人交代经济方面的费用,比如养护院、银行卡、手机、存款贷款等各种费用和相关证件等。”

(4)老人们对医疗预先指示有所耳闻且乐于了解。

当提及“医疗预先指示”这一名词时,老人们表示并未听过,但通过解释其含义后,在场的三位高知老人表示自己曾有听说过含义接近的名词,并且十分乐意了解这项制度的细节,同时认为这项制度需要法律进行规制与护航。徐先生表示:“我也看过几本书,如《我的死亡谁做主》《癌症不等于死亡》,我准备去买但是还没有买的《生命关怀》系列丛书就是专门讲临终关怀的问题。《我的死亡谁做主》,主要讲的是医疗预嘱的事情,我知道正儿八经的遗嘱是比较正规的,可以法律方面走程序的,但是医疗预嘱现在没有法律效力。类似于我的备忘录,它没有公证也没有什么法律程序。”

(5)老人们对该制度的看法与建议。

在场的几位老人一致认为医疗预先指示具有重要的社会意义,并且需要公证处流程的完善与社会多方面的支持,在此基础上由法律加以规制,但同时存在一定的模糊标准与实务困难:一方面,该制度需要进行一定的宣传或者推广,最重要的是将制度的基本内涵清楚传达给公众;再者,可以设立一些咨询的部门,包括电话咨询、网络咨询或者当面咨询,以及有志愿者或者有意向的人群支持,为按照流程、文书填写问卷、文件等提供帮助;特殊方面如捐赠遗体可能涉及慈善捐赠的问题与法律程序、保证监督执行的相关政策等问题。不能只停留在填写纸面材料的程度。另一方面,面向的人群须有所针对,如阿尔茨海默症前中晚期之间的差别、不愿意签署的人群不应强迫、表达和理解能力有缺陷的老人的处理方式等;关于医疗措施决定,有受访者提到关于是否靠呼吸机、插管等维持生命的事项,其实可能老人在未到该阶段时难以考虑如此细节,如癌症的转移与治疗措施是很难预料的,是否放弃治疗在早期可能是难以决定的,要注意签署的时机等。

3. 国药康养照护中心杨院长

先进的养老院照护模式是医疗预先指示中缓和医疗所需要的必要条

件支持，通过与无锡市国药康养照护中心杨院长访谈，访谈小组成员了解到先进缓和医疗和人文照护模式下的养老院运作理念与方式，为医疗预先指示的硬件支持提供一定的参考与思考之处。

在参观过程中，杨院长介绍了中心的基本情况、康养理念、医疗措施等多方面的机构特色，其中她最为强调的便是“提倡家庭模式，也就是说去机构化、去医疗化生活化”，即借鉴了日本健康中心的相关建议与模式——康复预防生活化。在此基础上，机构将康复治疗个性化、规范化可持续进行，以帮助长者享受健康美好生活为目标，在健康快乐中长寿，并且围绕着生活气息进行相关配置展开，如怀旧疗法（小物件、装潢、艺术等）、音乐疗法、告别室等。在我们询问老年人衰老的相关问题时，杨院长以阶梯图的形式向我们说明了衰老的过程即为“健壮、衰弱前期、衰弱、失能”，这是一个心理储备逐渐下降的过程，在后三个阶段易出现急性应激下抗逆力差，需长期照护的特点，因此结合马斯洛需求，老年人更为需要社会与沟通，建立社群文化，由此来达到生命自主、生命自立、生命自信。

（二）医护工作者

医疗预先指示制度一个重要的环节就是如何与医院方面进行对接，而医生就是其中非常重要的对象。笔者团队通过参加无锡长期照护协会举办的一次论坛，访谈了周宁、周翾、李玲和侯莉四位医生。通过访谈我们总结出了无锡市发展医疗预先指示制度的问题和阻碍，并作如下分析。

1. 医疗预先指示的发展滞后

域外国家和地区医疗预先指示制度在立法或运行上已有突出进展，但是我国医疗预先指示的发展依旧非常薄弱，医疗预先指示的概念没有广泛出现在国人的认知中。大力宣传推广的组织——北京生前预嘱推广协会虽然大力推广医疗预嘱，但是并没有突出医疗预先指示这个制度，最重要的是国内对此的宣传不到位。

即使医疗预先指示的发展不足，可是我国发展了和其相近的安宁疗护，然而如何将其与医疗预先指示相结合是一个巨大的难题。我们访谈了疼痛科医生周宁，她也提出了这个关键点，医疗预先指示是制度层面的，安宁疗护更多的是在实践方面，特别是医院方面已经开始作出了实践，医疗预先指示还是没有提上明面。而侯莉医生也提到了现在我国的大多数医疗资源集中在治愈性治疗上，但是目前也出现了政策的转变，主要发生在市级层面。

2. 针对民事行为能力不足的群体的策略需要完善

医疗预先指示针对的主体是全体人民，具有完全民事行为能力的人可以自主作决定，但是无民事行为能力人或者限制民事行为能力人等不能完全自我决定的群体需要思考以何种方式可以将他们列入帮助的对象。要想发展医疗预先指示就必须得考虑到无民事行为能力人和限制民事行为能力人，并且解决这个关键的问题。

周翾医生主要是研究儿童疾病的，当我们谈到儿童如何作出选择，她是这样和我们说的：医疗预先指示主要针对的群体是可以自己作决定的群体，儿童是没有办法自己作决定的人，他们只能依靠父母才能作出有效的决定。在救治方面更是毫无权利签署决定或者只能是依据儿童的意愿由家长来签订，但是其中还有很多问题需要在理论制度上进行规定，在实践中不断完善。其他无民事行为能力人或者限制行为能力人都可以依据儿童这种特殊人群进行调整，这些特殊人群都是需要进一步考虑的。

3. 政府支持不足

医疗预先指示这种依靠法律制定和发展的规范性制度，必须有政府的支持。政府的支持可以更好地推广医疗预先指示，甚至可以加快人们对于医疗预先指示的接受。这是由于我国的传统文化的影响，群众对政府的信任是非常高的，而这种信任度是可以让群众不会反对甚至自发性地赞同政府推出的合理性政策。

但是目前仅仅是公证处在进行意定监护时会简单提及医疗预先指示，这不仅不利于推广医疗预先指示制度，还存在很多医生群体不了解医疗预先指示制度甚至反驳。我们必须从政府层面理解政策，才能更好地发展医疗预先指示制度，并且通过合理的手段将公证处和医院联合起来，建立协调机制，医院方可能会愿意发展医疗预先指示。

4. 对死亡的态度迷茫

医疗预先指示在我国发展滞缓的一个主要原因是人们对死亡恐惧的态度，我们在采访周宁医生时，她提出了恐惧管理理论，该理论指出，人们对某一文化世界观的信念和对自尊的寻求能够缓解死亡焦虑，而为了维持积极的自尊感，需要不断向他人证明自己的存在。其实对于没有宗教信仰的大多数人，谈及生死，应对死亡焦虑，其实就是谈论如何面对死亡及其意义，国人对死亡的焦虑有这样三个特性：禁忌性、潜隐性和瞬时爆发性。这种观念决定了中国人对于死亡的忌讳。

在这种态度下，人们很难坦诚地直视自己的需求，以及预设与死亡有关的未来。而医疗预先指示就是针对医疗中是否救助的问题，人们对于死亡的观念严重影响了医疗预先指示的发展及推广，这也是我们需要解决的一个关键问题。

5. 专业人才的缺失

任何制度的发展和推广都需要专业人士，需要专业人士深度理解政策并进行解读以及进行实际指导或者施行。医疗预先指示的发展中专业人才是必不可少的。根据侯莉医生的访谈我们可以知道，当前发展医疗预先指示一个重要的方面就是专业人才的缺失，特别是医生群体。医疗预先指示是需要医生之间团队配合的，甚至医生还需要具有更全面的知识，当前医疗预先指示的理念并没有在医生群体中普及，很多医生普遍认为给予所有治疗手段是职责所在，不能不做，如何面对不想救治的患者或者末期的病患的症状控制等问题，医生面临着选择。另外，医生是最强大的实践者，对于医疗的把握、有创救治措施、终末痛苦症状处理等，都是医生需要作出决定的，医生主导着整个过程。医疗实践中医生需要运作，在医疗预先指示的过程中，医生除了自身的角色，往往还扮演着沟通者、咨询者和安慰者，但是医生欠缺这一方面的专业知识，起到的作用非常有限，只有这类专业人才才能更好地发展医疗预先指示。

（三）公证处工作者

医疗预先指示文件的签署是国内较早开展医疗预先指示服务的公证

处致力推广的项目。因此，了解公证处对于预嘱开展的态度与实务问题对于制度的推广与改善有着重要意义。笔者团队联系到国内较早开展医疗预先指示业务的上海、无锡两个城市的多家公证处，分别对上海市某区公证处公证员李某阳和无锡市某公证处许某进行访谈，收集整理访谈内容作出如下分析。

1. 制度的传播度低

应当承认，医疗预先指示制度在中国的传播度很低。大众问卷关于民众对制度的认知程度这一问题的数据结果清晰反映了这一现状。而这一现状是预嘱文件签署在公证机构中开展较少的重要原因。

上海市某区公证处公证员李某阳在介绍预嘱制度在中国开展情况时，直接指出：该制度在中国的开展实际上并不多。上海市每年有 70—80 例来做医疗预先指示文件的签署。无锡市某公证处公证员许某同样指出制度低开展的现状，无锡市每年来公证处做预嘱的人并不多，主要是老年群体。预嘱文件主要是伴随意定监护文件的签署而签署的。这几年其接触到的只有一位孤寡老人没有做预嘱。老人八十多岁，没有儿女，她来其公证处选定她的侄女作为监护人。可以看出双方的关系特别好，也是因此老人并不愿意做预嘱，认为没有这个需求。除这位老人外，其他来公证处做意定监护的人都选择了做医疗预先指示。

2. 单独推广成本高

民众除了自行选择在医疗预嘱网站上签署医疗预先指示文件，另一途径是借助公证机构实现文件的签署。但是在目前公证界内，医疗预先指示被认为是意定监护的附属品、伴生品。公证员通常在开展意定监护服务时推荐对象同时签署医疗预先指示文件。就笔者团队接触情况来看，目前实务中并没有仅做预嘱的案例。

李某阳公证员认为："单纯推广医疗预先指示的概率不高，且成本较高。在上海，实务中没有人会单独跑来公证处做预嘱。一般是在当事人作意定监护协议的背景下，随着公证员的介绍，了解到有预先指示这么一项内容，然后可能会签署，都不排斥这个（预嘱）。从大范围上看，其实意定监护也没有程序法上的规定。那么在意定监护范围下的医疗预先指示想要单独设立十分困难。同时它的设立成本也是比较高的,时间、费用,推广宣传的成本都需要被考虑。很多律师、法院都不大了解这个制度,更不要说民众了。”

3. 制度发展具有潜力

受益于不断完善的卫生环境和不断发展的健康护理等诸多因素,人类的寿命在不断延长,如何尊严地走完人生最后一个阶段,特别是老年人如何体面地走完人生最后一个阶段值得深思。面对疾病末期,无意思能力的患者的医疗决定如何作出、由谁作出是关系个人福祉和医疗自主权的重要议题。这些问题的存在使得医疗预先指示制度有了发展的空间。

当谈及制度发展的可行性与未来发展态势时,公证员李某阳认为:“医疗预先指示制度具有一定的普惠性。很多人都是愿意接受这项制度的。我接触到的愿意做意定监护的人群中有很多经济状况没有很好,但是即使是账户只剩下 2 万元的人,也愿意支付 3000 元的公证费用(来做预嘱),这可能是出于对生命的渴望与死亡的恐惧,愿意付出代价。”公证员许某指出:“我觉得这项制度是可以推广的。从实践来看,事实上只要(我们)和老人说清楚,他们了解清楚了‘医疗预先指示’到底是什么之后,能接受这项制度的人有很多。前提是和他们说清楚。从我们这边的情况看,年轻的群体比如‘90’后,到四十岁左右的中年群体,到六七十岁甚至八十多岁的老人,除了我们刚刚提到的那位孤寡老人,其他人都很乐意做我们推荐的医疗预先指示。”

预嘱对于解决老龄化社会存在的问题与临终患者的医疗自决问题起到很好的调剂作用。两位公证员对于预嘱的开展都持相对积极的态度,前来办理公证业务的民众普遍也愿意支付一定的金钱,投入一定的时间来了解与签署预嘱文件。所以医疗预先指示制度的发展存在较大的潜力。

4. 法律保障缺失,制度效力待定

医疗预先指示制度在我国发展比较缓慢,最根本的原因是缺乏完整的法律制度保障。特别是该制度关系到临终医疗决定这一涉及生命的重大问题,因此需要特别谨慎。

李某阳公证员介绍:“我国目前主要是罗点点的医疗预嘱协会在推广

这个事情(医疗预先指示),但是全国范围效果不好,最根本的原因显而易见就是没有法律性保障。也是因此,多部门合作是缺失的,例如法院,公证处,律师,民政系统,社会福利部门,计生部门的联合(缺失)。同时目前也缺乏协调组织。最后就是制度的监督、执行确认的缺失、司法解释的空白。"公证员许某也说:"制度目前在国内开展得较少的一个很重要原因是缺乏法律的保障。"从本节医疗预先指示制度问卷之公证篇中关于"公证员认可的影响预嘱推广潜在阻碍因素"里,61.11%的公证员认同"缺乏法律法规保障"是阻碍制度推广的最根本因素。正是因为法律的缺失,医疗预先指示文件的效力是不明确的。即使是经过公证的文件,公证员们也不完全能肯定其具备完全效力。

5. 家长主义主导,医疗自决受阻

预嘱设立的初衷之一是保障人们的医疗自主权。想要确认无意思能力患者自己决定权的优先地位,势必与中国传统的孝道文化与价值观念有冲突,在复杂的中国社会背景下,解决这一矛盾主要是通过承认医疗预先指示的效力。当然,无预先指示的情况下,设定法定代决定权也是重要的补充。

当谈及中国文化背景下的医疗自决与传统生死观时,公证员李某阳认为:"预先指示是舶来品,更加契合西方文化与价值观。放在中国的大背景下,在传统孝道礼仪文化、死亡葬礼的影响下,这项制度想要实现,必须要本土化。关于个人自决权,虽然我们应当尊重个人对生命质量的追求,但是在传统的家族主义中,家长主义占了上风,人不是为了自己而活着,生死也不一定可以完全由自己决定。"

《民法典》第1219条保留了先前《侵权责任法》的规定:"……医务人员应当及时向患者具体说明医疗风险、替代医疗方案等情况,并取得其明确同意;不能或者不宜向患者说明的,应当向患者的近亲属说明,并取得其明确同意。"关于医疗责任条款规定的保持也将继续削弱人们完全医疗自决权的价值,阻碍预先医疗的开展。

(四)律师行业

医疗预先指示制度与法律有着密不可分的关系,针对医疗预先指示制度的合法化基础、法律效力,医疗预先指示目前面临的法律方面的障碍以及后续进行制度设计需要考虑的问题,笔者团队访谈了无锡市京师律师事务所的荣律师以及上海市汇业(无锡)律师事务所的陶律师和徐律师,他们三位给予本项目非常多的帮助,基于对他们的访谈,笔者团队对目前医疗预先指示制度的应用和推广面临的问题进行分析。

1. 医疗预先指示与生命权、知情同意权的冲突

医疗预先指示制度发展过程中,其最大的理论障碍在于同国家保护生命权的义务相冲突。自然人生命权是一种人格权利,其内容是对生命安全的利益,是体现人的尊严和基本价值的权利,是人所具备的最基本的权利,也是人权的基本内容,我国宪法对于国家尊重和保障人权有明确规定。任何人不得随意放弃其生命,生命不仅为公民的权利,也是必须受到保障的社会关系。因此,对于医疗预先指示制度的合法性的承认,也即承认个人放弃生命的权利,这与国家保障义务相冲突。对于医疗预先指示是否与生命健康权相冲突,律师界并没有统一的意见,京师律师事务所的荣律师认为:“我国虽然在宪法中明确规定了生命健康权,但是并没有对自己侵犯自己的生命健康权有相应的惩罚措施,在国外由于宗教信仰等原因,可能会认为自杀是原罪,这种观念会影响他们作出决定,而我国是没有这种观念的。而且,医疗预先指示保障的是人们对于医疗自主权的自由裁量,对生命健康权没有太大的影响。”

知情同意权是民法领域一项重要的民事权利,其权利内涵在于民事主体获得并知悉同等信息的权利,并基于此作出真实意思的决定。在医疗领域中也有知情同意权的规定,其体现为患者的知情同意权,即“患者对于自己的病情充分了解,并依据医务人员的意见作出治疗决定”。患者作出医疗自主决定必须立足于知情同意,但实践中,医生对于有严重疾病的患者,往往采取隐瞒的方式。对此,荣律师指出:“对于知情同意权,我更多地认为这是在交易中双方为了保证公平,对双方主体做出诚实信用的约束。但是在生命健康权方面,就不存在知情同意权的说法。其次,我认为医生不一定很方便直接告诉病人他的真实病情,特别是在重大疾病的情况下,一般都是告诉家属。有时候告诉了病人反而还会加重他的心理负担,对治疗

产生不利的影响。”

2. 医疗预先指示文件的法律效力存疑

由于医疗预先指示制度在我国并没有相关的立法作为支撑，所以实践中就算签署医疗预先指示的文件，也很难被认定为具有法律效力，这就使医疗预先指示文件的签署只是人们医疗意愿的表达，而很难得到法律的承认并执行。目前公证行业开展意定监护文件的公证，似乎为医疗预先指示提供了一种途径。在询问荣律师对于经过公证的医疗预先指示文件的法律效力问题时，其指出：“虽然经过公证的文件一般来说是有效力的，但是如何确认文件内容是有效力的是很重要的。目前医疗预先指示的内容在我国并没有相关的制度，所以对于如何保障公证文件内容的有效性，还是得看具体的情况。”

3. 我国医疗预先指示立法存在严重障碍

从域外医疗预先指示的发展历程来看，医疗预先指示要想得到大范围的推广和应用，立法是不可或缺的一个环节，我国两会期间有人大代表多次提及将“医疗预嘱”纳入医疗卫生体制改革议事日程，但未通过。荣律师就我国医疗预先指示立法这一问题说：“就现有法律来看，我国是有类似的法律条文可以在一定程度上支持医疗预先指示的，但从伦理道德等方面考虑，因为毕竟不是专门的立法，只能是作为一种可能的选择去推广这个制度。”上海市汇业（无锡）律师事务所陶律师指出：“从已发表的文章来看，大多数学者对于医疗预先指示的立法持保守态度，有一部分原因是中国的人口基数大，民众对于这一制度知之甚少，没有进行立法的现实需求和紧迫性，对此，我国宜采用渐进方式推进医疗预先指示的法治化进程，只有先以非立法方式去进行推广，让民众了解医疗预先指示，待医疗预先指示文件的普及率达到一定水平，公众对此认可度提高，有了普遍的需求后，将其制定为法律更加的顺理成章，符合我国国情。”

4. 真实的医疗意愿难以确认

患者的医疗意愿会随着某些因素的变化而变化，比如他们与家人的关系，他们感受到的痛苦程度，或者对现实世界的怀念程度。如何确定人们真实的意愿是在医疗预先指示实际执行过程中面临的一个很大的问题。

上海市汇业(无锡)律师事务所的徐律师指出:“一个人作出医疗预先指示是受很多因素影响的,同样,现实生活非常复杂,患者的医疗意愿可能反复无常,究竟什么时候才是患者的真实的医疗意愿是难以确定的,例如有些患者独自面对疾病时,求生意志很低,但当家人在场时,他就会爆发出强烈的求生欲望,哪怕以后可能只靠呼吸生存,他也想得到最大限度的对待。再如,一个人在各方面都正常时写好医疗预先指示文件,表示当未来要靠呼吸机维生时放弃治疗,但当他躺在病床上时却表示坚持继续治疗,这个时候应该听取他什么时候的意见呢？这个决定是必须要慎重的,因为涉及病人的生命。”

5. 医疗预先指示制度设计中的问题

对于医疗预先指示制度设计中需要注意什么问题以及规避哪些误区,京师事务所荣律师说:“我个人认为比较重要的是不能对采取这个指示后的行为做出惩罚规定。比如说,如果某老人签署了医疗预先指示的文件,生命末期不准备救治,但是家人基于情感和道德伦理等考虑坚持要救,是违背了老人的意愿,但是这样的行为如果还要被惩罚,那反而是不利于社会发展,并且不符合大众认可的价值观与情感的。所以在设计具体的方案时,一定要注意这样的事情,不要有过于强制性的手段,可以采取软行为达到硬目的。医疗预先指示还是需要将条文细化再进行相应的建设,才具有更好的实施性,这都是需要在立法上进一步完善的。”

汇业律师事务所的徐律师指出:基于文化、生活环境、认知等的差异,对于医疗预先指示会有不一样的判断。面对重大疾病,患者有关于病情的知情权及后续自我决定的权利;家属会基于情感希望干预患者治疗而进行善意的隐瞒。两者相比,其更愿意选择其前者即尊重患者个人的本人意愿,虽然在情感上会有一定的牺牲,但是患者面对重大疾病时,其有权选择一种有尊严的方式完成剩下的人生旅途,这是作为每一个个体对他人的权利的尊重。这类宣传还是要进行的,并且在立法和执法层面都要做到切实可行,让更多的人了解这方面的内容,至于如何选择,应当将这个权利交还给每一个患者。

陶律师认为:自古以来,人们对亲情都非常重视,传统儒家文化提倡

"尊老爱幼""百善孝为先",孝亲文化流淌在中国人的血液之中,受此影响,在医疗决策过程中,家人的意见往往占有很大的比例,甚至超过患者自身,在实际操作中,医院除了要求患者签署手术同意书,还经常要求患者家属签字,以防日后发生医疗纠纷。那么在医疗预先指示的制度设计中,可能要考虑如何去加强签署者个人和家人的沟通,以期达成一致的意见。此外,对于医疗预先指示文件的制定、变更、生效和撤销等,都需要详细的规定使其规范化和具有可操作性。

第二节 "医疗预先指示"的立法实现

一、医疗预先指示的立法范式:协助决定范式

医疗预先指示给予个人预先自由处分自己医疗事项的权利,它是保障医疗自决权实现的直接制度供给。医疗预先指示是指个人在尚存清醒意识和医疗决断能力的前提下,为自己所希望获得的医疗处置事项作的预先的指示和说明,该项说明一般以书面形式签署,可以包括有关医疗一般事项、特殊事项的声明,该声明内容也可以包括对自己医疗事项选择或医疗行为的态度与观点。医疗预先指示可以和选任医疗代理人委托授权搭配适用。尽管《民法典》并未对医疗预先指示作明确规定,但第33条的意定监护制度允许当事人以书面形式确定医疗代理人和医疗方案,这给医疗预先指示提供制度可能。

随着《残疾人权利公约》的广泛应用和协助决定在监护法律机制互动中的充实扩展,协助决定范式成为医疗预先指示立法的必然选择〔2〕。协

〔2〕 民法上的协助决定,是指成年人通过与他人订立一系列的民事协议、民事关系、民事实践或者民事安排等形式,使其在处于认知障碍时,能够在得到他人的协助支持下表达自己的意愿,自主作出决定,包括日常生活决定、医疗救治决定及财产管理决定,并就这些决定与他人进行沟通,而他人不能替代本人的自我决定。协助决定自诞生时起,就是为了替代监护制度的适用,从而克服成年监护对精神的、心智的残疾人和阿尔茨海默症者的民事权利之实现上设置的障碍。参见李霞:《协助决定取代成年监护替代决定——兼论民法典婚姻家庭编监护与协助的增设》,载《法学研究》2019年第1期。

助决定范式要求医疗预先指示制度保留患者的决定主体地位，尊重患者真实和残存意思；要求医疗预先指示能够为传统限制行为能力和无行为能力的成年人与医生、亲属及社会之间搭建沟通桥梁。协助决定范式尊重医疗自主决定权，强调个性化保护，它允许通过医疗预先指示或代理性文件的形式预先约定接受或不接受某种医疗方式；也可以基于对个人最大利益和真实意愿的考量，实现患者拒绝医疗的目的。协助决定范式并不以“家长式”医疗强行取代患者本人在医疗决定过程中的主导地位，它倡导多方辅助个人真实有效的医疗预先指示的实现。它或通过法律文件对时间和空间的置换，或通过对个人真实意愿的考量，活用患者的医疗决定能力，尊重并保全患者的人格尊严，以实现行为能力丧失后延续其医疗意愿的目的。

以协助决定范式贯穿医疗预先指示制度设计关注两点，第一，根据患者的意愿和偏好允许患者（现在或将来）作出指示，使患者意愿符合主观上的自主性，程序符合客观上的合理必要性时，最大限度地尊重和容纳患者的医疗预先指示中的拒绝治疗选择，并确保患者在整个医疗过程中知情。第二，当医疗预先指示仅作概括指示时，由医疗代理人在个人意思能力不足后协助患者知情同意并作出医疗决定；当个人无医疗决定能力时，应以个人立场推测其真实医疗意愿，并替代个人作出医疗决定。传统民法领域中的代理多为财产事项托付，更侧重于代理人的法律行为与被代理人的法律行为的法律效果相同，利益的实现对于代理的构成无足轻重，[3]也并不深究被代理人的真实意愿。协助决定范式下的医疗预先指示制度创设侧重查明代理人的意思表示内容本身是否尊重指示人内心真意及最大利益。

二、医疗预先指示的适用前提：知情同意与信息披露标准

根据“医疗行为伤害说”，“出于医疗目的而侵犯身体完整性也是人身伤害的客观事实要件。因此，这种违规行为必须具有法律原因”[4]。知情同意则为合法理由。无论是医疗预嘱作出明确指示还是代理人在概括指

〔3〕 参见［德］卡尔·拉伦茨：《德国民法通论》，王晓晔等译，法律出版社2013年版，第816页。

〔4〕 ［德］迪特尔·梅迪库斯：《德国民法总论》，邵建东译，法律出版社2000年版，第162页。

示下对预嘱人真实意愿的探究,均需建立在本人知情同意基础上。阻碍充分获得知情同意的障碍包括缺乏对事实的理解(能力欠缺,主观压力)、缺乏信息披露者的披露等。因此,知情同意程序应确保消除障碍或使其达到不干扰个人自主和理性决策的水平。

在知情同意程序中,信息披露标准是关注的焦点,即什么是充分披露信息以及以谁的观点来衡量充分性。美国司法实务存在两种不同的理论评判标准:专业标准和以患者为基础的标准。其中,“以患者为本的标准”又分为“客观或合理的以患者为本的标准”和“主观或个人的以患者为本的标准”。第一,专业标准。早期在美国最具影响力的涉知情同意权案件中:“医生披露的义务仅限于一个合理的医生在相同或类似的情况下会做出的披露。”依据这一标准,违反知情同意的信息披露标准的证明责任需要两个关键因素,类似社区医师的合理执业者会披露的信息和医生违反这一标准的事实。第二,客观合理的患者标准。这一标准认为,医生充分披露的实质性的风险、利益和替代方案,应当符合一个理性病人的认知,决定自己利益的方向是患者而非医生的特权。第三,主观的个体—患者标准。这是从个案出发,要求医生披露可能影响特定病人拒绝医疗决定的所有可能风险。后两者的差别在于,若根据客观合理标准,披露的对象是基于“理性人”假设,而依据主观的个体—患者标准,披露的信息是针对个体理性所作的恰当披露。随着现代医学的不断发展,患者医疗自主意愿强烈,医疗信息公开标准已从“专业标准”转向“个体—患者标准”。在知情同意程序的介入下,“医生与患者之间的相互沟通,医生具备足够的时间去衡量患者的状态”[5]。综合对医疗决策能力的个性化判断,信息披露标准就更应注重对患者的个案判断。

三、医疗预先指示的适用核心:医疗决定能力评估

(一)协助决定范式下行为能力的容纳力不足

医疗预嘱的适用围绕医疗决定能力展开,立预嘱人立预嘱时的行为能

〔5〕 孙也龙:《医疗决定代理的法律规制》,载《法商研究》2018年第6期。

力关系到预嘱能否成立；预嘱人行为能力的有无也是预嘱生效的重要时间节点。从法律行为角度分析，医疗预嘱可能是单方法律行为，也可能因附加医疗同意书成为双方法律行为。无论是单方还是双方，“行为能力”均是判断法律行为效力的前提条件。传统民法中，行为能力制度用格式化的手段划分区间，[6]将其作为人身、财产、医疗等的诸多法律行为效力的判断标准。行为能力制度以交易效率和秩序为优先考虑，但遮蔽了个人的具体意思能力，为此付出的代价是由无行为能力人和限制行为能力人在任何情况下的法律地位决定的，即使行为人实际上具有以自主意志形成法律关系的能力。[7] 在医疗决策行为中，传统行为能力制度的类型化表达存有局限。民事行为能力以意思能力为要素，意思能力包括理解、记忆、权衡和使用、表达能力，传统民法上的完全行为能力要求全面涵盖四项能力。但具有高度自主性的身份行为，如结婚、离婚、医疗决策的能力，或许不需要当事人达到传统行为能力的认定高度或经过协助决策能达到为法律行为的意思表示高度。此外，从具体事务上划分，行为能力包括亲密关系能力、医疗决定能力、遗嘱能力、缔约能力、诉讼能力、责任能力等六大能力，这些能力中的前几项能力也并不必需意思表达能力，部分事务处理仅需要当事人理解关系和决策的意义及效果并作出判断即可。[8] 医疗决策不属于传统民法为限制行为能力人规定的“日常生活”的自由空间，固有的限制行为能力人的法律行为规则无法诠释临床决策的多样化和复杂性。

协助医疗决定范式以协助决定方式延续或补足了个体完整意思，使行为能力完整，法律行为有效。协助决定范式下的医疗预嘱制度或利用履行辅助人传达预嘱人的真实医疗意愿；或在概括性预嘱中，依据本人的真实意愿，代理本人作出医疗决策，或在临床医疗中，由辅助人协助行为能力受限的个人作出医疗预嘱。在医疗事务上，认定具体的人的真实意愿和医疗

---

〔6〕 参见常鹏翱：《意思能力、行为能力与意思自治》，载《法学》2019 年第 3 期。

〔7〕 参见[德]维尔纳·弗卢梅：《法律行为论》，迟颖译，法律出版社 2013 年版，第 215 页。

〔8〕 欧洲法律能力变革也否认了以传统行为能力作为个人受到替代决策约束的前提，要求各国对法律能力领域的所有现行法律进行修改，将意思能力推定有效作为核心原则。因此，以场景对行为能力需求的不同，将行为能力模块化，而后对场景所需最低限度的行为能力进行认定，是目前契合司法实务的民事行为能力变革的可能选择。

决定能力,可以弥补行为能力制度欠缺,完成本人意愿,促进法律行为有效。即便是传统民法认定的意思能力较差的个人不具备完全行为能力,经过亲属或医方(民法中的履行辅助人)协助,依然可能具有完全医疗决策能力,也具备订立医疗预嘱的能力标准。不过,对于临终拒绝医疗放弃生命的预嘱来说,这种医疗决定能力标准认定体系的适用或应严格。

(二)医疗决定能力的评估方法

在复杂的临床决策中,个体医疗决策能力并非“全”或“无”两个极端,医疗决策能力的评估也应将具体情景的风险纳入内在考察维度。患者的能力不仅与个体的能力有关,也取决于相应的医疗决策,还可能是各种因素综合结果。如医疗决策的复杂与风险,协助决定的适当性,以及患者的诊疗条件。患者医疗决策能力降低可能在于幻觉、精神错乱、应激性心理障碍者等心理生理疾病以及认知能力受损等各种原因。在判断个人的医疗决策能力时,Appelbaum 的医疗决策能力范式〔9〕可以全面概括医疗决策能力构成:沟通和选择的表达能力,对决策相关信息的理解能力,对疾病与治疗选择的可能后果评估能力以及运用相关信息的推理能力。医方可通过固定量表〔10〕,结合协助性的半结构式访谈形式,以不同分值为等级标准进行记录和测量,综合评定患者的医疗决策能力。当然,认知疾病和严重的心理疾病(如抑郁、臆想)、长时期或者剧烈的疼痛、物理环境的变化等均会削弱个体价值观的稳定和运用信息选择方案的能力。因此,医疗决策能力的评估,必须结合相关可操作性的临床问题在患者充分知情同意的前提下,检验相应的四个维度。无论是否有精神能力瑕疵,只要个人在最大限度的知情同意后能够独立或在他人(医方或亲属等)协助下,于特定的医疗决策事务上充分理解该项医疗决策的内容并合理预见实施医疗决策的后果,则可认定其在特定医疗事务上拥有完全医疗决策能力,其所订立的医疗预嘱即为有效。此外,具体医疗决策能力评估的主观性要求赋予评估

---

〔9〕 Thomas Grisso & Paul S. Appelbaum, *Assessing Competence to Consent to Treatment*, Oxford university Press, 1998, p. 122.

〔10〕 一般为麦氏知情同意量表(MacCAT 量表)。

小组一定的自由裁量权，这不仅需要评估团队中有专业的、有医术的医生，还需要评估人员有责任感和道德感，这样才能依靠理性最大限度地维护患者的利益。

四、医疗预先指示的程序设置

在医疗预嘱制度设计中，程序设置是推进医疗自决权行使安全、合法及有效的通行立法经验，也是为通过正当程序防范对个人生命权的不当侵犯。

（一）适用主体限制

当前适用医疗预先指示的国家和地区中，对于预先医疗的主体进行了规制。奥地利《医疗预嘱法》第 3 条规定医疗预先指示的主体应为“医疗预嘱时必须具有理解和判断的能力的人”；德国《民法典》第 1901a1 条规定医疗预先指示的主体应为“成年且具备意思能力的人”；瑞士《民法典》第 370 条第 1 款规定医疗预先指示的主体应为“有判断能力的人”；中国台湾地区“病人自主权利法”规定“年满二十岁且具完全行为能力者能在健康或者意识清醒的状态下，签署医疗预先指示”。分析上述共同之处可知，能够作出医疗预先指示的主体，应当具备法定的年龄以及意思能力。据此可以看出，意思能力是制定医疗预先指示的必要条件，这里具体指的是“理解医疗措施的益处、风险和替代方案的能力，以及做出和传达医疗决定的能力”。对于不具备相应行为能力的成年人而言，其也不具备订立医疗预先指示的资格。该行为能力的判断，不要求在预先指示作出之前测试。只有当有足够的证据表明成年人正在作出预先指示时，成人的预先指示才应被视为有效指示。只有在处分证据能够证明其在订立医疗预先指示时是无行为能力的情况下，医疗预先指示才能被撤销。结合我国《公证法》第 26 条与第 31 条第 1 项规定，对于前往公证机构办理医疗预先指示的主体的要求应当为：具备意思表达能力的年满 18 周岁的人。同时 16 岁以上能够以自己的劳动收入为主要生活来源的未成年人，也可作出医疗预先指示，并且医疗预先指示应当基于该主体的自由意思而作出，如有必要证据证明主体因受欺诈、胁迫或强制等而作出,则不能生效。

由于生命失去的不可逆性,临终医疗自决权的保护必须与生命权保护之间做法益衡量。因此,参考美国法等法律规定,对临终拒绝治疗行使主体作严格限制,允许不可挽回的生命末期、植物人、脑死亡、极重度失智等状态中的病人放弃、拒绝治疗。(1)预后方法的适用。预后方法是美国法院部分判决中区别病人是否有权放弃医疗而死亡的医疗方案上的标准。它指即使实施医疗,病人将在短期内永久性昏迷或死亡或活着,但解决身体的疼痛,需要直到死亡。(2)末期疾病的定义。末期通常与"不可逆转""无治愈可能"相提并论。末期疾病可作两方面的解释,第一,即使实施医疗,病人也会在相当短的期间死亡;第二,如果放弃该项医疗,病人将会在短期间死亡。较为严格的立法一般会选择第一种解释。此处的相当短的时间一般为6个月以内。(3)不可逆转的昏迷状态或永久植物人状态。永久植物人状态与绝症不同。绝症患者可以根据自己的意愿作出医疗决定,但永久植物人状态没有能力,若非提前有拒绝医疗的医疗预嘱,无法得知其当下意愿。只能依据协助决定范式探究最接近本人的真实意愿,拟制意思表示。但严格的立法中,放弃治疗的意思表示只能依据本人明确具体的预嘱。(4)脑死亡患者。脑死亡是指包含脑干在内的全脑呈现机能不可逆的停止,丧失反射光能力、自发性呼吸停止等症状,依靠人工呼吸等生命维持设备,可维持数小时或数天的心肺活动。脑死亡患者会在相当短期间无法避免地死亡。(5)极重度失智。主要指极重度的阿尔茨海默症患者。由于阿尔茨海默症的病程持续的时间较长且患病前后的个人意愿变动较大,各国法一般对他们的拒绝医疗权行使持保守态度。

(二)本人真实意愿的探究

在一般的医疗预嘱中,当患者本人已处于无意思能力状态,若指示仅概括授权,则需要医疗决定代理人的协助决定。根据《民法典》第35条第3款对监护人"最大程度地尊重被监护人真实意愿"的履职要求,医疗代理人应尽职尽责地探究本人真实意愿。对于含有特殊的预先拒绝治疗内容的预嘱,由于医疗措施的高度侵入性和关系患者的重大生命健康,一般要求医疗预嘱中特别授权和明示。[11] 但仍然存在对于"末期疾病""不可逆转"等医学状态的理解上的变数,也存在需探究本人真实意愿的可能性。在协助决定范式下,对本人真实意愿的探究是"医疗决策者尽可能准确地确定患者在被认为有能力的情况下会做出什么样的医疗决定",也即依被代理人的观念、习惯、价值观等可推定出的真实意愿。如德国《民法典》第1901条第2款规定,"特别考虑受助人之前口头或书面所说的话,或考虑受助人的道德和宗教信仰,或他们的个人价值观"。当且仅当无法推至本人真实意愿时,才采用最佳利益标准(理性决策模型)视同本人真实意愿。当然,此处的最佳利益仍应具有主观性,必须考虑以下因素:"医疗程序对个人身体、意识功能的影响;医疗程序或移除医疗程序引起的身体疼痛或不适的程度;在极度羞耻和依赖的状态下,个人的医疗状况、医疗行为或退出对个人尊严造成的严重和持久伤害的程度;医疗对个人预期寿命的影响;疾病康复的个人预后,有或没有医疗行动;医疗行动或撤回医疗行动的风险、副作用和益处。"[12] 对本人真实意愿的探究永远仅仅是无限接近而非重叠,本人真实意愿可能发生的变化也是真实意愿探究中难解之谜,尽管医疗预嘱将完全行为能力的个人目前拥有的自主权延伸到他们不再有能力胜任的未来,但仍然无法为个人的价值观树立统一的判断标准。[13] 因此,考虑到生命丧失的不可逆和真实意愿探究的难度,应采用较严格的立法模式,即无论个人于何种情形或何种意思能力状态下,只要存有与预嘱中临终拒绝治疗相反的意愿表达或此类证据,则视为推翻医疗预嘱。

---

〔11〕 例如,英国《心智能力法》第11条(持久授权的限制)第7款和第8款规定,持久授权的被授权人可给予或拒绝同意对授权人实施或继续医疗,但是被授权人无权给予或拒绝同意实施或继续维持生命医疗,除非授权书对此有明确的规定。同样,德国《民法典》第1904条规定,如果存在患者因采取、不采取或中断某项措施而死亡或遭受严重长期健康损害危险的,则只有当意定代理权书面明示地授权代理人可以允许、不允许或撤回允许此种医疗措施,代理人才可为之。

〔12〕 马里兰州《医疗决定法》第5-601条第5款。

〔13〕 例如,阿尔茨海默症患者患病前后的性格、观点和指示可能完全相反。身患阿尔茨海默症的患者患病前后是否为同一主体是一个复杂的具有背景性的有关身份认定的哲学问题。

（三）医疗预先指示的形式要件

医疗预先指示应分为强制性医疗预先指示和代理型医疗预先指示。强制性医疗预先指示可分为正面指示和负面指示。英国和奥地利等一些国家的法律对负面指示作出明确规定。其他国家和地区的法律，如美国、德国、瑞士和苏格兰的正面和负面指示均有明确规定。无论何种决定，例如同意、拒绝治疗，都属于患者的自我选择，法律无须进行限制。我国更适合后一类国家和地区的做法。患者应在何种情况下同意或拒绝何种医疗行为，"而不是简单地说我拒绝所有治疗"。对于拒绝维生治疗的决定，必须明确列举拒绝的方案，在强制性医疗预先指示中，其内容应当包含何种必备要素，需要具体分析。

对于代理型预先指示而言，书面形式被大多数国家和司法管辖区采纳。关于强制性预先指示，英国要求一般预先决定可以是口头的或书面的，而拒绝生命的预先决定须为书面的，美国规定强制性预先指示可以是口头形式。

参考国外做法，结合制度在我国发展的现状，应当根据医疗预先指示的内容是否涉及生命维持治疗或其他对健康有重大影响的医疗行为，决定是否采用书面形式，如果涉及，则必须采用书面形式。本书认为，为使所作决定应当保持法律严肃性，涉及生命支持治疗或其他主要医疗干预，以便患者不会鲁莽地作出此类决定，对于患者以口头形式作出的有关医疗决定的指令，目前尚不属于法律强制规范的内容，尚不纳入公证的业务范围考虑。对于指令性的医疗预先指示，需要以书面形式作出，由公证员协助，帮助当事人作出特别的、具体的医疗意愿。对于代理型的医疗预先指示，公证员帮助当事人以书面形式指定其在患病且丧失意思能力时的医疗代理人，此时由被指定的医疗代理人实施具体医疗事务。

目前，国内医疗预先指示文件的签署往往是随着意定监护服务的开展而展开的。从做成的便捷性与当事人的意愿角度考虑，对于代理型的医疗预先指示，在意定监护服务中，公证员在帮助设定监护人的同时，可以咨询当事人是否愿意做出医疗预先指示且是否愿意由其监护人担任医疗代理人。在医疗预先指示空缺的时候,临终患者的医疗决定往往由其家属作出,如若其家属中的一员同时为监护人和医疗代理人,在患者丧失意思表达能力时,该家属的代理行为具备最高的效力,往往能从患者的角度考虑,作出最利于患者的决定。

(四)医疗预先指示的监督

完善监督机制建设,是确保医疗预先指示得以实施的重中之重,因此需要加快完善监督机制建设。目前无锡市各大公证机构提供预先指示文件的签署服务,但是在访谈中,公证员表示目前尚无文件执行的监督机制,这意味着当文件签署者陷入昏迷或者严重疾病时,其医疗意愿的实现难以得到保障。执行监督一般分成两类:一类是以自然人和其他组织为主的私权的监督;另一类是以法院和公证机构为主的具备公权力性质的司法力量介入监督。无锡市设有的诸如长期照护协会之类组织可以介入,行使监督的权利。另外,签署人的见证人、知晓患者真实医疗愿望的亲属朋友也可以积极主动地行使对文件执行的监督。鉴于目前无锡市法院的工作强度与预先指示制度的发展状态,以公证机构为主发挥公权力性质的监督最为恰当。依据《公证法》的规定,公证机构接受公民的信托,作为私法的施行载体,辅助实施法律行为,维护个体的合法权益。随着我国公证体制的进一步完善发展,公证机构在实践过程中最广泛参与到医疗预先指示领域,我国的公证机构具备了在该领域内发挥监督作用的现实条件。无锡市梁溪公证处是国内最早开展医疗预先指示服务的公证机构之一,为了更好地保障医疗预先指示文件效力的落实,可以让公证机构在预先指示的执行中承担一部分监督职责。具体来说,第一,应当从法律法规上设定公证机构的监督职责,使得公证监督程序有法可依。第二,公证机构可以充分发挥公职职能对当事人与其指定的执行人之间的协议进行审查与核对,发挥其专业能力,尽职尽责地保障当事人的权益,维护当事人真实意思表示。第三,公证机构应当依据实际的案例情况建立预先指示的档案备份,并与医院的信息系统建立联系,当签署人在医院治疗过程中发生文件中规定的事项时,公证机构要及时派当时签订文件的公证员密切关注与监督执行情况。

当执行医疗预先指示时，应严格审查评估，避免病人生命权遭到不当侵犯。在审查评估环节，应当审查医疗预嘱的明确性与有效性。当涉及放弃生命的拒绝医疗流程时，应基于审慎注意，征求专门委员会意见并复核，并出具书面复核意见。在医疗适用环节，建立审查评估与医疗适用分离原则。审查评估与复核的医师应当与负责执行医疗预嘱（尤其是临终拒绝治疗）的医师区分。该原则的适用可防止医疗预嘱的误用或滥用风险。

（五）医疗预先指示的医疗支持

1. 缓和医疗、安宁医疗的专业化医疗教育普及

可借鉴前沿医院和单位对普及缓和医疗、安宁疗护等相关概念的经验，首先对医护人员进行与医疗预先指示对接的缓和医疗、安宁医疗的专业化医疗教育。目前北京协和医院老年医学科已开展了一些针对癌症末期和非癌疾病末期的安宁缓和医疗的工作，在门诊病房、教学、培训课方面已经进行了全方位的安宁缓和医疗理念的推动。安宁缓和医疗已嵌入老年医学科门诊，在病房里针对末期病人的照护和善终的医疗已进行了几年，形成了病房的标准流程，并对住院医师和进修医师进行这方面的教学工作。此外，在2013年启动了北京协和医学院“舒缓医学”研究生选修课，2016年开始牵头举办了两次全国性的安宁缓和学习班。以无锡市为例，可以对涉及缓和医疗的相关科室的医护人员组织网课学习与线下交流活动，深刻理解与掌握相关基础知识。

2. 平衡救治与缓和的关系

应该明确的是，救治患者与缓和医疗两者并不冲突，因为在病人的治疗过程中，医生的治疗目标是不断调整的，初期肯定以救治为主，当后期救治的希望不大，会着重于减轻病人的痛苦，医生的总体目标就是帮助眼前这个病人。缓和医疗并不是意味着放弃病人，而是对病人更好的照顾。做好症状的评估和治疗，除了疼痛，我们还必须积极管理其他症状，例如气短和胀气。建立量化的评估内容，制定安宁护理的标准化模式，制定标准化的安宁护理程序、护理标准与指引。

3. 加强与患者的沟通

很多患者听到安宁疗护、缓和医疗这样的字眼会感到排斥，忍不住联想自己的病情是不是恶化了，这很正常，因为新事务被接受需要一个过程。单刀直入，直接给患者一些安宁疗护、缓和医疗这些概念往往不是一个很好的方式，建立通过迂回的方式，在与患者聊天的过程中去了解他们的需求，把缓和医疗、医疗预先指示这些制度真正的内涵传递给病人。沟通是一门学问，与情商以及表达能力是有一定关系的，但并不是决定性因素，并非不是能说会道、善于表达的人，就不能做好沟通，最重要的是要有同理心，从病人的角度出发，知道病人希望得到的是什么，很多时候需要做的是倾听，做一个很好的陪伴者或者听众就已经足够，这正是忙碌的医疗实践所缺乏的。另外，沟通能力并不是先天的、不可改变的，它是可以学习的，在与病人交流的过程中练习的，医护人员要有意识地去培养、去锻炼自己的这种沟通能力。当病人和家属反复跟医护人员提一些问题的时候，其实已经超越了问题本身，医护人员除了在技术层面上回应他们，更多的是回应他们的情感，不要感到烦躁，询问他们为什么又问这个问题，倾听他们的想法。

言语信息（用词、语调）和非言语信息（目光、表情、动作、姿势）同样重要，采用开放性的问答模式，学会有一个长的停顿或保持沉默去倾听，适当地给患者一些反映（点头、“嗯”），并适当总结，让患者知道自己在倾听。体会并认同病人的情感；肯定患者，建立伙伴关系，评价患者的目的或出发点；为患者提供备选方案。

4. 尊重患者的多样化需求

很多医护人员认为尊重患者的意愿是缓和医疗最重要的一条原则，而患者的需求具有多样化的特点，除了食物、空气、水、安全这些最基础、最普遍的需要，还有爱、归属、自尊、自我实现等更高层次的需要。缓和医疗和安宁疗护很大程度上满足了患者的多方面需求，甚至比患者思考得更加全面，安宁疗护的内涵是为患者实现全面的患者护理（身体、思想、社区和灵魂）。除了整个人，还需要照顾患者的家人（整个家庭），以便他们可以提供从咨询到死亡再到哀悼的服务（全过程），医护人员要关注病人的心理，特别是精神上的需求和痛苦,学会精神关怀,让病人“安生死去”。注意与家属和患者的沟通,及时传播平心静气的理念。实践对患者及其家属的照顾是安宁疗护的重要内容。

5. 伦理学视角

(1)舒缓医学伦理学视角。

临床伦理学原则为自主性、受益、不伤害和公正。医学伦理学判断路径为:医学指征——科学事实;生命质量——有利或有害;患者偏好——自主性;情境因素——公正及其他。

(2)不给予撤除医疗干预。

不是所有生命维持干预都会受到良好的效果,一些医务人员在情感上认为停止某项现有治疗带来的困惑要大于考虑拒绝给予某项医疗干预。最佳利益的判断必须具体情况具体分析,从患者的视角去评估。撤除生命维持干预的辩护主要有:除维持有机体生命体征外无法实现其他医学目的;没有证据表明患者会在此种状态下选择继续维持生命;撤除生命维持干预的决定应征得家属或代理人的同意。如果家人希望延长患者生命使亲朋能够赶到并与患者告别,则可以为生命维持干预的继续使用辩护。

关于不给予生命维持干预,医生应当作出专业判断,分析干预的收益和风险,并让患者或家属职权。然后,积极治疗是医疗的标准选择,前提是收益大于风险。但是,当积极治疗不会给患者带来净收益时,就没有必要进行干预。家属的代理等同于符合患者最佳利益则可按照该同意实施,无法取得家属的同意,则医生应根据专业判断是否给予生命维持干预。伦理学的建议为:首先,无论是否给予医疗干预,应尽一切努力确保患者感到舒适,并减少任何不适症状。其次,随着疾病的进展,患者的生活质量、干预措施的风险和益处以及患者作出决定的能力可能变化,对决策要进行动态评估,必要时再次获得知情同意。

(3)拒绝心肺复苏术。

对于拒绝心肺复苏术,第一,医生应当给出专业判断,不应任由患者或家属决定。第二,抢救室默认选项,但伤害负担大于受益时除外。第三,再考虑患者和家属的意愿。医疗预嘱或预先指令书供医生和代理人参考,不得用于要求结束生命以及强迫医生作出不符合专业判断的行为。并且严格限定条件,必须为完全民事行为能力人,明确拒绝干预的种类和适用场合,不得在他人干涉下作出。

(4)镇痛与双重效用原则。

双重效用是指某一医疗干预可能会有两种可预见的作用,使患者受益和造成伤害。没有其他更加安全的干预能使患者受益且干预的目的是使患者受益,并且需要获得患者的知情同意,患者无自主性时获得代理同意。如果目前不存在有效干预使患者康复,医生被授权去做针对控制疼痛和缓解痛苦的所有适当和必要的临床工作,甚至其所采取的措施可能会缩短患者的生命。

(六)医疗预先指示的政府、社会支持

1. 医疗预先指示与缓和医疗在现行政策框架下存在诸多实施难点

(1)现行激励机制导致公立医院排斥缓和医疗类业务。

目前我国居民医疗卫生支出总额中,70%用于医院支出,而经合组织国家的比率为38%。我国医院服务中,公立医院的数量占54%,病床数占84%,卫生专业人员占85%,住院病人占88%。我国公立医院所占医疗支出比率之大,决定了目前政府、民众对缓和医疗的态度,由于全力救治相对于缓和医疗将支出大额费用,很多公立医院出于利益考量会相对排斥缓和医疗,该情况的出现可以归因于公立医院拥有较大财务自主权,由于市场机制的调节而更倾向于逐利;缺乏针对医疗预先指示与缓和医疗的政策支持,宏观调控上也存在医疗资源配置不合理;现行的行政机制无法及时对此种逐利行为进行问责。

(2)社会办医的政策环境不利于缓和医疗类业务的开展。

脱离公立医院而选择社会办医实则仍存在诸多困难,如相关的医保定点较为困难、各地区税收政策不一致、医疗业务的行政准入严格等。

(3)基本医疗保障基金难以寻得支付路径。

根据韩启德院士在《中国缓和医疗发展蓝皮书(2019—2020)》发布会上的介绍,“我们目前还没有将缓和医疗纳入基本医疗。缓和医疗应该比

ICU 更重要，这是必须被满足的需要”。[14] 此外，按照美国同行的统计，接受缓和医疗服务的患者，住在医院的不到5%，住在社区相关养老机构的不到15%，住在自己家中的超过80%。将来如果出现不在医院而在家进行自我治疗的缓和医疗项目，是否会因为使用地点的问题而发生无法纳入基本医疗保障基金的问题，这在目前我国亦无具体的支付路径规定。

(4)基层医疗卫生机构、公证机构尚缺乏开展业务的动力。

由于医疗预先指示与缓和医疗对象的特殊性与紧迫性，基层医疗卫生机构、公证机构尚缺乏开展业务的动力，可能会存在基层机构能力不足、缺少指导与反馈，官办机构效率低、流于形式、忽视实质，患者对非医护人员缺乏信任等情况。

2. 将诊疗服务纳入成本

现有医保支付方式的改革方向是要把医疗服务过程中的投入消耗，包括药品、耗材、检查检验、技术手段，从过去的收入来源改变为成本要素，从事后报销改变为事前预付。在总额预付的条件下，无论是按病种付费、按人头付费还是按疾病诊疗诊断相关分组付费，都不利于过去的“大处方”，而有利于缓和医疗服务。

3. 将家庭病床纳入医疗体系

缓和医疗对家庭病床的偏好是与生俱来的，这不仅在于大多数患者更愿意选择在家庭接受缓和医疗，而且在于缓和医疗的技术特性决定了它不太需要配置昂贵的医疗设施。在按照病种付费或人头付费的新支付制度下，实现“医院—基层卫生医疗机构—家庭病床”的一体化运行，阻力相对较小。

4. 实现相关专业的横向整合

为能够提供全面、完整的服务，医疗预先指示制度应当结合缓和医疗，与其他多方面行业整合，包括保健、预防、治疗、康复、临终关怀等服务，通过基层医疗卫生机构协调，使得各行业形成服务网络，便利有意向签署医疗预先指示文件受众的后续流程与所需服务。

---

〔14〕 参见戴轩：《中科院院士韩启德：死亡是必经之事，缓和医疗应纳入基本医疗》，载新京报网2020年11月30日，https://www.bjnews.com.cn/detail/160672816915746.html。

结语

个人始终是构成社会的基本单位,对个人自由和自主的认定,是永恒的课题。个体的意愿不是永恒不变的,对于一个成年患者来说,其最重要的意愿也许是尽量恢复健康、维持自己生命,也许是自然地、不受干预地死亡。尽管医疗预先指示这样的制度安排会引发包括民法和法理学的连锁反应,譬如,生命权是否包含生命尊严?死亡权是基本人权吗?生命尊严保护的权利救济路径如何?违背医疗预先指示构成侵权责任、违约责任还是特殊责任?是否与医生的紧急救助义务相悖?无或限制行为能力人做出的医疗决定是否确定无效?在人工智能迅猛发展的当下,行为能力制度是否应当改良以适应个案不同情形?尽管很多问题涉及民法基本理论且需要在实务中反复检验和探索路径,笔者也未形成成熟的观点,仅抛砖引玉,但有一点是学者应清醒认知的,即任何法律制度的创设均应为人服务,若社会环境和人本身发生变化,则不应拘泥于法条和原有的法律体系或法律概念,应由法条来适应个人生活。当然,这样的适应与调整并非毫无章法,可沿着基本法律逻辑建构新的体系,并经由实践检验。

个体尊严是其作为社会人的重要体验,医疗决定是集合了患者对自己生命和经验的评估,也是实现个体尊严的重要权利。对个体来说,病痛是历练,但当其不可承受时,或许,经由个人自主选择后的体面的结束也是新的开始。当然,人的思想会变,环境也会变,这种变动性给医疗预先指示制度的实施带来两重困难:第一,作出医疗预先指示时的医疗背景是否等同于当下的医疗环境,譬如,十年前在西医的癌症治疗中,手术、放疗和化疗是首选手段,现如今,靶向治疗已成为治疗的重要技术且在部分案情中成效显著;第二,作出医疗预先指示的个体在面临曾经假想但从未经历过的医疗体验时,真实意愿是否已发生变化?老年阿尔茨海默症患者患病后与先前意愿相悖的意愿是否应得到尊重？这两重困难让医疗预先指示制度的实施充满挑战，也给法官对事实和证据的判断带来压力，毕竟对真实意愿的考察无法得到当事人的回应和确认。尽管艰难，但仍要前行，因为医疗预先指示制度符合主体对主观精神利益最大化的多样性追求，体现民法的人文关怀，“人是目的不是手段”，康德的至理名言可能是笔者在今后的法学研究中时刻要提醒自己的，也是制度设计的重要价值取向。

囿于时间、空间等多方面因素的限制，尤其是民法基础理论和法理学、法哲学未达到笔者理想的深度和广度，希望在以后的课题研究中能够进一步完善。同时，在理论部分，由于篇幅所限，对某些问题的阐述并未展开，如医疗预先指示制度的形式要件。对某些问题的思考也不够深入，如医疗预先指示制度中瑕疵意思的法律后果等，在今后的学习中，会继续努力，恳请学界前辈、老师和同仁批评指正。

参考文献

一、中文类

（一）专著类

1. 李霞：《老龄监护措施替代机制研究》，光明出版社 2021 年版。

2. 李霞：《成年监护制度研究——以人权的视角》，中国政法大学出版社 2012 年版。

3. 李霞：《民法典成年保护制度》，山东大学出版社 2007 年版。

4. 余延满：《亲属法原论》，法律出版社 2007 年版。

5. 朱庆育：《民法总论》，北京大学出版社 2016 年版。

6. 陈历幸、杨鹏飞、侯放：《民法的理念与运作》，上海人民出版社 2005 年版。

7. 周枏：《罗马法原论》，商务印书馆 2001 年版。

8. 王利民：《民法的精神构造：民法哲学的思考》，法律出版社 2010 年版。

9. 郑玉波：《民法总则》，中国政法大学出版社 2003 年版。

10. 黄立：《民法总则》，中国政法大学出版社 2002 年版。

11. 李欣：《私法自治视域下的老年人监护制度研究》，群众出版社 2013 年版。

12. 张文显：《二十世纪西方法哲学思潮研究》，法律出版社 2006 年版。

13. 王泽鉴：《民法总则》，中国政法大学出版社 2001 年版。

14. 梁慧星：《民法学说判例与立法研究》，法律出版社 2003 年版。

15. 杨代雄：《法律行为论》，北京大学出版社 2021 年版。

16. 彭诚信：《现代权利理论研究——基于"意志理论"与"利益理论"的评析》，法律出版社 2017 年版。

17. 王涌:《私权的分析与建构:民法的分析法学基础》,北京大学出版社2020年版。

18. 刘守刚:《西方立宪主义的历史基础》,山东人民出版社2005年版。

19. 梁慧星、陈华彬:《物权法》,法律出版社2010年版。

20. 杨立新:《人身权法论》,人民法院出版社2002年版。

21. 史尚宽:《亲属法论》,人民法院出版社2000年版。

22. 王利明、郭明瑞等编著:《民法新论》(上册),中国政法大学出版社1991年版。

23. 龙卫球:《民法总论》,中国法制出版社2001年版。

24. 陈棋炎:《亲属、继承法基本问题》,三民书局1980年版。

25. 张贤钰:《婚姻家庭继承法》,法律出版社2002年版。

26. 朱涛:《自然人行为能力制度研究》,法律出版社2011年版

27. 王葆时、张桃荣、王婉婷译注:《德国〈家事事件和非讼事件程序法〉》,武汉大学出版社2017年版。

28. 袁熹、时维:《未来的婚姻、家庭与社会》,吉林教育出版社1992年版。

29. 党俊武:《老龄社会引论》,华龄出版社2004年版。

30. 胡玉鸿:《"个人"的法哲学叙述》,山东人民出版社2008年版。

31. 樊东译注:《大学·中庸译注》,上海三联书店2013年版。

32. 杨伯峻译注:《论语译注》,中华书局2006年版。

33. 官玉琴:《亲属身份权理论与实务》,厦门大学出版社2007年版。

34. 徐国栋:《民法哲学》,中国法制出版社2009年版。

35. 张敏智、朱凤春编著:《病人权利概论》,大连出版社2001年版。

36. 中共中央马克思恩格斯列宁斯大林著作编译局编译:《马克思、恩格斯全集(第23卷)》,人民出版社2004年版。

37. 中共中央马克思恩格斯列宁斯大林著作编译局编译:《马克思、恩格斯全集(第3卷)》,人民出版社2004年版。

38. [德]黑格尔:《法哲学原理》,范扬、张企泰译,商务印书馆1961年版。

39. [德]迪特尔·施瓦布:《民法导论》,郑冲译,法律出版社 2006 年版。

40. [德]迪特尔·梅迪库斯:《德国民法总论》,邵建东译,法律出版社 2000 年版。

41. [美]玛萨·艾伯森·法曼:《自治的神话:依赖理论》,李霞译,中国政法大学出版社 2014 年版。

42. [德]K. 茨威格特、[德]H. 克茨:《比较法总论》,潘汉典、米健等译,法律出版社 2003 年版。

43. [德]罗尔夫克拉克:《法律与历史》,朱岩译,法律出版社 2003 年版。

44. [德]康德:《历史理性批判文集》,何兆武译,商务印书馆 1990 年版。

45. [美]伯纳德·施瓦茨:《美国法律史》,王军等译,中国政法大学出版社 1997 年版。

46. [美]罗纳德·科斯等:《契约经济学》,李风圣主译,经济科学出版社 2003 年版。

47. [美]R. M. 昂格尔:《现代社会中的法律》,吴汉章等译,译林出版社 2008 年版。

48. [美]路易斯·亨利·摩尔根:《古代社会》,杨东莼等译,商务印书馆 1995 年版。

49. [美]阿尔文·托夫勒:《第三次浪潮》,黄明坚等译,中信出版社 2006 年版。

50. [美]约翰·罗尔斯:《正义论》,何怀宏等译,中国社会科学出版社 1998 年版。

51. [美]富勒:《法律的道德性》,郑戈译,商务印书馆 2005 年版。

52. [美]H. L. A. 哈特:《法律、自由与道德》,支振锋译,法律出版社 2006 年版。

53. [奥]凯尔森:《国家与法律一般理论》,中国大百科全书出版社 1996 年版。

54. [英]亨利·梅因:《古代法》(第5版),沈景一译,商务印书馆2009年版。

55. [德]康德:《法的形而上学原理——权利的科学》,沈叔平译,商务印书馆1997年版。

56. [法]孟德斯鸠:《论法的精神》(一),徐家星译,中国社会科学出版社2007年版。

57. [法]古斯塔夫·勒庞:《乌合之众:大众心理研究》,冯克利译,中央编译出版社2000年版。

58. [法]皮埃尔·勒鲁:《论平等》,王允遒译,商务印书馆1996年版。

59. [日]星野英一:《私法中的人》,王闯译,中国法制出版社2004年版。

(二)编著类

1. 杨大文主编:《亲属法》,法律出版社2003年版。

2. 陈苇主编:《当代外国婚姻家庭法律制度研究》,中国人民公安大学出版社2022年版。

3. 佟柔主编:《中国民法》,法律出版社1990年版。

4. 马原主编:《中国民法教程》,中国政法大学出版社1998年版。

5. 朱景文主编:《法社会学》,中国人民大学出版社2005年版。

6. 李伟民主编:《法学辞源》,黑龙江人民出版社2002年版。

7. 陈甦主编:《民法总则评注》(上册),法律出版社2017年版。

8. 台湾大学法律学院、台大法学基金会编译:《德国民法典》,北京大学出版社2017年版。

9. 朱庆育主编:《中国民法典评注·条文选注》,中国民主法制出版社2021年版。

10. 王竹青主编:《美国持续性代理权和成年人监护制度立法及法律适用》,知识产权出版社2016年版。

11. 何勤华主编:《法国法律发达史》,法律出版社2001年版。

12. 黄薇主编:《中华人民共和国民法典释义及适用指南》,中国民主法制出版社2020年版。

13. 李适时主编:《中华人民共和国民法总则释义》,法律出版社 2017 年版。

14. 陈甦主编:《民法总则评注》(下册),法律出版社 2017 年版。

15. 彭万林主编:《民法学》,中国政法大学出版社 1999 年版。

16. 江平主编:《民法学》,中国政法大学出版社 1999 年版。

17. 王利明主编:《人格权法新论》,吉林人民出版社 1994 年版。

(三)期刊类

1. 李霞:《协助决定取代成年监护替代决定——兼论民法典婚姻家庭编监护与协助的增设》,载《法学研究》2019 年第 1 期。

2. 李霞:《成年监护制度的现代转向》,载《中国法学》2015 年第 2 期。

3. 李霞:《意定监护制度论纲》,载《法学》2011 年第 4 期。

4. 李霞:《论成年非完全行为能力人的类型及其法律行为之效力》,载《政法论丛》2010 年第 5 期。

5. 李霞:《禁治产的废止及我国相关制度的检省》,载《法学论坛》2008 年第 3 期。

6. 杨代雄:《意思表示中的意思与意义——重新认识意思表示概念》,载《中外法学》2017 年第 1 期。

7. 李欣:《老年人身体照护代理制度研究——基于生命权与自决权的法益衡量》,载《学术界》2015 年第 5 期。

8. 李欣:《权利与尊严:老年人的医疗自主决定权》,载《学术界》2013 年第 11 期。

9. 李欣:《辩证的私法自治——老年人监护制度的理论基石与路径选择》,载《东岳论丛》2013 年第 4 期。

10. 李欣:《共同决定制度——加拿大老年人监护最新立法进程与启示》,载《学术界》2012 年第 11 期。

11. 邢鸿飞、孙海涛:《论欠缺行为能力成年人的政府监护》,载《南京大学学报(哲学·人文科学·社会科学版)》2011 年第 5 期。

12. 孙海涛:《医疗救助过程中精神障碍者重要权利的立法保护》,载《大连理工大学学报(社会科学版)》2012 年第 1 期。

13. 张文婷、孙海涛:《精神科医患法律关系初探》,载《法治研究》2010年第4期。

14. 孙也龙:《论预先指示制度及其在我国的构建》,华东政法大学2014年硕士学位论文。

15. 杨立新、张莉:《论植物人的法律人格及补正——植物人法律问题研究之一》,载《法律适用》2006年第8期。

16. 张莉:《论法律人格的多重性及其关系》,载《福建师范大学学报(哲学社会科学版)》2007年第6期。

17. 郑晓剑:《比例原则在民法上的适用及展开》,载《中国法学》2016年第2期。

18. 李贝:《统一规则模式下监护制度的不足与完善——立基于〈民法总则〉的评议》,载《法律科学(西北政法大学学报)》2019年第2期。

19. 陈嘉白:《民法典体系下协助决定与替代决定的择优实现》,载《当代法学》2021年第3期。

20. 王竹青:《成年人监护制度的多元理论与制度完善》,载《北京社会科学》2022年第8期。

21. 申卫星:《论无行为能力人纯获利益法律行为的效力》,载《法律科学(西北政法大学学报)》2022年第2期。

22. 王竹青:《心智障碍者监护理论争议与发展方向——以〈残疾人权利公约〉第12条为视角》,载《法学杂志》2020年第5期。

23. 薛军:《中国法上的行为能力宣告:制度内涵与解释论重塑》,载《学术月刊》2019年第12期。

24. 张继元、晏子、税所真也:《深度老龄化社会的成年监护服务:日本的经验与启示》,载《学术研究》2021年第10期。

25. 朱广新:《论监护人的确定机制》,载《中国应用法学》2022年第3期。

26. 常鹏翱:《意思能力、行为能力与意思自治》,载《法学》2019年第3期。

27. 李国强:《论行为能力制度和新型成年监护制度的协调——兼评

〈中华人民共和国民法总则〉的制度安排》，载《法律科学（西北政法大学学报）》2017 年第 3 期。

28. 李洪祥：《论成年监护制度研究存在的若干误区》，载《政法论丛》2017 年第 2 期。

29. 李敬、亓彩云：《〈残疾人权利公约〉：诞生、解读及中国贡献》，载《残疾人研究》2019 年第 3 期。

30. 李霞、陈迪：《〈民法总则（草案）〉第 34、35 条评析——监护执行人的撤销与恢复》，载《安徽大学学报（哲学社会科学版）》2016 年第 6 期。

31. 李霞、刘彦琦：《精智残疾者在成年监护程序启动中的权利保障》，载《中华女子学院学报》2017 年第 5 期。

32. 刘有贵、蒋年云：《委托代理理论述评》，载《学术界》2006 年第 1 期。

33. 杨秀仪：《病患，家属，社会——论基因年代病患自主权可能之发展》，载《台大法学论丛》2002 年第 5 期。

34. 朱凡：《现代监护法发展趋势及热点问题比较研究》，载《重庆大学学报（社会科学版）》2004 年第 3 期。

35. 马俊驹、陈本寒：《罗马法契约自由思想的形成及对后世法律的影响》，载《武汉大学学报（哲学社会科学版）》1995 年第 1 期。

36. 江平、张礼洪：《市场经济和意思自治》，载《法学研究》1993 年第 6 期。

37. 韩大元：《宪法文本中“公共利益”的规范分析》，载《法学论坛》2005 年第 1 期。

38. 孙笑侠、郭春镇：《美国的法律家长主义理论与实践》，载《法律科学（西北政法大学学报）》2005 年第 6 期。

39. 苏永钦：《私法自治中的国家强制——从功能法的角度看民事规范的类型与立法释法方向》，载《中外法学》2001 年第 1 期。

40. 王轶：《民法价值判断问题的实体性论证规则——以中国民法学的学术实践为背景》，载《中国社会科学》2004 年第 6 期。

41. 邬沧萍、穆光宗：《低生育研究——人口转变论的补充和发展》，载

《人口研究》1995 年第 1 期。

42. 周旺生:《论法律利益》,载《法律科学(西北政法大学学报)》2004 年第 2 期。

43. 雷锦程:《病人自主性与家庭本位主义之间的张力》,载《医学与哲学》2008 年第 5 期。

44. 李震山:《从生命权与自决权之关系论生前预嘱与安宁照顾之法律问题》,载李震山主编:《人性尊严与人权保障》(修订版),台北,元照出版有限公司 2001 年版。

45. 陈惠馨:《禁治产人之监护》,载林秀雄主编:《民法亲属继承争议问题研究》,台北,五南图书出版公司 2000 年版。

46. 尹田:《契约自由与社会公正的冲突与平衡——法国合同法中意思自治原则的衰落》,载梁慧星主编:《民商法论丛》第 2 卷,法律出版社 1994 年版。

47. 梁慧星:《从近代民法到现代民法》,载梁慧星主编:《民商法论丛》第 7 卷,法律出版社 1997 年版。

48. 李欣:《意定监护的中国实践与制度完善》,载《现代法学》2021 年第 2 期。

49. 易继明:《将私法作为一个整体的学问》,载易继明主编:《私法》(第 1 辑第 2 卷),北京大学出版社 2002 年版。

50. 郑永流:《人格、人格的权利化和人格权的制定法设置》,载郑永流主编:《法哲学与法社会学论丛》2005 年卷(总第 8 期),北京大学出版社 2005 年版。

51. 范新天:《论英美法系的可持续性代理权授予制度及其对我国的启示》,载陈苇主编:《家事法研究》2005 年卷(总第 1 卷),群众出版社 2006 年版。

52. 孙犀铭:《意思能力的体系定位与规范适用》(上),载《交大法学》2019 年第 1 期。

53. 孙犀铭:《意思能力定型化之考察与检讨——以欠缺行为能力宣告制度的审判实务为中心》,载《西部法学评论》2018 年第 2 期。

54. 王玮玲:《英美持续性代理权制度中的监督模式比较》,载《山东社会科学》2016 年第 1 期。

55. 王玮玲:《预先医疗决定的中国面相——解释论的视角》,载《北京社会科学》2021 年第 5 期。

56. 王竹青:《成年人监护类型解析》,载《首都师范大学学报(社会科学版)》2018 年第 2 期。

57. 王竹青:《论成年人监护制度的最新发展:支持决策》,载《法学杂志》2018 年第 3 期。

58. 徐国栋:《从身份到理性——现代民法中的行为能力制度沿革考》,载《法律科学(西北政法大学学报)》2006 年第 4 期。

59. 张伟、高丰美:《老年监护的立法模式、原则与程序研究》,载《安徽大学学报(哲学社会科学版)》2016 年第 6 期。

60. 尹田:《自然人的行为能力、意思能力、责任能力辨析》,载《河南省政法管理干部学院学报》2001 年第 6 期。

61. 李霞:《成年监护制度研究》,山东大学 2007 年博士学位论文。

62. 魏树发:《论我国成年监护制度改革》,福建师范大学 2010 年博士学位论文。

(四)其他类

1. [英]爱德华滋:《汉穆拉比法典》,沈大銈译,中国政法大学出版社 2005 年版。

2.《世界著名法典汉译丛书》编委会编:《十二铜表法》,法律出版社 2000 年版。

3. 张贤钰主编:《外国婚姻家庭法资料选编》,复旦大学出版社 1991 年版。

4. 蒋月:《英国婚姻家庭制定法选集》,法律出版社 2008 年版。

5. 王利明等撰稿:《中国民法典学者建议稿及立法理由》,法律出版社 2005 年版。

6. 梁慧星:《中国民法典草案建议稿附理由——亲属编》,法律出版社 2006 年版。

7. 徐国栋主编:《绿色民法典草案》,社会科学文献出版社 2004 年版。

8. 商务印书馆辞书研究中心编:《古今汉语词典》,商务印书馆 2000 年版。

9. 广东、广西、湖南、河南辞源修订组、商务印书馆编辑部编:《辞源》(修订本重排版),商务印书馆 2010 年版。

10. 夏征农、陈至立主编:《辞海》(第 6 版),上海辞书出版社 2011 年版。

11. 中国大百科全书出版社《不列颠百科全书》国际中文版编辑部编译:《不列颠百科全书》[国际中文版(修订版)],中国大百科全书出版社 2007 年版。

12.《中华人民共和国 2023 年国民经济和社会发展统计公报》,载国家统计局网站 2024 年 2 月 29 日,http://www.stats.gov.cn/sj/zxfb/202402/t20240228_1947915.html。

13. 国家卫生健康委员会规划发展与信息化司:《2021 年我国卫生健康事业发展统计公报》,载国家卫生健康委员会网站 2022 年 7 月 12 日,http://www.nhc.gov.cn/cmssearch/xxgk/getManuscriptXxgk.htm?id=51b55216c2154332a660157abf28b09d。

14. 牛绮思:《2017 诺贝尔经济学奖得主理查德·塞勒:"离经叛道"的经济学家》,载《中国经济周刊》2017 年第 40 期。

15. 李建国:《关于〈中华人民共和国民法总则(草案)〉的说明——2017 年 3 月 8 日在第十二届全国人民代表大会第五次会议上》,载中国法院网 2017 年 3 月 9 日,http://www.chinacourt.org/article/detail/2017/03/id/2574722.shtml。

16. 王利明:《民法总则三审稿修改建议》,载民商法律网,https://www.civillaw.com.cn/t/?id=32483,2022 年 10 月 7 日访问。

二、外文类

(一)著作类

1. Doron I. From guardianship to long-term legal care: Law and caring for the elderly (Ontario), York University (Canada), 2000.

2. Cohen M AN ANALYSIS OF THE DYNAMICS OF THE ADULT GUARDIANSHIP PROCESS, The Pennsylvania State University, 1983.

3. Peter Bensen, *The Unity of Contract Law*, in The Theory of Contract Law: New Essays, Cambridge University Press, 2001.

4. Martha Albertson Fineman, *Vulnerability and Social Justice*, 53 VAL. U. L. REV. 341(2019).

5. Bargaining: A Neurophenomenological Critique, 79 ALB. L. REV. 1091(2015).

6. Ruck Keene, Alex et al, *Taking Capacity Seriously? Ten Years of Mental Capacity Disputes Before England's Court of Protection*, 62 International Journal of law and Psychiatry 56(2019).

7. Syme M., *Supporting Safe Sexual and Intimate Expression Among Older People in Care Homes*. 31Nurs Stand 52(2017).

8. Ailey S. H. & Heller T. et al., *Evaluating an Interpersonal Model of Depression Among Adults With Down Syndrome*, 3 Research & Theory for Nursing Practice 229(2006).

9. Frank Johns, Person – Centered Guardianship and Supported Decision Making: An Assessment of Progress Made in Three Countries, 9 J. Int'l Aging L. & Pol'y 1 (2016).

10. Doug Surtees, *The Evolution of Co – Decision – Making in Saskatchewan*, Law Review, 2010.

11. M. Jaeckel, *Long Term Care for the Aged in Germany: Structure and Prospects*, in D. C. Gill & S. R. Ingman, Eldercare, Distributive Justice, and the Welfare State, Suny Press, 1994.

12. Brodsky & B. Morginstin, *Balance of Familial and State Responsibility for the Elderly and Their Caregivers in Israel*, V. M. Lechner & M. B., Work and Caring for the Elderly: International Perspectives, Brunner – Mazel, 1999.

13. Lawrence A. Frolik, *Plenary Guardianship: An Analysis, A Critique, and a Proposal for Reform*, 23 ARIZ. L. REV. 599(1981).

14. Doug surtees, *Co – Decision Making: Making Assumptions and Making Decisions*, in Vancouver, Canadian Conference on Elder Law, 2005.

15. Gordon, Robert M., Simon Fraser U., *School of Criminology, Burnaby, BC, Canada. The emergence of assisted (supported) decision – making in the Canadian law of adult guardianship and substitute decision – making*, International Journal of Law and Psychiatry, Vol. 23:1, p. 61 – 77(2000).

16. Burgdort, Robert L. J. L., *Disability Diserimination in EmPloyment Law*, The Bureau of National Affairs, 1997.

17. Krohm C. & Summers S., *Advance Health care Directive: a Handbook for Professionals*, American Bar Association, Chicago, 2002.

18. Laurie Tarkan, *Debating Patients' Capacity To Decide*, N. Y. TIMES, 2Oct. 2001.

19. Holly Fernandez Lynch, Michele Mathes & Nadia N. Sawicki, *Compliance with Advance Directives: Wrongful Living and Tort Law Incentives*, 29 J. LEGAL MED. 133(2008).

(二)法规类

1. Israel: Legal Capacity and Guardianship Law 1962.

2. UK: Mental Capacity Act 2005.

3. Alberta: Adult Guardianship and Trusteeship Act 2009.

4. Saskatchewan: The Adult Guardianship and Co – decision – making Act 2000.

5. US: Revised Uniform Durable Power of Attorney Act, September 30, 2004.

6. Florida: Florida Guardianship law and Information, 2007.

7. Making an Advance Directive, The British Medical Journal, 1995.

8. US: Restatement(Second) of Torts.

9. US: Restatement(Third) of Torts.

后记

从入职即有幸拿到国社科项目后，我的这本专著整整花费了五年时间，与上本专著不同的是，这本专著的写作准备的时间很长，最根本的原因是自己的民法基本功有待强化。在五年的写作中，包括在课堂授课中，无数次地发现自己民法基本功的欠缺，一次次翻开曾经的民法书本重新学习，也无数次感慨德国法的概括能力和细节精美，尽管它的诸多方面值得改进，但我想，只有对它做体系性了解才能发现它究竟于现代社会短板在哪里。无论是在意思表示、法律行为、行为能力制度、代理制度的学习中，还是在侵权行为法和人格权法的阅读中，总是感受到曾经的法学学习太肤浅。至今才半只脚踏入法学殿堂的我，总是感叹懂的太少，要学得太多。在学习民法的过程中，我对整个法学乃至人文科学和自然科学的兴趣越发浓烈，购买了历史、地理、哲学诸多书籍，尽管囿于时间有限和懒惰，阅读有限，但经常感叹人类文明和思想的伟大，也感叹自己曾经的可笑。

在论文写作中，对自己的反思和与学生的探讨，也常让我困惑，踏入中年才启蒙的自己究竟何以才体会到学习的无尽乐趣。除了自身原因，法学教育乃至基础教育本身是否需要改良？在书稿写作中，作为硕士研究生导师，经常要与学生探讨论文写作，惊奇地发现“只有不尽力的老师，没有不好的学生”的确是真理，为了硕士论文写作，学生“被逼梁山”时，仅需要我稍加追问即开始做深入思考。启发的缺失是我今后教学中应予弥补的。

感谢我的导师陈苇教授、李霞教授，她们对我的指引是无私和终身的。

感谢马忆南教授、蒋月教授、高凌云教授，在她们身上，我得到鼓励，并渴望获得与她们一样茂盛的不屈不挠的生命力。

感谢我的工作单位的校领导和院领导，没有他们的支持，我无法在工作之余认真写作。

感谢我的学生们，本书的法社会学调研部分来自他们的辛勤付出，尤其是洪静怡团队。感谢我的硕士研究生们，尤其是洪静怡、刘静、陈义卓、李淑婷，文献综述和外文资料搜集部分离不开他们的帮助。五年的时间，铁打的老师流水的学生，他们启发和改变我很多，教学相长也真的是让我受益良多。愿她们今后的每一天都健康开心。

感谢我的朋友们对我的包容和鼓励，感谢我的同仁们对我的爱护。

感谢我的孩子、孩子的父亲和奶奶，感谢孩子的父亲和奶奶对孩子的悉心照顾，让我有时间认真投入喜爱的工作。感谢我的孩子对我一如既往的爱，看到孩子就像看到一片纯真的自己。

最深刻地感谢我的父母，他们是世界上最爱我的亲人，他们总是无条件支持我，鼓励我，爱护我。

最后，感谢自己，感谢自己坚持不懈和好奇心。也感恩老天赐给我的运气。

玉兰花开，春光无限好！

2024 年春

于江苏无锡